이 저서는 2007년 정부(교육인적자원부)의 재원으로
한국학술진흥재단의 지원을 받아 수행된 연구임" (KRF-2007-A00203).

일본인의 국어인식과 神代文字

저자　민 병 찬

머리말

지난 2011년 3월 11일 발생한 동일본대지진의 참상을 목도한 후 일본을 바라보는 우리 시선이 조금은 바뀐 듯하다. 일본에서는 '한류' 열풍이 여전히 대단하다. 한국인을 바라보는 일본인의 시선도 많이 변한 것을 느낀다.

1992년 9월, 일본 쓰쿠바(筑波)대학으로 유학을 떠나 1999년 귀국할 때까지 나의 관심은 오로지 한일언어교류사에 집중되어있었다. 석사학위논문은 일본에서의 한국어 교육의 선구자라고 할 아메노모리 호슈(雨森芳洲)가 중심이었고, 박사학위논문은 오오타 젠사이(太田全斎)와 교치(行智), 시라이 히로카게(白井寛蔭), 그리고 쿠로카와 하루무라(黒川春村) 등 일본한자음 연구에 한국한자음을 활용한 연구 성과물들을 재해석한 결과물이었다. 이들에게는 한국어라는 연결고리가 있었다.

나중에 안 일이지만 1992년 9월은 김문길 교수가 『일본고대문자연구』(형설출판사)라는 책을 내놓은 때이기도 하다. 그 부제가 '神代文字는 우리 한글이다'로 되어 있다.

머리말 **3**

　박사학위논문을 준비하면서 조금 이상한 문자들을 발견했다. 그걸 ‘神代文字’라고 한다고 하는데, 교치가 그랬듯 필자도 대수롭지 않게 넘겼다. 그냥 한글이었다.

　귀국 후에는 일본어 철자법의 변천사 연구를 시작했다. 박사논문을 작성하는 과정에서 찾아냈던 수많은 에도시대 외국자료들에는 관심을 끌기에 충분한 특이한 표기들이 산재해 있었던 것이다. 그리고 관심이 점차 메이지(明治)시대, 일제강점기로 옮아갔다. 이것도 한일 언어교류라고 할 수 있을까.

　일제강점기 문헌 가운데도 ‘神代文字’ 운운한 것들이 있었다. 무언가 중요한 것을 놓치지 않았나 생각하게 만들었다. 이제 다시 관심이 히라타 아쓰타네(平田篤胤), 반 노부토모(伴信友), 그리고 오치아이 나오즈미(落合治澄)로 집중되었다. 언어적 우월주의로 무장한 그들은 神代를 꿈꾸었고, 외국어 특히 우리 한글과 견주고 본뜬 결과물에 지나지 않는 ‘神代文字’라는 괴물을 마치 사실인 양 만들어냈다. 또한 그것도 모자라 우리 한글의 역사를 왜곡하려는 시도까지 서슴지 않았다.

　한국과 일본의 문화교류의 역사는 어림잡아도 천 년을 훌쩍 뛰어넘는다. 그런데 그것은 어찌 보면 몇 걸음 나아갔는가 하면 이내 뒷걸음질을 거듭하는 역사인 듯싶다.

　끝으로 어려운 출판사정에도 불구하고 이 책을 내어주신 제이앤씨 출판사 관계자분들께 감사의 뜻을 표합니다.

2012년 3월

민병찬

Ⅰ. 총론

제1장

神代와 文字

　“해가 떠오르는 나라[1]”라든가 “言靈(코토다마)의 신묘한 작용으로 행복한 나라[2]”와 같은 묘사는 모두 〈日本〉을 미화하여 일컫는 말들이다. 전자는 中国을 “해가 저무는 나라[3]”라고 칭하는 데에서 알 수 있듯이 일본과 중국을 대등한 위치에 놓고자 하는 다분히 정치적인 발상에서 기인한 것이고, 후자는 말에 깃든 精靈의 힘이 일본을 풍요롭게 한다는 일종의 주술적인 언어인식이 배경에 있다.

　이러한 자국 및 자국어에 대한 자부심에 기대어 생각하면, 한반도를 경유하여 漢字가 일본에 전해지기 이전까지 일본어를 시각화할 수 있는 독자적인 표기수단을 갖지 못했다고 하는 사실에 실망하는 일본인이 있다고 해도 그리 이상하지는 않을 것이다. 그뿐만이 아니라, 예컨대 한글과 비교할 때, 일본에서 사용되는 글자인 가나(仮名

---

1) 「日出づる国」
2) 「コトタマの幸おう国」
3) 「日沈む国」

또는 仮字)가 漢字를 빌어 그 일부를 떼어 쓰거나 변형한 독창성과는 거리가 먼 문자라는 점과, 예로부터 지금까지 중국의 문자인 漢字를 자국어의 표기수단으로서 적극적으로 사용할 수밖에 없다는 점 역시 〈자부심〉에 상처를 입히는 요소 가운데 하나가 될 것이다. 다만 이러한 막연한 실망이나 상처는 대개 개인의 감정적인 문제에 지나지 않으며, 또한 이렇게 생각하는 사람도 사실 흔치 않다.

그런데 일본의 근세[4]에 들어 특정한 일부 집단의 사람들이 漢字보다 오래된 독자적인 문자가 일본에 있었다고 집요하게 주장해오고 있다. 그리고 메이지(明治)시대(1868-1912)에 접어들기 직전에는 漢字 사용을 모두 폐지하자는 주장도 개진된다. 漢字 대신 가나와 같은 소리글자만을 사용하자는 것인데, 여기에서 더 나아가 서양의 알파벳을 도입해야 한다는 주장까지 등장한다. 또한 "일본민족의 언어는 세계 문명인종 가운데 가장 오래된 것으로서 게다가 현재까지도 살아 있는 것이며, 일본민족의 태고사는 실로 세계의 태고사이며, 중심 역사"로 "일본민족은 진실로 희랍 라틴인종으로서 우리나라(일본)의 언어, 역사, 종교 사회조직 등은 모두 그 계통에 속하는 것"이라는 황당한 주장[5]까지도 제출되기에 이른다. 이는 모두 개인의 감정을 털어놓는 수준에서가 아니라, 진지하게 학문적으로 언어의 문제를 연구한 사람들의 언사가 그렇다는 것이다.

2000년도 당시 일본의 수상이었던 森喜朗(모리요시로)는 "일본은 天皇(텐노)를 중심에 둔 神의 나라다"라는 발언을 했다.[6] 정치·외교

---

 4) 일본의 근세는 대개 에도(江戸)시대(1603-1867)와 일치한다.
5) 木村鷹太郎(1911)『世界的研究に基づける日本太古史』博文館
6) 『일본서기』에는 神功皇后(진구코고)가 병사를 일으켜 신라를 공격했을 때 신

적으로 떠들썩하게 만든 유명한 사건이다. 어느 나라건 神話는 존재한다. 그리고 현실이 어려우면 어려울수록 神이 지배하던 평화로웠던 시절, 즉 이상적인 〈神代〉를 꿈꾸고 그리워하기 마련이다.[7] 그러나 그것은 대개 상상의 범주를 벗어나지 않으며, 때로는 종교적인 수사로서 이해하는 편이 마땅할 것이다.

일본을 대표하는 사전 가운데 하나인『일본국어대사전(日本国語大辞典)』(小学館)을 보면 〈神代(진다이)〉는 "神武天皇(진무텐노) 즉위 이전 神들이 이 나라를 지배했다고 하는 시대"라고 한다. 같은 사전에 '神武天皇'에 대해서는 다음과 같이 기술되어 있다.

제1대라고 전해지는 天皇. 아버지는 彦波瀲武鸕鷀草葺不合尊(히코나기사타케우가야후키노미코토), 어머니는 玉依姫(타마요리히메). 이름은 神日本磐余彦尊(칸야마토이와레비코노미코토).『고사기(古事記, 코지키)』『일본서기(日本書紀, 니혼쇼키)』에 보이는 事績에 의하면, 日向国(휴가

라의 왕이 이를 보고 "내가 듣기에 동쪽에 神国이 있어 日本이라고 한다. 또한 聖王이 있어 天皇라고 한다. 필시 그 나라의 神兵이다(吾れ聞く、東に神国あり日本と謂ふ。亦聖王あり天皇と謂ふ。必ずその国の神兵也)"라고 했다는 기술이 있다.(田中義能(1944)『平田篤胤之哲学』, 明治書院 p.200 참조.)
7) 예컨대 ピーター・ノスコ(1999;p.20)는『江戸社会と国学 原郷への回帰』(ぺりかん社)에서 다음과 같이 말한다.
古代 神話를 연구하는 수많은 학자들은 神話란 세계·인류·사회의 존재를 설명하고 또한 정당화하기 때문에 고대라는 시대를 넘어선 가치를 지니고 있다고 생각한다. 나아가 사람들이 품고 있는 고대사회의 理想像은 이 상향을 묘사하는 神話에 의해 보다 명확해진다. 그리고 그것은 때로 강력한 노스탤지어로서 타락한 현재에 나타나는 것이다. 노스탤지어가 매우 강한 경우 사람들은 자기 자신을 神話 속의 이상의 왕국에 투영함으로써 만족할 수 없는 현재 상황으로부터의 강력한 탈출 소원을 품는다. 혹은 타락한 후세 사람들은 神이 인간을 창조한 시절에 존재했던 영원한 이상향을 되살려 그것으로써 어제·오늘·내일의 세계가 변화해 갈 것을 강하게 바라는 것이다.

노쿠니)8)에서 東征하여 瀬戸内海(세토나이카이)9)를 거쳐 難波(나니와)10)
에 상륙, 熊野(쿠마노)11)에서 吉野(요시노)12)를 거쳐 大和(야마토)13)를
평정하고, 橿原宮(카시하라노미야)에서 서력기원전 660년에 즉위했다
고 한다. 메이지(明治) 이후 이 해를 皇紀 원년으로 삼았다. <u>본디 史実
이 아니며</u>, 그 기술의 해석에 대해 수많은 문제가 남아있다.

(밑줄은 필자)

이처럼 "神武天皇 즉위" 이전에 神들이 지배하던 역사적 실체가 아
닌 시대를 〈神代〉라고 하는 것인데, 이는 『고사기』14)나 『일본서기』15)
의 "事績"들에 의존하여 추정된 것에 지나지 않는다. 그런데 그 "事

---

8) 日向国는 옛 지역 명인데, 현재의 행정구역으로 보면 미야자키(宮崎)현에 해
   당한다. 아울러 미야자키현은 큐슈(九州)지방 남동부에 위치한다.
9) 瀬戸内海는 혼슈(本州)와 시코쿠(四国), 그리고 큐슈(九州)로 둘러싸인 해역
   을 가리킨다.
10) 難波는 오사카(大阪) 및 그 부근에 대한 옛 호칭이다.
11) 熊野는 와카야마(和歌山)현에서 미에(三重)현에 걸친 지역이다.
12) 吉野는 나라(奈良)현 남부의 지명이다.
13) 大和는 옛 지역 명으로 지금의 나라(奈良)현에 해당한다. 또한 일본국을 부르
    는 다른 이름이기도 하며, '倭'라는 漢字를 쓰기도 한다.
14) 『古事記』에 대한 『広辞苑(코지엔)』(6판, 岩波書店)의 설명은 아래와 같다.
    현존하는 일본 最古의 역사서. 3권. 稗田阿礼(히에다노아레)가 天武(텐무)
    天皇(텐노)의 칙명에 의해 誦習한 帝紀 및 先代의 旧辞를, 太安万侶(오오
    노야스마로)가 元明(겐메이)天皇의 칙명에 의해 撰録하여 712년 献上. 상
    권은 천지개벽에서 鸕葺草葺不合命(우가야후키아에즈노미코토)까지, 중권
    은 神武天皇에서 応神(오진)天皇까지, 하권은 仁徳(닌토쿠)天皇에서 推古
    (스이코)天皇까지의 기사를 수록하고, 神話・伝説과 다수의 歌謡를 담아
    天皇를 중심으로 하는 일본 통일의 유래를 이야기한다.
15) 『日本書紀』에 대한 『広辞苑』의 설명은 아래와 같다.
    六国史(릿코쿠시)의 하나. 나라(奈良)시대에 완성된 일본 最古의 勅撰 正
    史. 神代에서 持統(지토)天皇까지의 조정에 전해진 신화・전설・기록 등을
    修飾이 많은 漢文으로 기술한 편년체의 史書. 30권. 720년 舎人(토네리)
    親王(신노) 등이 撰.
    위에서 舎人(토네리)란 天皇 등을 가까이서 모신 사람을, 그리고 親王는 天皇
    의 형제나 皇子(오지)를 가리킨다.

績"이라고 하는 것은 기본적으로 漢文体로 기록되어 있으며, 한편으로 우리의 이두나 향찰과 비슷하게 漢字의 音과 訓을 빌어 일본어를 적은 소위 万葉仮名(만요가나)가 사용되어 있다. 따라서 『고사기』나 『일본서기』를 정확히 읽어내고, 나아가 그것을 바탕으로 〈神代〉를 비롯한 일본의 역사를 논하기 위해서는 漢文 및 漢字音에 대한 지식이 전제되어야 한다. 여기에서는 단순히 漢字音이라고 했지만, 이는 곧 언어에 대한 관심을 의미하는 것으로서, 후대 国学(코쿠가쿠)16)의 큰 틀에서의 학문적 방향성과도 밀접한 관계가 있는 것으로 생각된다. 国学者의 대부분이 오늘날의 용어를 빌자면 언어학자로서의 면모를 겸하고 있었다는 사실이 이를 뒷받침한다.

앞서도 언급했지만 〈神代〉에 문자가 존재했음을 학술적으로 진지하게 주장하는 연구자들이 근세 이후 속속 모습을 드러낸다. 즉 〈神代文字17) 존재론〉의 등장이다. 물론 당대에도 이에 대한 반대론도 있어서 양쪽 주장 사이에 격렬한 논쟁이 전개된다. 그런데 존재론을 주장한 면면들을 살펴보면 国学이나 神道18)와의 밀접한 관계가 인정되는 경우가 대부분이다. 그러니까 国粹的·尚古的 그리고 때로는 呪術的인 사상에 뒷받침되어, 神이 일본을 통치하던 시절에 독자적인 표기수단을 가지고 있었다는 신앙과도 같은 믿음을 가지고 강력하게 주장했던 사람들이 있었던 것이다. 다만 〈神代文字 존재론〉

---

16) 이하 일본의 '国学'는 특별히 문제가 없는 한 漢字로 써서 '国学'으로 통칭하기로 한다.
17) '神代文字'는 일본어의 발음으로는 '진다이모지', 그리고 우리 발음으로는 '신대문자'인데, 이하 본서에서는 漢字를 그대로 적기로 한다.
18) "일본에서 발생한 민족 신앙"(『広辞苑』)인 '神道'는 일본어의 발음으로는 '신토', 우리 발음으로는 '신도'인데, 이하 漢字로 적는다.

에 반대한 사람 가운데도 예컨대 伴信友(반노부토모, 1773-1846)와 같이 国学 관련자도 있었다. 그러나 그 역시도 국수적·상고적 사상까지 부정하는 것은 아니었다.

오늘날 막연하게 상상해보거나 종교적인 수사로서 이해하는 이야기가 학문의 세계에서 진지하게 주장되어왔다. 요컨대 "해가 떠오르는 나라" "言靈의 신묘한 작용으로 행복한 나라" "神의 나라"인 〈우월한 日本〉을 언어적인 측면에서 증명해보이려는 노력이 거듭되었고, 그 결정체 가운데 하나가 바로 '神代'에 고유한 '文字'가 있었다고 하는 〈神代文字 존재론〉인 것이다.

제2장

国語 그리고 国学의 외연

일본에서 메이지(明治)유신(1867-68)이 갖는 정치적·사회적 의미에 대해서는 종래 다양한 각도에서 논의가 진행되어 왔는데, 그 가운데 하나가 이를 계기로 일본이 근대국가로서의 외연을 갖추는 발판을 마련했다는 견해에 입각한 자리매김이다. 그런데 메이지유신 이후 〈국가의 심벌〉이라는 의미와 더불어 한편으로 〈표준적인 일본어〉로서 인식되는 '国語(코쿠고)[1]'라는 개념이 확립되고 그 용어가 일반에 널리 쓰이게 되었다. '国語'가 정착해가는 과정은 근대 일본의 역사와 병행하며, 보기에 따라서는 그것을 상징하는 것이기도 하다.[2] 이제

---

1) 이하 일본의 '国語'는 특별히 문제가 없는 한 漢字로만 적는다.
2) '国語'가 정착되어가는 과정에 대해서는 倉島長正(쿠라시마나가마사)(1997) 『「国語」と「国語辞典」の時代』(小学館) 및 長志珠絵(오사시즈에)의 『近代日本と国語ナショナリズム』(1998, 吉川弘文館), 「世紀転換期の「国語」の位相」(1999, 『世紀転換期の国際秩序と国民文化の形成』(西川長夫·渡辺公三編, 柏書房), イ·ヨンスク(이연숙)(1996)의 『「国語」という思想―近代日本の言語認識』(岩波書店), 그리고 安田敏朗(야스다토시아키)(2006)의 『「国語」の近代史』(中公

‘国語’와 ‘国学’에 관해 살펴보고자 하는데, 여기에서는 우선 『일본국
어대사전』의 ‘国語’와 관련된 항목부터 정리해두기로 한다.

1. 国語

『일본국어대사전』에는 "こくご【国語】"라는 표제어에 대해 다음
과 같이 4개의 항목을 마련하여 기술되어 있다.

> ① 어떤 한 나라에서의 공통어 또는 공용어. 그 국민의 주류를 이루
> 는 민족이 역사적으로 사용해온 언어로서 방언을 포함해서도 일
> 컫는다.
> ② 특히 우리나라에서, 일본의 언어. 日本語(니혼고). 미쿠니코토바.
> 邦語.
> ③ 借用에 의하지 않은 일본 교유의 말. 漢語, 외래어와 대비해 일컫
> 는다. 和語(와고). 야마토코토바.
> ④ 학교 교육 교과의 하나. 일본의 언어 및 언어문화를 취급한다. ‘漢
> 文’과 대치 또는 병칭되고, 또한 이것을 내용에 포함하는 경우가
> 있다.

『일본국어대사전』에서는 이와 같이 정의하고 각 항목에 대해 용례
를 제시하고 있는데, ①과 ④는 일반적인 정의 내지 교과목명이므로
제외하고,3) ②와 ③의 예로 들어진 것들을 살펴보기로 한다. 요컨대

新書1875, 中央公論新社) 등이 상세하다.
 3) 예컨대 西周(니시아마네)가 『明六雜誌(메이로쿠잣시)』25호(1874)에서 ‘国語’를

'国語'의 범위를 일본 내로 한정하고 때로는 漢字語와의 구별을 의식한 예들을 살펴보고자 하는 것이다.

먼저 ②와 관련해서는 다음과 같이 6개의 사용례가 제시되어 있다.

① 수필 『秉燭譚(헤이쇼쿠단)』(1729)

"일본에서 글꼬리에 반드시 아나카시코라고 쓰고 〈중략〉 아나란 国語에서 発語의 소리, 카시코란 황송해하는 것이다4)"(밑줄은 필자. 이하 같음.)

② 「한자폐지건의(漢字御廃止之議, 칸지온하이시노기)」(1866)〈前島密(마에지마히소카)〉

"이제 일본에 이르러 보니 句法 語格이 정연한 国語가 있음에도 이를 두고5)"

③ 「문부성제1연보」(1873) 나가사키(長崎)외국어학교

"때에 미국인인 웰헤키가 본교의 교사로 있은 지 여러 해가 되어 国語에 능통하여 教導의 직분에 적합하다6)"

④ 『明六雑誌(메이로쿠잣시)』(1874)「洋字를 가지고 国語를 적는 論」〈西周(니시아마네)〉

"이제 서양 글자를 가지고 和語(와고)를 적는데 그 이해득실은 과연 어떠한가. 〈중략〉 동몽의 초학은 먼저 国語에 능통하고, 이미

다음과 같이 사용하고 있다는 예가 제시되어 있다.
　"凡そ欧州に在りては人々大率学に志す者数個国の国語を学ばざる莫し(대개 유럽에서는 사람들이 대개 학문에 뜻을 둔 자는 수개국의 국어를 배우지 않는 경우가 없다)"(밑줄은 필자)
이는 ①의 예로서 제시된 것이다.
4)「日本にて文尾に必あなかしこと書き＜略＞あなとは国語にて発語の音、かしことはおそるることなり」
5)「今日本に来りて見るに句法語格の整然たる国語の有るにも之を措き」
6)「時に米人『ウエルヘッキ』本校の教師たる事玆に年ありて能く国語に通じ教導の任に適す」

일반 사물의 이름과 이치에 능통하여, 다음으로 각국의 말로 들어
갈 수 있다7)"

⑤ 『西洋道中膝栗毛(세이요도츄히자쿠리게)』(1870-76) 〈仮名垣魯文(카나가키
로분)〉11・下

"国語 国文(공히 우리나라를 가리켜 일컫는다)에 능통한 자는 곁에
두지 않는 일이 없다8)"

⑥ 「帝国教育会 請願書」(1890년 1월26일)

"国字 国語 国文을 개량하고 또한 이를 실행하기 위하여 정부에서
신속히 그 방법에 대한 조사에 착수해야 할 것9)"

다음으로 ③과 관련해서는 이하와 같은 예가 제시된다.

① 『寄合ばなし(요세아이바나시)』(1874) 〈榊原伊祐(사카키바라 코레스케)〉
初・下

"특히 요즈음엔 漢語가 유행하는데, 国語로 말하면 쉽게 알 수 있
는 것을 漢語로 어렵게 말하여10)"

② 「国語調査委員会 答申」(1905년11월21일)

"国語 및 漢字音의 長音에는 『ア, イ, ウ』를 쓰는 것을 정칙으로
하고 〈중략〉 단 외국어에는 『ー』을11)"

---

7) 「今洋字を以て和語を書す其利害得失果して如何＜略＞童蒙の初学先(まづ)国
語に通じ、既に一般事物の名と理とに通じ、次に各国の語に入るを得」
8) 「国語(コクゴ)国文(共に我国をさしていう)に通ぜし徒は坐辺に置かざるはなし」
9) 「国字国語国文を改良し、及び之を実行せん為に、政府に於て速に其の方法の
調査に着手せらるべきこと」
10) 「別して此節は漢語ばやりで、国語(コクゴ)で言へばつひわかる事を、漢語でむ
づかしくいふて」
11) 「国語及字音の長音には『ア、イ、ウ』を用ゐるを正則とし〈略〉但し外国語には
『ー』を」

　이상『일본국어대사전』의 ‘国語’ 관련 항목 가운데 ②와 ③의 의미에서 쓰인 예들을 살펴보았는데, 19세기 중엽 이후의 사용례가 대부분이며, 또한 대체로 외국 또는 외국어를 의식한 ‘国語’로서의 쓰임새가 많다고 할 수 있다. 이는 일본이 근대국가로서의 성격을 띠게 된 것을 외국을 끊임없이 의식한 결과로 보는 생각과도 부합한다고 할 수 있을 텐데, 아무튼 외국어와 대비되는 ‘国語’라는 점에서는 오늘날의 감각에서 말하는 ‘일본어’와 그다지 다를 바 없는 이미지를 가지고 ‘国語’가 쓰이기 시작했다고 할 수 있겠다. 실제로 메이지 초기에는 ‘国語’와 같은 의미로서 ‘日本語(니혼고)’도 빈번하게 사용되었다.

　근대 일본어사전의 효시라고 할『언해(言海, 겐카이)12)』는,

　　(一) 이 책은 <u>日本 普通語</u>의 辞書이다.

에서 시작하여,

　　(三) <u>日本語</u>를 가지고 <u>日本語</u>를 풀이한 것을 日本辞書라고 칭할 것
　　　　이다.

라 하여 “日本語”를 거듭 강조하고 있다. 이처럼 근대 초기에는 ‘国語’와 ‘日本語’가 병용되고 있었는데, 그것이 서서히 ‘国語’ 쪽으로 기

---

12) 『言海』는 오십음도(五十音図) 순으로 39,000어를 배열하고 각각의 발음·품사·어원·어석·출전을 제시한 사전인데, 이에 대한『広辞苑』의 설명은 아래와 같다.
　　국어사전. 大槻文彦(오오쓰키후미히코) 편. 1권. 文部省의 명을 받아 1875년(메이지8) 起稿, 86년에 완성한 후, 정리를 덧붙여 89-91년 간행(4분책). 표준적 사전으로서 오랫동안 권위를 유지.

울어져서 공식적으로는 항상 '国語'로 통일되고 '日本語'는 드러내 사용하지 않게끔 된다.[13) 일본에서 사용되는 언어를 바라보는 시점에 이를테면 변화가 있었다고도 할 수 있을 텐데, 이는 내셔널리즘의 대두와 무관하지 않은 것으로 보인다.

"국민국가"를 지향하는 메이지 신정부에게 있어서 교육의 보급은 최대의 관심사였으며,[14) 교육 가운데서 '国語' 교육이 그 근간을 이루는 선결과제였을 것이다. 이를테면 언어정책이 핵심 과제로 대두된 것인데, 다만 일본의 근대라고 할 수 있는 메이지·타이쇼(大正, 1912-1926)·쇼와(昭和)前期(1945년 이전)를 거치면서 소위 〈国語国字問題[15)〉

---

13) 京極興一(쿄고쿠오키카즈)(1996)는 『「国語」とは何か』(東宛社)에서, '国語'가 정착된 것은 메이지 중기라는 견해를 밝히고 다음과 같이 지적한다.
   그 정착을 보이는 지표로서는, 일반사회에서의 사용 증가는 물론이고 国政과 깊은 관계에 있는 교육이나 언어제작 분야 또는 학문연구 분야에서의 사용 증가 특히 공적 사용의 확립을 들 수 있다.

14) 西川長夫(니시카와나가오)는 『世紀転換期の国際秩序と国民文化の形成』(1999, 柏書房)에서 다음과 같이 지적한다.
   메이지 정부가 교육에 힘을 쏟은 것은 당시의 자유민권운동이나 반정부적인 나쁜 풍조로부터 교육을 지켜 교육의 중립과 비정치화를 추구했다고 하기 보다는 오히려 교육을 국민 형성을 위한 가장 중요한 영역으로 규정하고 적극적으로 그 정치화를 도모했기 때문일 것이다.〈중략〉유신 정부의 교육에 대한 관심은 몹시 강해서, 처음 몇 년 사이에 대학교와 초중학교의 규칙을 정하고, 나아가서 農학교 남녀 사범학교 설치 등과 같이 신속하게 대응했다.(pp.20-21)

15) 일본의 〈国語国字問題〉의 외연을 간략하게 설명하기란 쉽지 않은데 여기에서는 『국어학연구사전(国語学研究事典)』(1981, 明治書院)의 관련 기술을 인용해두기로 한다.
   「国語問題」에는 방언과 표준어의 문제, 현대일본어에 있어서의 외래어 남용 문제, 혹은 인도나 벨기에 등지에서의 언어분쟁 등 다양한 문제가 포함되는데, 일본의 国語問題의 대부분은 「国字問題」 즉 표기법을 둘러싼 제 문제라고 할 수 있다. 国字問題는 漢字 수입에서 시작된다. 漢文訓読이라고 하는 독특한 번역기술, 기록체(変体漢文)의 창조, 그리고 카타카나·히라가나의 성립 등 모두가 이질적인 언어인 중국어의 문자 체계를 어떻게 日本化해 왔는가 하는 역사이며, 현재 표기법의 문제점, 漢字의 音訓과 오쿠리가나(送り仮名)의 문제도 이 시점까지 거슬러 올라갈 수 있는 것이다.

는 수많은 전문가들이 각자 자기 나름의 의견을 개진하는 혼전양상을 띠며 전개되어간다. 요컨대 '근대화'를 '文明化'라고 할 때, 그 과정에서 '国語' 즉 일본어를 개량해야만 할 대상으로 설정하는 데에는 많은 사람들이 공감하였으나, 구체적으로 어떻게 개량할 것인가에 대해서는 사회적 합의가 도출되지 않았다고 할 수 있다. 덧붙여 '개량'이라는 말이 성립하려면 이제까지 사용해오던 일본어에 문제가 있었다는 인식이 전제되는 것인데, 이 또한 의견이 갈리는 부분이기도 하다. 그리고 이러한 논의들은 예컨대 그들이 '外地'라고 부르는 식민지에서의 언어교육 문제와도 맞물려 복잡하게 전개되어간다.

그런데 그 일련의 과정에서 근세에 면모를 갖춘 '国学'이 적잖은 영향을 미쳤다는 것은 널리 알려진 사실이다. 이는 어찌 보면『고사기』나『일본서기』와 같은 고전의 해석에 힘을 쏟아온 '国学'은 다름 아닌 언어에 대한 관심에 뿌리를 두고 있었던 만큼, '国語'라는 개념이 확립되어가는 과정에서 종래의 언어에 대한 견해가 투영된다는 것은 지극히 상식적인 전개였다고 해야 마땅할 것이다.

또한 본서에서 주로 논의하고자 하는 〈神代文字〉 존재론 역시 '国学'과 뗄 레야 뗄 수 없는 관계에 있다. 이에 神代에 文字가 존재한다는 주장의 등장과 전개 그리고 후대에 끼친 영향 등에 대해 살펴보기에 앞서 여기에서는 일본 '国学'의 내용과 성격에 대해 간략하게 정리해두기로 한다.

2. 国学

   일본 '国学'을 학문적으로 정의내리기란 간단치 않다. 참고삼아 일본 고등학교의 일본사 교과서를 살펴보면 대략 두 시대에 관한 기술 가운데 〈国学〉이라는 항목이 등장하는 모양이다.[16] 하나는 나라(奈良)시대에 관한 기술 가운데 있고, 다른 하나는 에도(江戸)시대에 있다. 나라시대 쪽은 당시 설치되어 있던 〈학교〉를 가리키는 것으로서 중앙을 '大学(다이가쿠)', 지방을 '国学(코쿠가쿠)'라고 칭했다는 내용이다. 그러니까 이 경우는 〈학문〉과는 관계가 없는 것이라고 할 수 있다. 그리고 나머지 하나가 '에도시대의 国学'이다.

   한편『일본국어대사전』에서 표제어〈国学〉을 찾아보면 다음과 같은 기술이 보인다.

> 에도시대 중기에 시작된 학문의 하나.『고사기』,『일본서기』,『만엽집(万葉集, 만요슈)[17]』등 일본의 古典을 문헌학적으로 연구하여 일본 고유의 문화를 규명하고자 한 것. 契沖(케이추)·荷田春満(카다노아즈마마로)·賀茂真淵(카모노마부치)·本居宣長(모토오리노리나가)·平田篤胤(히라타아쓰타네) 등을 중심으로 전개되었다.

---

16) 中沢伸弘(나카자와노부히로)(2006)『やさしく読む国学』(戎光祥出版) p.12 참조.
17)『万葉集』에 대한『広辞苑』의 설명을 정리하면 아래와 같다.
   (万世에 전해질 集, 또는 수많은 잎(葉) 즉 歌의 집이라는 의미라고도 함) 현존 最古의 歌集. 20권. 仁徳天皇 皇后가 지었다고 하는 노래에서 淳仁(준닌)天皇 시대의 노래(759년)까지 약 350년간의 다양한 노래와 시, 서한 등을 수록. 편집은 大伴家持(오오토모노야카모치) 등의 손을 거쳤다고 여겨진다.

여기에서 잠시 위에 언급된 다섯 인물에 대해 정리해두기로 한다. 자세하게는 필요에 따라 후술하기로 하고, 일단 『일본인명대사전(日本人名大辞典)』(講談社)의 해당 항목에 대한 기술을 바탕으로 간단히 소개하는 수준에서 그치도록 하겠다.

2.1. 주요 国学者들

먼저 契沖(1640-1701)는 에도시대 전기의 国学者이다. 真言宗(신곤슈)의 승려로서 下河辺長流(시모코베초류)[18]의 영향을 받아 古典을 연구했다. 徳川光圀(토쿠가와미쓰쿠니)의 의뢰로 『만엽집』을 주석하여 『만엽대장기(万葉代匠記, 만요다이쇼키)』를 지었다. 또한 『화자정람초(和字正濫鈔, 와지쇼란쇼)』 등에서 역사적 가나철자법(歴史的仮名遣, 레시키테키카나즈카이)을 제창했으며, 실증적 고전 연구의 방법을 확립하여 国学 흥륭의 기초를 세웠다.

다음으로 荷田春満(1669-1736)는 에도시대 전기-중기의 国学者이다. 江戸(에도) 즉 지금의 東京(토쿄)에서 幕府(바쿠후)가 소장하고 있던 일본서적의 鑑定 등에 종사했다. 1723년 京都(쿄토)로 돌아가 고전 연구에 임하여, 古学의 영역을 넓혀 復古의식을 명확히 했다. 제자로 賀茂真淵 등이 있다.

다음으로 賀茂真淵(1697-1769)는 에도시대 중기의 国学者, 歌人이다. 荷田春満에게 수학했다. 荷田春満 사후에 에도에 나가 国学을 가지고 田安宗武(타야스무네타케)를 섬겼다. 『만엽집』을 중심으로 古

典을 연구했으며, 일본 古代 정신의 의의를 강조했다. 또한 만엽 풍의 노래를 읊어 가단에 영향을 미쳤다. 문인으로 本居宣長 등이 있다.

다음으로 本居宣長(1730-1801)는 에도시대 중기-후기의 国学者이다. 伊勢(이세) 松坂(마쓰사카) 사람이다. 어머니의 권유로 京都에서 유학했으며, 掘景山(호리케이잔)에게 儒学을 배우고 荻生徂徠(오규소라이)의 학풍과 契沖의 고전 연구로부터 깨우침을 받는다. 또한 의학을 배워 고향에서 개업한다. 그 한편으로 国学을 연구하여 賀茂真淵 문하로 들어간다. 古語의 실증적 분석을 행해 일본 독자적인 '古道'를 주장했다.

마지막으로 平田篤胤(히라타아쓰타네, 1776-1843)는 에도시대 후기의 国学者이다. 지금의 秋田(아키타)현 출신으로 大和田(오오와다) 姓이었으나 20살에 에도로 나와 平田(히라타) 가문의 양자가 된다. 本居宣長 사후의 문인을 자칭한다. 儒教를 비판하고 尊王사상을 주장하여, 幕府 말기의 尊王攘夷운동에 영향을 미쳤다.

2.2. 国学의 외연

이제 다시 '国学'의 이야기로 돌아오기로 한다. 일본의 国学이란 〈에도시대에 새롭게 등장한 학문으로서, 불교와 유교가 전래되기 이전에 일본인이 본래 가지고 있던 민족성이나 문화를 일본의 古典에 의거하여 밝혀내고자 한 학문 분야〉라고 풀어 말할 수 있겠다. 그러나 이것만으로 国学이라는 학문분야의 내용을 빠짐없이 설명한 것은 아니다. 왜냐하면 일본의 国学은 처음부터 '国学'이라는 학문 분야를 설정해 놓고 시작된 것이 아니었고, 에도시대 초기부터 메이지시대에 걸쳐 전개되어 가는 과정에서 실로 광범위한 내용을 담은 학문으로 확산되어 갔기 때문이다. 따라서 '国学'이라는 용어에 대해서 저마다 나름대로의 독자적인 인상을 갖게 되었고, 그 전체상을 한마디로 정의하는 것은 거의 불가능에 가깝게 되어버린 것이다.

오늘날 일반적으로 이해하는 国学이라는 명칭이 정착된 것은 사실 메이지시대 이후라고 할 수 있다. 그렇다면 에도시대에는 国学이라는 용어가 없었는가 하면 그렇지는 않다. 国学이라는 명칭을 처음으로 사용하기 시작한 것은 京都 伏見(후시미)에 있는 稲荷(이나리)神社에서 神官 직을 맡고 있던 荷田春満라고 하는데, 사실은 이도 명확하지 않은 모양이다. 한편 国学을 집대성한 인물로 일컬어지는 本居宣長는 国学이라는 명칭을 그다지 좋아하지 않아 "몹시 나쁜 표현"이라고까지 말하고, 대신 〈古学〉이라는 용어를 사용했던 것으로 유명하다. 아래에 『우이야마부미(うひ山ぶみ)』(1799)의 한 구절을 인용한다.[19)]

物学(모노마나비)[20)]란 皇朝의 학문을 일컫는다. 본디 예로부터 단지 학문이라고 하면 漢学을 가리키는 것이므로 이와 구분하기 위해 皇国의 학문을 和学(와가쿠) 또는 国学 따위와 같이 이르는 예가 있는데, 이는 몹시 나쁜 표현이다. 〔1〕

또한 '古学'에 대해서는 다음과 같이 언급한다.

---

19) 본서에서는 메이지시대 이전 고문헌을 인용하는 경우, 각주로 붙이거나 또는 그 원문을 책 말미에 모아서 제시하는 것을 원칙으로 한다. 인용문 말미의 〔 〕 안에 넣은 번호는 그 순서를 뜻한다.
20) 제 사물과 사항을 배우는 것. 곧 학문의 뜻이다.

古学이란 모든 후세의 설에 연연하지 않고 무슨 일이나 古書에 의
거하여 그 뿌리를 생각하여 上代에 관한 일을 상세하게 밝히는 학문
이다.
[2]

이처럼 本居宣長는 古典에 대한 연구를 통해 옛 시절 일본인이
가지고 있었던 생각을 연구하는 학문이 '古学'이라고 했던 것이다. 그
럼 여기에서 잠시 '古学'이라는 용어의 사용 범위에 대해 살펴두겠다.

国学을 집대성했다고 일컬어지는 만큼, 本居宣長의 학문적 위상
을 감안할 때 에도시대에는 주로 '古学'이라는 용어가 널리 쓰였을
것으로 짐작되는데, 후대에도 일본 최초의 国学者 단독의 伝記集인
『고학소전(古学小伝, 코가쿠쇼덴)』이 있다. 본서는 1886년 그러니까 메
이지로 따지면 19년에 출간된 것으로, 지은이는 下総(시모우사) 佐原
(사와라)의 清宮秀堅(세이미야히데카타, 1809－1879)인데, 사실은 에도막
부 말기인 1850년대에 초고가 완성되어 있었던 모양으로, 그 최초의
명칭을『고학전략(古学伝略, 코가쿠덴랴쿠)』이라고 할 예정이었다고 한
다. 여기에도 '古学'이라는 용어가 변함없이 사용되고 있다.

다만 모든 학문에 대해 古学이라고 불렀던 것은 아니고 〈国学〉이
라는 명칭도 함께 사용되었다. 예컨대 尾張(오와리) 東照(토쇼)宮의
신관 吉見幸和(요시미유키카즈, 1673-1761)는『국학변의(国学弁疑, 코쿠
가쿠벤기)』(1746)를 저술했는데 본서는 다른 이름으로『신학변의(神学
弁疑, 신가쿠벤기)』라고도 한다. 또한 荻生徂徠(1666-1728)를 찾아가 国
学을 비판한『국학변(国学弁, 코쿠가쿠벤)』, 그것을 옹호한 榊原久民
(사카키바라히사타미)의 『국학변익(国学弁翼, 코쿠가쿠벤요쿠))』(1819) 등
에 '国学'이라는 명칭이 쓰이고 있음을 확인할 수 있다. 讃岐国(사누

키노구니) 多度津(타도쓰)藩의 가신인 森長見(모리나가미, 1742-1794)의
『국학지패(国学志貝, 코쿠가쿠시카이)』(1783) 등은 国学 수필이다. 이처
럼 '国学'이라는 명칭 역시 자유롭게 쓰이고 있었다.

그리고 '古学'이나 '国学' 이외에 이 시대에는 '和学' '皇学(코가쿠)'
'皇国学(코코쿠가쿠)' '미쿠니마나비' '古道学(코도가쿠)' '本教学(혼쿄가
쿠)' 등과 같은 용어도 있었다. 이들은 모두 비슷한 대상을 지칭하고
있지만 그것이 가리키는 구체적인 의미는 조금씩 달랐던 모양이다.
'和学'도 널리 쓰인 말인데, '和'는 '倭' 즉 일본을 가리키는 것으로서
주로 '漢'과 대비하여 사용된다. 그러므로 '和学'는 '漢学'을 의식한
명칭이라고 할 것이다. '和学'에 대해서는 賀茂真淵의 문하인 村田
春海(무라타하루미, 1746-1811)의 『화학대개(和学大概, 와가쿠타이가이)』
에 다음과 같은 기술이 있다.

> 和学를 거론하고자 하면 우선 3개의 과 정도로 나누어야 한다. 먼
> 저 제1로 国史実録의 학을 1과로 하고, 다음으로 律令典故의 학을 1
> 과로 하고, 다음으로 古言을 解釈하는 학을 1과로 삼아야 한다. [3]

이처럼 村田春海는 '和学'의 내용을 크게 셋으로 나누고 있다. 먼
저 "국사실록" 즉 역사에 관한 학문이고, 다음으로 "율령전고" 즉 법
제와 전례 고실과 같은 옛 관습 등을 배우는 학문, 마지막으로 "고언
해석" 즉 고어 및 고전을 연구하는 학문인 것이다. 本居宣長도 이와
비슷한 언급을 하고 있는데, 国学의 입문서로서 널리 알려져 있는
『우이야마부미』의 첫머리에서 다음 네 가지를 주요한 학문으로 들고
있다. 즉 道를 오로지 배우는 "神学"(또는 "道"의 학문), 관직·의식·

율령·故実·차림새(裝束)·세간(調度) 등을 배우는 "有識의 学", 예로부터의 史書 등을 배우는 "史学"(또는 "記録"), 노래를 읊거나 노래 이야기 등을 해명하는 "노래(哥)의 배움(学び)" 즉 '歌学'이 그것이다.

이를 다시 정리하자면, 먼저 "神学"이란 神社나 神道와 같이 일본에서 예로부터 전해 내려온 신앙에 대해 배우는 것이라고 할 수 있다. 다음으로 "有識의 학"이란 오늘날에도 '유식한 사람'과 같은 말이 있는 것처럼 이는 '박식함'을 의미하는데, 여기에서는 先例 등을 연구하는 '有識故実'의 학문을 가리킨다. '선례'란 율령과 법제, 의식의 규칙 등을 가리키는 것으로서, 궁중에서의 차림새, 武家의 예의도 여기에 포함된다. 다음으로 "史学"이란 오늘날의 용어로 말하자면 '일본의 역사'에 해당하는 것이다. 『일본서기』를 비롯한 六国史(릿코쿠시)21)와 세상의 움직임과 변화를 기록한 역사서를 바탕으로 '時代'라는 것을 다시 음미하는 분야이다. 마지막으로 '歌学'이란 문자 그대로 노래를 배우는 것인데, 노래뿐만 아니라 '歌文'이라 하는 것에서 알 수 있듯이 노래와 문장, 이를테면 일본의 고전문학에 대한 학문이라고 할 수 있다. 노래를 읊기 위해서는 옛 노래에 대한 지식이 필요불가결한데, 옛 歌文에 대한 주석을 붙이거나, 그 의미를 탐구하거나, 나아가 그 말을 사용하여 노래와 글을 짓고자 했던 것이다. '文法'의 연구도 여기에 포함되며, 나아가서는 일본어의 역사에 대한 고찰 전반을 의미하기도 한다. 이처럼 本居宣長가 말하는 학문의 범위는 대단히 넓다.

---

21) 六国史란 나라(奈良)·헤이안(平安)시대에 편집된 6개의 国史를 가리키는 것으로서, 『日本書紀』(720), 『続日本紀』(797), 『日本後紀』(840), 『続日本後紀』(869), 『日本文徳天皇実録』(879), 『日本三代実録』(901)의 총칭이다.

한편 国学의 선구자 가운데 한사람인 荷田春満가 집필한 것으로 전해지는 『창학교계(創学校啓, 소각코케이)』(1728)에는 "格律" 즉 국사 율령의 학, "和歌之道" 및 "神道"가 国学의 골격을 형성하는 것으로서 제시되어 있다. 이들 학문은 단지 国学의 내용을 형성하는 것으로서 구상되는데 그치지 않고 荷田春満·本居宣長 등에 의해 실제로 추구되고 또한 그 문인들에 의해 각기 계승 발전되어 근세 国学의 구체적 외연을 구성하기에 이르렀다. 요컨대 '国学'에는 실천적 의미까지도 포함된다고 할 수 있다.

한마디로 〈国学〉으로 표현되는 학문은 이처럼 광범위한 분야를 아우른다. 오늘날 이야기하는 역사, 문학, 문법, 어휘, 고증, 법률, 사상, 경제, 정치 등을 종합한 '학제적' 학문이 바로 '国学'인 것이다. 또한 이렇게 광범위한 '国学'을 연구했던 '国学者'의 대부분은 오늘날의 연구자나 대학의 교수와 같이 직업으로서의 '国学者'가 아니라 나름의 고유 생계 수단을 따로 갖고 있었다는 점도 특징적이라고 할 수 있다. 즉 때로는 서민이나 상공인으로서, 또는 승려나 무사와 같은 신분에서 일본 및 일본인을 바라보고 있었으며, 예컨대 本居宣長의 경우는 의사로서도 명성을 얻고 있었던 것으로 알려져 있다. 그리고 그들은 현실 정치에도 직간접적으로 영향을 미친다.

2.3. 国学의 영향

일본 国学의 성립과 학문적 전개에 있어서 本居宣長와 平田篤胤는 빼놓을 수 없는 주요 인물이다. 그런데 일제강점기에 文部省 주도로 작성된 『국체의 본의(国体の本義)』[22](1937)를 보면 国学의 의의에 대해 언급하면서 이들에 주목한다. 「에도시대의 尊皇精神」이라는 소제목의 기사를 아래에 인용한다.

儒学 방면에 있어서의 대의명분론과 더불어 중시해야 할 것은 国学의 성립과 그 발전이다. 国学은 문헌에 의한 古史 古文의 연구에서 출발하여 복고주의에 입각하여 古道・惟神의 大道를 역설하고, 국민 정신의 작흥에 기여하는 바가 컸다. 本居宣長의 『고사기전(古事記伝, 코지키덴)』과 같은 것은 그 제일로 들어야 할 텐데, 平田篤胤 등도 惟神의 大道를 설파하고 国学에 있어서의 연구 성과를 실천에 옮기고 있다. 徳川(토쿠가와) 말기에 있어서는 神道家・儒学者・国学者 등의 학통은 志士 사이에 交錯되고, 尊皇 사상은 攘夷説과 맞물려 勤皇의 志士를 奮起시켰다. 실로 国学은 우리 国体를 明徴하게 하고 이를 선양하는 데 힘써 메이지 유신의 원동력이 되었던 것이다.   (pp.58-59)

위 인용문 가운데 본 연구에서 특히 주목하고자 하는 것은 平田篤胤가 "国学에 있어서의 연구 성과를 실천에 옮기고 있다"고 한 부분

---

22) 1931년부터 1945년 사이 일본의 교육, 학문 및 사상을 통제하는 역할은 다름 아닌 문부성 그 가운데서도 教学局이 담당했다. 이에 대해 長谷川亮一(2008, 『「皇国史観」という問題 : 十五年戦争期における文部省の修史事業と思想統制政策』白澤社. p.3)는 다음과 같이 지적한다.
　문부성 스스로는 군(헌병)이나 내무성(경찰)과는 달리, 위험사상에 대한 감독 자체를 한 것은 아니지만, 주로 교학국을 통해 일본국내에 있어서의 학문・교육・사상을, 그것이 국체론에 의거한 것이 되도록 컨트롤하고 있었다. 또한 長谷川(하세가와)는 "통제"라는 말을 "국가에 있어서 바람직하지 않은 사상에 대한 감독이라는 소극적인 측면뿐만 아니라, '바른' '바람직한' 사상의 선전이라는 적극적 측면까지 포함"하여 논의해야 한다고 주장한다. 1937년 문부성이 편찬한 『국체의 본의』는 일본의 역사를 당시 이데올로기에 뒷받침되어 '天皇'를 중심으로 "바람직"하게 기술하고자 했던 결정체였다는 점에서 주목해야 할 것이며, 이를 전후한 일본인 또는 일본지식층의 사고의 단면을 보여준다. 아울러 『국체의 본의』는 근세 일본의 国学이 메이지와 타이쇼 시대를 거쳐 다다른 종착점이기도 하다.

과 '国学'이 "国体를 명징하게" 하는 데 실천적으로 관여하고 있다고 밝힌 부분이다.[23] 이는 일제강점기 '国語'정책을 총괄하고 있던 文部省이 천명한 입장이었던 만큼 적잖은 의미를 갖는다.

그런데 일반적인 일본인에게 있어서 현재 상황에서 '国学'이라고 하면, 고루한 학문 방식이라는 느낌과 더불어 소위 말하는 극우단체가 연상되는 등 어딘가 어두운 인상이 있는 모양이다. 이는 古典에 뿌리를 둔 학문이라고 하는 '国学'의 기본자세에도 기인하지만, 다른 한편으로는 이 '国学'적 사상의 결정체라고 할 수 있는 '国体'라는 개념이 제2차 세계대전 중에 교묘하게 선전되었던 사실과도 관련이 있다는 점에 주의할 필요가 있다.[24]

戰時 곧 비상시에는 누구나 마음의 의지가 되는 무언가를 찾게 마련이다. 정신력 고무 등을 위해 예컨대 "일본은 神의 나라이다. 결국에는 神風(카미카제)가 불어서 일본은 반드시 이기게 된다"고 선전했던 것이다.

이처럼 일본이 위기에 봉착했을 때 〈神国〉을 부르짖는 예는 쉽게

---

23) 前田勉(마에다쓰토무)는 『近世神道と国学』(2002, ぺりかん社, p.363)에서 다음과 같이 언급한다.
　　平田篤胤의 사상은 후기 水戸(미토)学과 더불어 메이지국가의 「国体」이데올로기 형성에 커다란 영향을 미쳤다고 이야기된다. 그 가운데서도 국가를 家의 연장 확대로서 관념하게 하는 가족국가관은 주목해야 한다.
24) 長尾龍一(나가오류이치)는 「国体論史考」(1997, 『日本人の自己認識』소수, 岩波書店, p.65)에서 '国体'와 전쟁과의 관계에 대해 아래와 같이 언급한다.
　　国体란 旧 일본에 있어서의 국가숭배의 종교이다. 「부조리하기 때문에 나는 믿는다」. 종교가 이성을 압도하는 권위의 체험이라고 하면 国体도 또한 그 부조리 때문에 믿어졌다. 「일본은 다른 나라를 정복할 권리를 가진 神国으로 天皇는 기적을 드러내는 現人神이다」라는 식의 신앙 항목이 세계에서 가장 교육수준이 높다고 했던 국가의 최고 지식인들을 세계를 상대로 한 전쟁에 내몰았던 것이다.

찾아볼 수 있다. 예컨대 페리 제독이 일본을 찾았을 때, 그러니까 종래의 쇄국정책에 수정을 강요받은 1853년, 미토(水戸)藩의 제9대 藩主이면서, 마지막 将軍(쇼군) 德川慶喜(토쿠가와요시노부)의 아버지인 德川斉昭(토쿠가와나리아키, 1800-1860)는 미국과의 화친을 도모해서는 안 되는 10개조의 이유를 제시하여 幕府에 건의하는데[25] 여기에 "神国"과 "国体"가 강조되어있다.

和戦의 利害, 戦을 주로 삼으면 천하의 사기가 서고, 가령 일시적으로 패하더라도 결국에는 오랑캐를 물리치며, 和를 주로 삼으면 당장은 평온한 듯해도 천하의 평판을 떨어뜨려 나중에는 멸망에까지 이른다는 것은 중국 역사에 있어서도 명백한 증거가 있으며, 고금 識者들의 명확한 논이 있으므로, 자세한 것은 말씀드리지 못하지만 이제 시험 삼아 그 대략을 논하오니, 결코 화친해서는 안 되는 이유가 10개조 있습니다.

神国은 넓이가 광대하지 않습니다만, 오랑캐들로부터 帝国이라 존숭되고 공포의 대상이 되는 것은, 필경 옛날 神功(진구)皇后의 三韓정벌, 1281년의 몽고 퇴치, 1592년의 조선 정벌, 1612년・1638년의 그리스도교 禁絶 등, 그 明断과 威武가 해외에 떨쳤기 때문입니다. 그런데 이번에 도래한 아메리카 오랑캐가 위중한 禁制를 알면서도 浦賀(우라가)에 들어와 和睦의 신호인 백기를 내밀며 무리하게 친서를 바치고, 더구나 内海에 들어와 空砲를 쏘고 제멋대로 측량까지 하니, 그 건방지고 무례함이 말로 표현할 수 없고, 실로 개벽 이래의 국치라고 해야 할 것입니다. 굴욕적인 항복 조약은 나라의 수치라 생각하

---

25) 아래 인용문은 吉田常吉・佐藤誠三郎校注(1976) 『幕末政治論集』(日本思想大系56, 岩波書店. p.9)에 의한다.

는 바, 위와 같이 禁制를 범하고 도읍에 가까운 内海에 들어와 우리
를 접주고 우리에게 요구하는 오랑캐를 퇴치하지 않으실 뿐만 아니
라 만에 하나라도 친서를 승낙하신다면, 황공하오나 <u>国体</u>에서 끝날
일이 아니오니 결코 화친해서는 안 되는 첫 번째입니다.(밑줄은 필자)

〔4〕

확실히 国学을 대표하는 本居宣長는 "일본은 神의 나라"라고 『직
비령(直毘霊, 나오비노미타마)』(1771) 등에 썼지만, 그러니까 本居宣長
는 『고사기』의 기술을 바탕으로 일본은 天照大神(아마테라스오오미카
미)가 태어난 '神의 나라'라고 확신을 갖고 기술하고 있지만, 〈비상시
에 神의 도움이 있다〉라고는 쓰지 않았다. 이것은 혼동되어서는 곤
란한 문제임에도 불구하고 민중을 선동하는 방편으로 적극적으로 이
용되었던 것이다.

결국 전쟁 중에 神風는 불지 않았다. 패전 후, 전쟁 상황에서 사물
에 부여되었던 가치관이 역전되었으며, 기존에 사용되던 교과서의 내
용이 부정되는 시대가 찾아왔다. "일본은 神의 나라가 아니었다. 本
居宣長는 거짓말을 했다" 하여 国学은 묵살되기에 이른다. 그러나
本居宣長를 비롯해서 수많은 国学者들이 일본의 고전에 절대적인
신뢰를 둔 것을 '국수주의'나 '황국지상주의'라고 한마디로 정리하기는
어려울 것 같다. 国学은 보다 폭넓은 영역과 자유를 가진 학문으로
서, 오늘날 일본의 인문계 학문의 기초는 에도시대 国学者들의 진력
에 의해 마련되었다고 해도 과언이 아닐 것이기 때문이다. 다만 神風
가 전쟁에 이용되었던 것과 마찬가지로, 国学者들의 논리 역시 그들
이 원했건 원치 않았건 '국수주의'나 '황국지상주의'의 형성과 전개에

일익을 담당했던 것도 사실일 것이다. 아울러 国学의 관점에서 바라
본 언어관이 '国語'라는 이념적 결과물이 확립되어가는 과정에 투영
되었을 개연성 역시 크다.

제3장

言霊사상

豊田(토요타, 1982)[1]는 国学의 성과 가운데 하나로서 "言霊사상의 발굴"을 든다.

일본의 근세는 言霊사상 쪽에서 보더라도 부흥기라고 할 수 있다. 国学者에 의한 古典의 발굴은 곧 言霊사상의 발굴이기도 했다. 그것은 어학자들로 대표된다고 하는 편중이 있었지만, 극단적으로 신비주의적인 音義言霊説이라는 것을 전개한다. 그들의 대부분은 오십음도(五十音図, 고주온즈)를 코토다마가 뚜렷하게 드러난 것이라고 믿을 정도였다. 이 역시도 서양의 과학사상이 유입되면서 힘없이 소멸되고 말았다.   (p.16)

요컨대 国学의 융성은 일본 민족의 언어에 대한, 그리고 본성에 대한 성찰이었기에 가능했지만, 그것이 결국 논리성이 결여된 신비주

---

1) 豊田国夫(1982)『日本人の言霊思想』講談社(講談社学術文庫:483)

의로 이어졌고, 이러한 상황에서 서구의 실증적 학문과 접촉함으로써 붕괴되는 차례로 전개되었다고 보고 있는 것이다.

그런데 앞서 언급한 바와 같이 일본은 "言靈의 신묘한 작용으로 행복한 나라"라고 여겨져 왔다. 여기에서는 우선 『일본국어대사전』에서 표제어 〈言靈(코토다마)〉를 찾아보기로 하는데, 이에 대해 "古代에 말에 깃든다고 믿은 靈力. 발화된 말의 내용 그대로의 상태를 실현할 힘이 있다고 믿어졌다"는 기술이 눈에 띈다. 그리고 '코토다마'가 쓰인 고전 용례 세 가지가 제시되어 있다.

○ 『만엽집』
  "야마토 즉 일본은 事靈(코토다마)가 돕는 나라입니다. 평안하십시오.[2]"
○ 『類従本賀茂女集(루이쥬본카모노무스메가슈)』(10c이후)
  "万世에 비추는 해의 뿌리가 되는 나라 즉 일본은 코토다마를 가지기에 합당했다.[3]"
○ 『延喜御集(엔기교슈)』(967-1000경)
  "당신이 축복해준 노래의 말에 영력이 깃들어 있다면 수 백 년 장수하여 사라지지 않는 달빛 즉 주군의 영광을 볼 수 있겠지요.[4]"

위에 제시한 '코토다마'의 용례들을 살펴보면, 일본 및 일본 통치자와 연관된 것들로서, 확실히 국가의식과 깊은 관련이 있음을 알 수 있다. 그런데 『일본국어대사전』의 〈言靈〉 항목의 語誌 부분에는 "幕

---

2) 「しき島のやまとの国は事靈(ことだま)のたすくる国ぞまさきくありこそ」
3) 「万世(よろづよ)照らす日の本の国、ことたまを保つにかなへり」
4) 「いはひつることたまならばももとせの後もつきせぬ月とこそ見め」

府 말기 이후의 국수주의적인 言靈사상에 의해 神代로부터 일본에 있었던 고유한 것으로 여기는 경향이 있지만, 上代의 용례는 『만엽집』의 3예에 불과하다"는 기술도 있다. 앞서 제시한 1예를 제외한 나머지 둘은 다음과 같다.

> "神代로부터 전해져오기로는 일본은 皇神(스메카미)가 위엄을 갖춘 나라, 말의 영력이 풍성한 나라라고 전해 내려왔다.[5]"

> "언령이 작용하는 수많은 거리에서 길흉을 점쳤다. 점괘는 명료하게 나왔다. 내님이 나에게 다가올 것이라고.[6]"

위의 두 가지 예 가운데 전자는 국가의식과의 관련이 인정되지만, 후자의 경우는 그저 주술적인 의미만을 갖는 것으로 보인다.

이처럼 『만엽집』에 "言靈(코토다마)" 또는 "事靈(코토다마)"와 같은 어휘가 쓰이고 있는 것에 대해 豊田(1982)는 "이는 당대 사람들이 말에 精靈이 깃들어 있다고 생각했던 것"(p.11)을 보여준다고 지적한다. 또한 말에 내재하는 언어 정령의 힘에 의해 인간의 행불행이 좌우된다는 생각이 다양한 습속의 형태로 전승되고 있으며, 모든 사물에 정령이 깃들어 있다고 하는 사상은 일종의 애니미즘과 유사한 것으로서 "言靈사상도 이러한 정령 신앙의 연장선상에 있는 것"(p.11)이라고도 언급한다. 요컨대 言靈사상이란 언어가 가진 주술적 힘에 대한

---

5) 「神代(かみよ)より 言ひ伝て来らく そらみつ 大和(やまと)の国は 皇神(すめかみ)の いつくしき国 言靈(ことだま)の さきはふ国と かたり継ぎ いひつがひけり」
6) 「言靈(ことだま)の八十の衢に夕占問ふ占まきに告る妹は相寄らむ」

신앙에 가까운 것이라고 할 수 있겠다.

한편 岩波(이와나미)출판사에서 발간된 『국서총목록(国書総目録)』(1982)을 살펴보면 〈言霊〉이라는 제목을 달고 있는 에도시대의 어학서는 1818년 이후 약 50년 간 50여종에 이른다. 이밖에도 내용적으로 言霊에 대해 언급한 것까지 포함하면 그 숫자는 헤아리기조차 쉽지 않은 모양이다. 이는 어학적 현상에 대한 신비주의적 해석이 근세 어학의 발전 과정에서 다수 채용되었다는 것을 의미한다고 할 수 있다.

이처럼 언어 연구에 힘을 쏟던 国学者들은 古語에 대한 탐구를 통해 예로부터 신앙처럼 존재해왔던 言霊사상을 발굴하고 더욱 확대 발전시키는데 일조했다. 그것이 대륙문화에 대항하고 고유문화를 인식하는 하나의 커다란 핵심이었는데, 쇄국과 맞물린 복고주의의 발흥은 国学을 융성하게 하고 아울러 민족어에 대한 자각을 촉진하는 토대가 되었다고 할 것이다.

豊田는 일본인의 언어에 대한 신비주의 내지 신격화는 현재도 다양한 형태로 일본인의 마음속에 자리 잡고 있으며, 젊은이들의 혼란스러운 언어 사용이 문제라는 식의 신경질적 반응 또는 끊임없는 논의는 결국 잘못된 언어 사용이 잘못된 세계관으로 직결된다는 불안감을 표출한 결과라고 보고 있다. 그렇다면 표준적인 일본어 즉 '国語'의 확립과 보급에 매진했던 한 시대의 움직임 역시 신비주의와 무관하다고는 할 수 없을 것이다. 요컨대 세계의 제 언어 가운데 하나로서의 '日本語'가 아니라, 다른 나라보다 우월한 '神의 나라' 일본의 '国語'를 부르짖었던 것이다.

또한 '神代文字'의 존재 여부에 대한 논쟁 역시 신비주의와 무관하지 않다. 왜냐하면 靈이 깃들어있는 文字가 神話의 세계인 神代에 없었을 리 만무하다는 생각을 출발점으로 삼고 있기 때문이다. 다만 문제는 그것을 어떻게 논리적으로 설명할 것인가에 있는데, 때로는 무조건적인 신앙으로, 때로는 방대한 증좌의 제시로, 또 때로는 왜곡한 증거물에 바탕을 둔 논의로, 실로 다양한 형태를 띠며 끊임없이 재생산되어간다.

제4장

본서의 목적과 구성

본서의 목적은 한일 간 언어교류가 광범위하게 전개되던 근세의 시대적 상황과 맞물려, 일부 일본 지식층의 자국 언어 및 문화에 대한 우월적 인식이 神이 지배하던 유사 이전 시대 즉 '神代'에 표기수단 곧 문자가 존재했다는 주장으로 표출되었으며, 이러한 언어에 대한 인식이 일제강점 상황의 조선에서 '国語'로서의 일본어의 보급이라는 언어정책으로 구체화되었다는 점을 밝히고자 하는 데에 있다.

일본 지식층의 자국 언어·문화에 대한 관심은 오랜 시간에 걸쳐 다양하게 전개되어왔지만, 실질적으로는 에도시대 중기 이후 후일 '国学'이라고 명명된 학문적 흐름 속에서 비로소 현실감을 띠기 시작한 것으로 보인다. 이미 이른 시기부터 현실적인 이유에서 일본어의 가나철자법을 둘러싼 논의가 이루어져 왔으며, 또한 중국 韻学의 영향에서 촉발된 일본 漢字音 연구도 활발하게 전개되었으나, 결국 일본어에 대한 관심은 古典에 대한 재해석 과정에서 심화되었다고 할

수 있다. 中村(나카무라, 2005)[1]는 "儒教는 원래 먼 古代에 기술된 聖
典을 몇 천 년이나 걸쳐 다시 해석하여 거기에서 인생의 의미와 사
회의 존재 방식, 정치의 기준까지도 해명하려는 학문"이라고 정의하
고, 나아가 에도시대 古学派 유학자들은 "텍스트의 텍스트성을 중시
하는 입장을 명확화 해 갔다"고 지적한다. 이처럼 에도시대의 학문적
관심은 고전을 어떻게 이해할 것인가로 집중되었는데, 여기에는 이해
이전에 해결해야만 할 선결과제가 있다는 점에 주의할 필요가 있다.
그것은 다름 아닌 古典을 어떻게 읽을 것인가 하는 문제인데, 일본의
고전이라고 할 『만엽집』이나 『고사기』 그리고 『일본서기』 등은 주지
하는 바와 같이 漢文과 漢字의 借字표기인 万葉仮名로 작성되어 있
으므로, 고전에 대한 관심은 곧바로 漢字에 대한 관심으로 이어졌고,
또한 나아가 日字音[2] 문제를 중심으로 한 음운론적 논의로 발전해
나갔던 것이다. 그 과정에서 중국 음운학의 영향도 있었겠지만 梵語
와의 접촉과 그에 대한 연구가 더해져 음소문자에 대한 이를테면 동
경 내지 신성화가 지식인층 사이에서 형성되었던 것으로 생각된다.
여기에는 '오십음도(五十音図)'의 고안이 결정적인 촉매가 된 것으로
보이는데, 일단 음운론적 시스템으로서의 '오십음도'가 체계를 형성하
고 나자 이를 토대로 다시 일본어를 재구성하고자 하는 순환론적인
시도가 전개되기에 이른다. 이를테면 '오십음도'에 대한 맹신이라고
할 수 있는데, 이것과 후일 '国語国字運動'에서의 로마자 채용론이

---

1) 中村春作(2005)「日本の「他者」経験と文化の翻訳」『講座・日本語教育学』スリー
   エネットワーク.
2) 이하 日本의 漢字音을 가리키는 경우 〈日字音〉으로 부르기로 하겠다. 또한
   우리 漢字音을 일본에서는 '朝鮮漢字音'이라고 부르는데, 필자는 본서에서 이
   를 〈韓字音〉이라 칭하기로 한다.

나, 한글에 의거한 '神代文字' 존재 주장의 공통점은, 음소문자에 대한 신앙과도 같은 괴이한 갈망, 추구라고 할 수 있다.

그런데 에도시대 당시 일본 가까이에 漢字를 공유하면서도 독자적인 음소문자를 가지고 있던 조선이 있었으며, 이미 다양한 교류가 활발하게 이루어지고 있었다. 자연스럽게 한글에 대한 관심이 고조되었으리라. 이러한 관심이 결국에는 '神代文字論'이라고 하는 공허한 논의를 촉발시키는 계기가 된 것으로 보이는데, '神代文字論'의 등장과 전개 그리고 그 배경에 대해 본서 Ⅱ. Ⅲ. Ⅳ.에서 논의하기로 한다.

한편 일본인의 '国語(일본어)'에 대한 인식은 크게 두 가지로 나눌 수 있다고 생각한다. 하나는 자기성찰의 결과이며 다른 하나는 타자와의 비교의 결과다. 먼저 자기성찰의 결과란 예컨대 코토(言)와 코토(事)를 동일시하는, 즉 말과 사물을 하나의 어원으로 취급하면서 모든 사물과 말에는 靈이 깃들어있다고 하는 토착적 사고와 일본은 본디 神이 다스리던 나라라고 하는 신화적 우월주의가 맞물려 '国語'를 신성화하는 인식이 형성되었다는 것이다. 또한 타자와의 비교의 결과란 '国語'라는 개념이 어차피 외부와의 관계 속에서 의식되고 형식화되는 것이므로3) 주변 제 언어와 대조 비교를 통해 역시 자국어의 우

---

3) 일본의 국민의식 형성에 외부적인 요인이 깊숙이 관여한다고 하는 佐藤能丸 (사토요시마루)(1998, 『明治ナショナリズムの研究』芙蓉書房出版)의 견해를 아래에 인용한다.

　일본에서의 근대국가 성립 과정에 있어서 국민의식의 형성은 중요한 의미를 가진다. 막부 말기 이래 메이지국가의 성립에 이르는 전환기마다 국민의식 형성의 내적 조건이 갖추어져갔지만, 그것을 보다 더 추진하는 계기가 된 것은 항상 일본을 둘러싼 국제적 환경이라는 외적 조건이었다. 이는 국가의식으로서의 내셔널리즘의 대두를 필연적인 것으로 만들고 세계에서의 일본이라고 하는 강력한 자기인식을 요청하여 일본인의 대 세계인식과 국가의식을 만들어내게끔 되었다.(p.39)

월성을 논증하고 결과적으로 '国語'를 신성화하는 언어인식으로 발전하게 되었다는 것이다.

결국 일본인의 자국어에 대한 인식이란 〈国語의 신성화〉로 정의할 수 있는데, 이는 외부를 끊임없이 의식하는, 그리고 외부를 진출하여 극복하고 정복하고 지배해야 하는 대상으로 여기게 하는 이론적 근거를 제공한 것으로 생각된다.

일본 지식층의 자국어에 대한 관심과 애착은 문자에 관한 무한 반복적인 논의로 이어졌으며, 결국 漢字語 다용에 대한 반성과 비판을 낳고, 아울러 구두 언어와 문장 언어의 불일치에 대한 자각으로 이어졌으며, 최종적으로는 言文을 일치시키고자 하는 정책적 논의로 발전되어 갔다. 여기에는 중국 의존에 대한 반성과, 서양 언어와의 접촉을 통해 일본어 표기법(철자법)의 불합리성을 재발견한 것도 영향을 미쳤다. 또한 메이지유신 이후 보통교육 확대와 더불어 식민지 지배에 있어서의 언어교육 문제가 대두되면서, 이른바 '정서법'에 대한 사회적 요구도 일조했을 것이다. 이처럼 '国語国字問題'라고 하는 일부 지식층만의 또한 일본 내부적인 문제가 교육제도의 정비와 식민지지배를 거치면서 공론화되고 외부로까지 영향을 미치게끔 되었던 것이다. 바로 이러한 시점에도 '神代文字'로 대표되는 자국 언어를 순수하고 우월한 것으로 보는 언어인식이 적극적으로 개입하고 있었는데, 이렇게 볼 때 일본의 언어정책의 근간은 자국어 우월주의에 있으며 동화는 곧 개선이라는 의식이 바탕에 깔려 있다고 할 수 있다.

그런데 메이지시대를 거치면서 일본 자국어에 대한 개선 의지는 내부적으로는 좌초하기에 이른다. 즉 '国語'교육에 있어서 가장 기초가 된다고 할 수 있는 가나철자법이 과거의 형태로 회귀하게 된 것이다. 이는 서구와의 접촉과 관습에 대한 반성을 통해 미래를 바라보지 않고, 오히려 자신들의 과거를 미화하는 왜곡된 방향으로 논의가 전개되었다는 것을 의미하기도 하는데, 이에는 国学의 고전 중시 관행이 깊숙이 관여하고 있었던 것으로 보인다.

이와 같이 내부적으로는 복고적 경향이 지배했지만 그 한편으로 식민지에서는 양상을 달리했다. 즉 새로운 철자법이 도입되고 언문일치체가 식민지에서의 언어교육에 적극적으로 도입된 것이다. 이처럼 일본 내부와 외부에서 자국어에 대한 개선 노력은 이중적 태도를 띠게 되는데, 결과적으로 일본 패전 후 후자 쪽이 힘을 얻어 정착하게 된다. 이상에 대해서는 본서 V.에서 논의한다.

본서에서는 이하 국내에서는 한국어, 일본에서는 조선어로 칭해지는 우리말에 대해 韓語라는 명칭을 사용하는 것을 원칙으로 한다. 韓語와 漢語의 혼동이 우려되지만 특별한 경우를 제외하고 후자에 대해서는 漢字語라는 용어를 사용하기로 한다.

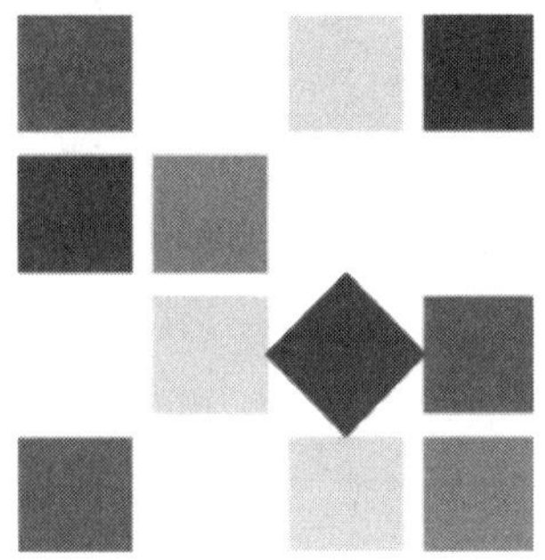

II.
〈神代文字論〉의 등장

제1장

문자론과 애국담

문자의 기원 및 그 발달 과정 등에 대한 연구를 '문자론'이라고 할 때, 国語学者인 保科孝一(호시나코이치, 1872-1955)가 『신체국어학사』[1]에서 지적하는 바와 같이, 〈神代文字〉의 유무에 대한 논쟁은 일본 문자론의 하나의 축을 이룬다.

> 우리나라(일본)에 있어서의 문자론은 이를 대별하면 2종이 된다. 그 하나는 神代文字에 관한 것이고 두 번째는 가나에 관한 것이다. 神代文字에 관한 것에 두 파가 있는데 그 하나는 소위 神代文字라는 것의 존재를 열심히 주장하는 것이고, 두 번째는 극력 그 존재를 부정하려 한 것이다.　　　　　　　　　　　　　　　(p.236)

'가나(仮名)'에 관한 논의는, 어차피 가나라고 하는 것이 漢字의 획 일부를 떼어내거나 변형시켜 만든 글자인 만큼, 漢字가 일본에 전해

---

1) 保科孝一(1934)『新体国語学史』賢文館

진 이후의 발달·정착 및 운용 등에 초점이 맞춰지는 것에 비해, '神代文字'의 존재론과 비존재론의 대립은 漢字가 일본에 전해지기 이전에 일본 고유의 문자가 있었는가에 관한 논쟁이므로 두 가지는 전혀 성격이 다르다고 해야 할 것이다.

'神代文字'의 존재를 주장한 문헌의 대표로서 거론되는 것은 平田篤胤(1776-1843)의 『신자일문전(神字日文伝, 신지히후미덴)』(1819)이고, 비존재론으로는 대개 伴信友(1773-1846)의 『가나본말(仮字本末, 가나노모토스에)』(1850)이 제시된다.[2] 각 문헌의 구체적인 내용 및 두 주장에서 대립되는 논점 등에 관한 논의는 후술하기로 하고, 일단 존재론에 대한 후대의 평가 가운데 비교적 이른 시기인 花岡安見(하나오카야스미, 1902)[3]의 기술을 들어 그 전체적인 외연만을 간략히 개관해 두기로 한다.

花岡安見는 먼저 平田篤胤와 伴信友의 언사 가운데 일부를 인용한 후에, 平田篤胤가 주장하는 神代文字 존재론에 대해 다음과 같이 평가한다.

平田篤胤의 설에는 학리 상 어떠한 가치도 인정할 수 없고, 단지 国字가 없는 것을 일국의 치욕으로 여기고 변론한 하나의 애국담에 지나지 않는다.　　　　　　　　　　　　　　　　　　　　　(p.15)

---

2) 예컨대 『일본어학연구사전(日本語学研究事典)』(明治書院, p.383)에는 아래와 같이 기술되어 있다.
　　神代文字의 説에 대해서는 伴信友가 『仮名本末』의 부록에서 篤胤 등이 말하는 「히후미(日文)」는 조선의 諺文(현재 한글이라 불린다) 類에 의거한 後世의 作為라 하여 否定했다.
3) 花岡安見(1902) 『国語学研究史』明治書院

한편 花岡安見는 神代文字 존재론 전반에 대해서 다음과 같이 지적한다.

존재설을 주창하는 것은 神道家 혹은 国学者들이다. 国学者는 일본을 최상의 나라로 여기고 나머지는 오랑캐로 부른다. 따라서 일국에 고유한 문자가 없는 것은 커다란 치욕이라 하여 연이어 존재를 주창하지만, 그것은 단지 하나의 애국심으로서 그 정신은 가상하나 진리를 주로 삼는 학설상에 있어서는 어떠한 가치도 없는 것이다.　　(p.16)

그런데 "우리 조상은 항상 国語를 애호하는 애국 국민으로 日東君主国의 일원으로서 부끄럽지 않았다. 실로 国語를 바르게 이해하고 애호 존중하는 것은 국민의 책무이다"(p.1)라고 주장하는 데에서도 알 수 있듯이 대단한 "애국 국민"으로 보이는 小島好治(코지마요시하루, 1939)4)는 『고어습유(古語拾遺, 코고슈이)』(807)의 "상고 시절에는 문자가 아직 없어 귀천 노소 모두 입에서 입으로 서로 전했다(上古之世未有文字貴賎老少口口相伝)"라는 기사를 인용하며, "우리나라는 上古 시절에 国語를 옮길 문자를 갖지 않았다"(p.2)라고 하면서도 다음과 같은 "애국담"을 반복한다.

그러나 문자가 없었던 시대에도 이미 우리 선조는 세상에 자랑할 만한 수준의 문자를 소유하고 있었던 것이었다.　　(p.2)

위 인용문에서 볼 수 있듯이 자기 스스로도 매우 모순된 주장을 펼

---

4) 小島好治(1939) 『国語学史』刀江書院

치고 있는데, 다만 두 차례 등장하는 "문자" 가운데 앞선 것이 〈漢字〉를 가리키는 것이라면 일정 부분 이해도 가능할 듯싶다. 요컨대 이렇게 이해하면, 물론 억지스럽지만, 『고어습유』의 기사는 "상고 시절"에는 단지 漢字가 없었다는 사실만을 이야기하는 것이 되어, 漢字 도래 이전에 고유한 문자가 있었다는 주장 전체를 부정하지는 않게 되는 것이다. 이처럼 『고어습유』에 기록된 "문자"를 漢字로 이해하고 자 하는 입장은 후대에도 적잖게 찾아볼 수 있는데, 어쨌든 小島好治는 '神代文字'가 존재한다는 입장에서 『고어습유』의 기록을 재해석하고 있다고 할 것이다.

그러나 현재에 이르러서는 神代文字가 존재했다는 주장은, 적어도 학문적 논의에 있어서는 찾아볼 수 없다. 다만 비교적 최근 서적인 原田(하라다, 2007), 志鎌(시카마, 2007), 安藤(안도, 2005), 深野(후카노, 1993) 등은 "超科学"을 표방하며 흥미본위의 기술로 일관하고 있다.[5]

'神代文字'라는 것이 허구라는 사실 자체에 관해서는 새삼 논의할 필요도 없는 것일 텐데, 문제는 어떠한 동기에서 그리고 왜 神代文字를 존재한 것으로 여기고 있는가, 다시 말해서 그 존재론을 주장하는 것이 자신의 학문적 논리 및 전개에 있어서 어떠한 의미를 갖는가에 있다고 생각한다. 또한 이를 사실로서 인정하고 논의를 진행하는 쪽의 논리 속에서 발견되는 언어에 대한 인식 역시 밝혀야 할 부분일 것이다. 아울러 그러한 주장에 대해 현시점에서 어떠한 자리매김이 가능할지도 논의할 필요가 있다.

---

5) 原田実(2007) 『図説神代文字入門』星雲社, 志鎌芳夫(2007) 『謎のアークとキリストの真実』たま出版, 安藤妍雪(2006) 『世界の言語は元ひとつ』今日の話題社, 深野一幸(1993) 『超科学書「カタカムナ」の謎』広済堂出版.

이러한 논의를 전개하기에 앞서서 마지막으로 "애국담"의 절정이라고 하기에 어울리는 언사 하나를 소개해두고자 한다. 木村鷹太郎(키무라타카타로, 1870-1931)[6]는 『세계적 연구에 의거한 일본태고사』(1911)[7]에서 「애국심 없는 일본 언어학자」(pp.434-436)라는 소제목 하에 다음과 같이 기술한다. 이는 시기적으로 보면 일제강점이 시작된 직후라는 점에서도 특별한 의미를 가질 것이다.

내가 여기에서 「애국심 없는 일본 언어학자」라는 말을 하면, 사람들은 필시 이야기할 것이다, 언어학 연구와 애국심은 다른 것이다, 언어학 연구에 무슨 애국심이 필요한가 라고. 일견 그런가 하지만 실로 그러하지 않다. 다른 나라의 언어를 연구할 때라면 모르겠지만. 나는 일본 언어의 비교 연구에 있어서는 크나큰 애국심이 필요하며, 애국심이 없는 것은 결코 진정한 착안이나 진정한 판단이나 진정한 결과를 얻을 수 없고, 오늘날까지 일본의 언어학자가 일본어의 진정한 해석에 이르지 못한 것은 애국심이 없었기 때문이라고 생각한다.

진실로 애국심이 있는 자는 반드시 국가의 광영과 善美를 바라, 과거의 역사에 대해서도, 인종의 기원에 대해서도, 또한 어원에 대해서도 반드시 광영이 있으며 또한 선미한 것과 관계가 있을 것을 바라 착안점을 우선 그 방향에 두는 것이다. 이러한 착안이야말로 가장 귀중한 것으로서 애국심이 없는 자는 결코 이룰 수 없는 일이다.

그럼 지금의 일본인종기원론자 및 어원론자들의 언설을 보라. 혹은 일본인종을 아무런 광영도 없는 야만 미개인종인 남양 인종 사이

---

6) 木村鷹太郎(1870-1931)는 평론가로 알려져 있다. 1897년 井上哲次郎 등과 함께 잡지 「日本主義」를 간행했으며, 바이런(Byron)의 평전과 플라톤 전집을 번역했다. (『일본인명대사전』(講談社) 참조)
7) 전게서.

에 기원이 있다고 하는 사람이 있고, 혹은 일본인은 조선인으로부터 나왔다고 하는 사람이 있고, 심지어는 「아이누」, 「코르포크루8)」 등을 가지고 일본인종의 기원이라 생각고자 하는 사람이 있으며, 그 가운데 가장 나은 것으로서 몽고인종을 가지고 일본인종의 기원으로 삼는 것에 지나지 않듯이, 착안이 놀랍고 그들은 인종 및 어원 연구에 조금도 국가의 광영과 선미를 찾지 않는 것이다.

그들의 이 방면에 있어서의 애국심 없음이 이와 같다. 그 결과 하등하며 학리의 「真」을 얻지 못하는 것이다. 왜냐하면 일본인종의 기원과 역사는, 광영과 선미와 遼遠을 갖추었음에도 불구하고 오늘날 일본의 언어학자 역사가들은 하등한 심사와 열등한 착안을 가지고 연구에 임하기 때문이다. 고로 나는 다른 나라에 대해서는 모르겠으나 일본어의 비교연구에 있어서는 반드시 애국심이 없어서는 안 된다고 말하고자 한다.

이처럼 언어학자가 가져야할 "애국심"을 강조하는 木村鷹太郎는 한편으로 「神代에 문자가 있었다」는 절을 마련하여 '神代文字'의 존재를 강력하게 주장한다.

거듭 밝혀두지만, 필자는 '神代文字論'을 옹호하는 "애국"의 관점이 성립된 배경에 대해 고찰하고자 하는데, 이는 한편으로는 메이지 유신 이후 일본에서 '国語'라는 개념이 형성되어가는 과정에서 '神代文字論'이 어떠한 상호작용을 이루었는지 살펴보는 것과도 맥을 같이한다. 이를 위해 에도시대 国学, 그중에서도 韻学이라는 학문적 틀 속에서 언어에 대한 관점이 정립되어가는 과정에 대해 정리할 텐

---

8) 원문에서는 'コロボックル'로 되어 있으며 이는 'korpokkur' 즉 아이누 전설에 등장하는 난장이를 가리키는 것으로 보인다.

 일본인의 국어인식과 神代文字

데, 이때에는 외국어와의 관련 속에서 전개된 논의의 흐름을 자세히 살펴보게 될 것이다. 이는 일본인의 国語에 대한 인식이 형성되는 과정에 외래의 것에 대한 입장 내지 관점의 변화가 그대로 투영되어 있을 것으로 예상되기 때문이다. 그리고 그러한 논의들 속에서 특히 '神代文字'라는 것이 어떠한 위치를 차지하며, 나아가 '神代文字論'이 이후의 학문적 전개 속에서 어떻게 확대 재생산되어 갔으며 그것이 일본인의 国語인식 형성에 어떠한 영향을 미쳤는지 밝히고자 한다.

본 연구는 일본인이 가지는 国語 즉 일본어에 대한 인식이 시대의 변화와 더불어 어떠한 추이를 보이는가에 대한 구체적이고 실증적인 고찰이 될 것이다. 그 중심에는 일본 国学의 흐름이 무관치 않을 것 이며 또한 国学을 중심으로 확대 재생산되었던 '神代文字論' 역시 반드시 주목해야 할 사항이라 생각한다. 이는 '神代文字'라는 것이 허구인가의 여부를 재론한다는 의미를 갖지 아니하며 존재 비존재를 논했던 연구자들의 학문적 배경과 일본어에 대한 인식, 나아가 언어 의 본질에 대한 접근 방식을 밝히고자 할 뿐이다.

神代文字 관련 문헌

소위 神代에 문자가 있었는지에 관해서는『고사기』에는 물론『일본서기』본문에도 확실한 언급이 없다. 다만 이를 잇는 고서인『고어습유』(807)에 처음으로 관련이 있어 보이는 기록이 있는데, 그조차도 실은 漢字 전래 이전에 일본에 문자가 없었다고 하는 것이었다.『고어습유』의 저자인 齋部廣成(인베노히로나리, 생몰년미상)는 그 서문에 다음과 같이 기술한다.

上古 시절에는 文字가 아직 없어 귀천 노소 모두 입에서 입으로 서로 전했다. 앞서 말이 오가서 알아 잊지 않는다. 〔5〕

즉 일본 문자의 기원에 관해 논한 첫 문헌에 고대에는 문자가 없었으며 모든 것은 구전으로 이루어졌음이 명확하게 밝혀져 있는 것이다. 대개 후대에 神代文字의 존재를 부정하는 사람들은 이 기록을 먼저 제시하여 논거로 삼는데, 그런 만큼 반대로 神代文字의 존재를 주장하는 사람들에게 있어서 이 기록을 어떻게 해석할 것인가가 몹시 골치 아픈 문제였던 모양이다.

시대가 흘러 후세가 되면 이 기록 가운데 "아직 문자가 없어(未有文字)"를 새로운 관점에서 해석하려는 시도가 이루어진다. 즉 여기에서의 "문자"를 〈神代文字〉로 해석하지 않고 〈漢字〉를 가리키는 것으로 이해하고자 하는 주장이 그것이다. 이렇게 되면 上古 시절은 漢字가 일본에 유입되기 이전이었으므로, 위 기사는 단순히 漢字가 아직 사용되지 않았다는 것만을 보이는 기록에 지나지 않게 되어, 神代文字의 존재 자체를 부정하는 근거로는 삼을 수 없게 되고 만다. 아무튼 神代文字의 존재론이 되었건 비존재론이 되었건 후대의 대부분의 논의는 이 『고어습유』에 대한 언급을 필두로 진행되게 된다.

『고어습유』를 잇는 기록으로는 901년 三善清行(미요시키요유키, 847-918)의 상소문인 「혁명감문(革命勘文, 카쿠메이칸몬)」1)이 있는데, 여기에 "상고의 일들은 모두 구전에서 나온다(上古之事皆出口伝)"는 언사가 있다. 이 역시도 神代에는 표기 수단이 없었다는 사실을 지지하는 예에 해당한다.

다음으로 『조야군재(朝野群載, 초야군사이)』(12c초)에 실린 헤이안(平安)시대(794-1185)의 漢学者로서 歌人이기도 한 大江匡房(오오에노마사후사, 1041-1111)의 「하코자키궁기(筥崎宮記, 하코자키구키)」에도, 일본에서 문자를 처음으로 사용한 것은 제15대 天皇인 応神天皇(오진텐노, 270-310년 재위?)의 시대라는 기술이 있으며, 또한 무로마치(室町)시대(1336-1573)의 一条兼良(이치조카네라, 1402-1481)의 『일본서기찬소(日

---

1) 혁명은 중국에서 辛酉年을 가리키는 것으로 改元을 바라는 기록이다.

本書紀纂疏, 니혼쇼키산소)』에도 이와 비슷한 취지의 기록이 있다.

이에 비해 神代에 문자가 존재했다는 주장으로 이해할 수 있는 기록은 이른 시기에는 거의 없었다고 해도 좋다. 다만 『일본서기』에 소수된 欽明(긴메이)天皇(510-571) 2년의 泊瀬部(하쓰세베)皇子(오지)의 註에 다음과 같은 기사가 있어서 그나마 관련이 있어 보인다.

> 『제왕본기(帝王本紀, 테이오혼키)』에 옛 글자가 많이 있다. 찬집한 사람의 누차에 걸친 천역을 거쳐 후인이 배워 익혀 뜻을 가지고 고쳐 간행했다. 전해 베낀 것이 널리 많아 결국 천잡함에 이르렀다. ⑹

위 인용문에서 "옛 글자가 많이 있다(多有古字)"라는 기술이 문제가 되며, 특히 "古字"를 어떻게 이해하는가가 논의의 초점이 된다. 이에 대해 神代文字의 존재를 주장하는 사람들은 이를 〈神代文字〉라고 해석하고자 하는 것이다. 다만 현재는 大矢透(오오야토오루)(1850- 1928)의 『가나원류고(仮名源流考, 가나겐류코)』(1911)에서의 설명도 있는 것처럼, 일반적으로 옛 형태의 漢字로서 이해되고 있다.

또한 『일본서기』에 대한 가장 오래된 주석서로 일컬어지는 『석일본기(釈日本紀, 샤쿠니혼기)』의 저자 卜部懐賢(우라베카네카타)2)는 스승의 説임을 밝히면서, 漢字는 応神天皇의 시절에 전래되었지만 가나(仮名)는 神代에 있었던 문자가 변화해서 만들어진 것이라고 기술하고 있다. 가나의 기원을 神代文字에서 찾는 의견은 이것이 처음인 모양이다. 그 내용 등에 대해서는 Ⅳ.의 平田篤胤와 관련한 논의 가운데서 자세히 살펴보기로 한다.

---

2) '兼方'라고도 쓴다. 카마쿠라(鎌倉)시대(1186-1333) 중기의 인물.

한편 시간이 흐르면 그 존재를 주장하는 설도 조금씩 구체적으로 변해가게 되는데, 예컨대 卜部兼俱(우라베카네토모, 1435-1511)의 『일본기신대권초(日本紀神代巻鈔, 니혼기진다이마키쇼)』에는 'アイウエオ' 50자는 神代로부터 있었으며, 神代文字는 15,360자에 이른다는 기술이 보인다. 또한 1667년에 작성된 忌部正通(인베노마사미치)의 『신대구결(神代口訣, 진다이쿠케쓰)』을 보면 神代文字가 '象形'이라는 점과 聖德(쇼토쿠)太子(574-622)가 漢字를 가지고 일본 글자에 맞췄다는 기술까지 있다. 다만 이들 기록들은 구체적인 증좌를 제시한 것이라고는 할 수 없으며, 또한 神代文字의 존재를 주장하는 사람들의 대부분이 神道와 관련이 있다는 점 역시 주의해야 할 것이다.

이후 에도시대에 들어서는 神代文字의 존재를 확실하게 주장하기 위해 각지의 神社에서 발견된 실례를 제시하는 등 존재설의 증거 확충에 노력하게 된다. 예컨대 神道家인 跡部光海(아토베테루미)가 저술한 『화자전래고(和字伝来考, 와지덴라이코)』(1724)에는 神代文字로 십이지를 적었다고 하고, 이를 이어 역시 神道家인 伴部安崇(토모베야스타카, 1668-1740)는 1739년에 『화자전래고부록(和字伝来考附録)』을 내놓는다.

후대의 平田篤胤까지 고려하면 존재설이 대부분 国学者나 神道家들에 의해 지지된 것은 물론인데, 그 가운데는 불교 관계자도 포함되어 神代文字의 유무를 둘러싼 논쟁까지 벌어지게 된다. 그런데 여기에서 이상하게 여겨지는 것은 儒教나 漢学에 대해 격렬한 공격을 전개했던 本居宣長나 賀茂真淵가 의외로 존재론의 입장을 취하지 않는다는 점이다. 本居宣長는 『고사기전』(1798)의 「문체에 관하여(文

体の事)」에서 다음과 같이 기술한다.

지금 神代의 문자 운운하는 것이 있는데 이는 후세 사람의 위작으로서, 언급할 가치가 없다.　　　　　　　　　　　　　　〔7〕

또한 賀茂真淵 역시 『어의고(語意考, 고이코)』(1789)에서 다음과 같이 언급해서 神代文字를 부정하는 입장을 취하고 있다.

일본은 50개의 소리로 말(言, 코토)을 이루어 모든 일(事, 코토)을 자신의 입으로 말해 전했던 나라이다.　　　　　　　　　　〔8〕

한편 神代文字의 존재를 믿는 것은 〈바보스러운 일〉이라고 강하게 단언한 것은 漢学者로서 유명한 貝原益軒(카이바라에키켄, 1630-1714)이다. 貝原益軒은 『자오집(自娛集, 지고슈)』(1714)에서 "이는 무계한 말로서 믿을 수 없도다(是無稽之言不可信焉)"라고 밝힌다. 그리고 貝原益軒보다는 다소 늦게 역시 漢学者인 太宰春台(다자이슌다이, 1680-1747)도 『왜독요령(倭読要領, 와도쿠요료)』(1728)에서 "우리나라에 문자가 없었던 것은 선현의 설로 명백하다3)"고 언급하면서 "陰陽家의 부적과 같은 것으로서 몹시 엉터리다4)"라고 단정 짓고 있다.5)

---

3) 「吾国に文字なき事は、先賢の説明白なり」
4) 「陰陽家の符書の如くなるものにして甚しき杜撰なり」
5) 太宰春台는 『왜독요령』에서 일본어를 "倭語"라 칭하는데, 그 "왜어"에 다섯 가지 종류가 있다고 한다. 아래에 인용해두기로 하는데 특히 그 다섯 번째가 흥미롭다.
　　倭語란 日本 사람들의 言語이다. 倭語에 다섯 종류가 있다. 첫 번째로는 天地自然의 倭語이다. 사람이 생긴 이래 応神天皇 치세까지 文字가 없었을 때의 우리나라 사람들의 언어이다. 이것이 진정한 倭語이다. 지금 어떤

이처럼 貝原益軒이나 太宰春台와 같은 漢学者는 물론이고 賀茂
真淵나 本居宣長와 같은 国学者들도 모두 神代文字가 존재하지 않
았다고 단언하고 있는 상황에서, 존재론을 취하는 쪽에서 보면 보다
적극적인 주장이 요청되었을 것이다. 바로 그 역할을 자임하고 나선
것이 尾張지방 八事(야고토)山에 위치한 興正(코쇼)寺의 승려인 諦忍
(타이닌)으로, 그는 1763년에 저술한 『이로하문변(以呂波問弁, 이로하몬
벤)』(1764)에서, '이로하(イロハ)' 47자가 神代로부터 전해지고 있고, 그
것을 나타내는 문자가 神代文字였다는 주장을 펼치기에 이른다. 그
리고 이후 적지 않은 国学者들이 이러한 주장에 동조하게 된다.

유사 이전 그러니까 漢字가 전해져 쓰이기 이전인 '神代'에 독자적
인 표기수단이 있었다는 주장은 실로 끊임없이 제기되어 왔는데, 이
에 가장 먼저 민감하게 반응한 것은 漢学을 주로 하는 사람들이었다.
이는 다시 말하자면 神道에 기초한 주술적인 언어관과 儒学에 기초
한 언어관이 격돌하는 형세로 전개되었다고 할 수 있는데, 이러한 주
술적인 언어관에 대해 처음에는 부정적인 입장을 취하던 国学者들이

말이 남아있는 것인지 모른다. 두 번째는 異国과 왕래를 통한 이후의 倭語
이다. 우리나라에 있는 모든 사물 중 대부분은 異国에서 전래된 것이므로
이러한 일과 이러한 물건이 있은 후에 각기 이름을 붙인 것이다. 세 번째로
는 文字가 있은 후의 倭語이다. 中国의 文字가 쓰이게끔 되어 文字를 읽
는 데 있어서 우리나라에 없는 사물이지만 다른 사물에 준하여 倭訓을 붙
였다. 羊을 ヒツジ라고 訓하고, 豹를 ナカツカミ라고 訓하고, 象을 キサ라
고 訓하고, 棠棣를 カラナシ라고 訓하는 부류다. 네 번째는 華音에서 온
倭語이다. 中華 사람의 언어를 그대로 받아 사용한 것이다. 火를 ホ라고
訓하고, 馬를 ムマ라고 訓하고, 君을 キミ라고 訓하고, 蝉을 セミ라고 訓하
고, 梅를 ムメ라고 訓하는 부류이다. 원래 모두 華音이다. 火를 ヒ라고 訓
하는 것은 ホ에서 바뀐 것이다. 다섯 번째로는 三韓의 말에서 온 倭語이다.
上世에는 三韓과 빈번하게 왕래를 통했기 때문에 三韓 사람의 언어를 그
대로 倭語로 삼았던 것이다. 虎를 トラ라고 訓하는 것은 高麗의 말이라고
혹자가 말했다. 이러한 부류는 더욱 많을 것이다.

이를 옹호하는 쪽으로 선회한다. 아마도 漢学 배격으로 대표되는 国学者들의 외래 문물과의 대치 의식, 즉 자국의 古学을 우선시하는 국수적·상고적 관점에서 볼 때, 그나마 '神代文字'의 존재를 인정하는 편이 자신들의 주장에 부합하는 것으로 판단한 때문이 아닌가 여겨진다. 그리고 철저하게 漢学 및 漢字를 배격하고자 하는 国学者들의 언어관은 메이지 이후 '国語' 성립 과정에 그대로 투영되게 된다.

제3장

諦忍의 『이로하문변』

앞서 살펴본 바와 같이 神代文字의 유무를 둘러싼 논쟁은 오랜 시간에 걸쳐 이어져왔다. 그런데 平井(히라이, 1948, p.27)[1]에 의하면 "이 것이 神代文字다"라고 처음으로 실물을 문헌상에 제시한 것은 승려인 諦忍이라고 한다. 諦忍은 『신국신자변론(神国神字弁論, 신코쿠신지벤론)』(1779)에서 "鎌倉(카마쿠라) 鶴岡八幡(쓰루오카하지만)宮의 宝庫"에 현존한다고 하는 神代文字를 등사해서 제시했던 것이다. 『신국신자변론』에 대해서는 다음 장에서 논의하기로 하고, 여기에서는 諦忍의 神代文字에 대한 주장이 처음으로 적극적으로 개진된 『이로하문변』(1764)의 내용을 살펴보기로 한다.[2]

사실 『이로하문변』에 관해서는 예컨대 保科(호시나, 1934)[3]의 다음과 같은 통렬한 비판도 있는 만큼 諦忍이 주장하는 바의 신뢰성을

---

1) 平井昌夫(1948)『国語国字問題の歴史』昭森社(思潮文庫:4)
2) 이하『이로하문변』을 인용할 때에는 쓰쿠바(筑波)대학 소장본(분류번호 中央 チ405-175(和装))에 의거한다.
3) 保科孝一(1934)『新体国語学史』賢文館

논할 가치는 없다고 생각된다.

> 諦忍의 神字論은 〈중략〉 원래 믿을만한 것이 아니지만, 이 說이 神
> 道家들에게 심대한 영향을 끼친 점은 주의해야 한다.　　(p.240)

그러나 역시 保科의 지적대로 후대에 끼친 영향이 "심대"할 뿐만
아니라, 그 언어사적 자리매김이 아직 충분히 이루어지지 않은 것으
로 판단되므로, 여기에서는 우선『이로하문변』의 내용을 좇아가면서
諦忍의 언어 인식에 대해 음미해 보고자 하는 것이다.

또한『이로하문변』에 대한 검토는 당시의 일반적인 언어 인식의
단면을 확인하는 데에 일조할 것으로 기대되며, 아울러 다각도로 주
목받는 근세 중기의 国学者 本居宣長가 왕성하게 활약했던 시기와
저술 시기가 겹친다는 점에서도 의미를 부여할 수 있을 것이다.

1.『이로하문변』의 구성과 내용

『이로하문변』은 문답체로 구성되어 있다. 諦忍 스스로가 상정한
누군가의 질문에 대해 답변을 제시하는 형식으로 이루어져있는데, 그
질문은 총 38개 항목에 이른다. 먼저 첫 번째 질문은 다음과 같다.

> 문. 요즘 세상에 왕성하게 통용되는 以呂波(이로하) 47자는 弘法
> (코보)大師가 만든 것이라고들 한다. 의심스럽다. 실로 그러한가 아니
> 한가.　　　　　　　　　　　　　　　　　　　　　　　〔9〕

그리고 이에 대해 諦忍은 다음과 같이 답변한다.

> 답. 세상 사람들의 입으로 전해질 뿐 확실한 근거가 없다. 그다지 믿을 바가 못 된다. 〔10〕

그렇다면 〈이로하 47자는 누가 만들었는가〉 하는 의문이 바로 제기되게 될 텐데 諦忍은 "神書의 説"임을 밝혀두면서 다음과 같이 답한다. 그런데 여기에서 "神書"란 保科(1934;p.239)가 지적하는 潮音(초온)의 『구사대성경(旧事大成経, 쿠지다이세이쿄)』일 가능성이 큰 것으로 보인다. 『구사대성경』 즉 『구사기(旧事記, 쿠지키)』는 本居宣長가 〈偽書〉로 단정한 책으로 알려져 있다.4)

> 답. 상고시대에 天照太神(아마테라스오오미카미)로부터 大已貴尊(오오아나무치노미코토)에게 하사하신 47言이 있다. 大已貴尊가 이것을 받은 후에 天八意命(아메노야고코로노미코토)와 더불어 이 47언으로써 神代의 문자를 만든다. 이르기를 이 47字를 서로 통하게 하여 모든 말을 만들었다. 〔11〕

그러니까 大已貴尊가 天照太神로부터 하사받은 "47言"을 전하고 "神代의 문자"도 만들었다고 하는 것이다. 그런데 大已貴尊에 대해 諦忍은 "그 大已貴尊는 素戔烏尊(소사노오노미코토)의 아들로서 地神이다"라 하며, 한편으로 大已貴尊에 이르는 계보를 다음과 같이 기술한다.

---

4) 田中義能(1944)『平田篤胤之哲学』(明治書院) pp.144-149, 中沢伸弘(2006)『やさしく読む国学』(戎光祥出版) p.120 참조.

　　天照太神 ⇨ 吾勝尊(아카쓰노미코토)

　　⇨ 瓊瓊杵尊(니니시키노미코토) ⇨ 素戔烏尊 ⇨ 大已貴尊

그런데 흥미로운 것은, 天照太神에 대해

　　일본의 大祖인 天照太神는 大日霎貴(오오히루메노무치)로서 곧 大
毗盧遮那仏이다.　　　　　　　　　　　　　　　　　　　　　〔12〕

라고 하는 점이다. 이처럼 天照太神를 "비로자나불" 곧 불교와 관련
지은 기술이 保科 등에 의해 강하게 비판당하는 단초를 제공하고 있
는 것으로 보인다.5)

　　결국 "47언"이란 '神'이 지배하던 세계에서 존재했던 것으로서, 현
세 인간의 머리를 가지고 이해할 수 있는 범위를 넘어선다는 것이 된
다. 즉 무조건적인 믿음을 요구하는 것으로도 볼 수 있을 텐데, 바로
이것이 『이로하문변』의 최종적인 결론이며, 이러한 결론을 결코 움
직일 수 없는 대전제로 두고, 이후 모든 설명을 전개해 나간다. 다만
그것이 신화의 세계이며, 앞서 언급한 바와 같이 무조건적인 믿음만
을 요구하는 것이었다면, 종교가로서의 諦忍의 성격과도 부합하여
더 이상 논의할 바가 되지 못하겠지만, 문제는 그 "47언"이란 다음과
같다고 밝힌 데에서 발단한다.

---

5) 예컨대 保科(1934;p.240)는 諦忍의 주장이 "本地垂跡説에 附会"하고 있다고
　지적하며, 아울러 "神仏 混合의 설을 이용하고 있는 것은 부회도 이만저만이
　아니라고 하지 않을 수 없다"고 기술한다. 참고삼아 '本地垂跡説'이란, 일본의
　神은 本地인 부처나 보살이 중생을 구제하기 위해 모습을 바꾸어 나타난 것이
　라고 하는 神仏同体説이다.(『広辞苑』참조)

ヒフミヨイムナヤコト　モチロラ子シ　キルコ井　ツワヌソ　ヲタ
棐普味響彙務奈夜古堵　茂知炉羅年紫　紀流庾圍　厨窊努蘇　汗哆
ハク　メカウオ　エニサリベテ　ノマス　アセエ　ホレケ
坡胸　馬嘉有於　依爾挈利泪轉　能摩數　亜世会　餔列気

지금의 이로하(以呂波)는 모두 이 47言이다. イ 井 ヲ オ エ ヱ처럼 같은 音의 글자가 거듭해서 있는 것도 완전히 똑같다. 단지 말의 순서가 앞뒤일 뿐으로 본체는 완전히 동일하다.

ひふみよいむなやこと　　　もちろらねし　きるゆゐ

つわぬそ　　　をたはく　　　めかうお　　　えにさりへて

のます　　　あせえ　　　ほれけ

이로하문자로 쓸 때는 이와 같다. 한 글자의 상위도 없다. 실로 기묘하다.

〔13〕

　즉 '神'의 문자가 漢字의 형태를 빌어 기록되어 있으며, 또한 그것이 당시 통용되던 '이로하(以呂波)'와 전혀 차이가 없다는 주장이 문제가 되는 것이다. 결국 〈神代文字는 어째서 漢字로 기록되었는가〉, 〈神代文字는 원래 어떠한 모습이었으며 현재 전해지지 않는 이유는 무엇인가〉, 〈이로하는 어떠한 경위로 만들어지게 되었는가〉 라는 지극히 상식적인 질문에 봉착하게 된다.

2. 神代文字의 존재와 이로하(以呂波)

　위에 제시한 의문에 대해 諦忍이 어떠한 논리를 가지고 답변하고 있는지를 살펴보는 것이 이번 절의 주된 내용인데, 여기에서는 먼저 〈예로부터 존재했던 神代文字가 현재 사용되지 않는 이유는 무엇인

지〉와 〈이로하가 만들어진 경위〉에 대한 諦忍의 언급을 살펴두기로
한다.

諦忍은 神代文字가 오래된 神社에 존재한다고 주장한다. 다만 아
직 실물을 제시하는 단계에까지는 이르지 못한다.

> 오래된 神社에는 上古 시절의 神字가 이제까지 남아 엄연히 존재
> 한다. 平岡(히라오카)宮 泡輪(아와노)宮의 神字 기록과 같은 것이 그것
> 이다. 그렇지만 深密하여 통용되기 어렵기 때문에 세상에서는 쓰이
> 지 않는 것이다. 〔14〕

이처럼 神代文字가 심오하고 비밀스러워서 일반인이 사용하기에
는 어렵기 때문에 현재 사용되지 않는다고 하는 諦忍은, 漢字와 '이
로하'에 대해서도 비슷한 논리로 이야기한다.

> 후대에는 漢字 및 以呂波(이로하) 글자가 매우 간략하고 쉬워서 사
> 용에 오히려 편리하기 때문에 神字가 깊이 감추어진 것으로 이는 자
> 연의 이치다. 단지 우리나라만 그런 것이 아니라 다른 나라에서도 역
> 시 上古 시절의 문자는 통용되지 않으며 후대에 만들어진 新字가 왕
> 성하게 사용되는 것이다. 점차 간략하고 쉬운 쪽으로 흘러가는 것이
> 이치다. 〔15〕

위 인용문을 통해 문자는 시대가 흐르면서 간편한 쪽을 선택하여
변해간다고 하는 諦忍의 언어 인식을 확인할 수 있는데, 한편으로
'이로하'에 대한 諦忍의 주장을 정리하면, 神으로부터 부여받은 47언
즉 神代文字가 있었고, 그것을 漢字로 옮겼으며, 다음에 漢字의 초

서체를 바탕으로 히라가나가 만들어졌고, 최종적으로 漢字의 일부를
따서 카타카나가 만들어졌다는 것이 되므로, 요컨대 漢字는 神代文
字보다 간략하다는 이야기가 된다. 결국 漢字와 神代文字의 관계가
논의의 중심이 되는데 이하 자세히 살펴보기로 한다.

3. 神代文字와 漢字

앞서 인용한 바와 같이 諦忍은 "耗(ヒ) 普(フ) 味(ミ) 譬(ヨ)"와 같은
형태를 大巳貴尊가 天照太神로부터 하사받은 "47언"이라고 밝히고
있는데, 이와 관련하여 다음과 같은 질문을 던진다.

　　　문. 耗 普 등과 같은 문자는 漢字이다. 応神天皇 때 漢字가 처음 건
　　너왔다. 그렇다면 어찌 이를 神代의 문자라고 하겠는가.　　　　〔16〕

이에 대해 諦忍 역시 漢字는 후대에 전해진 것임을 밝히면서도 다
음과 같은 주장을 펼친다.

　　　답. 이것을 바로 神代의 문자라고 하는 것은 아니다. 다만 이것은
　　후대에 건너온 漢字를 가지고 바꾸어 써서 알기 쉽게 했을 뿐이다.
　　　　　　　　　　　　　　　　　　　　　　　　　　　　　　〔17〕

참고삼아 漢字가 일본에 전해진 과정에 대한 諦忍의 언급은 다음
과 같다.

応神天皇 15년에 백제국의 阿直岐가 우리나라에 왔다. 16년에 아직기의 이야기에 의해 王仁을 모실 때 왕인이 論語와 千字文을 가지고 왔다. 왕인은 和語(와고6))에 매우 능통하여 仁徳(닌토쿠)天皇에게 "나니와 항구에 이 꽃이 피는구나. 겨울에 숨었다가 이제 봄이 되어 이 꽃이 피는구나."라는 和歌(와카)를 바쳤다. 이로부터 漢字와 和語를 통용했다고 하지만 아직 매끄럽지 않다. 그 후 300년이 지나 聖徳太子가 나와 처음으로 和語를 가지고 経典에 붙여 읽기 쉽도록 했다. 〔18〕

이처럼 편의상 漢字를 빌려 썼을 뿐이라는 諦忍은 나아가 다음과 같이 언급한다.7)

神代에는 따로 문자가 있다. 어찌 漢字를 빌리겠는가. 이제 神字를 이처럼 裴(ヒ) 普(フ) 등으로 바꾸어 쓴 것은, 梵字의 対訳과 닮았다. 대역이란 天竺의 akara를 중국의 阿賀羅(アカラ)로 바꾸어 쓰는 것과 같은 것이다.

〔18〕

아울러 이러한 "대역"의 과정에 대해서는 다음과 같이 설명한다.

聖徳太子 시절까지 神代의 문자가 널리 쓰이고 있었다. 太子가 처음으로 裴 普 등의 漢字로 옮겨 쓰셨다. 이것이 一変이다. 弘法大師에 이르러 裴(ヒ) 普(フ) 등의 漢字를 ひ ふ 등과 같이 草書를 흘려 쓰는 것으로 옮기셨다. 이것이 또한 일변이다. 글자 모양은 다시 바뀌었지만 神代의 47언은 엄연히 만세에 움직이지 않는 것이다. 〔20〕

---

6) 일본 고유의 말을 가리킨다.
7) 이하 梵字는 로마자로 옮겨 제시한다.

그러니까 漢字는 단지 "알기 쉽게" 하기 위해 빌려 쓴 것일 뿐 漢字 전래 이전에 문자가 엄연히 존재했다는 것인데, 여기에서 잠시 諦忍이 漢字에 대해 어떠한 인식을 가지고 있었는가를 좀 더 살펴보기로 한다.

> 日本의 神字는 神代 自然의 문자이다. 漢字는 秦나라 獄吏인 程邈이 만든 것으로서, 매우 비천한 사람이 만든 것이기 때문에 卑詞라고 일컬었던 것이다. 〔21〕

이처럼 漢字를 "비사"라 칭하는 諦忍은 같은 맥락에서 "神器[8]"와 관련지어 다음과 같이 논한다.

> 또한 생각건대 이방의 문자는 蒼頡이 만들어 낸 바 곧 사람이 만든 것이다. 日本 神代의 문자는 사람이 만든 것이 아니다. 法 그대로 自然의 神字이다. 다른 나라보다 수천만 배나 뛰어나며, 그 오묘한 바는 말로 표현할 수 없다. 우리나라의 神璽[9], 宝劍, 内侍所(나이시도코로)[10]는 바로 天造 자연의 神器이다. 문자도 또한 마찬가지로 천조 자연이다. 이 4종은 단지 우리나라만 그 아름다움을 차지하는 것으로서, 이방이 도저히 미칠 수 없는 이유이다. 異朝에 전해지는 옥새

---

8) '神器'란 神으로부터 받아 전해 내려온 보물이라는 뜻으로 대개 '三種의 神器'를 의미한다. '三種의 神器'는 天皇의 권위를 상징하는 것으로 여겨지는데, 八咫鏡(야타노카가미)·天叢雲劍(아마노무라쿠모노쓰루기)(또는 草薙劍(쿠사나기노쓰루기))·八尺瓊勾玉(야사카니노마가타마)의 세 가지다. 각각 순서대로 거울과 칼과 曲玉 장식이다.
9) '三種의 神器' 가운데 하나로서 굽은 옥으로 만든 장식인데, 八尺瓊勾玉를 가리킨다.
10) 헤이안(平安)시대 때 '神鏡' 즉 '三種의 神器' 가운데 하나인 八咫鏡(야타노카가미)를 안치한 곳.

및 보검이 모두 사람 손으로 만들어졌다는 것은 옛사람이 상세히 논한 바이다.

〔22〕

이를 통해 역시 "神代의 문자"를 이방과는 차별화된 神의 영역으로 자리매김하고 있음을 확인할 수 있다. 그러면서도 왜 神代文字를 漢字로 바꾸어 썼는가에 대해 諦忍은 弘法大師가 중국의 초서체를 빌어 만천하에 쓰기 쉽게 한 것이라고 주장한다.

弘法大師가 이 47언을 7字 1句로 묶어 알기 쉽게 하고 중국의 草書 글자로 바꾸어 써서 천하 사람들에게 쓰기 쉽도록 하신 것이다.

〔23〕

이렇게 되면 앞서 살펴본 바와 같이 "47언"은 大己貴尊가 만들었으며, 또한 "神代에서 人王에 이르러 이 47자를 통용하여 귀천 모두 만사의 쓰임을 다했다[11]"라는 주장과는 다소 상충되는 것으로 보인다. 말할 필요도 없이 이미 만사에 편리하게 쓰이고 있던 오묘한 神代文字를 굳이 "卑詞" 즉 천한 漢字로 바꾸어 적을 이유는 어디에도 없는 것이다.

---

11) 「神代ヨリ人王ニ至リテ此四十七字ヲ通用シテ。貴賤共ニ万事ノ用ヲ達スルナリ。」

4. 神代文字와 梵字

이처럼 諦忍은 神代文字를 漢字로 옮겨 적은 것은 오로지 쓰임의
편리만을 위한 것이라고 밝히고 있지만, 한편으로는 천축과 중국 그
리고 일본의 언어는 서로 통하는 부분이 있다고 주장하기도 한다.

神語의 47字는 곧 以呂波(이로하)이다. 또한 梵語의 50字門이다. 50
자문은 곧 片仮名(카타카나) 이로하이다. 梵字와 漢字와 和語(와고)가
서로 자유롭게 융화하여 쓰기에 거리낌이 없는 것은 불가사의하고
또 불가사의하다.   〔24〕

여기에서 이와 관련하여 "日本의 神語와 天竺의 梵語가 서로 통
하는 것은 어떠한 이유인가[12]"라는 질문에 대한 답변을 살펴보기로
한다.

답. 대략적으로 梵字의 本源을 논하자면, 体文 35자와 20개의 磨多
로 이루어졌다. 합해서 47言이다. 마다를 가지고 체문과 합쳐 무궁무
진한 글자를 만드는 것이다. 이것은 즉 겁의 처음에 梵天이 내려오셔
서 펼쳐 보이신 바이다.   〔25〕

위에서 볼 수 있듯이 일본어와 梵語의 관계를 논함에 있어서, 범
어는 "梵天" 즉 범천왕의 지은바라 하며, 그리고 그 "범천"은 곧 "毗
盧遮那仏"이며 일본의 開祖라 일컫는 天照太神도 "비로자나불"이므

---

12) 「日本ノ神語ト天竺ノ梵語ト相通スルコト如何ナル謂ゾヤ」

로 두 언어가 서로 통하는 것은 지당하다는 논리를 전개한다. 또한 梵字는 "겁의 처음에" 만들어진 것이라고도 하는데, 후대 悉曇 연구가로 알려져 있으며 日字音 연구와 관련하여 韓語를 적극적으로 이용한 것으로도 주목되는 行智(교치, 1778-1841)[13]의 『실담자기진석언담(悉曇字記真釈諺談, 싯탄지키신샤쿠겐단)』(성립년 미상)에도 이와 취지를 같이하는 언사가 보이므로 아래에 제시해두기로 한다.

다른 나라의 문자는 모두 그 나라에서만 쓰이는 말을 적기 위해 있기 때문에 다른 나라의 言語를 적는 데는 音韻이 부족한 것이다. 어째서 그런가 하면 梵文과 같이 全声 半音의 구별이 없고, 舌中 舌末의 구별이 없고, 軽重의 구별이 확실하지 않기 때문에, 결국 글자 수도 적고 음운도 부족하다고 하는 것이다. 이는 왜냐하면 모든 다른 나라의 문자는 모두 사람이 창조한 것으로, 梵文과 같은 것은 겁 이전 시절에 범문이 있었다는 방증이라고 할 것이다. ｛26｝

이렇게 되면 "천축의 字源도 47자, 일본의 자원도 또한 47언. 정말로 기묘하다[14]"는 감탄이 저절로 나오는 것이다. 이러한 전개 속에서 諦忍은 이로하(以呂波)까지도 "法 그대로 自然의 오묘한 말"로서 "중생들에게 커다란 도움이 된다"고 칭송할 뿐만 아니라 더 나아가 弘法大師와 그 업적 역시 신성화하기에 이른다.

弘法大師는 빼어난 대성인으로서 궁궐에서 부처의 진정한 깨달음을 드러냈다. 자세한 것은 『겐코석서(元亨釈書, 겐코샤쿠쇼)[15]』에 적힌

---

13) 行智의 연구내용 및 성과 등에 대해서는 본서의 III.에서 자세하게 살펴본다.
14) 「天竺ノ字源モ四十七字。日本ノ字源モ亦四十七言。宗二奇妙ナリ」

바와 같다. 또한 이는 대 비로자나불이다. 영묘한 작용으로 쓰기 쉬운 草書로 옮겨 적어주셔서 한층 자유롭게 통용되게끔 하셨으니 커다란 도움을 베푸신 점에 대해서는 凡人의 생각이 미치지 못하는 바이다. 이는 모두 부처와 부처 사이의 경계에서 이루어진 일이다.

〔27〕

그런데 諦忍은 神이 하사한 언어인 梵語를 "卑詞"인 漢字로 "対訳"하는 것과, 일본어 곧 "神語"를 漢字로 옮기는 것을 동일선상에서 이해하고 있었던 것으로 보인다. 이러한 관점은, 현재의 용어를 빌자면 표음문자를 표어문자로 치환한다고 하는 공통점을 발견한 것에 기반을 두었다고 할 수 있는데, 한편으로 諦忍은 일본어와 범어는 발음뿐만 아니라 문자 체계에 있어서도 매우 유사하다고 주장한다.

문. 그 梵字와 우리나라의 神語와 소리의 차이는 어떠한가.
답. 전혀 다른 바 없다. 따라서 범자를 가지고 이로하를 적는 데 거리낄 것이 없이 자유자재다.

〔28〕

여기에서 문자 체계라고 하는 것은 일본어가 "知也宇"가 합해져 "チヤウ"가 되고, "之與武"가 합해져서 "シヨン"이 되는 것과 마찬가지로, 梵語 역시 "磨多와 体文이 連合"하여 모든 글자를 만든다는 것을 의미한다. 참고로 '마다'는 母音을 가리키고 '체문'은 子音을 일컫는 말이다. 또한 諦忍은 여기에서 한걸음 더 나아가 "梵語의 sora를

---

15) 일본의 연호로 겐코(元亨, 1321-1324) 2년(1322)에 虎関師錬(코칸시렌, 1278-1346)이 지은 것으로 30권이다. 불교가 일본에 전해진 시절부터 당시까지의 약 700여년 사이의 고승들의 전기나 사실 등을 적었다.(『일본국어대사전』참조)

중국어로 대역해서 天이라 한다. 일본어로는 본디 天을 そら라고 한다16)"와 같은 예를 통해, 일본어와 범어가 가깝다는 것을 거듭 주장하는 한편, 또한 어순의 문제도 거론하며 "이도 역시 和語와 梵語는 그 형상이 매우 닮았다17)"라는 결론을 이끌어낸다.

> 天竺은 위에서 아래로 읽어 뜻이 통한다. 日本도 역시 그러하다. 예컨대 천축에서 'handomadara'라고 하는데 'handoma'는 '연꽃'이고 'dara'는 든다는 뜻이다. 일본에서는 '연꽃을 든다(はすをもつ)'라고한다. 그 뜻은 완전히 같다. 중국은 그렇지 않다. '든다 연꽃을(持レ蓮)'이라고 하지 않으면 그 뜻이 통하지 않는다. 〔29〕

결국 諦忍은 일본어와 범어의 형태적인 유사점에도 착목하여, 겁 이전에도 존재했던 梵字에 비견되는 일본 문자의 신성성을 주장하는 증좌로 삼고 있는 것이다.

그러면서 다른 나라의 사정을 묻는 질문을 통해 諦忍은 제 외국어로 눈을 돌린다.

> 문. 만일 그렇다면 천축과 중국과 일본은 終日(히메모스)大聖의 문자를 수용한 나라이기 때문에 최상의 神의 영역이라 할 것이다. 그 밖의 만국의 문자가 통용되는 모습은 어떠한가. 〔30〕

이에 대해 諦忍은 제 외국어를 두 가지 레벨로 나누어 취급하고 있는데 먼저 첫 번째는 다음과 같다.

---

16) 「梵語ノsoraヲ漢土ニ訳シテ天ト云フ。日本詞ニハ元ヨリ天ノコトヲそらト云フ。」
17) 「是亦和語ト梵語ト。ソノアリサマヨク相似タリ」

80 　일본인의 국어인식과 神代文字

위의 3국 이외에, 朝鮮 琉球 台湾 東京[18] 交趾[19]는 梵 漢의 문자도
통용되는 나라이다. 물론 그 나라마다 諺字가 있는 것은 일본의 이로
하(イロハ)와 마찬가지다. 이를 梵 漢의 글자로 베풀어 써서 그 뜻을
통하는 것이다.   〔31〕

다음으로 그 밖의 언어에 대해서는 아래와 같다.

그 밖의 外夷, 네덜란드, 자카르타, 모골, 타이, 캄보디아, 참파 등
은 모두 가로로 쓰는 문자를 가진 나라이다. 梵字 漢字는 전혀 통용
되지 않는다. 儒道도 모르고 仏教도 神道도 없다. 仁義도 因果도 없다.
짐승과도 같은 나라이다.   〔32〕

그러니까 요컨대 외국어 가운데는 梵字나 漢字로 "대역"할 수 있
는 것과 그렇지 않은 것이 있으며, 그렇지 않은 경우는 짐승의 소리
와도 같다는 것이 된다. 그리고 이러한 논의의 지향점은 "천축과 중
국과 일본은 최상의 성역임을 알아야한다[20]"는 것이 된다.

이처럼 문자를 매개로 제 언어를 구분하는 방식은 日本音을 절대
시하고, 外国音을 멸시하는 생각을 기조로 하는 本居宣長와도 맥을
같이 하는 측면이 있어서 의미가 있으며,[21] 아울러 梵語와 日本語를

---

18) 이 지명에는 "トンキン"이라는 읽는 법이 붙어 있는데, 이는 인도차이나 반도,
    베트남 북부 일대인 '통킹'을 가리키는 것으로 보인다. 예로부터 서양인들은 이
    곳을 'Tonkin'이라고 불렀던 모양이다.(『일본국어대사전』참조)
19) "교지"는 중국에서 수나라 시절에서 당나라 시절에 걸쳐 하노이 부근에 설치된
    현의 이름일 수도 있고, 베트남 또는 그 일부를 중국에서 부르는 이름일 수도
    있다.(『일본국어대사전』참조)
20) 「玆ヲ以テイヨイヨ天竺漢土日本ハ。無上ノ聖域ナルコトヲ会得スベシ。」
21) 本居宣長의 연구내용 및 성과 등에 대해서는 본서의 Ⅲ.에서 자세하게 살펴보
    는데, 예컨대 『한자삼음고(漢字三音考(칸지산논코))』(1785)의 「조수만물의 소

비견하는 태도는 후술하는 바와 같이 이후의 行智를 비롯한 悉曇을 중시하는 언어 연구의 흐름과도 무관치 않다는 점에서도 주목된다.

5. 諦忍의 언어인식

이상 『이로하문변』을 통해 諦忍이 주장하는 바의 일부를 살펴보았는데, 결과적으로 다음과 같은 諦忍의 입장 표명은 나름의 논리 속에서는 타당한 결론이라 할 것이다.

> (儒家는) 日本은 원래 문자가 없는 나라라 하여, 夷狄 戎蛮과 같이 생각했다. 또한 특히 심한 것은 일본을 吳나라 泰伯의 나라라고 말하는 자가 있다. 神国의 죄인이다.
>
> 〔33〕

이러한 주장은 諦忍의 儒家 비판, 예컨대 "대개 다른 나라를 숭상하고 자신을 경멸하는 것은 儒生들의 버릇이다[22]"와 같은 생각의 연장선상에 위치하는 것으로서, 문자가 없음을 오랑캐에 빗대는 것으로 보아, 바로 이러한 점이 神代文字의 존재를 주장하는 하나의 동기가 된 것으로 보인다. 또한 일본을 "神国" 일본어를 "神語" 일본 문자를 "神字"라 칭하는 諦忍의 입장에서는, 그리고 승려 諦忍으로서는, 천

리(鳥獣万物の声)」 항목을 살펴보면, 〈正雅한 일본음〉에 대한 〈不正한 외국음〉이라는 本居宣長의 견해를 확인할 수 있다. 즉 "외국의 끄는 음"이나 "꺾는 음"과 같이 고유한 일본어에 없는 소리를 가진 외국어는 사람의 正音이 아니라 조수만물의 소리와 같다고 기술한 것이다.

22) 「大凡ソ異朝ヲ崇(アガ)メテ。ソノ余ヲ蔑(ナヒガシロ)ニスルハ。儒生ノ癖(クセ)ナリ。」

축의 언어인 梵語와 일본어를 겹쳐 보임으로써 자신의 주장을 보다 합리화하려 했던 것으로 보인다.

이렇게 볼 때, 神代文字의 존재를 주장함으로써 후대 神道家들에게 다대한 영향을 미쳤다는 점뿐만 아니라, 언어를 바탕으로 세계를 바라보고자 했던 시점과 漢字 중심에서 벗어나 悉曇 연구의 새로운 가능성을 제시했다는 점 역시 諦忍과 관련하여 주목할 만한 사항이 아닌가 생각된다.

6. 『이로하문변』의 한계

일본에 있어서의 문자의 기원에 관한 논의 가운데 〈神代文字〉의 유무에 대한 논쟁은 諦忍이 『신국신자변론』에서 "이것이 神代文字다"라고 처음으로 실물을 제시함으로써 결정적인 전환점을 맞이한다. 이번 절에서는 諦忍의 神代文字에 대한 주장이 처음으로 적극적으로 제시되어 있는 『이로하문변』에 대한 연구사적 자리매김을 시도해 보았다.

문답체로 구성되어 있는 『이로하문변』을 통해, 諦忍은 〈일본은 神의 나라이며 일본어는 神의 언어, 그리고 일본의 글자는 神의 문자〉라는 주장을 펼친다. 아울러 〈천축과 중국과 일본은 최상의 성역〉임을 주장함에 있어서는 일본어와 梵語의 형태적인 유사점에 착목한다. 특히 諦忍은 漢字는 어디까지나 편의상 빌려서 쓴 것에 불과하고, 자신의 종교적 신념과도 연관되어 부처의 언어인 범어와 일본어

의 유사성을 강조하는데 열심이었다. 이처럼 悉曇을 중시하는 시점
은 후대의 언어연구에 적잖은 영향을 미친 것으로 판단되며, 언어를
바탕으로 세계를 바라보고자 했던 시점 역시 주목할 만하다고 할 것
이다.

　그런데 "神字" 즉 소위 〈神代文字〉의 실체에 대해서는『이로하문
변』안에서도 질문으로 제기됨에도 불구하고, 諦忍은 명확한 답변을
피한다.『이로하문변』에서 그 실체를 문제로 삼는 것은 다음과 같은
질문에 의거한다.

　　문. 神代에 문자가 있었다는 이치는 정말로 지당하다. 만일 그렇다
　면 한 글자라도 그것이 남아 오늘날 전해질 것이다. 전혀 세상에 전
　해지지 않는 이유는 무엇인가.　　　　　　　　　　　　　　　〔34〕

이에 대해 諦忍은 "天照太神"와 같은 神의 이름을 예로 들어 그것을
변별할 문자가 있어야만 그 이름이 있을 수 있다는 추론을 제시한다.

　　만일 神代에 전혀 문자가 없었다면 天照太神에 대해 그 몸이 빛나
　기 때문에 大日靈貴(오오히루메노무치)라고 부르거나 天照太神라고 부
　르는 일도 없었을 것이다. 이미 그 이름이 있을 때에는 그것을 변별하
　는 문자가 있었을 것은 지당하다. '오모시로(面白)'나 '아나카시코(穴賢)'
　와 같은 두 말은 神代에 시작된 것이다. 만일 문자가 없었다면 이 두
　말의 뜻을 어떻게 변별할 것인가. 누가 역시 후대에 전하겠는가.

　　　　　　　　　　　　　　　　　　　　　　　　　　　　　〔35〕

요컨대 옛말이 지금도 전해지는 것은 문자언어의 힘을 빌지 않고

 일본인의 국어인식과 神代文字

서는 불가능하다는 논조라고 볼 수 있겠다. 이와 더불어 문자가 있었으므로 "和歌"도 지을 수 있었다는 기술 역시 맥락을 같이 하는데, 諦忍은 이밖에도 皇政에 대한 기록이 있다는 점, 古書의 기록, 『일본서기』의 기록, 聖德太子의 기록 등을 예로 들어 다각적인 논증을 시도한다. 그러나 이러한 기술들은 여전히 방증에 불과한 것으로서 결정적인 증좌를 제시하는 데에는 이르지 못하고, 다음과 같이 오래된 神社에 그 기록이 있다는 언급 수준에서 논의를 끝마치게 된다.

> 오래된 神社에는 上古의 神字가 지금까지 남아 엄연히 존재한다. 平岡宮 泡輪宮의 神字의 기록과 같은 것이 이것이다. [36]

결국 『이로하문변』에서의 諦忍의 논의는 정황증거를 제시하는 수준에 머물렀으며, 그 정황증거라고 하는 것도 신앙적인 측면이 지나치게 강조된 나머지 때로는 자기모순에 빠지는 한계를 드러내기도 했다고 해야 할 것이다.

제4장

『신국신자변론』과 神代文字

앞선 장에서 살펴본 바와 같이 승려인 諦忍은 『이로하문변』(1764)에서 〈일본은 "神国"이며, 일본어는 "神語", 그리고 일본 문자는 "神字"〉라고 주장하는 한편 일본어와 梵語의 형태적인 유사점 등에 착목하여 〈천축과 중국과 일본은 최상의 성역〉임을 강조한다. 이러한 주장들은 모두 종교적인 색채가 짙은데 그런 의미에서 무조건적인 신앙을 강요했다고도 할 수 있다. 그러나 역시 관건은 〈神代文字〉의 실체를 제시할 수 있는가에 있다고 할 때 『이로하문변』은 미완인 채로 남아있다고 하는 편이 옳겠다. 요컨대 神代文字가 오래된 神社에 현존한다는 이야기로 끝맺음한 것은 결국 종교가로서 "애국담"을 논하기는 했으나 여전히 반박의 여지를 남겨둔 셈인 것이다.

그런데 諦忍이 『이로하문변』을 저술한 몇 년 후, 『신국신자변론』(1779)에 수록된 『금저최박(金杵摧駁, 콘쇼사이바쿠)』에서 "鎌倉 鶴岡 八幡宮의 宝庫에 현존"한다고 하는 〈神代文字〉를,

내가 『이로하문변』에 오래된 神社에는 上古의 神字가 지금까지 남아 엄연히 존재한다고 썼던 것은 이것이다. 〔37〕

라 하며 다음과 같이 등사해서 제시한다.

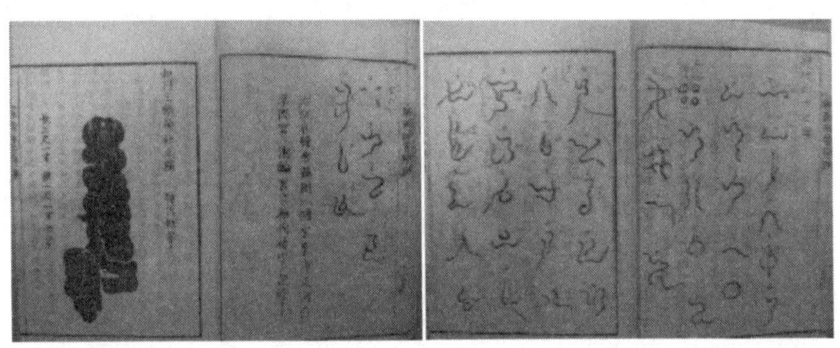

이번 장에서는 『신국신자변론』에 대한 검토를 통해 諦忍이 이러한 〈神代文字〉를 제시하게 된 계기와 그 내용, 그리고 諦忍의 주장에 대한 당대의 반응 등에 대해 살펴보고자 한다. 이를 통해 이후 平田篤胤로 이어지는 神代文字 존재론의 일련의 전개 과정을 이해하는 실마리를 찾을 수 있을 것으로 기대한다.[1]

1. 『신국신자변론』의 구성

『신국신자변론』의 편찬 이유에 대해서는 다음에 인용하는 「神国神字弁論小引」을 통해 알 수 있다.

---

1) 이하 『신국신자변론』을 인용할 때에는 筑波(쓰쿠바)대학 소장본(분류번호 中央チ405-16(和装))에 의거한다. 열람 및 일부 사진 촬영에 협조해준 도서관 측에 사의를 표한다.

스승인 노 대화상이 이전에 『이로하문변』1권을 지음으로써 천하
의 미혹을 풀었다. 正義가 처음으로 드러나 기쁨을 품는 사람이 적지
않다. 그런데 지난겨울 음력 11월 중순, 道楽菴(도라쿠앙)의 金龍敬雄
(킨류케이유)라는 사람이 『박이로하문변(駁伊呂波問弁, 하쿠이로하몬벤)』
1책을 지어 白雲居老人을 통해 화상에게 보여주었다. 음력 12월 1일
화상이 곧 소승에게 붓을 들어 『최박(摧駁, 사이하쿠)』 1편을 지어 그
에게 보냈다. 원근의 승려와 민간인들이 이를 전해 듣고 등사해줄 것
을 바라는 사람이 많다. 나는 그 수고함을 가엾게 여겨 두 책을 모두
서점에 건네 출판하여 『신국신자변론』이라 제목을 붙인다. 한 글자
내려서 쓴 것은 곧 金龍敬雄의 반박이다. 그 뜻이 진실인지 아닌지는
내가 알 바가 아니다. 취할 것인지 버릴 것인지는 여러 군자에게 일
임하는 바이다.
〔38〕

위에서 알 수 있듯이 『신국신자변론』은 『이로하문변』을 반박할 목
적으로 金龍敬雄(1713-1782)가 지은 『박이로하문변』과 그에 대한 諦
忍의 재반론인 『금저최박』으로 구성되어 있다. 이를 통해서도 〈神代
文字〉에 대한 논의가 당시 초미의 관심사였음을 쉽게 확인할 수 있
는데, 이렇게 대립되는 두 논거를 그대로 한권에 엮는 방식은 매우
특이한 시도라고 할 수 있다. 다만 편자가 어느 쪽에 방점을 찍었는
지는 이러한 기술만으로는 판단하기 어렵다. 아무튼 중요한 것은 앞
서 언급한 바와 같이 諦忍이 본서에서 〈神代文字〉의 〈실물〉을 제시
했다는 사실인데, 여기에서는 우선 諦忍이 〈실물〉을 제시하기에 이
르는 과정을 살펴보기로 한다.

2. 『박이로하문변』

『박이로하문변』은 다음에 인용하는 것과 같이 "弁者" 즉 諦忍의 설을 먼저 제시하고, 이어 "반박하여 이르길(駁ニ曰)"로 시작하는 金龍敬雄의 반박이 제시된다. 이하 金龍敬雄의 언사를 순서대로 좇아가며 그 내용을 살펴보기로 한다. 첫 번째 반박은 다음과 같다.

　　○ 변자가 말하길, 우리나라에 옛날에 47字가 있어 悉曇의 字母와 같다고 한다.

〔39〕

　　○ 반박하여 이르길, 이는 심히 받아들이기 어렵다. 만일 문자가 있으면 名山 古跡에는 한 글자, 반 점이라도 남아있을 텐데 이제껏 그 모습이 없는 것은 어찌된 일인가. 특히 수없이 많은 사람들이 있으므로 47자를 모두 기억하지는 못한다고 하더라도 적어도 두세 글자만이라도 기억해 전해질 것이다. 〈중략〉 옛 문자도 혹은 돌에 조각하거나 돈에 새긴 것이라도 흙속에서 파내거나 또는 강이나 바다에서라도 나오는 것이 있을 텐데, 전혀 없으므로, 필시 옛날은 질박한 풍속으로 結繩의 정치2)로써 잘 다스려져서 문자가 없음은 명백하다. 따라서 匡房(마사후사)의 『箱崎廟記(하코자키 묘기)』, 貝原(카이바라)의 『자오집』에 『고어습유』를 인용한 바와 같이 매우 확실한 論이다.

〔40〕

---

　2) '결승의 정치'란 『易経』의 '上古結繩而治'에서 온 말로 보인다. 또한 '결승'이란 문자가 없던 태고 시절에, 끈을 묶는 방법에 따라 다양한 의미를 나타내서 서로 의사를 소통하고 기억하는 데 사용한 것을 일컫는다.(『広辞苑』참조)

　일본인의 국어인식과 神代文字

여기에서 『고어습유』에 대해 언급하는 것은, 이미 몇 차례 언급했던 『고어습유』의 "蓋聞上古之世未有文字貴賎老少口口相伝"이란 기사, 즉 〈상고 시절에는 문자가 아직 없어 귀천 노소 모두 입에서 입으로 서로 전했다〉는 내용을 가리키는 것으로 보인다. 이처럼 金龍敬雄의 문제제기는 〈현존하지 않는 것〉에 대한 소박한 의문에서 시작한다.

이에 이어 金龍敬雄는 諦忍이 『이로하문변』에서 聖德太子의 글을 인용하여 漢字를 "卑詞"라 칭한 것과 관련해서 논의를 전개하는데, 그 처음으로 다음과 같이 지적한다.

> 변자는 필시 『구사기』 등을 보고 말하는 것이리라. 그런데 『구사기』는 진위가 아직 결론이 나지 않은 論이 있으므로 완전히는 믿기 어렵다.
>
> 〔41〕

즉 諦忍이 핵심적인 증좌로 삼고 있는 자료에 대한 근본적인 문제제기를 하고 있는 것이다. 이 『구사기』는 앞서 언급한 바와 같이 예로부터 僞書로 여겨지고 있다.

한편 諦忍은 『이로하문변』에서, 이미 옛날에 문자가 있었으므로 和歌도 지을 수 있었던 것이라고 주장하는데, 이와 관련해서 金龍敬雄는 다음과 같이 지적한다.

> 또한 八雲八重垣(야쿠모야에가키) 등과 같은 노래가 만일 문자가 없을 때는 전해지지 않았을 것이라는 점. 역시 문자가 없어도 서로 이어 내려오는 것에 지장이 없다. 지금 깊은 산 외딴 곳에 있어 문자가

없는 곳이 있지만 그 마을의 옛 일이 잘 전달되어 기억되고 있는 것과 같다. 또한 맹인 무리의 法은 쓴 것은 증거가 되지 않는다. 외운 것으로써 증거로 삼는 것이다. 그러므로 문자가 없다고 해서 전해질 리 없는 것은 아니다.　　　　　　　　　　　　　　　　　　　〔42〕

즉 오늘날의 시점에서 보면 지극히 당연한 지적이겠지만, 神代文字의 존재가 주창되던 시절에 문자언어와 음성언어를 구분하여 인식하는 관점이 엿보이는 부분이므로 흥미로우며, 이는 『고어습유』의 기사와도 모순되지 않는다.

한편 諦忍의 〈자국을 존중하지 않는 학문 태도를 갖는다고 하는 유학자 비판〉과 관련된 반박으로서 다음과 같은 견해를 제시한다.

사람은 자신이 태어난 나라를 펀드는 법이므로 일본을 중국과 마찬가지로 개벽한지 오랜 것으로 경쟁시키려 하기 때문에, 天神 7대라는 둥 地神 5대라는 둥 해서, 기묘한 발음하기도 어려운 신의 이름을 만들어, 수명은 백억 만세의 뭐라는 둥, 공허하고 어두컴컴한 확실하지 않은 일들을 모아 『신대권(神代卷, 카미요노칸)』이라고 하는 책을 위작했다.　　　　　　　　　　　　　　　　　　　　　〔43〕

앞서 언급한 『구사기』에 관한 문제제기에 이은 『신대권』에 대한 비판인데, 金龍敬雄는 이에 이어 중국과 일본의 관계에 대한 기술을 전개한다.

특히 가소로운 것은 이 천하를 비추는 해를 굴에 숨기시매 세상은 항상 어둠이 되었다니. 이는 해가 오로지 일본만을 비춘다고 생각하

는 우물 안 개구리 같은 관점을 가졌기 때문이다. 필경 일본은 중국이 새로이 개간한 곳과 같다는 것을 모르기 때문에, 천축 중국의 일에 견강부회하여 자취도 없는 문맹의 거짓말을 떠벌리는 것이다. 중국에서 문자 만물이 건너왔기 때문에 上古시절에 그 나라를 우러러 遣唐使로 높은 신분의 사람을 보내고, 여러 가지(モロモロ)를 보내왔던(ヲコセシ) 나라이기 때문에 중국을 「모로코시(モロコシ)」라고 불렀던 것이다. [44]

이는 일본 神話에 대한 비판임과 동시에 중국과의 관계에 대한 諦忍의 몰이해에 대한 반박이라고 할 것이다.

이에 이어 〈聖德太子가 기존의 神代文字를 漢字로 바꾸었다고 하는 설〉에 대해서는, 진시황의 분서갱유 때에도 뜻이 있는 인사들이 책을 벽과 땅 속에 감추어 후세에 전했음을 언급하며(아래 인용문의 〈중략〉 부분), 다음과 같은 논리로 반박한다.

그런데 聖德太子가 중국의 은혜를 잊고 卑詞라고 말씀하시겠는가. 노대한 비구화상이여, 스스로를 잘 되돌아보시오. 또한 변자가 말하는 것과 같이 천조자연의 문자가 있으면 그 자손이 꾀를 남겨 皇孫에게 은혜를 베푸실 텐데, 이유도 없이 거두어들여 皇孫으로 하여금 중국을 우러러 머리를 조아리게 하는 것은 자애롭지 아니하고 몰인정한 것인데 이는 어떠한 생각에서인가. 〈중략〉天神이 문자를 거두어들이실 때 우리나라에 두루 얽혀있는 문자를 어떻게 수습하셨겠는가. 지체가 높은 팔백만 신 등이 하나도 벽에 감추거나 벽에 묻는 행동을 하지 않았던 것은 皇孫을 위해 不忠이라 해야 할지 不仁이라 해야 할지. 노대한 비구여 어찌 생각하시는지. [45]

또한 여기에서 한 걸음 더 나아가 일본과 중국의 관계에 대한 논의를 전개한다.

> 변자가 이르길, 또한 특히 심한 것은 일본을 呉나라 太伯의 나라라고 하는 자가 있는데 이는 神国의 죄인이라고 한다. 〔46〕

이에 대해, "우리나라의 開祖는 太伯이라는 것은 최근에 일컬어지기 시작한 것이 아니다3)"로 시작하여, 『불조통기(仏祖統紀)』와 『주본기논어(周本紀論語)』 등을 들어, 일본이 중국의 "태백의 나라(太伯ノ国)"라는 점4)을 아홉 개 조목으로 나누어 역설한다. 그 가운데 흥미로운 항목을 아래에 제시해 둔다.

> 呉音과 漢音이 함께 전해오는 중에, 上古 시절부터 오음을 많이 사용하고, 또한 「呉服(고후)」「呉竹(쿠레타케)」「呉藍(쿠레아이)」라 하여 呉 글자를 많이 사용하는 것은, 太伯에 의거한 것이라고 보인다. 이것이 근거로 삼을 일곱 번째다. 〔47〕

日字音을 呉音과 漢音으로 구별하여 풀이하고자 하는 태도는 비슷한 시기의 本居宣長를 보더라도 당시의 일반적인 이해였던 모양이므로 특기할 것은 없지만, 오음이 呉나라와 직접적인 관계가 있다고는 보이지 않으므로 논리의 비약이라고 해야 할 것이다. 또한 〈呉〉라는 글자가 많이 쓰이고 있는 것도, 呉는 단지 중국을 의미할 뿐이

---

3) 「夫吾国ノ開祖ハ太伯ナリト云事ハ近年言出スコトニ非ス。」
4) 金龍敬雄는 "태백은 주나라 대왕 단부의 적자(太伯ハ周ノ大王亶父ノ嫡子)"라고 명기하고 있다

므로 본인의 증좌로 삼기에는 무리가 있는 것으로 보인다. 그러나 金龍敬雄의 논리 그대로를 받아들인다면 太伯이 吳나라의 개조로 여겨지는 이상 나름의 논리성도 갖추고 있다고 해야 할 것이다. 어쨌든 金龍敬雄는 일본이 중국에서 건너온 "태백의 나라"라고 하는 확신을 가지고 있었던 모양으로, 이와 관련하여 다음과 같은 자신의 경험담을 피력한다.

> 내가 일찍이 서쪽 지방을 행각할 때, 備中(빗추) 庭瀨(니와세)의 少林(쇼린)寺에 예로부터 天照皇의 尊像이 있다는 것을 듣고 배례했는데, 의관의 용모가 위엄이 있어 바로 泰伯의 상이었다. 또한 최근 浪華(나니와)에서 수행하다 天滿北野沙(텐만키타노사)山의 正法(쇼보)寺에 안치된 존상을 보니 역시 太伯이다. 그러므로 이에 天照太神라 하여 받들어 모시는 것은 태백임에 틀림이 없다.   〔48〕

요컨대 일본의 개조라 일컫는 天照太神를 "비로자나불"에 비견하는 諦忍과, "太伯"에 비견하는 金龍敬雄가 있는 것이다.

그리고 이어 다시 神代의 문자를 漢字로 옮겨 적은 것에 대한 의문을 제기한다.

○ 변자가 이르길 聖德太子 때까지 神代의 47문자가 유포되었다, 太子가 처음으로 耒 普 등과 같은 漢字로 바꾸어 쓰셨다고 한다.

〔49〕

○ 반박하여 이르길, 만일 그러하다면, 天照皇으로부터 전해 내려온 47자를 漢의 상스러운 말로 바꾼 것은 太子로서, 太子는 처음으로

허수아비를 만든 우리나라의 죄인이 될 것이다. 하늘이 만들어 심오한 글자라 하여 天竺 悉曇의 영겁의 소리를 하늘에서 내려 만든 梵字에 견강부회하여 일컫는 것은 새빨간 거짓말이다. 이처럼 소중한 문자라면, 적어도 형태만이라도 남도록, 그 문자의 한 조각 끄트머리를 본떠서 스스로 문자를 만드셔야 할 것이다. 〈중략〉 太子는 聖者로서 우리나라의 만사의 규칙을 정하셨다. 그런데 어찌 神字를 간략하게 한 문자를 스스로 제작하지 아니하고 오직 漢字만으로 쓰셨겠는가. 만일 神字가 숨은 뜻이 많아서 어리석은 민중이 깨닫기 어렵다고 한다면, 어려서부터 보고 들어 익히면 어찌 어려움이 있겠는가. 만물을 이루는 다섯 가지 요소를 갖춘 梵字가 숨은 뜻이 매우 심오하지만, 필부까지도 해독하는 것은 보고 들어 익혔기 때문이다.　　　　　　　　　　　　　　　　　　〔50〕

이 역시도 기본적으로 神代文字가 현존하지 않는다는 사실에 대한 의문에서 제기된 반박이라고 해야 할 텐데, 諦忍의 논리를 따르는 한 聖德太子는 일본의 전통문화를 지켜내지 못한 역적이 된다고 하는 지적이 흥미롭다.

이에 이어 諦忍의 〈히라가나와 카타카나는 弘法大師가 지은 것〉이라는 주장과 五十字母는 "悉曇家"가 전하는 것으로서 곧 〈梵字〉라는 주장에 대해서 2개 항목으로 나누어, 일부 자신의 부정확한 기억에 의지하여 반박한다. 이때는 앞선 聖德太子와 관련된 반박과 같은 논리, 즉 존귀한 神代文字를 폐하고 일본 문자를 만들었다면 그것이야 말로 죄인이라는 식의 논리를 전개한다.

다음으로, 書記 방식에 대한 논의인데, 여기에서는 諦忍을 〈神道家〉로 언급한 부분이 주목된다. 왜냐하면 神代文字에 대한 논의가

　일본인의 국어인식과 神代文字

神道 관계자나 国学者뿐만이 아니라 불교 관계자 사이에서도 제기되었다는 이야기를 할 때 제시되는 것이 바로 승려인 諦忍이기 때문이다.5)

○ 변자가 이르길, 모골, 타이 등은 모두 한 결 같이 가로쓰기 문자를 사용하는 나라이다. 儒道도 仏道도 모르는 짐승과 같은 나라라고 한다.

{51}

○ 반박하여 이르길, 모골은 天竺 안에서도 매우 풍요로운 대도회지이다. 그 나라가 가로로 적는 문자를 쓴다고 하여 짐승과 같다니, 우리들이 스승으로 존귀하게 여기는 석가모니도 가로로 쓰는 문자를 사용하는 나라에서 태어났다. 그렇다면, 우리나라의 여러 종파의 祖師 및 출가한 皇子, 주지승, 그밖에 노대한 비구가 가담하신 神道도, 우리나라를 세운 모든 임금과 모든 선비도 仏道로써 장사지내니, 천하의 승니는 물론이고 모두 한 결 같이 짐승 나라 석가모니의 문하가 되는 것이니 무참하도다. 변자가 평소의 박학을 자만하여 서역까지도 섭렵한 얼굴을 하고 있지만, 諸国은 시대에 따라 호칭이 바뀌는 것을 알지 못한다. 또한 살펴온 것처럼 모굴에는 仏法이 없다고 하다니, 늙은 비구는 언제 천축에 갔었는가. 이백오십계를 중히 지키는 대화상. 아무리 그래도 망언은 해서는 아니 될 것이다. 거짓말하지 말고 자백하시오. 아아, 천축이라 하면 귀히 여기고 모굴이라 하면 천히 여기며, 天帝를 중히 여기고 帝釈天6)을 가벼이 여기는 비방이도다.

{52}

---

5) 예컨대 平井(1948;pp.19-22, 전게서)는, 神代文字의 존재를 주장한 사람들 가운데는 神道나 国学 관련자가 대부분이지만, 불교 관계자로서 존재설에 가담한 사람도 있다는 예로서 諦忍을 들고 있다.

그리고 金龍敬雄는 이윽고 마지막을 다음과 같이 장식한다.

> 바라기는 가짜 율사여, 이 반박을 보고 70여년의 잘못을 깨달아, 모
> 든 조상을 능욕한 죄를 씻고, 자타에 도움이 되지 않는 엉터리 저술을
> 그만두고, 거만한 긴 혀를 꿰매면 진정한 비구가 되지 않겠는가.

〔53〕

이처럼 거친 인신공격을 비롯하여 諦忍의 감정을 몹시 자극하는
언설로 마무리하는데, 이러한 자극이 11월 중순에 『박이로하문변』을
받아본 諦忍으로 하여금 12월 1일 곧바로 『금저최박』을 집필하도록
만든 결정적인 계기가 된 것이 아닌가 생각한다.

이상 『박이로하문변』의 내용을 음미해 보았는데, 金龍敬雄가 諦
忍을 비판한 내용은 대략 다음과 같이 정리할 수 있을 것이다. 먼저
〈諦忍이 증좌로 삼고 있는 사료에 대한 비판〉이며, 다음으로는 〈일
본의 신화에 바탕을 두고 중국과 일본을 대등하게 취급하는 諦忍의
자세에 대한 비판〉이다. 이때는 "태백"에 관한 언급을 통해 양국의
관계를, 말하자면 儒家의 관점에서 바라본다는 것이 특징적이다. 또
한 언어와 관련해서는, 〈음성언어와 문자언어를 분리하여 취급할
것〉, 〈서기 방식만으로 구분하는 것에 대한 반박〉 등이 주목된다. 그
리고 마지막으로 무엇보다 핵심이 되는 것은 〈神代에 쓰였다고 하는
문자가 현존하지 않는다〉고 하는 현실적인 문제에 대한 비판이다.

---

6) "제석천"은 梵天과 더불어 仏法을 수호하는 神이다. 다른 말로는 '天帝釈'이라
고 한다. 따라서 바로 앞의 '天帝'와 '帝釈天'은 같은 神을 가리키는 말이다.(『
広辞苑』참조)

3. 神代文字의 등장과 한글

앞선 『박이로하문변』에 대한 검토를 통해, 金龍敬雄의 諦忍 비판이 때로는 논리적이고 또한 때로는 감정적으로 전개되고 있음을 확인할 수 있었다. 이러한 金龍敬雄의 반박을 재반박할 목적으로 만들어진 것이 바로 『금저최박』인데, 그 서문에 해당하는 부분에서 諦忍은 金龍敬雄의 무례함을 먼저 질책한 후, 대꾸할 가치도 없으나 그대로 두어서는 金龍敬雄이 자신을 논파했다고 우쭐댈 것이 우려되어 재반박을 한다는 취지를 설명한다.

> 만일 잠자코 답을 하지 않으면, 그것 봐라, 오랫동안 일본에서 유명했던 나를 자신의 한 방으로 손쉽게 타파했다고 큰소리치며 거만하게 우쭐댈 것이다. 이를 불쌍하고 딱하게 여기기 때문에 인욕의 법복을 지어 대자비의 방에 들어가 제법개공의 자리에 앉아 금강저를 휘둘러 너의 사악한 반박을 꺾고 부수어 티끌로 만들 것이다. 너의 잘못을 깨닫게 하는 거울로 삼을 것이다. 〔54〕

그리고 그 본문에서 다음과 같이 언급한 이후에 이윽고 문제의 〈神代文字〉의 실물을 제시하기에 이른다.[7]

> 일본 神代의 神字는 엄연히 현재 명산과 영험한 굴에 존재한다. 너처럼 우물 안 개구리와 같은 사람이 알 수 있는 바가 아니다. 나의

---

[7] 아래 사진들은 早稻田대학에서 공개하고 있는 '고전적종합데이터베이스'(http://www.wul.waseda.ac.jp/kotenseki/)의 복제사진의 일부를 발췌한 것이다. 여기에 감사를 표해둔다.

秘本이지만 너와 같이 길을 잃어 그르치는 것을 불쌍히 여겨, 어쩔 수 없이 등사시켜서 이번에 우러러 보는 것을 허락하는 바이다. 예의를 갖춰 향을 피우고 삼가 우러러 보아라. 〔55〕

지금까지 살펴본 바와 같이 諦忍이 "秘本"인 神代文字의 실물을 제시한 것은 결국 金龍敬雄의 집요한 반박이 결정적인 계기가 되었다고 할 수 있 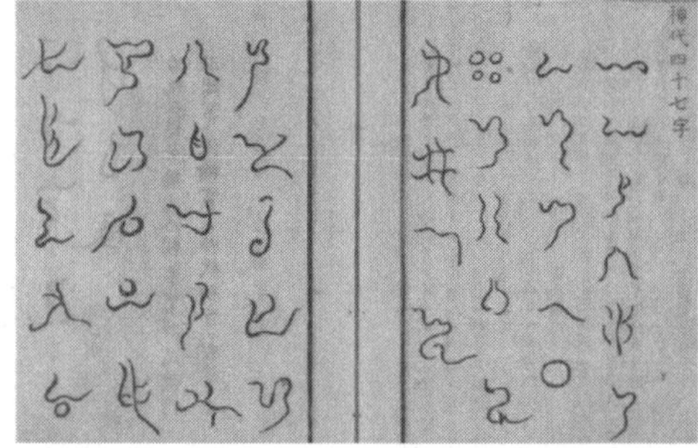 는데, 그 동기야 어찌되었건 후일 神代文字가 존재한다는 주장의 대표로서 거론되는 平田篤胤의 『신자일문전』(1819)에서도 이를 그대로 받아들여 확대 재생산한다는 점에서 보면 神代文字와 관련한 논의에 이를테면 획기적인 전기가 마련되었다고 해야 할 것이다.

그런데 『금저최박』에 주목해야하는 이유가 또 하나 있다. 그것은 바로 본서에서 諦忍이 「朝鮮諺字」라 하여 다음과 같이 〈한글〉을 제시한다는 점이다.

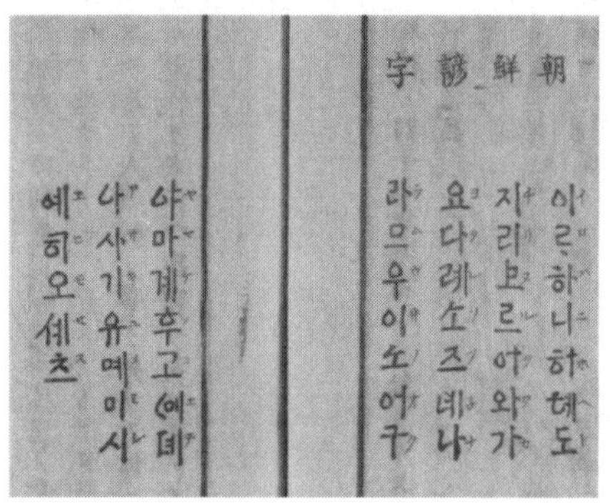 이는 "새로운 글자가 쓰인다고 해도 옛 글자의 흔적을 어찌 모두 지울 수 있겠는가"라는 金龍敬雄의 반박에 대해 諦忍이 답변을 하는 가운데 한글을 제시한 것으로서, 이와 더불어 다음과 같은 지

적도 보인다.

조선도 겉으로는 중국의 문자를 사용하지만 뒤로는 달리 하나의 諺字를 만들어서 일용에 쉽도록 하기 때문이다. 〔56〕

이처럼 諦忍의 경우 金龍敬雄에 대한 반박 재료 가운데 하나로서 한글을 활용하고 있는데, "神字"의 〈실물〉 등장과 더불어 〈한글〉 역시 새로이 조명되기 시작한다는 점은 특히 주목해야할 사항이다. 그 이유는 이후 神代文字의 존재를 주장하는 문헌에는 한결같이 〈한글〉 또는 한글과 유사한 문자가 등장하기 때문인데, 이에 관해서는 Ⅳ.에서 논의하기로 한다. 다만 여기에서 지적해 두고자 하는 것은, 이미 〈실물〉까지 제시된 만큼 神代文字의 존재는 기정사실로서 자리매김 되고, 나아가 또 다른 형태의 글자체가 현존하는가 하는 쪽으로 관심의 초점이 옮겨간다는 점이다. 그 연장선상에 平田篤胤의 『신자일문전』이 있는데, 거기에서는 한글이 「히후미47음(日文四十七音)」으로 둔갑한다.

그런데 승려인 諦忍이 어떠한 경위로 한글을 증좌로 삼을 수 있었던 것일까. 요컨대 諦忍이 활약했던 당시 일본에는 한글 및 韓語에 쉽게 접촉할 수 있는 환경이 마련되어 있었던 것일까. 또한 만일 그렇다면 平田篤胤는 어째서 위와 같은 무리수를 두었던 것일까. 이러한 의문들에 대해 이하 상세히 살펴보도록 하겠다.

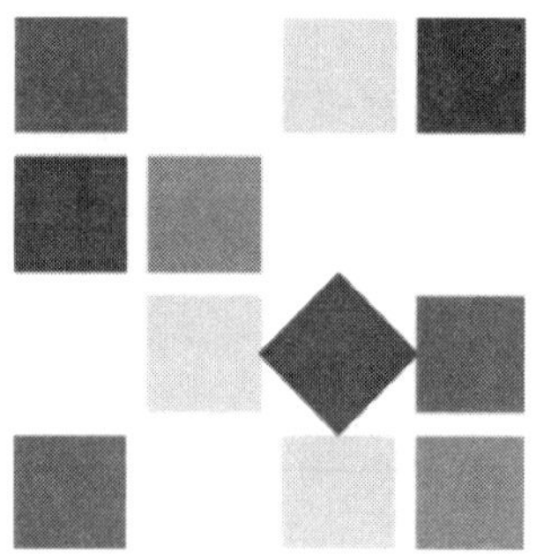

Ⅲ.
〈神代文字論〉의 배경
- 18-19세기 한·일 언어접촉의 양상과 특징 -

제1장

근세 한·일 언어접촉의 전개

新村(신무라, 1947)[1]는, 근세를 거치면서 시대의 흐름으로서 韓語에 대한 지식이 어학 연구자들에게 널리 퍼져있었다고 지적한다. 그 말을 빌리지 않더라도 근세는 조선통신사가 일본을 왕래하던 시절이었던 만큼, 양국 간의 빈번한 교류가 전개되는 가운데 한글 역시 자연스럽게 일본에 유포되었을 개연성이 충분하다고 하겠다.

조선통신사는 1607년부터 1811년까지 12차례에 걸쳐 일본에 건너가는데 그 인원을 모두 합치면 5천명에 이른다고 한다. 이러한 대규모 인원이 몇 개월에 걸쳐 対馬(쓰시마)와 江戸(에도) 즉 지금의 東京 사이를 오갔으며, 그 과정에서 다양한 분야의 일본 지식인들과 접촉하고 있었다는 사실이 알려져 있다.[2] 그렇다면 당연히 교류를 위한 언어의 문제가 대두되었을 텐데, 다만 당시의 외교상 공식 언어는 漢字를 통한 筆談이었던 모양이다. 그러나 그 한편으로는 조선과의 외

---

1) 新村出(1947)「日本音韻研究史」『新村出選集』四 甲鳥書林
2) 예컨대 李元植他(1992)『朝鮮通信使と日本人』学生社

교에 있어서 일본 측 창구 역할을 담당하던 対馬에서 訳官을 양성했으며, 조선에서도 국가정책으로서 일본어가 장려되고 있었던 것을 보면, 양 언어에 대한 현실적인 수요가 상존하고 있었음을 미루어 짐작할 수 있다. 여기에서 현실적인 수요란 필담이 아닌 외교나 무역 현장에서 필요로 하는 구두 언어를 통한 교섭 능력이었을 것이다. 이러한 요구에 대응하기 위해 만들어진 것이 양 언어에 대한 학습서이다. 일본어 학습을 목적으로 조선에서 편찬된 것이『첩해신어(捷解新語)』(1676)나『왜어유해(倭語類解)』(18세기 초) 등이며, 일본에서 韓語 학습서로서 만들어진 것이『전일도인(全一道人, 젠이치도진)』(1729)이나『교린수지(交隣須知, 코린스치)』[3] 등이다. 이들은 모두 이를테면 외교상 또는 현실적인 요청에 대응한 산물이라고 할 것이다.

한편 일본 내에는 韓語 학습서가 아니면서도 소정의 목적을 가지고 韓語를 기재한 문헌들이 산재한다. 예컨대 조선의 사정을 소개하는 일환으로서 韓語에 대해서도 간단하게 언급하는『조선물어(朝鮮物語, 초센모노가타리)』(1750)나 事典으로서 다른 외국어와 함께 韓語도 제시한『화한삼재도회(和漢三才図会, 와칸산사이즈에)』(1712) 등이 그것이다. 이러한 문헌들의 존재는 당시 조선이나 韓語에 대한 관심이 일본 내에 적잖게 퍼져있었다는 사실을 보여주는 예 가운데 하나다.

그런데 河野(코노, 1979;p.576)[4]는 외국어와의 접촉 및 그 수용의 일반적인 전개에 대해 다음과 같이 지적한다.

---

3)『교린수지』의 저자 및 성립 시기에 관해서는 명확하지 않지만, 浜田敦(1970,「朝鮮物語開題」京都大学文学部編『木村理右衛門著朝鮮物語』京都大学国文学会;p.109)가 지적하는 바와 같이 에도시대에 만들어진 것이라는 의견에 대해서는 이론이 없다.
4) 河野六郎(1979)「日本に於ける朝鮮語研究史概説」『河野六郎著作集1』平凡社

외국어는 해당국과의 정치적 관계가 깊어짐에 따라 관심을 가지
게 되고, 처음에 실용적인 학습에 머물렀던 것이 점차 과학적인 연구
의 형태를 취해가는 것으로 보인다.

일본 내에서의 韓語에 관해서도 위와 같은 전개 양상을 상정할 수
있을 텐데, 이하 "실용적인 학습"을 위해 진력한 선구자라고 할 수 있
는 雨森芳洲(아메노모리호슈, 1668-1755)의 저서를 중심으로 韓語가 기
재된 방식과 내용 등에 대해 먼저 살펴보기로 한다. 이를 통해 "과학
적인 연구" 이전의 양 언어의 교류 양상을 파악하고 나아가 당대 일
본에서의 韓語의 위치를 확인할 수 있을 것으로 기대하기 때문이다.
또한 이에 이어 18세기에서 19세기에 걸쳐 활발하게 전개된 日字音
연구의 성과물 가운데 韓語가 이용된 문헌들을 검토할 텐데, 이를 통
해 이를테면 "과학적인 연구"가 어떻게 이루어졌는지를 밝힐 수 있을
것이다.

제2장

雨森芳洲와 韓語

18-19세기 일본에서의 韓語 학습은 당시 조선과의 외교 창구로서의 역할을 담당하고 있던 対馬를 중심으로 이루어지고 있었다. 양국이 교류를 전개하기 위해서는 통역이 필수적이었을 텐데, 조선에서는 司譯院과 같은 국가기관에서 그 업무를 정책적으로 수행했던 것에 비해 일본에서는 対馬에서 통역관을 양성했던 것이다.

바로 이 対馬에서 활약하고 있던 雨森芳洲는 당대 韓語 교육의 중심인물이라고 할 만하다. 雨森芳洲의 활약 이전에 본격적인 韓語 학습서가 존재한다는 보고가 아직 없고, 또한 그가 후학에 미친 영향도 매우 지대하다. 예컨대 上野(우에노)·竹内(타케우치)(1991;p.218)[1]는 雨森芳洲의 업적으로서 "외교 실무가로서 일본 조선의 외교에 진력한 업적" "어학자로서의 업적(韓語교육, 한문훈독에 대한 반성)" "학문·사상 상의 업적"을 들고 있다. 요컨대 対馬에서의 雨森芳洲에

---

1) 上野日出刀·竹内弘行(1991)『日本の思想家 木下順庵·雨森芳洲』明德出版社

대해서는 〈유학자면서 조선과의 외교에 관여한 외교가이기도 하고, 그 한편으로 訳官 육성을 담당했던 교육자이기도 했다〉는 평가가 가능할 것이다.

1. 『전일도인』의 체재 및 내용

雨森芳洲가 『전일도인』을 집필한 목적은 아래에 제시하는 본서의 「序」를 통해 확인할 수 있다.

> 우리나라(일본) 사람으로, 무릇 공무를 수행하는 사람 가운데 韓語에 뜻을 두지 않는 사람은 없을 것이다. 그러나 그 서책도 없기 때문에 그저 먼 바다를 바라보며 탄식할 뿐이다. 이에 4권의 서책을 골라, 먼저 『운략언문(韻略諺文)』을 읽어 字訓을 알고, 다음으로 『수초아언(酬酢雅言)』을 읽어 短語를 알고, 다음으로 『전일도인』을 읽어 그 심성을 키우고, 다음으로 『제구의완(鞮屨衣椀)』을 읽어 그 쓰임에 능숙하게끔 한다. 바라기는 이러한 가르침의 순서를 통해 열매를 맺는데 가까이가게 하고자 한다. 〔57〕

여기에서 "전일도인을 읽어 그 심성을 키우고"라고 한 이유에 대해서는 본서의 내용에 비추어 생각해야 할 것이다. 본서의 내용이 중국 명나라 시절의 극작가인 汪延訥이 지은 교훈서인 『권징고사(勸懲故事)』의 일부와 거의 일치[2]하므로, 〈교훈서〉로서의 색채가 짙은 것은

---

2) 이러한 사실은 安田章(1964) 『全一道人の研究』(京都大学国文学会)에 의해

당연하다. 그렇지만 본서가 어디까지나 〈학습서〉로서 저술되었다는 것은 그 체재를 살펴보면 쉽게 이해된다. 즉『전일도인』의 본문은『권징고사』의 漢文을 漢字와 가나를 섞어 쓴 일본어로 번역한 부분과, 카타카나로 표기하여 제시한 韓語 번역 부분으로 구성되어 있는 것이다. 말할 필요도 없이 〈교훈서〉에는 일본어 번역만 있으면 충분하다.

그런데 카타카나로 적혀있는 韓語의 오른쪽에는 安田(야스다, 1964)가 "후리언문(振り諺文)"이라고 칭한 한글이 곳곳에 첨서되어 있다. 아무래도 한글은 나중에 덧붙여진 부수적인 것이었던 모양으로, 그런 의미에서 보면 〈본서에 있어서의 韓語란 가나로 치환된 것〉이라고 할 수 있겠다. 요컨대 雨森芳洲는 오늘날 일본에서 외국어를 가나로 표기하는 것과 같은 방법으로 韓語를 제시하고 있었던 것이다.

그렇다면 雨森芳洲에게 있어서 당면한 과제는 〈韓語를 어떻게 가나로 치환할 것인가〉 하는 부분에 있었을 것이다. 이 문제는 이미 정해져있는 규칙에 따르면 그만인 오늘날과는 달리 雨森芳洲 자신이 어떤 기준을 설정하는 것이 하나의 해결책이 된다. 말하자면 독자적인 철자법을 새로이 마련해야 했던 것이다.

이하『전일도인』의 「凡例」를 검토해보기로 한다. 그 이유는 「범례」에 雨森芳洲의 표기 기준 등이 명확히 제시되어 있는 것은 아니지만, 韓語를 취급하는 방식에 대한 견해 등이 기술되어 있으므로, 이를 통해 雨森芳洲가 韓語를 어떻게 이해하고 있었는지 미루어 파악할 수 있을 것으로 기대되기 때문이다.

지적된 바다.

2. 『전일도인』의 「범례」를 통해 본 雨森芳洲의 韓語 이해

『전일도인』의 「범례」는 "이 책은 일본 가나로 조선말을 적어서[3]"로 시작된다. 여기에서 雨森芳洲는 〈양 언어의 표기와 발음의 불일치〉〈일본인의 발음으로는 구별하기 어려운 韓語〉〈韓語 습득법〉 등에 대한 견해를 제출한다. 먼저 〈양 언어의 표기와 발음의 불일치〉에 대해 기술한 내용부터 살펴보기로 한다.

韓語 가운데 諺文으로 쓰는 것과 말로 소리 내는 것과는 다른 것이 많다. 대략 그 예를 아래에 적었다. 이를 가지고 유추해야 한다.

〔58〕

위에 인용한 바와 같이 雨森芳洲는 〈韓語에는 한글에 의한 표기와 실제 발음이 일치하지 않는 경우가 많다〉는 사실을 지적한다. 그리고 그 예로서 48개 항목을 들고 있는데, 이하 오늘날 韓語의 음절 결합규칙과 견주면서 몇 가지 예를 소개하기로 한다.

① 음절말 자음 [n]의 [l]화(후속 음절 두자음이 「ㄹ」인 경우)
　　한림　翰林　ハルリム　　　　만리　万里　マルリ 등
② 음절말 자음 [l]의 탈락
　　믈쇼　馬牛　モシヨ　　　　활살　弓箭　ハサル 등
③ 연음법칙
　　손이라　ソニラ　　　　건이니　コニニ 등

---

3) 「此書日本かなにて朝鮮言葉をしるし」

112　일본인의 국어인식과 神代文字

④ [h]의 탈락에 수반한 연음법칙

심히 甚 シミ　　　　　　친히 親 チニ 등

　위에 제시한 예들은 오늘날 韓語의 음절결합규칙에 비추어 보아도 "언문으로 쓰는 것과 말로 소리 내는 것과는 다른 것이 많다"는 예로 들기에 합당한 것들이다. 그렇다면 雨森芳洲의 경우 이러한 음절 결합상의 음 변화를 정확하게 인지하고 있었다는 것이 되는데, 여기에서 한 가지 주목되는 것은 '가나'의 역할이다. 요컨대 〈"한림"을 가나로 표기할 경우, 예컨대 "ハンリム"이 되지 않고 "ハルリム"이 되는 것이 "언문으로 쓰는 것과 말로 소리 내는 것과는 다른 것이 많다"는 예가 된다〉는 것은 결국 雨森芳洲가 사용하고 있는 가나는 오늘날의 발음기호와 마찬가지 역할을 하고 있다고 보아야 할 것이다. 이를 바탕으로 생각하면 『전일도인』을 통해 雨森芳洲가 마련한 韓語를 가나로 표기할 때의 기준 가운데 하나를 확인할 수 있다. 雨森芳洲는 韓語를 가나로 치환하여 제시함에 있어서 韓語의 음절결합규칙 즉 발음상의 문제를 가나표기에 반영하고자 했던 것이다.

　그런데 雨森芳洲는 표기와 실제 발음과의 불일치 문제를 韓語에 대해 지적하는 것에서 그치지 않는다. 거기에서 한 걸음 더 나아가 일본어에도 마찬가지 현상이 보인다고 언급한다.

　　일본말에도 가나로는 '馬者(ムマハ)'라고 적지만 말로는 'うまば'라고 하고, 가나로는 '瓜(フリ)'라고 적지만 말로는 'うり'라고 한다. 그것과 같은 이치라는 점을 알아야 한다. 〔59〕

다만 앞선 韓語의 예가 韓語의 음절결합과 관련하여 언급된 것이라는 점에 비추어보면, 여기에서는 예컨대 語中에 쓰인 '하행(ハ行)'은 '와행(ワ行)'으로 읽는다는 이른바 '하행전호음(ハ行転呼音)'의 예 내지 連声[4] 등과 같은 현상에 대한 지적이 기대되는 장면이지만, 雨森芳洲는 "ムマハ(馬者)"와 "フリ(瓜)"와 같은 사례를 제시하는 정도로 마치고 있다.

그렇다고는 해도 〈雨森芳洲가 韓語와 일본어를 비교하고 있다〉는 점에 대해서는 주목해야 할 것이다. 반복되지만 雨森芳洲는 표기와 발음 사이의 불일치 문제를 양 언어의 유사점 가운데 하나로 취급하고 있는 것이다. 그리고 雨森芳洲는 여기에서 발생되는 문제, 즉 실제 발음이 다르다는 것이 표기에도 영향을 미치는 예를 일본어 쪽에서 제시한다.

> 도읍 사람이 'きる物'라는 것을 'きり物'라고 쓰고, '大こん'이라는 것을 '大こ'라고 쓰고, 시골 사람이 'かゐる(蛙)'라는 것을 'かゑる'라고 쓰는 것은 말을 잘못하여 가나도 잘못 쓰는 것이다. 'てうじ(丁子)'라고 써야 할 것을 'ちやうじ'라고 쓰고 'さんせう(山椒)'라고 써야 할 것을 'さんしやう'라고 쓰는 것은 말에는 다름이 없지만 가나철자법을 잃어버린 것이다. 조선의 언문에도 이러한 종류의 예가 많다.　[60]

오늘날의 입장에서 말하자면 여기에서 雨森芳洲가 언급하는 "てうじ(丁子)"나 "さんせう(山椒)"와 같은 예는 〈オ(오)列 長音의 開合 문

---

4) '連声(렌조)'란 앞 음절의 마지막 子音이 후속하는 음절의 첫 母音과 결합하여 별개의 음절을 형성하는 현상을 가리킨다. 예컨대 'アンオン(安穏)'이 'アンノン'으로, 'セツイン(雪隠)'이 'セッチン'과 같이 변한다.(『広辞苑』참조)

제〉와 관련된 것으로 이해할 수 있다. 다만 雨森芳洲 자신도 "말에는 다름이 없지만"이라고 하고 있으므로 이것을 가지고는 〈이 시대에는 開合과 관련된 가나철자법이 혼돈 상태였다〉라는 종래의 통설을 재확인하는 정도에 머무를 것이다.

그렇다면 雨森芳洲가 여기에서 이러한 예를 제시한 것은 무엇 때문일까. 그것은 〈オ(오)列 長音의 開合 문제〉를 논하기 위해서도 〈일본어의 가나철자법 문제〉를 논하기 위해서도 아닌 것으로 보인다. 그것이 아니라 마지막에 "조선의 언문에도 이러한 종류의 예가 많다"고 기록하고 있는 것에서도 알 수 있듯이, 〈표기와 발음 사이의 관계를 양 언어의 비교를 통해 설명하고자〉 한 때문이라고 생각된다. 즉 雨森芳洲는 이러한 문제들을 양 언어 사이의 유사점으로서 일관되게 취급하고 있었던 것이다. 다시 말하자면 '보편적' 관점에서 양 언어를 객관적으로 기술했다고 할 수 있다.

한편 雨森芳洲는 발음에 있어서는 매우 비슷하여 "구별하여 쓰는 것 까지는" 어떻게든 "고안하면 되지만" "구별하여 말하는 것은 어려운" 말이 韓語에 많이 있다고 지적한다. 〈일본인의 발음으로는 구별하기 어려운 韓語〉를 특별히 제시하고 있는 것인데, 그 예로서는 "가치(鵲), 가지(枝), 가지(茄子), 가지(고)(持つ(て))"와 같은 〈동음이의어〉와, "블(不), 블(火), 풀(草)"과 같은 〈無気·有気의 대립을 가진 말〉들을 들고 있다.

雨森芳洲는 이러한 문제와 관련하여 두 가지 방향에서 일본어를 제시한다. 그 하나는 'はし' 'くも' 'はな' 'かさ'와 같은 일본어의 〈동음이의어〉와 비교하는 방법이다. 아래에 제시한 "橋·箸"는 모두 'は

し'로 읽히며 뜻은 전자가 '다리' 후자가 '젓가락'이다. 또한 "雲・蛛"
는 'くも'로 '구름'과 '거미'이며, "花・鼻"는 'はな'로 '꽃'과 '코'의 뜻이
다. 마지막으로 "笠・瘡"는 'かさ'로 읽히며 전자는 '갓' 후자는 '부스
럼'의 뜻이다.

　　예컨대「橋・箸」「雲・蛛」「花・鼻」「笠・瘡」와 같은 것은 도읍 사
람은 그것을 쉽게 구별하여 말하지만 시골 사람들은 배워도 불가능
한 것은 산천과 풍속이 다르기 때문이다. 하물며 다른 나라의 말일
진데.
〔61〕

그리고 또 하나의 방법은 이하에 제시하는 것처럼 韓語 화자의 경
우에는 일본어의 〈'淸濁'의 구별〉이 쉽지 않다는 사실과 대조하는 것
이다.

　　韓人은 탁한 말을 소리 낼 수 없기 때문에, 옛날에 어떤 일본말을
잘한다 하여 높게 평가되던 訳官이 말하길, 오늘날의 젊은 관리는 그
러한 것을 모르기 때문에 'こさります'라고 하는 쉬운 말도 'こさり
ます'라 하여 괴이하다고 했다. 그 자신은 능숙히 구별하여 말한다고
생각하여 이렇게 말하지만 일본인의 귀에는 모두 'こさりまする'라
고 들려 괴이했다. 우리나라(일본) 사람이 韓語를 말하는 것도 이와
마찬가지라고 알아야한다.
〔62〕

〈일본인의 발음으로는 구별하기 어려운 韓語〉로서 제시한 "블(不),
블(火), 풀(草)"의 경우에는 일본어에서는 구별이 없는 〈無気・有気〉
의 문제임에 비해, 여기에서는 韓語에서 구별되지 않는 '淸濁' 즉

116　일본인의 국어인식과 神代文字

〈無声·有声〉의 문제를 제기함으로써 〈韓人의 발음으로는 구별하기 어려운 일본어〉도 있다는 사실을 밝히고 있는 것이다. 결국 여기에서 〈발음상의 곤란은 언어가 다르면 자연스럽게 발생하는 문제〉라는 雨森芳洲의 견해를 발견하게 된다. 반복하지만 雨森芳洲는 〈무기·유기〉 대 〈무성·유성〉이라고 하는 양 언어의 상이점까지도 명확하게 인식하고 있었던 것이다. 이러한 기술 방식은 이제까지 살펴보았던 양 언어의 유사점에 근거한 설명과는 반대 시점에 기초한 것이다.

雨森芳洲가 「범례」를 통해 최종적으로 제출한 결론은 다음과 같다.

> 자세하게 韓人에게 배우고, 널리 물어야 비로소 알 것이다. 예컨대 전일도인을 처음에 가나로 적힌 것을 숙독하고 잘 기억한 연후에 거듭 언문으로 쓴 □□를 가지고 자세히 韓人에게 배워야한다. 그렇지 않으면 진정한 韓語는 이루지 못할 것이다. 〔63〕

위 인용문에 보는 바와 같이 雨森芳洲는 최종적으로는 〈韓語는 韓人에게 직접 배워야한다〉는 일반론으로 끝마치고 있다. 본서가 학습서로서의 성격을 가지고 있다는 점에 비추어보면 이러한 결론에 도달한 것은 지극히 자연스러운 전개였다고 할 수 있을 텐데, 이를 통해 雨森芳洲의 韓語에 대한 자세를 확인할 수 있다. 요컨대 雨森芳洲는 교육자로서 〈韓語와 일본어의 비교·대조 또는 한글을 가나로 치환하는 방법은 韓語를 이해하기 위해서는 유효하지만 그것만으로는 진정한 韓語 학습이 되지는 않는다〉라는 견해로 일관하고 있었던 것이다.

이러한 관점에 의거하여 韓語를 취급하고 있던 雨森芳洲는, 어쩌면 당연할 수 있겠지만, 양 언어의 비교·대조를 통해 얻은 유사점과 상이점에 대한 지식을 "과학적인 연구"로 발전시키지는 않았다. 雨森芳洲의 관심은 오로지 韓語 학습에 유효한 수단을 발굴하는 데에 집중되어 있었던 것이다.

3. 『타와레구사』를 통해 본 雨森芳洲의 언어관

여기에서는 雨森芳洲가 1754년에 저술한 수필인 『타와레구사(たはれぐさ)』를 들어, 그의 언어관을 살펴보고자 한다. 구체적인 논의에 들어가기 전에 한 가지 흥미로운 내용을 소개해두겠다. 앞선 II의 제4장에서 金龍敬雄라는 인물이 『박이로하문변』에서 일본을 중국 "太伯의 나라"라고 언급했다는 내용을 보았는데 『타와레구사』에 이와 관련된 기술이 있다.

우리나라를 吳나라 泰伯의 후예라고 한 것은, 唐나라 시절 咸亨[5]이라 연호를 썼을 때에, 우리나라 사람이 중국에 와서 말한 것이라고 唐書에 보인다. 어떠한 사람이 이렇게 말한 것인가. 史記에 태백에게는 자식이 없다 한 것을 보니, 그 설이 엉터리라는 것은 분명하다.

〔64〕

---

5) '함향'은 당나라 高宗 때의 연호로 원년은 670년이다.(『新日本古典文学大系99』
　(岩波書店) 참조.)

비록 雨森芳洲는 이 문제를 일축하고 있지만, 당시 '태백'과 관련하여 일본에서 적잖은 논의가 이루어지고 있었음을 보여주는 예라고 하겠다.

『타와레구사』는 이밖에도 다양한 내용을 담고 있는데, 그 가운데 언어에 대한 雨森芳洲의 견해가 드러나 있는 기사들이 있다. 그 기술에는 韓語를 포함한 제 외국어를 바라보는 관점이 담겨있는데, 예컨대 다음에 제시하는 기사에서는 〈일본어에는 '音調'를 나타내는 '四声'이 없다〉는 것을 근거로 삼아 雨森芳洲는 일본인이 漢詩를 짓는 것에 대해 비평을 가하고 있다. 그런데 그 과정에서 일본어와 韓語 그리고 중국어까지 포함하여 3개국 언어 사이의 비교·대조를 전개한다.

중국의 字音은 四声이 갖추어져 脣, 舌, 牙, 齒, 喉의 구별이 선명한데, 韓의 字音은 三声만 있고 上声 去声이 구별되지 않는다. 그러나 순, 설, 아, 치, 후의 구별은 있다. 우리나라(일본)의 字音은 글자마다 平声과 같이 읽어 상성도 거성도 없으며 또한 入声도 없다. 'ふ, つ, く, ち, き'가 붙은 글자는 입성이라고 알지만 이것도 입으로 소리 낼 때는 갈려 입성이 아니다. 아, 설, 순, 치, 후의 구별이 없지는 않지만 우리나라(일본)의 습관이 입술소리로 말하기 때문인지, 五音이 선명하지 않다. 불도를 수행하는 자가 경을 읽을 때 지금도 사성을 나누어 읽는 일이 있다. 이것은 중국에 건너가 그 말을 아는 祖師가 우리나라(일본)에도 五音을 전하려고 전심으로 가르쳤지만 본디 우리나라(일본)에 없는 것이므로 지금에 이르러서는 그 이치에 합당하지 않은 글자만이 많다. 詩는 音調를 가장 중시한다. 우리나라(일본)의 字音으로 중국의 시를 짓는 것은 조율이 되지 않은 생황을 가지고

음악을 연주하는 것과 같다. 앞으로 아무리 세월이 흐르더라도 중국
인이 높이 평가할만한 시를 짓는 사람은 나오기 어려울 것이다. 〔65〕

위와 같이 雨森芳洲는 중국어와 韓語와 일본어의 특성을 비교해
볼 때, 일본인이 漢詩를 능숙하게 짓는 것은 도저히 불가능한 일이라
고 밝히고 있는 것이다.

그런데 당시 漢字 습득을 위해 가나를 폐지할 것을 주장한 학자가
있었던 모양으로 이에 대해 雨森芳洲는 다음과 같이 반론한다.

> 우리나라(일본)에 가나라고 하는 것이 없으면 사람들이 문자(漢字)
> 를 알 것이라고 하는 사람이 있다. 이는 가당치 않은 말일 것이다.
> 중국의 문자(漢字), 서역의 梵字, 韓国의 諺文, 우리나라(일본)의 가나,
> 그밖에 타타르, 네덜란드와 같다. 모두 그 나라의 말에 따라 누가 시
> 작했는지도 모르게 여자나 아이 아랫사람에 이르기까지 이를 사용
> 한다. 진정 자연의 이치에서 나왔다. 가나라고 하는 것이 없으면 이
> 라고 하는 것은 그 나라마다의 말이 없으면 이라고 하는 것과 마찬가
> 지일 것이다.
> 〔66〕

이러한 제 외국어와의 비교를 통해 밝힌 가나 폐지론에 대한 반론
등을 고려하면 雨森芳洲가 일본어를 어떠한 관점에서 바라보고 있었
는가를 미루어 짐작할 수 있다. 요컨대 雨森芳洲는 오늘날의 용어를
빌어 말하자면 보편적인 관점에서 일본어를 취급하고 있었으며, 세계
제 언어와 동등한 지위에 있는 개별 언어로서 일본어를 자리매김하
고 있었던 것이다. 그 세계 제 언어 가운데는 韓語도 포함되어 있으
므로 보편적 인식에 의거하여 韓語를 이해한 결과가 『전일도인』의

「범례」에 드러난 것으로 생각된다. 이와 같은 雨森芳洲의 관점은 앞서 살펴본 諦忍이나, 후술하는 平田篤胤 및 前島密 등과 견주어볼 때 더욱 그 진가를 발휘한다.

제3장

학습서 이외에 보이는 韓語

근세를 거치면서 韓語에 대한 학습을 목적으로 하지 않으면서도 韓語를 기재 또는 소개한 일본 내 서적을 적잖게 찾아볼 수 있다. 그 가운데 여기에서는 『음덕기(陰德記, 인토쿠키)』(1660이전)와 『화한삼재도회』(1712), 『조선물어』(1750), 그리고 『콘요만록(昆陽漫録, 콘요만로쿠)』(1763)을 살펴보기로 한다.

먼저 香川正矩(카가와마사노리, 1613-1660) 편 『음덕기』는 전쟁을 주제로 한 이야기로 알려져 있는데, 그 가운데 「高麗詞之事」에 대략 369항목에 이르는 당시 韓語의 어휘와 短文이 일본어를 표제어로 세워 모두 카타카나로 제시되어 있다. 이를테면 어휘집의 형식이다. 「高麗詞之事」의 서문에는 다음과 같은 언사가 보인다.

日本의 제 장수들이 通事가 없어서는 뜻대로 되지 않는다 하여 高麗의 말을 배우게 하였다. 그 말을 전해들은 것을 조금 적어놓는다.

〔67〕

위와 같은 언사와 본서의 내용을 볼 때, 가나로 제시된 韓語가 志部(시베, 1988)[1]가 지적하는 바와 같이 임진왜란 당시 종군했던 通事 즉 통역들에 의해 실제로 사용되었던 말이라는 점과, 전해들은 내용을 후일 옮겨 적은 것이라는 사실을 알 수 있다. 아울러 다음과 같은 본문 말미의 기록을 통해 그 본문이 통사로부터 전해들은 것뿐만이 아니라 예로부터 전해져오던 것에도 의지했음을 확인할 수 있다.

> 이는 극히 일부에도 미치지 못한다. 특히 잘못 들은 것과 어긋나게 적은 것도 있겠지만, 인편으로 전해들은 것과 옛날 적었던 필적을 베껴 적은 것이다. 〔68〕

이러한 내용들을 종합해보면 본서에서 韓語를 기재한 경위와 표제어 선정의 이유 등을 미루어 짐작할 수 있다. 즉『음덕기』에는 단지 전쟁 상황에서 유용한 어휘만이 제시되어 있는 것이다. 물론 본서를 가지고 韓語 학습에 활용했을 가능성도 배제할 수는 없지만 그것을 목적으로 여기에 韓語를 기재한 것이 아님은 분명하며, 또한 그러한 의미에서 본서의 경우 韓語를 가나로 제시하는 것만으로도 충분했던 것이다. 아울러 구체적인 내용까지는 확인할 수 없으나 예로부터 전해져오던 한글 기록이 있었다는 언급은 주목할 만하다.

다음으로『화한삼재도회』에 대해 소개하기로 한다. 寺島良安(테라지마료안)이 저술한 일본 최초의 도설백과사전으로 알려진『화한삼재도회』의 제13권「異国人物」조항에 조선에 관한 기사가 있다. 그 가운데「朝鮮国語」라는 제목을 붙인 부분에 漢字를 표제어로 한 112

---

1) 志部昭平(1988)「陰徳記 高麗詞之事について」『朝鮮学報』128

항목의 韓語가 가나 및 真字(마나)2)로 기재되어 있다. 본서의 성격에 비추어보면 어떤 말이나 사물이 외국어로는 이와 같이 쓰인다는 것만을 그저 단순히 보이면 족하므로, 한글을 제시할 이유는 애초부터 없었던 것으로 생각된다. 단지 본서에도 단편적으로나마 韓語에 대한 기록이 있음을 확인해 둔다.

또 다음으로 『조선물어』에 대해 소개해두기로 한다. 『조선물어』는 木村理右衛門(키무라리에몬)이라는 인물이 저술한 문헌인데, 그 구성 및 목적은 다음에 제시하는 서문을 통해 알 수 있다.

> 新羅 高麗 百済 혹은 馬韓 辰韓 弁韓을 합쳐서 三韓이라 한다. 또 이를 고쳐서 朝鮮国이라고 한다. 朝鮮이라고 하는 것은 이 나라가 일본에 이웃하여 東海의 끝에 있기 때문에 아침햇살이 산천초목에 비추어 보기에 선명하다. 이에 이러한 이름이 있다. 物語란 이 책의 처음에 朝鮮이 本朝에 속한 이래 예로부터 越前(에치젠) 삼국의 선원들이 그 땅에 표착한 이야기를 가리키며, 마지막에는 그 나라의 지리 언어 산물 등을 모아 적어 童蒙에게 도움이 되도록 朝鮮物語라고 제목을 붙인 것이다.
> 〔69〕

이처럼 일부 납득하기 어려운 언사도 담고 있지만, 우리 동해를 "東海"라 칭하고 있는 점이 주목된다. 본서는 전체 5책으로 구성되어 있으며, 그 마지막 권에 조선의 지리, 관직, 언어 등이 기록되어 있다. 거기에 「조선의 국어(朝鮮の国語)」라는 제목의 기사가 있는데, 漢字를 표제어로 삼아 가나로 표기된 韓語가 298항목 제시되어 있다.

---

2) 漢字의 훈이나 음을 빌어 일본어의 음절을 표기한 것.

여기에도 한글 자체는 제시되지 않는다.

　마지막으로 근세 중기의 儒学者이며 蘭学者로 알려져 있는 青木昆陽(아오키콘요, 1698-1769)의 『콘요만록』을 보기로 한다. 본서 역시 외국사정을 소개하는 것을 주요한 내용으로 삼고 있는데, 그 가운데 다음과 같이 알파벳을 제시한 후에 「朝鮮諺文」도 함께 싣고 있는 부분이 있다.

〈「阿蘭陀文字」〉

ヒエダツト	エイ	エキサ	ドツルトイハ	イハ	ユ	テ	エツサ
Z	Y	X	W	V	U	T	S
アラ	キウツ	ヘ	ヲ	エンナ	エンマ	エラ	カ
R	Q	P	O	N	M	L	K
イ	ハ	ゲ	エハ	エ	テ	セ	ベ	ア
I	H	G	F	E	D	C	B	A

〈「朝鮮諺文」〉

　조선 언문은 다음과 같다. 쓰임새는 朝鮮諺文字母에 상세하다. 그런데 조선에서는 세간에서 읽기 쉽도록 언문을 가지고 서책을 풀이한다. 우리나라에서 이로하를 가지고 서적을 풀이하여 諺解라고 하는 것은 잘못된 것인가.　　　　　〔70〕

キヨク	ニウン	ナヨコツ	リオル	ミヲム	ビヲブ	シヲツ	イ	バイグ
ㄱ	ㄴ	ㄷ	ㄹ	ㅁ	ㅂ	ㅅ	ㅣ	ㅇ

カア 가	キヤ 갸	コヲ 거	キャウ 겨	コ 고	キヨ 교	ウ 구	キュ 규	ク 그	キ 기	カ ㄱ
ナア 나	ニヤ 냐	ノヲ 너	ニヨヲ 녀	ノ 노	ヨ 뇨	ニウ 누	ニヨ 뉴	ニ 느	ニ 니	ヲ ㄴ
タア 다	チヤ 댜	トヲ 더	リヨウ 뎌	イ 도	チヨ 됴	トウ 두	チュ 듀	ト 드	チ 디	タ ㄷ
ラア 라	リヤ 랴	ロヲ 러	リヨウ 려	ロ 로	リヨ 료	ル 루	リユ 류	ル 르	リ 리	セ ㄹ
マフ 마	ミヤ 먀	モウ 머	ミヨウ 며	モ 모	ミヨ 묘	ムウ 무	ミユ 뮤	ハ 므	ミ 미	マ ㅁ
バア 바	ヒヤ 뱌	ボウ 버	ビヨウ 벼	ホ 보	ビヨ 뵤	フウ 부	ヒユウ 뷰	ブ 브	ヒ 비	バ ㅂ
サア 사	シヤ 샤	ソウ 서	ショウ 셔	ソ 소	ショ 쇼	スウ 수	シユ 슈	ス 스	シ 시	ソ ㅅ
ア 아	ヤ 야	ヲ 어	ヨ 여	ヲ 오	ヨ 요	ウ 우	ユ 유	ウ 으	イ 이	ヲ ㅇ
サア 자	チヤ 쟈	ゾウ 저	チョウ 져	ゾ 조	チヨ 죠	ウ 주	チユ 쥬	ッ 즈	チ 지	ソ ㅈ
バツ 파	ビヤウ 퍄	ボツ 퍼	ヒヨウ 펴	ホツ 포	ヒヨ 표	フツ 푸	ビユ 퓨	ブツ 프	ビ 피	バ ㅍ
カツ 카	キヤツ 캬	コツ 커	キヨツ 켜	コツ 코	キヨ 쿄	クツ 쿠	キユ 큐	クツ 크	キ 키	カ ㅋ
サツ 차	チヤウ 챠	ソツ 처	チヨツ 쳐	グツ 초	チヨ 쵸	ソウ 추	チユ 츄	ッ 츠	チ 치	ソ ㅊ
ハア 하	ヒヤ 햐	ホウ 허	ヒウ 혀	 호	ヒヨ 효	フウ 후	ヒヨウ 휴	フ 흐	ヒ 히	ハ ㅎ

위에 보인 바와 같이 본서에는 알파벳과 한글이 제시되어 있는데, 각각에 가나가 붙여져 있다는 점에 주의할 필요가 있다. 또한 외국어를 가나로 표기한다는 점에 있어서는 앞서 살펴본 자료들과 다름이 없으나 한글까지 제시하고 있다는 점이 특징적이라고 하겠다. 다만 이 역시도 외국사정을 소개하는 일환으로서 그 문자의 모양을 제시하는 수준에 머물고 있다고 해야 할 듯싶다.

그런데 여기에서 주목되는 것은 靑木昆陽가 "쓰임새는 조선언문자모에 상세하다"고 한 부분이다. 후술하는 바와 같이 『훈몽자회(訓蒙字會)』(1527)의 범례에는 「諺文字母」라 하여 한글의 체계와 쓰임새를 설명한 부분이 있고, 또한 역시 후술하는 바와 같이 당대 일본에는『훈몽자회』가 널리 유포되어 있었으므로, 靑木昆陽가 이를 가리키고 있었을 개연성이 매우 높기 때문이다.

이처럼 난학자로서 유명한 靑木昆陽가 조선과 韓語에 대해 기술하고 있다는 사실은, 역시 韓語에 대한 관심 및 접촉이 당시 다방면에서 이루어지고 있었다는 것을 말해준다고 하겠다. 아울러 단지 로마자나 한글을 싣는 데 그치지 않고 거기에 가나를 붙이고 있다는 점에서 이러한 제시 방식이 당시 일반적으로 통용되고 있었던 외국어 취급법이었던 것으로 보인다.

이상 몇 가지 자료들을 살펴보았는데, 근세 일본 문헌들 가운데는 韓語 학습을 목적으로 하지는 않았지만 조선이나 韓語에 대해 기술한 내용들이 적지 않다는 사실을 확인할 수 있었다. 그러나 그 대부분은 사전이나 외국사정 소개에 그치는 것으로서, 그저 외국어의 하나로서 韓語도 제시한다는 수준에 머물고 있다. 따라서 韓語를 가나로 치환하여 제시하는 단편적인 내용만으로도 충분했던 것이다. 다만 여기에서 주목할 점은 근세 전반에 걸쳐 어떠한 형태가 되었건 일본 국내에서 韓語와 접촉할 가능성이 항상 열려있었다는 사실이다.

  일본인의 국어인식과 神代文字

제4장

18-19세기 日字音 연구의 특징과 国学

18-19세기 일본에 있어서의 漢字音 연구의 특징 가운데 하나로서 이제까지는 대부분 『운경(韻鏡)』지상주의의 심화가 강조되어 왔다. 즉 대부분의 日字音 연구들이 중국의 韻書인 『운경』에 대한 해석과 이해 그리고 그 응용에 집중되었던 것이다.

그런데 이와 더불어 中国音 이외의 外国音에 대한 연구자들의 관심 역시 이 시기를 통해 고조되었다는 사실에도 주목할 필요가 있다. 이러한 사실에 주목해야 하는 이유는 외국음에 대한 폭넓은 관심과 이해를 통해, 예컨대 日字音의 체계에 대해 논할 때에도 종전과는 다른 성과를 얻을 수 있었다고 보이기 때문이다. 아니 연구사의 관점에서 보면 연구 방법의 전환 자체에 의의가 있다고도 할 수 있다.

또한 '国学' 연구의 출발점은 日字音에 대한 이해에 있으므로, 다시 말하자면 古典에 대한 이해에 바탕을 두고 일본론을 전개하고자 할 때 고전을 어떻게 읽을 것인가가 당면한 과제로서 대두되므로, 일본을 이해하는 수단으로서 외국어에 대한 지적 성과물이 이용되었다는 점에서는 역설적인 측면 역시 인정된다고 해야 할 것이다.

여기에서는 잠시 근세에 있어서의 日字音 연구가 어떻게 전개되었는가를 비롯해서, 그 연구자들이 외국어 그 가운데서도 韓語를 자신의 연구에 어떻게 수용했는가, 또한 이러한 사실에 대해서 종래에는 어떻게 취급되어 왔는가, 등에 대해 간단하게 정리해두기로 하겠다.

근세에 있어서의 日字音 연구는 文雄(몬노, 1700-1763)가 저술한『마광운경(磨光韻鏡, 마코인쿄)』(1744)에 의해 획기적인 전환이 이루어졌다고 이해되고 있다. 文雄는 중국음 가운데 唐音에 의거해서『운경』에 대한 해석을 시도하여, 그 이전까지 주로 反切이나 이름에 의한 운세풀이 따위에 이용되는데 그쳤던『운경』의 〈韻図〉로서의 진가를 밝혔다는 점에서 후대의 평가를 받고 있다.

이를 이어서 本居宣長(1730-1801)와 이후의 연구자들은『운경』의 체계적인 이용을 시도했는데, 日字音 연구는 결국『운경』자체에 대한 연구라고 하는 편이 합당할 정도로 변화된 것으로 여겨지고 있다.

本居宣長가 저술한『자음가나용격(字音仮字用格, 지온가나즈카이)』(1776)과『한자삼음고(漢字三音考, 칸지산논코)』(1785), 그리고『지명자음전용례(地名字音転用例, 치메이지온텐요레이)』(1800)는 지금까지 근세 후기에 있어서의 日字音 연구가 나아갈 방향을 제시한 문헌으로 취급되어 왔다.[1] 다만 本居宣長의 연구를 외국어와 관련지어서 살펴보

---

1) 예컨대 古田東朔・築島裕(1972)『国語学史』(東京大学出版会)에는 다음과 같은 기술이 있다.
　　『운경』이 反切의 책이 아니라 音韻의 책이라는 것을 文雄가 밝힌 이후 이

면 거기에 성과라고 할 만한 것이 거의 없다. 왜냐하면 그는 일본음을 절대시하고 외국음을 멸시하는 생각으로 시종 일관하고 있었기 때문이다. 요컨대 国学을 집대성한 本居宣長로서는 당면한 목표가 일본어의 순수성과 우수성을 드러내 보이는 데에 있었기 때문에, 외국음에 기초한 日字音에 대한 논의는 핵심을 벗어나는 것이었다. 또한 그의『운경』에 대한 해석에는 오늘날의 관점에서 볼 때 보충하거나 정정해야할 곳도 적지 않다.

이와 같은 점에 착안하여, 예컨대 일본어의 開合의 문제라든가 舌内音과 唇内音의 구별 문제 등을 포함하여『운경』에 대한 재해석을 시도한 것이 太田全斎(오오타젠사이, 1759-1829)가 저술한 『한오음도(漢呉音図, 칸고온즈)』(1815)이다.2) 太田全斎의 연구에 대해 林(하야시, 1979;p.266)3)는 "당시로서는 획기적으로, 그러한 의미에서는 역시 近世에 있어서의 字音연구의 하나의 정점을 보이는 것이라고 해도 좋

책에 의거하여 그 정리, 補訂과 日字音 연구가 행해지게끔 되었다. 本居宣長는『자음가나용격』에서는 日字音을 연구하고, 또한 五十音図의 'お'와 'を'의 소속을 바로잡았다. 『한자삼음고』에서는 呉音・漢音・唐音과 같은 三音의 역사 및 특징 등에 대해 기술함과 더불어 国語音에 대해서도 언급했으며,『地名字音転用例』에서는 古代 지명을 漢字로 표기했을 때의 日字音의 転用에 대해 기술했다.

2)『한오음도』에서 제시한 太田全斎의 새로운 案은「音徴凡例」에 기술되어 있는 바와 같이 여섯 가지에 이른다.
　내 생각은 여섯 개 항목이다. 阿(아), 耶(야), 王(와) 세 行 및 拗音을 真字(마나)로 만드는 것이 첫째이다. 影(에), 喩(에)의 第四等을 耶(야)行의 定位로 삼는 것이 두 번째이다. 漢音 呉音에 原音 次音이 있다는 것을 밝히는 것이 세 번째이다. 206개 韻의 좌우에 国母의 상중하의 운을 기입하는 것이 네 번째이다. 三内의 撥仮字(하쓰가나)가 옛적에는 音博士(온하카세)가 있어서 정확했는데 中古 이래 혼란스럽게 된 것을 바로잡는 것이 다섯 번째이다. 於(오)字가 11転 開音이라는 것을 밝히는 것이 여섯 번째이다. 이러한 여섯 가지를 세워서 字音의 国字를 정한다. 〔71〕

3) 林史典(1979)「解説」『漢呉音図』勉誠社文庫57

다"고 자리매김 한다.

이처럼 日字音 연구사에 있어서의 "하나의 정점"으로 여겨지는 太田全斎인데, 그의 연구에는 또 한 가지 주목해야만 할 사항이 있다. 그것은 바로 日字音 연구에 韓語를 도입했다는 사실이다. 이러한 韓語 도입은 종전에 행해져왔던 日字音 연구에 있어서의 방법과는 전혀 다른 새로운 수법을 도입했다는 점에서, 또한 그에 의해 개발된 韓語 이용법이 후대의 연구자들에게 계승 발전되었다는 점 등에 있어서 의의가 있으며, 太田全斎의 연구를 특징짓는 하나의 요소로서 검토되어야 한다고 생각한다.

한편, 이 시대에 梵語 연구에 커다란 족적을 남긴 인물로서 行智(교치, 1778-1841)가 있다. 비록 梵語 연구에 그의 가장 큰 업적이 있다고는 해도, 行智의 경우에도 『운경』을 중시하고 있고, 行智에 대한 〈日字音 연구에 커다란 진전을 이룩한 인물〉이라고 하는 종래의 자리매김4)에 대해 수정을 가해야할 이유는 없는 것 같다.

行智는 梵字의 발음 연구에 전념하는 한편으로 나아가 제 외국어에 대한 견해를 밝히는 등, 외국어에 강한 관심을 보이고 있었는데, 그 가운데 하나가 韓語에 대한 언급이다. 이러한 사실에 대해서는 일찍이 新村(1947)5)의 지적이 있다. 그러나 新村는 "조선의 언문을 들어 증거하고 있지만 그 잘못된 것은 말할 필요가 없다"라고 지적하는데 그치고 있어서, 行智에 대한 본격적인 연구는 湯沢(유자와, 1996)6)에 이르러 비로소 이루어졌다고 해야 할 것이다. 아울러 行智가

---

4) 예컨대 橋本新吉(1983)『国語学史·国語特質論』岩波書店. pp.161-162.
5) 新村出(1947)「日本音韻研究史」『新村出選集』四, 甲鳥書林
6) 湯沢質幸(1996)『日本漢字音史論考』勉誠社

중요한 의미를 갖는 이유는, 자세히는 후술하겠지만, '神代文字 존재론'의 대표 격이라 할 平田篤胤가 韓語에 대해 기술할 때 그에 관한 언급을 여러 차례 하고 있다는 점에서이다.

다음으로 太田全斎로부터 영향을 받은 인물 가운데 東条義門(토조기몬, 1789-1843)이 있다. 東条義門은 『남신(男信, 나마시나)』(1835)에서 漢字의 음운에 'ㅈ(누)'과 'ㅿ(무)'의 차별이 있다는 점, 즉 韻尾 [n][m]의 구별을 밝히고, 가나로도 이것을 나누어 써야한다는 점을 주장했다. 또한 'オ・ヲ'의 소속에 대해 논한 『오오경중의(於乎軽重義, 오오쿄주기)』(1827)도 있다. 다만 東条義門의 경우 韓語에 대해 언급하지는 않았다.

마지막으로 太田全斎의 日字音 연구의 뒤를 이은 인물로서 関政方(세키마사카타, 1786-1861)와 白井寬蔭(시라이히로카게), 그리고 黒川春村(쿠로카와하루무라, 1799-1866) 등을 들 수 있다. 이들은 모두 韓語에 대해 언급하고 있으며, 특히 白井寬蔭와 黒川春村는 그 연구에 韓語를 적극적으로 도입하고 있다. 이들의 연구는 주로 『운경』을 중심으로 행해졌으며, 종래의 本居宣長나 太田全斎의 연구에 대한 보정을 수행했다는 점에 있어서 오늘날 평가받고 있다.

이상 간단하게나마 살펴본 바와 같이 근세에 있어서의 日字音 연구, 특히 후기의 연구에서는 韓語에도 주목한 연구자가 많이 배출되었다는 점에서 특징을 찾을 수 있을 것이다. 다만 『운경』을 중시하는 흐름에는 변화가 없다.

그런데 일본어학사를 논한 종래의 연구 가운데는 외국어와의 접촉에 주목한 것이 적지 않다. 예컨대 時枝(토키에다, 1940;p.29)[7]는 "외국어와의 접촉에 의해 国語가 자각되게끔 되었을 뿐만 아니라 외국어의 언어이론이 国語의 이론적 조직에 영향을 미친 점도 주목해야만 할 것이다"라고 하는 한편으로 근세 말기에 이르면 서양어학 특히 네덜란드 文典의 수입에 의해 일본어의 학문적 연구가 촉진되게 되었다고 지적한다.

이러한 관점은 日字音 연구사에도 그대로 적용할 수 있을 것으로 생각한다. 왜냐하면 예컨대 "중국 字音에 관한 연구의 폭과 깊이를 더했을 뿐만 아니라 일본 字音의 본격적인 연구가 일어난"[8] 근세에 있어서의 日字音 연구는 『운경』에 의거하여 이루어졌기 때문이다. 즉 『운경』이라고 하는 随·唐 이전의 漢字語의 음절표에 의거해서 日字音이 체계적으로 연구되게끔 된 것은, 이를테면 외국어의 이론이 도입된 결과라고도 이해할 수 있는 것이다.

또한 이 시대에는 앞서 언급한 바와 같이 시대적인 흐름으로서 日字音 연구자들이 韓語에도 눈을 돌리고 있다. 즉 小松(코마쓰, 1961)의 지적대로 복잡한 양상을 보이는 日字音의 연구에 오늘날의 관점에서 보면 비교언어학적인 수법이 도입되었다는 것이 된다. 다만 이러한 연구방법은 '国学'이라는 학문 영역에 있어서는 이질적인 성격을 띤 것으로 이해될 수도 있다는 점에 주의할 필요가 있다.

---

7) 時枝誠記(1940) 『国語学史』岩波文庫
8) 小松英雄(1961) 「字音研究の歴史」『国語学』(国語国文学研究史大成15) 三省堂

제5장

18-19세기 日字音 연구자들과 雨森芳洲의 접점

雨森芳洲의 『타와레구사』(1754)에는 다음과 같은 언급이 있다.

어떤 사람이 吳音 漢音이라는 것을 물었기에, 오음은 韓의 字音이고 한음은 중국의 字音입니다. 그렇지만 세월이 흘러 언제부턴가 우리나라(일본)의 소리가 되었다고 답했다. [72]

위 기사를 통해 日字音과 관련한 雨森芳洲의 두 가지 견해를 확인할 수 있다. 하나는 〈외국음이 일본에 전해지고 나면 결국 日本音이 된다〉고 하는 것이고, 두 번째는 〈일본어의 吳音은 "韓의 字音"〉이라는 것이다. 전자의 경우 실은 太田全斎의 『한오음도』(1815)에도 비슷한 취지의 기술이 보인다.

대개 음성은 도회지와 시골이 뒤섞이고, 正과 俗이 혼란하며, 貴와 賤이 서로 닿아 있으며, 上과 下가 서로 어울리는 것으로서, 자연스러운 것이다. 우리나라(일본)에 전래되어서는 또한 우리나라의 말소리 음편에 의해 이리저리 바뀌기 때문에 여러 가지로 변하는 일이 있다.

〔73〕

이처럼 太田全斎는 외국에서 들어온 소리는 일본어의 소리에 맞춰 변화한다고 하고 있으므로, 앞서 언급한 雨森芳洲와 대체적으로 같은 의견이라 해도 좋을 듯싶다. 이러한 유연한 생각을 바탕으로 雨森芳洲와 太田全斎는 한쪽은 韓語 교육의 선구자로서, 그리고 다른 한쪽은 韓語의 학술적 이용의 선구자로서 활약하기에 이른 것이다.

이제 呉音을 "韓의 字音"이라고 한 사실과 관련하여 논의하고자 하는데, 그 전에 여기에서는 잠시 '呉音'에 대한 本居宣長의 견해를 살펴보기로 한다. 本居宣長는 『한자삼음고』(1785)의 「漢字音 撰者에 대하여」라는 항목에서 日字音이 처음에 어떻게 정해졌는가에 대해 다음과 같이 언급한다.

옛날에 字音을 撰定한 것은 어떤 사람인가 하면 분명 그 皇子에게 典籍을 가르쳐 올렸던 百済国의 博士 阿直(아지키) 和邇(와니)[1] 등일 것이다. 韓地 사람인데, 和邇는 漢나라 高祖의 자손이지만 원래 唐国 사람일지도 모른다. 만일 그렇지 않더라도 唐国의 음운에도 매우 정통하여 분별하여 알고 있었을 것이다. 그렇지만 皇朝(일본)에 들어와서 아직 그다지 지내지 않았을 무렵이었으므로 그 音이 皇国의 語音

---

1) "와니"는 王仁을 가리킨다.

에 들어맞는지 들어맞지 않는지 까지는 아직 잘 구별하여 알 수 없었
으므로, [나니와즈의 노래(難波津の歌)를 이 和邇가 지은 것이라고 하
는 따위는 잘못 전해진 것이다.] 皇朝의 현자들과 상의하여 唐国의
음운과도 어긋나지 않고 우리 음에도 아주 멀지 않은 알맞은 정도를
생각하여 가려 정했을 것이다. [모든 字의 訓을 정한 것도 또한 이와
같았을 것이다.] 또한 그 당시에는 唐国 사람이 들어와 거류한 경우
도 이모저모로 있었으므로 그 사람들과도 함께 상의한 일도 있었을
것이다. 모든 그러한 세세한 일들까지는 지금 상세히 알 수 없는 것
이지만 일의 형세를 잘 생각하면 필시 그러할 것이다. 옛날 새로이
건너온 서적을 처음 읽었을 때의 형세를 잘 생각해야 한다. 文字[2]라
고 하는 것을 아직 형태조차도 본 적이 없었을 텐데 아무튼 그 독음
을 하나하나 알고자 한 것이 심히 쉽지 않았으므로 우리나라(일본)
사람의 입으로 읽고 쉽고 배우기 쉽도록 하고, 그렇지만 唐国의 음운
을 잃지 않는 것을 고르지 않으면 안 된다. 이 또한 심히 쉽지 않은
일이므로 필시 여러 사람과 상의하여 깊이 생각하지 않으면 정할 수
없는 것이리라.

[74]

위 기사와 더불어, 本居宣長는 『한자삼음고』의 「皇国에서의 漢字
音의 처음」에서 応神天皇 시절 일본에 漢籍을 처음 들여오고 皇子
에게 글을 가르친 것이 백제의 아직기(阿直岐)와 왕인(王仁)이었다고
하고 있으므로,[3] 本居宣長 역시 日字音이 처음 정착하는 과정에 "韓

---

2) 여기에서 '문자'란 漢字를 가리킨다.
3) 이 사항과 관련된 本居宣長의 언사는 다음과 같다.
　　皇国과 외국이 자연의 음운과 언어가 매우 다르다는 것은 위에 논한 바와
　　같다. 그런데 軽嶋の明宮(카루시마노 아키라노미야)에서 천하를 다스리신
　　応神天皇 시절에 百済国으로부터 阿直라 하고 和邇라 했던 두 博士를 맞
　　이하고 또한 論語 등과 같은 漢籍도 받았다. 이것이 우리나라에 漢字 漢籍

地”의 漢字音이 깊숙이 관여하고 있다고 보고 있었다고 해야 할 것이다. 이러한 관점은 다음에 제시하는 「吳音이 먼저 정해진 일에 대하여」라는 항목을 통해서도 확인할 수 있다.

그런데 옛날에 처음으로 정해진 字音은 필시 吳音일 것이다. 그 이유는 예로부터 書典을 읽는 데는 漢音을 사용했지만, 평소 口語로 소리 낼 때에는 漢音을 사용하는 일은 매우 드물고 모든 물건의 이름 또는 官名 그 밖의 명칭 등도 모두 吳音으로만 불러왔다. 〈중략〉 도대체 唐国에서 바르다고 하는 漢音을 두고 吳音까지도 사용한 것은 무슨 이유인가 하니, 吳国은 漢보다는 지역도 다소 皇国에 가깝고, 그 음도 실은 漢보다는 다소 빼어나서, 皇国의 음에 가깝고 친숙하여 이를 듣기에도 다소 평온하기 때문이다. [또한 그 옛날에 高麗 百済 등은 吳国에 가깝게 왕래했기 때문에, 和邇 등도 吳国의 음을 특히 잘 알아 이를 가르쳐 올리기라도 한 것인가. 그것은 어떠할까. 지금은 알기 어렵다.] 아무튼 그 옛날 처음으로 정해진 吳音은 곧 지금 세상에까지 전해지는 吳音이다.　　　　　　　　　　　　　　〔76〕

이처럼 “吳音은 韓의 字音”이라고 하는 雨森芳洲의 대답과 本居宣長의 언급은 맥락을 같이 하는 것인데, 그 가운데 ‘吳音’은 ‘漢音’보다 “다소 빼어나”다고 하는 本居宣長의 언사가 흥미롭다.

한편 黒川春村의 『음운고증(音韻考証, 온인코쇼)』(1862)에는 이 문

이 들어온 처음이다. 〈중략〉 皇子인 宇治若郎子(우지노 와키이라쓰코)가 그 두 사람을 스승으로 삼아 처음으로 그 한적을 읽으시고 모두 능히 통달하셨다는 것이 正史에 보인다.
위에서 “軽嶋の明宮”는 応神天皇의 皇居라고 하는 곳인데, 원래는 軽島豊明宮(카루시마노토요아키라노미야)이다.

　일본인의 국어인식과 神代文字

제와 관련하여 雨森芳洲가 언급한 내용이 인용되어 있다.

> 雨森芳洲의 『타와레구사』에, "어떤 사람이 呉音 漢音이라는 것을 물었기에, 呉音은 韓의 字音이고 漢音은 중국의 자음입니다. 그렇지만 세월이 흘러 언제부턴가 우리나라의 소리가 되었다고 답했다." 이상 과 같이 보이는 것은 내가 생각하는 것과 우연히 일치하는 설이다.
>
> 〔77〕

후술하겠지만 黑川春村는 〈韓字音〉을 자신이 주장하는 呉音 설정의 증좌로서 적극적으로 이용하고 있는데, 그 주장 가운데 위와 같이 雨森芳洲에 대해 언급하고 있는 것이다. 다만 黑川春村의 논증은 오로지 『운경』의 틀에 맞춰 韓語를 재해석하여 얻은 결과로서 雨森芳洲로부터 직접적인 영향을 받았다고는 보기 어렵다. 그러나 방증의 형태라고는 해도 雨森芳洲의 주장을 인용하고 있는 것을 볼 때, 黑川春村는 雨森芳洲의 韓語 취급 방식을 숙지하고 있었을 개연성이 높다고 하겠다.

그런데 자세하게는 역시 후술하겠지만 18-19세기 日字音 연구에 있어서의 韓語 이용이 대개 가나 레벨에서 이루어지고 있다는 사실에 주의할 필요가 있다. 즉 가나로 치환된 한글이 증좌로서 이용되고 있는 것이다. 또한 앞서 살펴본 바와 같이 韓語와 관련된 문헌들의 대부분도 역시 韓語를 가나로 표기하는 방법으로 일관하고 있다. 결국 韓語를 기재한 내용이나 목적이 다르다고는 해도 양자 사이에는 韓語를 가나 레벨에서 취급한다고 하는 공통점이 인정되는 것이다. 이러한 점에 있어서도 雨森芳洲의 韓語 취급 방식은 새삼 의미를 가진다.

여기에서 다시 本居宣長의 언사를 살펴보기로 한다. 이는『한자삼음고』의「漢国에 글자가 지나치게 많아 音이 부족한 것에 대하여」라는 항목인데, 양이 다소 많기는 하지만 전체를 아래에 인용하기로 한다.

漢国은 글자가 심히 많아 번잡하고 장황하여 오히려 불편하다. 이아(爾雅)의『석고(釈詁)』에 林(임) 蒸(증) 天(천) 帝(제) 皇(황) 王(왕) 后(후) 辟(벽) 公(공) 候(후)는 君(군)이고, 또한 柯(가) 憲(헌) 刑(형) 範(범) 辟(벽) 律(율) 矩(구) 則(칙)은 法(법)이고, 또한 辜(고) 辟(벽) 戾(태)는 罪(죄)이다, 등과 같이 있는 것처럼, 대개 이와 같이 같은 일에 글자가 여럿 있는 것은 각기 조금씩 뜻이 다르므로 나누어 쓴 것은 세심하지만, 그 가운데는 그다지 뜻이 다르지 않음에도 여러 글자가 있는 것은 무익한 일이다. 또한 대단히 세심하게 나누었는가 하면 앞서 보인 것 가운데 辟(벽)字가 君(군)과 法(법)과 罪(죄)의 뜻이 있는 것처럼, 한 글자를 여러 뜻으로 사용하는 것은 헷갈리기 쉬우며 매우 불편하다. 또한 그 后(후) 자를 君(군)에도 사용하고 君의 妻(처)에도 사용하는 것은 특히 헷갈리기 쉽다. 대개 이처럼 하나의 뜻에 많은 글자가 있다. 또한 한 글자에 여러 뜻이 있는 것보다는 하나의 뜻에 하나의 글자인 쪽이 좋을 것이다. 또한 같은 책의「석축(釈畜)」에 말(馬)의 종류를 말하는데, 무릎 위가 모두 흰 것은 惟骏(유주), 네 발회목이 모두 흰 것은 騥(증), 네 굽이 모두 흰 것은 首(수), 앞다리가 모두 흰 것은 騱(혜), 뒷다리가 모두 흰 것은 狗(구), 오른쪽 다리가 흰 것은 啓(계), 뒤쪽 오른 다리가 흰 것은 驤(양) 따위와 같이 말의 다리털 색깔이 조금씩 다른 것까지 각기 글자가 있는 것은 매우 장황하여 불편하기 그지없다. 무릇 万物 万事를 남김없이 이처럼 세쇄하게 나누고자 하

면 몇 천만 글자가 있더라도 다할 수 없을 것이다. 따라서 그처럼 글자가 많지만 결국 만물 만사를 각 한 글자씩으로는 다할 수 없어서 두 글자 세 글자를 연접하는 명칭도 많을 테다. 그런데 또한 글자는 많기 때문에 눈으로 이를 보면 뜻과 이치를 잘 알 수 있지만, 글자가 많은 것에 비하자면 音은 몹시 적어서 하나의 음이 여러 글자나 여러 말을 겸하기 때문에 그 말을 들어서는 뜻을 알 수 없는 경우가 항상 많다. 또한 音이 곧 言이기 때문에 活用이 없다. 그 예를 들자면, 飲(음) 食(식)과 같다. 皇国의 말로는 ノム クラフ라고도 ノマム クラハム라고도 ノメ クラヘ라고도 활용하여 그 뜻을 나누는데, 漢国에서는 그저 음(飲)(いむ) 식(食)(しふ)이라 할 수밖에 없고 활용하지 않기 때문에 [食에 따로 嗣의 音이 있어서 뜻이 바뀌는 것은 마지막에 말했다.] ノム クラフ도 ノマム クラハム도 ノメ クラヘ도 하나로서 차별이 없다. 단지 그 때의 상황과 위아래의 말에 따라 이해하여 알 뿐으로 그 한마디 말로는 알기 어렵다. 이는 漢国뿐만 아니라 모든 외국이 이와 같다. 그러므로 皇国의 言은 生言이고, 다른 나라의 언은 死言과 같다. 그런데 皇国의 음은 단지 50개로서 매우 적지만, 正音을 모두 갖추어 빠뜨린 것이 없다. 漢国의 음은 이에 비하면 대단히 많지만 그저 무분별하게 뒤섞여 있으며 모두 갖추지 못하고 빠진 음이 많다. 따라서 다른 나라의 음을 訳하는 데 부족한 것이 많아 매우 불편하다. 그 梵音을 訳한 것과 같이 먼저 梵音의 長短의 소리를 나누어 역할 수 없기 때문에 혹은 長 短이라고 注를 달거나 [이쪽에 장단 글자가 없으므로 장, 단으로 써 이를 표한다(此間無長短字故以長短標之)라고 양해를 구했다.] 혹은 長에는 引이라고 주를 달고, 短에는 入声字 등을 사용하여 주를 덧붙였다. 이는 입성은 뒤쪽에 급히 눌리는 韻이 있어서 올바른 短声에는 합당하지 않지만 갖다 델 만한 字音이 없기 때문이다. 모든 対訳은 이런 식인데, 비스름한 것만 많고 梵音에 들어맞기 어렵기 때문에 여러 가지로 주를 덧붙였다. 이를 皇国의 음으로 역하면, ア ア、イ イ、ウ ウ、エ エ、オ オ、로서 주가 필요 없이 간단하여 장단의 声調가 분명하다. 모든 皇国의 음은 오로지 곧으며 벗어남이 없기 때문에 이를 사용하기에 편리한 점이 이와 같다. 漢国의 음으로 어찌 이와 같이 할 수 있겠는가. 나머지 나라들의 음을 訳하는 것도 이를 본보기로 삼아 알아야 할 것이다. [皇国의 음을 가지고도 訳하기 어려운 음도 드물게는 있지만 漢字의 訳音보다는 훨씬 낫다.](밑줄은 필자)

[78]

위에서 보듯 本居宣長는 일본 가나에 의한 "対訳"이 매우 "편리"할 뿐만 아니라 "漢国"의 방식에 비해 빼어나다고 하는데, 후학들에 대한 그의 영향력 등을 고려하면 이후의 연구자들에게 있어서 외국어를 가나로 옮겨 쓰는 방식, 즉 "対訳"을 가지고 논의를 진행하는 연구법은 전혀 거부감 없이 받아들여졌을 개연성이 높다고 하겠다. 실제로 후술하는 바와 같이 韓語를 이용하여 日字音에 대해 논의한 후속 연구자들은 대부분 가나로 치환된 韓字音을 증좌로 삼는다.

이렇게 볼 때 韓語를 이용하거나 제시할 때 韓語를 가나로 치환하는 방법을 모색하는 것이 당시 어학계를 관통하는 관심사가 아니었을까 생각된다. 이는 한글이나 韓語에 대한 학문적인 접근 이전의 문제로서 아마도 한글은 모두 가나로 옮겨 쓸 수 있다는 인식이 배경에 있었을 것으로 보이며, 또한 한글을 가나로 옮겼을 때의 결과물은 日字音을 연구하는 데 있어서 대단히 매력적인 증좌로 보였을 것임에 틀림없다.

日字音 연구자들이 韓語를 이용할 수 있었던 배경에는 韓語에 대

한 지식, 특히 양 언어 사이의 유사점에 대한 인식이 필요했을 텐데, 이러한 점은 일본어와 韓語를 비교 대조하고 있는 雨森芳洲와 기본적으로 공통된 판단에 바탕을 둔 것이었다고 할 수 있다. 日字音을 연구하는 데 있어서 韓語를 이용하기 위해서는 韓字音에 대한 구체적인 지식은 물론이고 객관적인 관점에서 양 언어를 바라볼 수 있는 이른바 보편적 언어인식이 요구되기 때문이다.

또한 근세 후기 日字音 연구자들이 종래의 단편적인 韓語에 대한 가나 기재 및 제시를 뛰어넘어 그 학술적 이용을 시도했다는 점에서 보면 雨森芳洲의 언어교육적인 기술에 비해 획기적인 전환 내지 커다란 진보가 있었다고 해도 좋을 듯하다. 이를테면 韓語에 대한 "실용적인 학습"에서 韓語를 통한 "과학적인 연구"로 질적인 변화가 이루어진 것이다.

제6장

일본에 전해진 『유합』과 『훈몽자회』

주지하는 바와 같이 『유합(類合)』과 『훈몽자회(訓蒙字會)』는 조선에서 널리 사용되었던 漢字 학습서인데, 특히 『훈몽자회』는 초판(1527)에서부터 1913년 朝鮮光文會 간본에 이르기까지 약 400여 년 동안 10여 차례나 간행되었다는 사실이 알려져 있다.

『유합』의 성립 경위에 대해서는 명확하지 않은데『훈몽자회』첫머리의 「訓蒙字會引」에 〈漢字 학습의 기본서로서 종래 사용되고 있던 『천자문(千字文)』이나 『유합』에는 "虛字"가 많은 등의 결함이 있기 때문에, 그 결함을 보완하여 이후 이를 대신하여『훈몽자회』를 사용한다〉는 취지의 기사가 있는 것을 볼 때,1) 『유합』이 『훈몽자회』 이

---

1) 「訓蒙字會引」에는 아래와 같은 기사가 있다.(밑줄은 필자)
　　臣窃見世之教童幼學書之家 必先千字 次及類合 然後始讀諸書矣 千字梁
　　朝散騎常侍周興嗣所撰也 摘取故事 排比爲文 則善矣 其在童稚之習　僅
　　得學字而已 安能識察故事屬文之義乎 類合之書 出自本國 不知誰之手也
　　雖曰**類合諸字而虛多実少**　無從通諳事物形名之實矣　若使童稚學書知字

전 오랫동안 漢字 학습의 기본서로서 사용되고 있었다는 사실과 더불어 『훈몽자회』의 편찬 의도까지도 확인할 수 있다. 참고로 『훈몽자회』에는 총 3,360자가 표제어로 제시되어 있는데, 이기문(1971;p.15)[2]에 의하면 상·중 두 권의 "實字"가 2,240자에 달한다고 한다.

이기문(1971)은 현존하는 『유합』으로는 1576년에 완성된 柳希春에 의한 『신증유합』(상하 2책)과 19세기 간행된 것으로 추정되는 1책으로 된 『유합』의 2종이 있으며, 『신증유합』은 일본의 東洋(토요)文庫에도 소장되어 있다고 보고하고 있다. 그런데 東洋文庫에는 『신증유합』과 더불어 1책으로 된 『유합』(정리번호 Ⅶ-1-36)도 함께 소장되어 있는데, 그 표지에 "類合 全", 22장 앞에 "類合 終"이라고 적혀있다. 여기에 수록된 漢字는 총 1,764자로 각각의 漢字에 대해 한글로 漢字의 音과 訓이 기재되어 있다. 다만 이기문이 밝힌 1책으로 된 『유합』이 총 수록 漢字가 1,518자라고 하니 두 문헌의 異同 문제는 과제로 남는다.

그런데 『유합』이라는 서명은 일본에 있어서의 韓語 교육의 선구자라고 할 雨森芳洲가 기술한 「韓学生員任用帳」(1720)에도 보인다.

생도 10명은 朝鮮音을 가지고 유합, 십팔사략(十八史略)을 배워 익히도록 하시는 동안 각자를 데리고 매일 나태하지 말고 언덕 아래로 내려가도록 하실 것.　　　　　　　　　　　　　　　　　　　　　　　〔79〕

則宜先記識事物該紐之字　以符見聞形名之實然後始進於他書也　則其知故事　又何假於千字文之習乎　孔子曰　不學詩　無以言　釋之者曰多識於鳥獸草木之名　今之敎童稚者　雖習千字類合以至讀遍經史諸書　只解其字　不解其物　遂使字與物二　而鳥獸草木之名不能融貫通會者　多矣　盖由誦習文字而已　不務實見之致也

2) 이기문(1971) 『訓蒙字會硏究』서울대학출판부

위 인용문에 따르면 雨森芳洲는 『유합』이라는 서책을 韓語 학습에 이용했다는 것이 된다. 다만 그가 말하는 『유합』이 정확히 무엇을 가리키는지는 명확하지 않다. 그러나 『십팔사략』까지 함께 들며 "朝鮮音을 가지고" "배워 익히도록" 한다는 것을 볼 때 雨森芳洲가 말하는 『유합』은 앞서 언급했던 『유합』과 마찬가지로, 韓字音과 관련이 있는 것으로 보는 편이 타당할 듯하다. 왜냐하면 『십팔사략』은 "중국의 태고 시절부터 南宋 멸망에 이르기까지의 약 4천년에 걸친 역사를 간략하게 정리한 역사서"3)로서, 그 본문은 당연히 漢文으로 기록되어 있기 때문에, 雨森芳洲가 말하는 "朝鮮音"이란 韓字音을 가리킨다고 이해하는 것이 자연스럽기 때문이다. 한편 『십팔사략』은 현재 일본에 다수 남아있는 모양으로, 1526년 일본에 전해진 것이 확인되며, 雨森芳洲가 활약한 시기와 겹치는 1743년에도 목판본이 간행되었다.4)

이처럼 〈雨森芳洲는 漢字의 朝鮮音 즉 韓字音 및 訓을 학습하는 데 있어서 『유합』을 이용했다〉고 할 때 그의 韓語 교육에 관여한 경력과도 부합한다. 나아가 자세히는 후술하겠지만 白井寬蔭나 黑川春村의 저작에도 『유합』이라는 書名이 빈번히 등장한다.

다음으로 『훈몽자회』에 대해 살펴보기로 한다. 崔世珍이 지은 것으로 알려져 있는 본서의 첫머리에는 10개조로 이루어진 「凡例」가 붙어있는데, 그 가운데는 한글을 모르는 사람을 위한 「諺文字母」 조항도 있다. 이 「諺文字母」에는 한글 자모의 명칭을 비롯하여 한글의

---

3) 漢詩・漢文教材研究会編(1995)『歷史Ⅳ 十八史略・上』漢詩・漢文解釈講座 第11巻 昌平社. p.5.
4) 上揭書 pp.5-12.

구성, 그리고 声調에 대한 간단한 설명이 이루어져 있다. 이러한 점을 볼 때『훈몽자회』(「범례」의「언문자모」)는 이를테면 초보적인 韓語학습서로서의 쓰임새도 겸비하고 있었다고 할 것이다.

그런데 일본에는 오늘날 3종류의『훈몽자회』異本이 존재하고 있는 것으로 알려져 있다. 먼저 比叡(히에이)山 延暦(엔랴쿠)寺의 叡山(에이잔)文庫에 하나, 다음으로 東京대학 도서관에 소장된 것이 하나, 마지막으로 尊経閣(손케이카쿠)文庫 소장본이다. 이 가운데 東京대학 소장본(분류번호 A00, 6460)은 어떤 일본인이 漢字 학습에 이용했던 모양으로, 표제 漢字에 대해 日字音이 가나로 첨서되어 있는 것을 확인할 수 있다. 예컨대 "天"에 대해 "テン" "地"에 대해 "チ"와 같이 音만이 붙여진 것과, "星"에 대해 우측에 "セイ" 좌측에 "ホシ", 또 "春"에 대해 우측에 "シュン" 좌측에 "ハル"와 같이 音과 訓이 모두 적혀 있는 것이 보인다. 이러한 가나가 첨서된 시기는 알 수 없으나, 적어도 본서가 일본인에 의해 이용되었다는 사실만큼은 분명해 보인다. 아울러 본서 표지 뒤쪽에는 "厚狭毛利(아사모우리)蔵"이라는 표식이 있다. 이에 대해 中田(나카다)라는 인물은 다음과 같이 기록한다.[5]

이 판본은 板色이 선명하고 字形이 古雅하며, 언문 주석 모두 정확하다, 결코 近世의 것이 아니다. 표지 뒤에「厚狭毛利蔵」이라고 적혀 있다. 아마도 임진왜란 때 毛利元就(모우리모토나리)를 따라 출정했던 厚狭(아사)에 거주하는 毛利(모우리) 일족이 韓地로부터 가져온 것일 테다. 만일 그렇다면 본서는 가정(嘉靖;1522-1566) 또는 만력(万暦;1753-1620) 무렵의 판본으로서 오늘날 韓国에는 존재하지 않는 것이니, 실

---

5) 이 中田의 기술은 별지 형태로 본서에 끼워져 있다.

 일본인의 국어인식과 神代文字

로 천하의 유일한 책이라 할 것이다.

쇼와(昭和) 34년(1959) 10월 中田薫(나카다카오루) 記.

　이처럼 『훈몽자회』의 옛 시절의 異本이 일본에 다수 남아있다는 사실과, 일본인의 사용 흔적을 확인할 수 있는 東京대학 소장본 등을 종합해볼 때, 『훈몽자회』는 일본에서도 매우 광범위하게 유포되고 또한 이용되었을 개연성이 높다고 할 것이다. 실제로 이하 살펴보는 바와 같이 太田全斎와 行智를 비롯하여 白井寬蔭나 黒川春村와 같은 日字音 연구자들이 韓語를 인용할 때는 『훈몽자회』를 증좌로 삼는 경우가 대부분이며, 나아가 神代文字의 존재를 주장한 平田篤胤조차도 『훈몽자회』에 대해 언급하고 있다는 사실도 이를 뒷받침한다. 따라서 당대 연구자들에게 있어서 『훈몽자회』는 韓語와 접촉하거나 또는 韓語를 이해하고 韓字音을 증좌로 채택할 때의 참고서로서 이용되고 있었다고 할 수 있을 것이다.

　마지막으로 『유합』과 『훈몽자회』의 내용을 오늘날의 관점에서 보면, 의미 분류에 의한 漢字 사전에 해당한다고 하는 점도 주의할 만이다. 예컨대 『훈몽자회』의 경우 '天文' '地理' '身體' 등과 같이 분류되어 그에 해당하는 의미를 가진 漢字가 게재되어 있는 것이다. 또한 두 책 모두 漢字를 표제어로 삼고 있으며, 각각의 漢字에 대해 韓字音과 訓이 적혀있다. 이렇게 볼 때 韓字音을 참조하여 논증하고자 하는 입장에서는 『유합』과 『훈몽자회』가 대단히 유효하며 편리한 자료로서 인식되었을 것임에 틀림없다.

제7장

本居宣長와 『유합』·『훈몽자회』

『한자삼음고』(1785)에는 〈"正雅"한 日本音〉과 대비되는 〈"不正"한 外国音〉이라고 하는 本居宣長의 이분법적인 견해를 확인할 수 있는 기사가 있다. 아래에 「조수만물의 소리」라는 항목을 인용한다.

대략적으로 위에 언급한 외국의 끄는 음, 휘는 음, 급히 눌리는 음, ン의 음, ハ行의 半濁音 등은 이는 모두 不正한 음으로서 사람의 正音이 아니라 鳥獸万物의 소리와 비슷한 것이다. 왜냐하면, 먼저 새와 짐승의 소리는, 말(馬)은 ニイ 소(牛)는 モオ 등과 같이 모두 반드시 길게 울어, ニ라든가 モ라든가 짧게는 울 수 없다. 저 외국인의 끄는 음이 이에 가깝다. 또한 꿩(雉)은 キン 개(犬)는 ワン 쥐(鼠)는 チウ 고양이(猫)는 ニヤウ와 같이 우는 것은 외국인의 휘는 음과 ン韻 따위가 이에 가깝다. 또한 까마귀(烏)는 カアカア라고 우는데 만일 짧게 울 때에는 반드시 カッカッ과 같이 급히 눌리고, 개구리(蛙)나 오리(鴨) 따위가 ギヤッギヤッ ガッガッ과 같이 우는 것은 모두 短声

인 점, 외국인의 入声이 이에 가깝다. [까마귀의 カッカッ 개구리의 ギヤッギヤッ 오리의 ガッガッ과 같은 것은 모두 그 운이 현저하지 않지만 급히 눌리는 곳에 은은하게 울림이 있다는 점이 완전히 입성과 같다.] 그런데 또한 거문고의 소리는 ピンポン, 피리의 소리는 ヒ イ フウ ビイ ブウ, 쇠의 소리는 チン チヤン チヨン グワン ボン, 북의 소리는 デン ドン カン ポン, 나무의 소리는 カッカッ, 돌의 소리는 コッコッ 등과 같이 울린다. 만물의 소리는 모두 이와 같아서 긴 것은 반드시 울림이 있어서 짧을 수 없다. 짧은 것은 반드시 급히 눌려서 부드럽지 않다. 무릇 조수만물 가운데 그 소리가 皇国(일본)의 50音과 같이 오로지 곧으며 바른 것은 하나도 없으며 모두 다양하게 특징이 있는데, 외국인의 음이 이와 매우 닮은 것이다. 이는 皇国의 음은 바르고 외국의 음은 바르지 않다는 명백한 증거이다.　　〔80〕

요컨대 〈일본어의 音은 곧고 바르다〉는 이야기를 사물의 소리를 묘사하는 말들 간의 비교를 통해 주장하고 있는 것이다.

그런데 本居宣長가 말하는 외국음에는 중국음(唐音), 梵音, 朝鮮音 등이 포함되는데, 일본의 漢音·呉音의 성격을 논하는 『한자삼음고』의 「皇国의 漢呉音 論」에 외국음 전반에 관한 기술이 보인다. 먼저 "唐音"에 대해서는 다음과 같이 언급하는데, 당시 중국의 音인 唐音과 당시 일본의 音이 다르다는 사실에 기초하여 양자의 관련성을 부인하는 점이 흥미롭다.

어떤 주장에 우리나라(일본)의 字音이 지금의 唐音과 비슷하지 않다고 하여 중국의 진짜 음이 아니라고 해서는 안 된다, 지금의 唐音은 잘못된 음으로서 옛 음이 아니고 우리나라에 전해진 字音이야말로 중국의 옛 음이라고 하는데, 그렇지 않다. 지금의 唐音이 옛 음과 다른 것은 맞지만 대부분의 음성이라고 하는 것은 만국에 각기 모습이 있어서 몇 천 년을 지나도 바뀌지 않는 것은 바뀌지 않는 법이니 지금의 음을 가지고서도 옛 음의 대략적인 모습을 잘 알 수 있다. 우리나라의 字音은 그 모습이 唐音과 크게 다르므로 중국의 음 그대로가 아니라는 것은 확실하다. 〔81〕

다음으로 '梵音'에 대해서는 아래와 같이 언급한다.

또한 어떤 주장에 우리나라(일본)의 字音은 天竺의 音도 섞인 것이라고 하는데 그렇지 않다. 천축에서 漢字를 사용한다는 것을 듣지 못하니 그 음이 있을 리 없다. 생각건대 이는 천축의 單音이 우연히 皇国(일본)의 正音과 같고, 또한 五十連音의 図가 그 悉曇 字母에 의해 만들어졌기 때문에 그렇게 말하는 것이리라. 실로 五十連音의 図는 悉曇 자모에 의해 그 학문을 위해 만들어진 것으로서 皇国 고유의 것은 아니다. 또한 皇国의 語音을 위해 만들어진 것도 아니다. 그렇지만 그 음은 50개로 본디 皇国의 자연의 正音으로서 더군다나 천축의 음을 적은 것은 아니다. 이는 古言을 가지고 이해해야 한다. 그런데 천축은 우연히 우리 정음의 妙用에 부합하기 때문에 이를 借用할 뿐이다. 오십음도에 의해 이러한 묘용이 있는 것은 아니다. 본디 천축국에는 우리 皇国의 정음과 같은 單音도 있지만 역시 수많은 혼잡하고 不正한 음도 많다. 그 가운데 單音이 우연히 皇国의 음에 많다고 하여 필시 그로부터 베낀 것이라고 어찌 하겠는가. 〔82〕

위와 같이 本居宣長는 최종적으로는 일본의 音과 天竺의 音의 영향관계를 부정하는데, 그 논의 가운데 특히 일본의 五十音図가 만들어진 배경에 悉曇이 있음을 논한 부분이 주목된다. 왜냐하면 이는 오십음도를 신성화하는 생각과는 거리가 있는 주장이기 때문이다.

이제 마지막으로 韓語에 대한 기술을 살펴보기로 한다.

> 그 宇治若郎子王(우지노와키이랏코노미코)에게 처음으로 読書를 가르친 王仁 등은 백제국의 사람이니 우리나라(일본)의 字音은 이에 전해진 것으로서 韓地에서 伝習한 잘못된 음이라는 주장이 있지만, 지금의 朝鮮人이 漢字를 읽는 음을 생각하니 우리나라의 字音과 가까운 것도 있지만 그러한 것은 드물고 대체적으로 지금의 唐音에 가깝다. 対馬를 タイバア로 읽는 것과 같다. タイ는 완전히 우리나라의 음과 같지만 馬를 バ로 읽지 않고 バア라고 하는 것은 唐音의 쓰임새이다. 다만 지금의 唐音으로는 マア라고 읽는다. 또한 入声은 우리나라와 같이 韻尾를 뚜렷하게 읽는 것도 많다. 이것들은 우리나라의 음과 닮았지만, 역시 日本을 イルポン, 百済를 ペクチエ丶라고 읽는 것은 심히 異音으로서, 그 모습은 지금의 唐音과 닮아 우리나라의 음과는 매우 멀다. 또한 우리나라에서 ウ라고 읽는 韻을 喉内에 흐리게 하여 ク처럼 읽는 漢字 따위가 많다. 이밖에 대개 많은 것들이 唐音에 가깝다. 따라서 皇国의 字音은 韓地의 음을 전한 것이라고는 보이지 않는다.
> {83}

위에 보인 바와 같이 本居宣長가 여기에서 韓語에 대해 언급한 것은 "일본의 字音은 韓地에서 伝習한 잘못된 음이라는 주장"을 물리치기 위함이었다. 말할 필요도 없이 "正雅"한 일본음이 "不正"한 "韓地의 음"이 전해진 것이라는 주장은 本居宣長로서는 도저히 받아들일 수 없었을 것이다.

本居宣長는 "지금의 조선인이 漢字를 읽는 음"을 살펴보면 "韓地의 음"은 "唐音" 즉 당시의 중국음에 가까운 것으로서, "皇国" 즉 일본의 漢字音과는 결코 직접적인 관계가 없다는 것을 주장한다. 그근거로서 "韓地의 음"으로는 "対馬를 タイバア", "日本을 イルポン", "百済를 ペクチエ丶"라고 읽는다는 사실이 제시되어 있다. 그렇다면 이와 같이 읽는 것은 '唐音'의 특징인 것일까.

이 문제를 논의하기 위해 우선 岡嶋冠山(오카지마칸잔, 1674-1728)이 저술한 『당화찬요(唐話纂要)』(1716)를 살펴보기로 하겠다. 본서는 당시의 중국음 즉 '唐音'이 가나로 표기되어 있는데, '対, 馬, 日, 本, 百, 済'에 대해서는 다음과 같다.[1]

対トイ(p.17)　　馬マア丶(p.45)　　日ジ(p.17)　　本ペヱン(p.19)
百ベ(p.225)　　済ツユイ(p.39)

위에 제시한 岡嶋冠山의 唐音 가나표기를 보는 한 "韓地의 음"과 '唐音'이 비슷하다고 하는 本居宣長의 주장은 받아들이기 어렵다. 그렇다면 다시 "馬를 バ로 읽지 않고 バア라고 하는 것은 唐音의 쓰임새이다. 다만 지금의 唐音으로는 マア라고 읽는다" 및 "日本을 イルポン, 百済를 ペクチエ丶라고 읽는 것은 심히 異音으로서, 그 모습은 지금의 唐音과 닮아 우리나라의 음과는 매우 멀다"고 한 本居宣長의 근거를 따져볼 필요가 있을 것이다.

실은 이 문제와 관련하여 주목해야 할 사항이 앞서 제시했던 「조

---

1) 이하 古典研究会編輯(1972) 『唐話辞書類集』第六集에 소수되어 있는 『당화찬요』의 복제본에 의한다.

수만물의 소리」이다. 이를 바탕으로 미루어보면 本居宣長가 "韓地의 음"과 "唐音"을 관련지은 것은 양자를 가나로 표기했을 경우 거기에 "끄는 음, 휘는 음, 급히 눌리는 음, ン의 음, ハ行의 半濁音 등"과 같은 "不正"한 음이 들어있다는 사실에 연유한 것으로 생각하는 편이 타당할 듯하다.

한편 韓語를 둘러싼 本居宣長의 논의가 가나 레벨에서 이루어지고 있다는 점에도 주목할 필요가 있다. 왜냐하면 本居宣長는 韓語를 어떠한 방법으로 가나로 치환했는가가 의문이기 때문이다. 이 문제에 대해서는 첫 번째로 예컨대『유합』이나『훈몽자회』등과 같은 문헌을 참조했을 가능성을 검토할 필요가 있는 것으로 생각되는데, 그러나 두 문헌을 조사하여 다음과 같은 용례를 찾아내도 本居宣長가 이러한 한글에 의거하여 그것을 가나로 치환했을 것으로 보기는 어렵다.[2]

対되(類18앞, 訓下雜語)	馬마(類6뒤, 訓上獸畜)
日일(類1뒤) 실(訓上天文)	本본(類21뒤)
百빅(類1앞, 訓下雜語)	済제(類15뒤, 訓下雜語)

왜냐하면 예컨대 한글 "마(馬)"를 "バア"와 같이 표기해야할 이유가 쉽게 짐작이 가지 않는 것이다. 물론 本居宣長가 '마'의 鼻音性을 강하게 의식하여 "バ"로 적었을 가능성도 있겠지만, 2음절 째인 '본'에 대해 "ポン"을 사용하고 있는 점을 보면 음성적 사실에 충실한 표기를 시도했다고는 생각되지 않는다. 또한 本居宣長가 韓語에 대해 구

---

2) 아래에서 예컨대 '対'에 대해 '類18앞'이라 한 것은『유합』의 18번째 장 앞면에 예가 있다는 뜻이고, '訓下雜語'는『훈몽자회』하권 '잡어' 조에 게재되어 있다는 것을 의미한다.

체적인 지식을 가지고 있었다고 보아야 할 근거도 찾을 수 없다.

이제 또 하나의 가능성은 本居宣長가 제시하고 있는 韓語가 모두 〈地名〉이라는 점에서 찾을 수 있다. 즉 本居宣長는 당시 손쉽게 접할 수 있었던 지명을 가지고 논의를 진행한 것이라고 생각한다면, 한글 "마(馬)"를 "バア"로 표기한 이유를 그에게 물을 수는 없을 듯하다. 이는 本居宣長가 "韓地의 음"에 대해 언급한 것은 단편적인 지식을 빌려 쓴 것에 불과하며 한글 또는 韓語와는 직접적인 관계가 없다는 것을 의미한다. 요컨대 本居宣長의 경우 韓語를 둘러싼 논의를, 앞서 살펴본 각종 문헌들의 경우와 마찬가지로, 가나 레벨에서 진행하는 것이 한계가 아니었는가 생각한다.

그런데 "韓地의 음"과 "皇国의 字音"의 관련성을 적극적으로 부인하는 本居宣長이기는 하지만, 그 한편으로는 이하와 같이 '入声'에 관해서는 양자 사이의 관련을 일부 인정한다.

다만 아주 먼 옛날 여러 글자 가운데 중국의 음은 있었던 모양으로, 우리나라(일본)의 자연의 음에는 미치지 못하지만 우연히 韓地의 음에 가까운 것을 조금씩 그 음을 취용했던 일은 있기도 했을 것이다. 入声 글자에 ク キ ツ チ フ가 뚜렷한 韻이 있는 것은 그 나라의 음을 본 따서 정한 것이기도 한 것일까. 그렇지만 이것도 오직 皇国의 자연의 음에 배치되지 않는 것을 골라 정한 것일 테다. 아무렇게나 그 잘못된 음을 전한 것은 아니다. 〔84〕

위에 인용한 바와 같이 本居宣長는 "韓地의 음"은 韻尾에 'ク, キ, ツ, チ, フ'의 구별이 있다는 사실을 지적하고, 이는 "皇国의 字音"과

무연하지 않다고 한다. 그러나 本居宣長가 최종적으로 주장하는 것은 "아무렇게나 그 잘못된 음을 전한 것은 아니다"라는 종래의 견해를 되풀이하고 있다.

다만 本居宣長가 여기에서 韓語의 韻尾에 대해 언급하고 있다는 사실은 후일 예컨대 行智가 『범한대역자류편(梵漢対訳字類編, 본칸타이야쿠지루이헨)』(1835)에서 韻尾를 가진 韓語를 예로 들어 논의를 전개하고 있다는 점이나,3) 나아가 白井寛蔭와 같은 인물은 撥韻尾(하쓰인비) 즉 'ン'의 취급 문제와 관련하여 韓語를 적극적으로 제시하고 있다는 사실을 고려할 때 중요한 의미를 가진다고 해야 할 것이다.

그러나 白井寛蔭는 韓字音을 증좌로 삼아 撥韻尾에 'ヌ'와 'ム'의 구별이 있다는 사실을 논하는 과정에서 〈本居宣長도 韓字音을 참조했더라면 撥韻尾를 모두 'ム'로 하는 일은 없었을 것〉이라는 견해를 밝히고 있으므로, 이 문제와 관련하여 白井寛蔭가 本居宣長로부터 직접적인 영향을 받았다고 하기는 어렵다.

그렇다고는 해도 本居宣長가 일본 가나에 의한 "対訳"과 그것에 의거한 연구에 정당성을 부여했다는 점을 고려하면, 〈本居宣長는 자신이 의도하지는 않았지만 韓字音 이용의 방향성 또는 가능성을 시사했다〉는 정도의 자리매김은 가능할 것으로 생각된다.

---

3) 行智가 예로 든 것은 다음과 같은 것들이다.
東冬을동トグ　江は강カグ　　山は산サヌ　　霄小을소セヲ
唐蕩을당タグ　侵寝을심シム　咸感을함ハム　談을담ダム
凡을범ボム　　没을몰モル　　月을월ウエル　葉을엽エ○フ

제8장

18-19세기 日字音 연구와
『유합』·『훈몽자회』

1. 太田全斎의 경우

太田全斎 저 『한오음도』(1815)는 「한오음도(漢呉音図)」「한오음징(漢呉音徴, 칸고온초)」「한오음도설(漢呉音図説, 칸고온즈세쓰)」 3권으로 구성되어 있다. 이 가운데 「한오음징」에는 총 758항목에 이르는 漢字를 표제어로 들고 이를 "原音" "次音" 등과 같이 분류하여 각 日字音에 대한 典拠를 제시한다. 太田全斎가 제시하는 전거 가운데는 韓字音이나 梵音과 같은 외국음도 포함되어 있다는 점이 특징적인데, 韓字音이 제시된 항목은 48개에 이르며 그 제시 방법은 다음과 같다.[1]

目○ ［漢原音］凡久● ［朝鮮諺文字母］복 ［愚按］ㅂは初声のヒの

---

1) 이하 『한오음도』를 인용할 때는 勉誠社文庫57 『漢呉音図』에 의한다.

字、ユは中声のヨの字、ㄱは終声のクの字、三合して복とな
る。即原音なり。これ木の字の漢音に転したる也。
屋〇 ［漢原音］為与久 ［次音］遠久● ［朝鮮諺文字母］옥屋沃 ［愚
按］ㅇはイ、ユはヨ、ㄱはク也。朝鮮イ井同用。 ［中原雅
音］音塢〇 ［呉原音］為由久 ［次音］于久● ［朝鮮諺文字母］
윽屋 ［愚按］ㅇはイ、ㅡはウ、ㄱはク也。ウユ通す。即原音
也。옥윽字音並異。

위에 제시한 인용문에서 보는 바와 같이 韓字音을 제시할 경우에
는 "朝鮮諺文字母"라고만 기록하고 있다. 이는 梵音을 인용하는 경
우 『실담자기(悉曇字記, 싯탄지키)』나 『실담삼밀초(悉曇三密鈔, 싯탄산
미쓰쇼)』와 같이 출전을 명확히 제시하는 방식과는 다른 형태다. 그렇
다면 太田全斎가 말하는 "朝鮮諺文字母"는 무엇을 근거로 한 것인
가를 따져보아야 하는데, 이에 대해서는 후술하기로 하고, 위 인용문
을 통해 알 수 있는 몇 가지 특징에 대해 먼저 논의하기로 하겠다.

太田全斎는 "目"이 "漢原音"으로는 "凡久"이며, 韓字音 "복"이 "原
音"의 증좌가 된다는 식의 기술을 전개한다. 이는 "屋"의 경우도 마
찬가지다. 그런데 太田全斎가 제시하는 "凡久"나 "為与久"와 같은
것은 漢字의 음이나 훈을 빌어 일본어를 표기하는 이른바 '真字(마
나)'인데, 이렇게 日字音을 가나(仮名)가 아닌 '마나'로 제시하는 것은
다음과 같은 이유에서라고 한다.

우리나라에서는 옛날 이러한 喉音의 十呼를 저절로 익혀 알아, 그
漢呉音에 붙여 真字(마나)를 빌려 우리나라의 말로 만든 것을 仮名(가

나)라 하여 사용했었다. [『고사기』『일본서기』에 노래를 짓고 또한 『만엽집』 등도 이러하다.] 따라서 피차의 音이 바뀌는 일이 없었다. 片仮字(카타카나) 平仮字(히라가나)가 만들어진 이래 [카타카나 히라가나는 国字母이다. 단지 仮字(가나)라고 할 때는 마나를 가지고 우리말을 적는 것을 일컫는다.] 줄이고 쉬운 것만 좇아 이제는 피차가 혼란하게 된 것이다.   ﹝85﹞

이처럼 太田全斎는 "마나"를 사용하면 카타카나나 히라가나와는 달리 "十呼"를 구별할 수 있다고 한다. 요컨대 '마나' 사용은 "옛날"에는 글자를 가지고 구별할 수 있었던 "十呼"를 논의하는 경우, "피차의 음이 바뀌는 일"도 없고 "혼란"이 발생하지도 않는, 필요불가결한 표기법을 채용한다는 것을 의미한다. 그런데 太田全斎가 말하는 "十呼"란 다음 기사를 통해 알 수 있듯이 〈ア(아) ヤ(야) ワ(와) 3行〉〈イ(이) ウ(우) オ(오) 3段〉과 관련된 음을 가리킨다.

오십음 가운데 喉音 ア ヤ ワ 3行의 伊 以 為의 3音 [伊는 ア행이다, 以는 ヤ행이다, 為는 ワ행이다], 偃 于의 2음[偃는 ア행이다, 于는 ワ행이다], 衣 曳 恵의 3음[衣는 ア행이다, 曳는 ヤ행이다, 恵는 ワ행이다], 於 遠의 2음[於는 ア행이다, 遠은 ワ행이다], 통계 10음.   ﹝86﹞

요컨대 가나를 가지고는 구별하여 표기할 수 없는 소리까지도 '마나'로 적으면 간단히 구분할 수 있으므로, 日字音에 대한 논의는 '마나'를 중심으로 전개한다고 하는 것이다.

이제 이야기를 다시 되돌려서 太田全斎가 韓字音을 전거로 제시한 내용의 특징에 대해 조금 더 살펴보기로 한다.

앞선 인용문의 "目" 항목에서 太田全斎는 "朝鮮諺文字母"인 "복"
을 제시하고 "ㅂ은 初声의 ヒ 字, ㅗ는 中声의 ク 자, ㄱ은 終声의
ク 자, 3合하여 복 이 된다"고 한다. 즉 한글을 하나하나 자모로 분석
하여 각기 가나로 치환하는 방식을 먼저 취하고, 그 후 "3合"하면
"복"이 만들어진다는 설명인 것이다. 얼핏 한글의 구성 원리를 정확
히 이해하고 있는 것처럼 보이는데, 문제는 太田全斎가 내리고 있는
결론에 있다. 太田全斎는 韓字音을 "原音"의 증좌로 결론짓고 있는
것이다. 다시 정리하면 太田全斎가 말하는 "目"의 "原音"은 '마나'로
"凡久"인데 — "凡久"를 히라가나로 옮겨 적으면 'ぼく'가 된다 — 이
것과 韓字音 "복"이 같으므로 "原音"이라고 하는 것이다.

주지하는 바와 같이 중국 韻学에서는 예로부터 漢字의 음을 제시
하는 방법 가운데 하나로서 〈反切法〉을 채용해왔다. 표음문자를 가
지고 있지 않았기 때문에 취한 방식인데, 예컨대 '東'의 음은 '德紅切'
이라고 하는 식이다. IMVF/T[2]와 같은 음절 구조를 가지고 있는 중국
어에서 '德'과 '紅'을 반절하면 '東'의 음을 구할 수 있다는 것이다. 즉
'德'에서는 'I'를 추출하고 '紅'에서 'MVF/T'를 추출하여 합하면 '東'의
음이 얻어진다. 이를 한글로 생각하면 '德(덕)'에서 'I' 즉 'ㄷ'을 추출
하고 '紅(홍)'에서 'MVF/T' 즉 'ㅎ'을 제외한 나머지 부분을 뽑아 합치
면 '동'이 된다는 식이다. 표음문자를 사용하고 있는 우리로서는 참으
로 번잡한 방식이라고 할 것이다.

이러한 중국 韻学의 반절법은 일본에도 영향을 미친다. 일본 운학
에서도 역시 중국식 반절법을 그대로 사용하다가 일본식 반절법 즉

---

2) I는 頭子音, M은 介母音, V는 主母音, F는 韻尾, T는 声調이다.

가나반절(仮名反切)을 도출해내기에 이른다. 가나반절이란 예컨대 '東'의 음을 얻고자 할 때 '德'은 'トク'이고 '紅'은 'コウ'이므로 'トク'에서 두자음만 추출하고 ― 즉 タ행을 의미한다 ―, 'コウ'의 'コ'가 속한 것이 五十音図에서 'オ(오)단'이므로 'ト' ― タ행에서 オ단은 'ト'이다 ― 를 얻은 후 'コウ'의 나머지 부분인 'ウ'를 붙이게 되면 'トウ'가 얻어진다는 방식이다. 다른 예로 'サク、トウ切'은 'ソウ'가 되는 것이다. 이 역시도 음소문자를 가진 우리로서는 번잡하기 그지없는 방식인데, 음절문자를 가진 일본 운학자들로서는 나름 획기적인 시도였다고 해야 할 것이다. 왜냐하면 가나반절을 통해 子音字와 母音字를 구분할 수 있는 토대를 마련했고, 그 과정에서 일본어의 문자표인 五十音図가 체계적으로 정리되었기 때문이다.

이야기를 다시 "凡久"와 "복"의 문제로 되돌린다. 太田全斎는 "ㅂ은 ヒ, ㅗ는 ヨ, ㄱ은 ク"라고 한다. 즉 〈ヒ＋ヨ＋ク〉가 "凡久" 곧 'ボク'와 같은 소리라는 것이다. 여기에 가나반절의 방식을 도입하여 이해하고자 하는데, 'ヒ'는 'ハ행'이라는 것을 의미하고, 'ヨ'는 'オ단'이므로 〈ヒ＋ヨ〉는 곧 'ホ'가 된다. 그리고 여기에 나머지 'ク'를 덧붙이면 'ホク'가 얻어지게 되는 것이다. 다만 'ボ'와 'ホ' 사이에는 清濁의 문제가 남아있지만 예로부터 탁음이 표기되지 않는 것은 통상적인 일이므로 문제가 되지 않는다.

같은 방식으로 "屋"에 대한 기술을 보기로 하는데, 앞서 제시했던 인용문을 우리말로 옮기면 다음과 같이 된다.

屋○ [한원음] 爲与久 [차음] 遠久● [조선언문자모] 옥屋沃 [우

안] ㅇ 은 イ, ㅗ 는 ヲ, ㄱ 은 ク 이다. 조선에서는 イ와 井를
같이 쓴다. [중원아음] 음 塢○ [오원음] 為由久 [차음] 于
久● [조선언문자모] 윽屋 [우안] ㅇ 은 イ, ㅡ 는 ウ, ㄱ 은
ク 이다. ウ와 ㄱ는 통한다. 즉 원음이다. 옥 윽 한자음이 서로
다르다.

"屋"에 대해서는 韓字音이 두 가지가 제시되어 있는데 양쪽 모두
가나반절의 방식에 의거하면 '마나'와 합치되며, 따라서 하나는 "漢原
音"의 증좌로 나머지 하나는 "吳原音"의 증좌가 된다. 그런데 여기에
서 주목할 점은 "조선에서는 イ와 井를 같이 쓴다"고 한 것과 "ウ와
ㄱ는 通한다"고 한 부분이다. 여기에서 먼저 확인해두고자 하는 것은
'イ(이)'는 ア(아)행이고 '井(이)'는 ワ(와)행에 속한다는 점이다.

太田全斎는 마나로 제시한 '為'는 ワ행이므로 'ㅇ'이 ア행의 'イ'여
서는 증좌로 제시할 수 없다고 생각했던 모양이다. 따라서 "조선에서
는 イ와 井를 같이 쓴다"는 추가 설명이 필요했던 것으로 보인다. 그
리고 "ウ와 ㄱ는 通한다"고 한 것은 'ㅡ'가 'ウ'여서는 '마나' "由"와 합
치되지 않기 때문에 덧붙여서 기술한 것으로서, 이러한 방식은 소위
〈相通説〉을 도입한 결과이다. 상통설이란 예로부터 일본 운학에서
사용해왔던 음에 대한 설명 방식인데, 오십음도의 같은 행 또는 같은
단에 속한 비슷한 소리들이 서로 통용된다고 하는 것이다. 예컨대
'雨'는 'あめ'인데 '春雨'의 경우 'はるサめ'가 될 때, 'あ(아)'와 'サ(사)'
는 같은 단 즉 'ア(아)단'에 속하므로 '상통'한다고 설명하는 식이다.
참고로 『한오음도』에서 太田全斎는 아래와 같은 상통의 경우를 제
시한다.

ナラ両行通, 牙喉의 通, ワ行의 通, ハ行의 通, ハワ両行의 通, 魚虞의 通, 唇喉의 通, カ行의 通, 末行의 通, 影兪四等의 互通 등.

이처럼 상통설까지 적용하고 나면 韓字音은 太田全斎 자신이 '마나'로 제시한 "原音"과 합치되어 증좌로 삼기에 매우 합당하게 되는 것이다.

그런데 후술하는 行智의 경우는『실담자기진석언담』에서 상통설이 지나치게 남용되는 것에 대해 통렬한 비판을 가한다.

> 天竺이라 하고 乾竺이라 한다. 〈중략〉 乾 즉 天이매 뜻을 취해 이름 붙였을 뿐이다. 이 둘은 梵名 그대로의 対音은 아니다. 이를 真言流의 梵学者들이 걸핏하면 相通이라는 것을 주장하여, 天竺(テンジク)도 印度(インド)의 通音이다, 'テ(테)'와 'エ(에)'가 상통하고, 'エ'와 'イ(이)'가 상통하여, 천축이라 하는 것이 곧 인도라고 하는 것이라고 한다. 이처럼 하자면 무엇이 상통하지 않겠는가. ['ク'와 'キ'가 상통하고, 'キ'와 'ミ'가 상통한다. 糞(クソ, 똥)와 味噌(ミソ, 된장)가 상통하니 서로 같다고 하는 식이다.] 이러한 것은 인도의 梵音에 결코 없는 일이다. 〔87〕

이러한 점이 太田全斎와 行智의 차이점 가운데 하나이며, 行智는 부당한 상통설을 韓語 해석에 일체 도입하지 않았다.

이제 남은 문제는 太田全斎가 제시하는 韓字音은 무엇을 근거로 삼고 있는가가 된다. 앞서 언급한 바와 같이 太田全斎는 "朝鮮諺文字母"라고만 밝혀 그 근거를 제시하지 않는다. 이에 여기에서는 太田全斎가 제시한 韓字音을『유합』및『훈몽자회』와 견주어보기로

한다. 전체 48항목에 대해 조사한 결과를 분류하여 정리하면 다음과
같이 된다.

① 두 문헌 모두 게재되어 있으며 太田全斎가 제시한 韓字音이 일치
   하는 것. → 17예
② 두 문헌 모두 게재되어 있으나, 문헌 사이에 韓字音이 상이한 것.
   → 6예
③ 두 문헌 모두 게재되어 있으나, 太田全斎가 제시한 韓字音과 상이
   한 것. → 1예
④ 『유합』에만 게재되어 있으며, 太田全斎가 제시한 韓字音이 일치
   하는 것. → 3예
⑤ 『훈몽자회』에만 게재되어 있으며, '葭[諺文]갸→가(訓上草卉)'를 제
   외한 나머지는 太田全斎가 제시한 韓字音과 일치하는 것. → 18예
⑥ 두 문헌 모두 게재되어 있지 않은 것. → 3예

이 가운데 특히 주목되는 것은 ②인데, 그 여섯 예는 다음과 같다.

(1) 竹 [諺文] 듁 → 죽(類4앞), 듁(訓上草卉)3)
(2) 珍 [諺文] 딘 → 진(類11앞), 딘(訓中金宝)
(3) 錯 [諺文] 착 → 작(類12앞), 착(訓下雑語)
(4) 北 [諺文] 븍 → 북(類1앞), 븍(訓中人類)
(5) 君 [諺文] 군 → 군(類7뒤), 군(訓中人類)
(6) 屋 [諺文] 옥 [諺文] 윽 → 윽(類9뒤), 옥(訓中宮宅)

---

3) 여기에서 [諺文]은 [朝鮮諺文字母]를 줄여서 표시한 것이고, '죽' 뒤의 '類4앞'
   은 『유합』의 네 번째 장 앞면에 예가 있다는 것이다. 또한 '訓上草卉'는 『훈몽
   자회』 상권 '초훼' 조에 게재되어 있다는 것을 의미한다.

반복되지만 이 여섯 예에는 『유합』과 『훈몽자회』의 韓字音이 서로 다르다고 하는 공통점이 있다. 그렇다면 당연히 太田全斎가 제시하는 韓字音은 어느 한 쪽과만 일치하게 된다. 이러한 관점에서 여섯 예를 살펴보면 다시 세 가지로 분류할 수 있다.

먼저 첫 번째로 (1)(2)(3)(4) 4개 예는 太田全斎가 제시한 韓字音이 『훈몽자회』의 것과 일치한다는 공통점이 있다. 이에 비해 (5)는 『유합』과 일치한다. 이것이 두 번째이다.

이러한 첫 번째 두 번째에 속하는 용례의 숫자를 가지고 곧바로 〈太田全斎는 『유합』보다는 『훈몽자회』 쪽을 중용했다〉고 할 수는 없다. 다만 ⑤의 『훈몽자회』에만 게재되어 있는 경우의 수가 18예로 ④에 비해 압도적으로 많다는 점을 함께 고려하면 그러한 가능성 역시 배제할 수 없다.

그렇다면 太田全斎에게 있어서 『유합』보다는 『훈몽자회』 쪽을 중용해야할 적극적인 이유라도 있었을까. 일단 그 이유를 전술한 두 문헌 사이에 있어서의 수록 漢字 선택방침의 차이와 관련지어 생각해보기로 한다. 즉 『훈몽자회』는 수록할 漢字를 선택함에 있어서 『천자문』이나 『유합』에 보이는 "虚字"의 多用을 피해 "実字" 중심의 漢字 교육을 제창한 문헌이라는 점과의 관련성이다. 그러나 太田全斎가 韓字音을 들어 증좌로 삼을 때 "実字"를 중시해야할 이유가 있었다고는 생각되지 않는다. 앞서 살펴본 바와 같이 太田全斎가 문제로 삼고 있는 것은 漢字의 의미가 아니라 각 漢字의 音이었기 때문이다.

이렇게 보면 太田全斎가 증좌로 제시하고 있는 韓字音이 『훈몽자회』의 것과 일치하는 경우가 많은 것은 단순히 『훈몽자회』의 수록

漢字의 수가 총 3,360자로『유합』의 1,764자에 비하면 배 가까이 많
다는 사실에 의거할지도 모르겠다.

　이제 마지막으로 남은 것이 (6)이다. 이 항목은 다른 예와는 달리
太田全齋가 "옥, 윽" 두 개의 韓字音을 제시하고 있으며, 결과적으로
『유합』과『훈몽자회』 양쪽 모두의 韓字音과 각각 일치하고 있다. 앞
에서도 인용했지만 다시 한 번 아래에 보인다.

　(6) 屋○ [漢原音] 為与久 [次音] 遠久● [朝鮮諺文字母] 옥屋沃 [愚按]
　　ㅇ 은 イ, ㅗ 는 ヲ, ㄱ 은 ク 이다. 조선에서는 イ와 井를 같이
　　쓴다. [中原雅音] 音塢○ [呉原音] 為由久 [次音] 于久● [朝鮮諺文
　　字母] 윽屋 [愚按] ㅇ 은 イ, ㅡ 는 ウ, ㄱ 은 ク 이다. ウ와 ユ는
　　通한다. 즉 原音이다. 옥 윽 字音이 서로 다르다. → 윽(類9뒤), 옥
　　(訓中宮宅)

　위에 보는 바와 같이 太田全齋는 이 (6)에 한해 "字音이 서로 다
른" 두 개의 韓字音 "옥, 윽"을 하나의 漢字 "屋"에 대한 전거로서 제
시하고 있다. 다만 하나의 漢字라고는 해도 "옥"은 "漢原音", "윽"은
"呉原音"의 전거로 삼고 있기 때문에, 漢字는 비록 "屋" 한 글자이
만 太田全齋 입장에서는 별개 항목에 대한 전거로서 인식되었을지도
모르겠다. 이렇게 볼 때 太田全齋가 각기 다른 두 개의 韓字音을 제
시한 이유는 '옥' '윽' 양쪽 모두 자신의 주장과 부합하는 예이기 때문
으로 보는 편이 타당할 것 같다. 또한 이러한 (6)과 같은 항목이 있다
는 사실은, 太田全齋가『유합』과『훈몽자회』 모두를 참조하고 있었
을 가능성이 크다는 점을 시사한다.

2. 行智의 경우

　'神代文字'의 존재를 적극적으로 주장한 것으로도 유명한 平田篤胤는『신자일문전』(1819)에서 行智(1778-1841)의 悉曇 연구에 대해 다음과 같이 평가한다.

　　　이 사람은 浅草(아사쿠사)에 있는 銀杏八幡(긴난하치만)宮의 승관으로 속세를 떠난 나의 친구이다. 悉曇의 학문에 매우 정통하여『실담자기신석(悉曇字記新釈, 싯탄지키신샤쿠)』이라는 것을 지었다. 이 학문이 있은 이래 그 만큼의 해석을 나는 아직 보지 못했다.　　　〔88〕

　이처럼 平田篤胤는 行智를 학문적으로 매우 신뢰하고 있음을 밝히는데, 行智가 平田篤胤에게『훈몽자회』를 소개했다고 하니 매우 흥미로운 사실이 아닌가 생각된다. 그 경위는『신자일문전』의 다음 기사를 통해 확인할 수 있다.

　　　요사이 어떻게 지내는가 물으니, 최근 조선의『훈몽자회』라는 책을 보니, 漢字 아래에 모두 諺文을 붙였기에 이를 밝혀보려 생각하여 그 일에 매달리고 있다고 하여, 매우 기뻐서 앞선 건을 쓴 일 등을 이야기하고, 베껴 가지고 있는 肥人書(히진쇼)와 薩人書(사쓰진쇼)도 보이고, 그 諺文은 우리 皇国(일본)의 글자가 그 나라에 옛날 건너가 전해진 것을, 그 나라의 原文으로 삼아, 悉曇章에 의해 梵字의 쓰임새로 쓰려고 그 나라 사람이 아는 체 한 것으로 보인다고 하니, 매우 감동하여 그렇다면 빨리 神世의 글자를 밝히시라 하니, 다시 생각이 일어서 나도 우선 諺文이 만들어진 근본부터 밝혀보고자, 그것이 보

이는 책들을 이것저것 찾아 모아, 〈후략〉 〔89〕

위 인용문만을 보면 한글이 "皇国의 글자"의 아류라고 하는 平田 篤胤의 이야기에 行智가 동조하고 있는 것처럼 보이는데, 이 문제에 대해서는 Ⅳ. 이하에서 자세히 논의하기로 하고, 일단 여기에서는 平田篤胤가 行智와의 논의 과정에서 『훈몽자회』를 알게 되었고 "한글이 만들어진 근본"에도 관심을 가지게 되었다고 술회한다는 사실만 확인해두기로 한다.

2.1. 行智의 悉曇 중시

行智가 悉曇을 절대 중시했다는 사실은 『실담자기진석언담(悉曇字記真釈諺談)』(国立国会図書館 소장본)을 통해 확인할 수 있다.

다른 나라의 문자는 모두 그 나라에서만 쓰이는 말을 적기 위해 있기 때문에 다른 나라의 言語를 적는 데는 音韻이 부족한 것이다. 〈중략〉 모든 다른 나라의 문자는 모두 사람이 창조한 것으로, 梵文과 같은 것은 겁 이전 시절에 범문이 있다는 방증이라고 할 것이다. 〔90〕

소위 梵文이 항상 常住하는 것은 不変真如, 그 밖의 나라의 문자가 無常한 것은 随縁真如의 이치에 의한 것이리라. 이에 字形과 音韻에 대해 논할 때에는 梵文으로써 至極으로 삼아야 한다. 〔91〕

위 인용문들을 통해 行智가 悉曇을 중시한 배경에는 종교적 신념이 강하게 영향을 미치고 있다는 것을 알 수 있다. 이러한 관점에서

行智는 蘭学 즉 서양학문에 대한 비판을 전개한다.

> 梵文도 이와 마찬가지로 우리나라(일본)에 있어서는 매우 깊고 드넓은 공적도 있기 때문에, 仏法 世法 공히 중요한 장면에서는 반드시 漢字보다도 梵文을 중시하는 것으로, 이는 완전히 우리나라의 일종의 문자가 된 것이다. 이러한 뜻을 알지 못하고 오로지 蘭学者들이 서양 제국을 높게 평가하고 사모하는 모습은 크게 정치와 종교에 유해하기 때문에, 불교의 가르침도 梵字도 모두 우리나라의 것으로서 수학해야 하는 것이다. 〔92〕

여기에서도 역시 종교적 색채를 발견할 수 있는데, 行智는 네덜란드 문자(阿蘭陀文字)에 대해 다음과 같이 언급하여 "梵文"의 훌륭함을 재차 강조한다.

> 대략적으로 볼 때에는 梵字도 네덜란드 문자도 글자를 합해서 소리를 내는 방식에 있어서 별로 다름이 없는 것처럼 생각되지만, 실제를 가지고 비교하여 생각하면 梵文의 법칙으로 거의 모든 인간언어를 다 할 수 있고, 입으로 내는 음성을 그대로 글로 적을 수 있는 것은 도저히 네덜란드 글자 따위가 미칠 수 없는 바이다. 〔93〕

이처럼 行智는 日字音 연구에 있어서는 물론이고 제 외국어에 대해 언급할 때에도 悉曇을 절대 중시하는 태도로 일관하고 있었는데, 그렇다면 그가 이렇게 悉曇을 중시하면서도 韓字音을 비롯한 제 외국어에까지 논의를 확대한 이유는 무엇일까 하는 의문이 생긴다. 이는 『실담자기진석사록현담(悉曇字記真釈私録玄談, 싯탄지키신샤쿠시로쿠겐단)』(1819, 20)의 언사를 통해 확인할 수 있다.

대개 예로부터 梵音에 대해 말하는 사람들은 그저 우리나라의 吳 漢 2음만을 근거로 삼아 중국음으로 옮긴 梵音을 분별하기 때문에 音韻을 틀리는 경우가 매우 많다. 行智는 학문에 뜻을 둔 처음부터 이 점에 유의하여 대개 対訳 字音을 바로잡기 위해서는 漢 魏 随 唐의 古音에서부터 지금의 明 清 시대의 字音에 이르기까지, 우리나라 古書의 음의 쓰임새와 三韓 朝鮮의 음에 이르기까지 힘이 미치는 한 살펴 연구하여, 漢字音의 미세한 부분까지 완전히 안 연후에 当代 시절들의 対註音을 읽고, 이를 바탕으로 梵文의 正律을 주로 삼아 이를 가지고 漢字로 대역된 字音과 맞추어 생각하여, 〈후략〉 ﹝94﹞

요컨대 行智는 日字音을 증좌로 삼아 진행된 梵音에 대한 종래의 획일적인 연구방법에 이의를 제기하고 그 해결책으로서 제 외국어에도 관심을 기울여야한다고 주장했던 것이다. 그리고 제 외국어 가운데 하나가 韓字音으로, 그 구체적인 이용방법 및 성과 등에 대해 이하 살펴보기로 하겠다.

2.2. 行智의 韓字音 이용

『실담자기진석언담』에는 韓字音이 여러 곳에서 증좌로 제시되어 있는데 예컨대 다음과 같다.

唇音	属水	正音	ホ○ウ	パ○ウ	ビャ○ウ	ミャ○ウ	ヒー	プー	ボ○ウ	ミー
			帮	傍	並	明	非	敷	奉	微
		和音	ホウ	ハウ	ベイ	メイ	ヒ	フ	ホウ	ビ
		鮮音	ホグ	ハグ	ビグ	ミェグ	ヒ	フ	ホグ	ミー
		杭音	フヲン	パン	ビン	ミン	ヒー	プー	ボン	ミー

이것은 唇音의 예인데, 이밖에도 行智는 舌音, 牙音, 歯音, 喉音, 半舌音, 半歯音에 관해서도 韓字音을 "鮮音"이라 하여 제시하고 있다. 아래에 舌音과 牙音 부분도 소개해 둔다.

舌音	属火		端	透	定	泥	知	徴	澄	嬢
		正音	タン	ト○ウ	デャ○ウ	ナイ	チ	ツェツ	ヂョ○ウ	ニャ○ウ
		和音	タン	トウ	テイ	デイ	チ	テツ	ヂョウ	ヂョウ
		鮮音	タン	トグ	デイ	子イ	チ	テル	ヂョグ	ニャグ
		杭音	タン	トン	ヂン	ニュイ	ツー	テ	ヂン	ニャン

牙音	属木		見	渓	郡	疑
		正音	ケン	ケイ	グン	ンギー
		和音	同			
		鮮音	ケン	ケイ	グン	ンギ
		杭音	キェン	キイ	ギュン	イー

이처럼 『실담자기진석언담』에서 行智는 『운경』의 36字母에 대한 설명에 韓字音을 이용하고 있는데, 구체적으로는 예컨대 "唇音" 항목에서 行智가 제시하는 韓字音 "ホグ, ハグ, ビグ, ミェグ" 등에 있어서의 'ホ, ハ, ビ, ミ' 부분은 "正音, 和音, 杭音"과 마찬가지로 唇音으로 분류되는 것들이다.

다만 行智의 韓字音 이용은 어디까지나 방증의 범위를 벗어나지 않는다고 해야 할 것이다. 왜냐하면 "帮, 傍, 並, 明"의 頭子音이 '唇音'이라는 것을 확인하기 위해서는 "正音, 和音, 杭音"의 제시만으로도 충분했을 것이기 때문이다. 어쩌면 行智는 언어가 가진 보편적인 특질에 대해 언급하려 했는지도 모르겠다. 예컨대 行智는 아래에 제시하는 기사를 통해 확인할 수 있듯이 "漢土" 즉 중국의 "唐音"이 되었건 日字音이 되었건 나아가 다른 나라의 "言音"까지도 각각 독자적인 음운체계를 가지고 있다는 견해를 밝히고 있는 것이다.

> 漢字音의 경우에도 伊勢(이세)의 本居宣長가 말한 바와 같이 漢土의 唐音 그대로는 우리나라의 音調와 다르기 때문에, 우리나라의 吳音 漢音은 우리나라에서 정해진 것이라고 하는 것은 실로 그러한 것으로서, 梵語나 漢語에 그치지 않고 他国의 言音을 결코 그대로는 사용하기 어렵다는 것은 자연의 이치에 의한 것이다. 〔95〕

한편『실담자기진석언담』을 통해 韓語와 관련된 논의가 완전히 가나 레벨에서만 이루어지고 있다는 점은 주목할 만하다. 왜냐하면 본서에서의 韓語 이용은 韓字音을 가나로 치환하는 것을 출발점으로 하면서도 韓字音의 典拠는 물론이고 그것을 가나로 표기할 때의 기준 등에 대한 언급이 일체 없기 때문이다. 그렇다고는 해도 "타국의 언음"의 경우에도 가나 레벨의 논의에 그치고 있다는 사실을 고려하면 韓語 역시 가나만을 가지고 논증하는 방식이 특이하지는 않다. 그렇지만 韓字音의 출전이나 그 가나 표기가 가능했던 경위 등에 대해서는 여전히 의문이 남는다.

다음으로『범한대역자류편』(都立日比谷(히비야)도서관 소장본)에 대해 살펴보기로 한다. 본서에는 총 31자, 22항목의 한글(韓字音)이 "오늘날의 朝鮮国의 漢字音에도 역시 옛날 音을 사용한다"는 예로서 다음과 같이 제시되어 있다.

所謂東冬을 동トグ、江は강カグ、臻을 진シヌ、山は산サヌ、仙
獮은 션セヌ、霄小을 소セヲ、唐蕩을 당タグ、侵寢을 심シム、咸感
을 함ハム、談을 담ダム、凡을 범ボム、蒸拯을 싱シグ、屋을 욱ウ
ク、覺을 학ハク、没을 몰モル、櫛質을 실シル、迄을 힐ヒル、月을
얼ウエル、葛黠을 할ハル、薬을 역イエク、緝을 입イブ、葉을 엽エ
〇フ。

이러한 예들을 제시하고 이어서 다음과 같이 언급한다.

또한 모두 古音이 존재하는 것으로서 함께 증거로 취하기 합당한
것이 있다. 이로써 上代 字音을 생각하는 방편으로 삼는 것이다.

〔96〕

위에 보인 31자는 韓字音에서 보면 "霄(소)"와 "小(소)" 둘을 제외
하고는 모두 韻尾를 가진 글자라는 공통점이 있으며, 이는 위 기사가
'入声'에 대해 논의하는 가운데 방증으로서 韓字音에 대해서도 언급
한 내용이라는 점과도 부합한다.
이제 『범한대역자류편』에 기재되어 있는 韓字音의 출전을 확인하
기 위해, 太田全斎의 韓語 이용에 관해 조사했던 것과 같은 방법으
로 『유합』 및 『훈몽자회』에서의 출현 여부를 조사한 결과를 정리해
보기로 하겠다.

① 두 문헌 모두에 게재되어 있으며, 韓字音이 일치하는 것. →6예

　　東동→동(類1뒤, 訓上人類)　　　冬동→동(類1뒤, 訓上天文)

　　江강→강(類3뒤, 訓上地理)　　　山산→산(類3앞, 訓上地理)

　　談담→담(類13뒤, 訓下雜語)　　葉엽→엽(類4앞, 訓下雜語)

② 두 문헌 모두에 게재되어 있으나, 『범한대역자류편』의 韓字音과
　상이한 것. →3예

　　屋욱→윽(類9뒤), 옥(訓中宮宅)　月얼→월(類1뒤, 訓上天文)

　　薬역→약(類4앞, 訓上花品)

③ 『유합』에만 게재되어 있는 것. →6예

　　小소→쇼(類20앞)　　　　　寢심→침(類13앞)

　　感함→감(類15뒤)　　　　　凡범→범(類12앞)

　　蒸싱→증(類12뒤)　　　　　拯싱→증(類15뒤)

④ 『훈몽자회』에만 게재되어 있는 것. →6예

　　仙션→션(訓中人類)　　　　獮션→션(訓下雜語)

　　霄소→쇼(訓上天文)　　　　蕩당→탕(訓上地理)

　　葛할→갈(訓上草卉)　　　　緝입→즙(訓下雜語)

⑤ 두 문헌 모두 게재되어 있지 않은 것. →10예

　　臻, 唐, 侵, 咸, 覚, 没, 櫛, 質, 迄, 點

위의 조사결과에 따르면 行智가 제시하고 있는 韓字音이 『유합』
내지 『훈몽자회』에 직접 의거하고 있다고는 생각하기 어렵다. 특히
②③④에서 보는 바와 같이 어느 쪽엔가 게재되어 있는 경우라도 『범
한대역자류편』의 韓字音과는 거의 일치하지 않는 것이다. 일단 『범
한대역자류편』에서 行智가 제시한 韓字音은 출전이 불분명하다고
할 수밖에 없을 것이다.

그런데 『범한대역자류편』에서의 韓語 이용은 韓字音을 제시하는 방식에 있어서 한글까지도 들고 있다는 점에서 『실담자기진석언담』과는 다르다. 다만 그 논증이 가나 레벨에서 이루어지고 있다는 사실만큼은 마찬가지다. 또한 본서에도 한글을 가나로 옮기는 기준 등에 대한 설명은 없다.

이상 살펴본 바와 같이 『실담자기진석언담』과 『범한대역자류편』에 있어서의 行智의 韓語 이용은 가나 레벨에서 이루어지고 있으며 내용을 보더라도 단편적이라고 하겠다. 그러나 梵語 이외의 언어를 논증에 도입한 점은 이를테면 학문 영역의 확장이라고 할 수 있을 것이다. 또한 이하 살펴보는 바와 같이 行智의 경우 太田全斎와는 달리 단순히 韓字音만을 빌려 증좌로 삼는 데 그치지 않고 『훈몽자회』 등을 통해 韓語 자체를 이해하고자 했다는 점도 특기할 만하다.

2.3. 『훈몽자회』를 통한 韓語 이해

行智는 『언문고(諺文攷, 온몬코)』[4] 말미에 "体文의 여러 글자와 韻点을 이해하면 그 밖의 쓰임새는 붓이 가는 대로 자유자재일 것[5]"이라고 한다. 行智가 제시한 "体文"과 "韻点"은 다음과 같다.

---

4) 「朝鮮諺文攷」라는 内題를 가진 『언문고』는 大東急(다이토큐)기념문고에 소장되어 있다(정리번호 43-33-3485). 본서는 전체가 9장으로 이루어져 있으며 내용은 크게 둘로 나눌 수 있다. 먼저 첫 번째로는 〈韓語(주로 문자)와 관련된 기존사례 열거〉이며, 두 번째로는 「考音」이라 하여 〈韓語에 대한 行智의 해설〉이다. 〈기존사례〉 가운데는 "肥人書"에 대한 언급이 상단에 붉은 글씨로 첨서되어 있어서 주목되는데 이에 대해서는 후술하기로 한다.

5) 「体文数字と及び韻点を心得なば其他の用格は筆に任せて自在なるべし。」

体文

カ	サ	タ	ツア	ナ	ハ	マ	ラ	バ	ガ	ザ	ダ	バ	ア
ㄱ	ㅅ	ㄷ	ㅈ	ㄴ	ㅎ	ㅁ	ㄹ	ㅂ		ㅊ		ㅍ	ㅇ

韻点

ア	イヤ	イ	ウ	イユ	エ	イエ	オ	イヨ	ヲ○ウ	ン	ツ
ㅏ	ㅑ	ㅣ	ㅜ	ㅠ	ㅓ	ㅕ	ㅗ	ㅛ	ㅡ	・	ノ

위와 같이 한글의 "体文"과 "韻点" 즉 子音과 母音을 하나씩 가나로 제시하는 行智는 나아가 "위 체문과 점을 相合할 때 곧바로 일체의 字音을 생성하여, 言事를 적는 데 자유자재할 것이다[6]"라고 한다. 이처럼 〈"体文"과 "韻点"을 합치면 하나의 음절이 얻어진다〉고 하는 견해는, 다름 아닌 悉曇学의 지식에 뒷받침된 것이다.[7]

그런데 行智는 이러한 관점을 韓語에 대해서만 적용하고 있는 것은 아니다. 다음에 보이는 『실담자기진석언담』의 기사를 통해 "서양 네덜란드의 문자 및 러시아 등의 国字"에 대해서도 같은 견해로 일관하고 있었다는 사실을 확인할 수 있다.

> 朝鮮의 諺文도 또한 점과 획을 합하는 것으로써 韻을 바꾸는 점은 梵文의 법칙과 다름이 없다. 이는 곧 일종의 体이다. 다음으로 두세 자를 합쳐서 하나의 소리를 이루는 문자라고 하는 것은 서양의 네덜란드 문자 및 러시아 등의 国字가 이러하다. 〔97〕

---

6) 「右の体文と点と相合する時には、直に一切の字音を生成して、言事を記するに自在なるべし。」

7) 行智는 "生音成字"의 구성요소로서 "体文, 韻, 空音, 入促音"을 설정하는데, 아래 인용문과 같이 이는 悉曇学에 바탕을 둔다.
   生音成字의 그림을 다음에 보인다. 그 방법은 悉曇字法의 예와 같다(生音成字の図次に出す。其法悉曇字法の例と一般也。).

요컨대 行智는 한글을 비롯하여 로마자에 대해서도 悉曇의 지식에 의거하여 이해하고자 했던 것으로, 달리 말하자면 子音과 母音을 분리하여 시각화할 수 있는 음소문자의 특징을 정확히 인식했다고도 할 수 있겠다. 이러한 자세는 후술하는 韓語의 有気音과 韻尾에 대한 설명에서도 일관되게 취해진다.

그런데 『훈몽자회』의 「凡例」에 "加訓釈"하는 것을 주된 내용으로 하는 『언문해(諺文解, 온몬카이)』[8]에서도 위와 같은 悉曇 중심의 관점을 확인할 수 있다.

諺文이라는 이름도 朝鮮에서 만들어 정해진 바로서, 그 법칙은 오로지 悉曇에 의해 만들어진 것이다.　　　　　　　　　　　〔98〕

그러나 『언문해』에서는 『언문고』와는 달리 韓語의 문자 체계를 "初声, 中声, 終声"이라고 하는 용어로 설명하고 있다는 점에서 특징적이다.

初声은 首音이다. 終声은 尾音이다. 또한 中声의 韻이 있다. 다음에 보인다. 예컨대 東동(ㅏグ) 이라고 하는 것과 같다. ㄷ(タ) 은 초성이

---

8) 『언문해』는 「朝鮮諺文解」라는 内題를 가지고 있으며, 『언문고』와 마찬가지로 大東急(다이토큐)기념문고에 소장되어 있다(정리번호43-33-3483). 본서는 총 13장으로 이루어져 있으며 1앞-2뒤는 「諺文」, 3앞-6뒤는 「悉曇章」, 그리고 7앞-13뒤는 自説에 해당하는 「諺文解」로 구성되어 있다. 이 가운데 「諺文」에서는 『훈몽자회』의 「凡例」를 '書写'하고 있으며, 「諺文解」에서는 자신이 서사한 범례의 한글에 관한 한문 기록을 일본어로 번역하고 아울러 해설하는 내용으로 되어 있다. 이는 『언문해』 말미에 "書写并加訓釈了(서사하고 아울러 훈과 풀이를 더하는 일을 마쳤다)"라고 하는 언사와 부합한다. 이렇게 볼 때 『훈몽자회』의 「범례」는 行智에게 있어서 韓語를 이해하기 위한 텍스트로서 취급되고 있었다고 해도 좋을 것이다.

다. ㅗ(才) 는 중성이다. ㅇ(グ) 은 종성이다. 합쳐서 소리를 만든다.
또한 南남(ナム) 과 같다. ㄴ(ナ) 은 초성이다. ㅏ(ア) 는 중성운이다.
ㅁ(ム) 은 종성이다. 합쳐서 소리를 만든다.   〔99〕

위에 보는 바와 같이 예컨대 '동(ㅏグ'은 〈초성 'ㄷ(夕' + 중성 'ㅗ
(才)' + 종성 'ㅇ(グ')로 구성되는 것으로 이해하고 있어서,『언문고』
에서와 같은 "体文" "韻点"을 설정하는 방식과는 크게 다르다.

또한 行智는 "中声은 韻이다. 悉曇에 磨多(마다)가 있는 것과 같
다"고 하여 한글의 중성을 梵字의 〈摩多〉에 빗대면서도, 한편으로는
〈초성과 종성 사이에 자리하기 때문에 중성이라 한다〉는 견해[9]를 밝
히는 등 悉曇学에 기초한 용어에 얽매이지 않는 일면도 보인다.

여기에서 앞서 제시했던『언문고』의 "体文"을 다시 살펴보기로 한다.

体文

カ	サ	タ	ツァ	ナ	ハ	マ	ラ	バ	ガ	ザ	ダ	バ	ア
ㄱ	ㅅ	ㄷ	ㅈ	ㄴ	ㅎ	ㅁ	ㄹ	ㅂ		ㅊ		ㅍ	ㅇ

위에서 일단 문제가 되는 것은 行智가 제시한 '体文'에 'ガ'와 'ダ'
에 해당하는 글자가 비어있다는 점이다. 이와 관련해서는 다음과 같
은 기사가 있다.

  이 가운데 ガ ダ의 두 탁음이 없는 것은 전해질 때 빠뜨리고 적었

____

9) 이와 관련한 行智의 언사는 다음과 같다.
   中声이라고 하는 것은 예컨대 羊양イヤグ라고 하는 것과 같다. ㅑ(ヤ)韻은
   ㅇ(初)ㅇ(終)의 중간에 있다. 또한 鹿룩(ルク)이라고 하는 것과 같이 ㅜ운
   은 ㄹ(初)ㄱ(終)의 중간에 있다. 따라서 이를 중성이라고 한다.   〔100〕

던지 또는 이 두 음이 그 나라 古言에 없었기 때문에 빠져 없을 수도
있을 것이다. [神州(일본)의 언어도 上代에는 말머리를 탁하게 하는
예가 없었기 때문에 가나에도 濁音 글자를 따로 만들지 않은 것에서
도 생각할 수 있다.] 단 이는 내가 미루어 짐작한 것이다.　　[101]

위 기사는 韓語의 유기음자 'ㅋ'과 'ㅌ'을 일본어의 "濁音"에 빗대
고 있는 점에 특징이 있는데, 行智는 이러한 문제를 上代 일본어의
어음배열규칙과 관련지어 설명한다. 즉 韓語의 유기음 문제를 탁음
은 語頭에 쓰이지 않는다고 하는 上代 일본어의 규칙에 있어서의
'濁音'과 비교하고 있는 것이다. 그러나 'ㅊ, ㅍ'에 대해 붙인 'ザ, バ'
에 대해서는 일체 언급하지 않는다.

이를 종합하면 이 기사는 行智 자신도 이야기하는 바와 같이 단순
히 "빠뜨리고 적었던" 것을 가지고 "미루어 짐작한 것"에 불과하다고
해야 할지 모르겠다. 다만 『범한대역자류편』 등에서도 梵字의 유기
음자를 탁음 가나로 표기하고 있기 때문에 해당 한글을 탁음 가나로
표기한 것 자체에는 문제가 없다고 보인다.

이처럼 『언문고』에서는 한글에 'ㅋ'과 'ㅌ'이 존재하지 않는 것이
무리하게 설명되고 있는데, 이에 비해 『언문해』에는 그러한 〈오해〉
는 보이지 않고 오늘날의 용어로 말하자면 음성학적인 관점에서 韓
語의 유기음에 대해 해설한 내용까지 확인할 수 있다.

　　音註 🈀는 音 訓 모두 키(ギ) 이다. 앞의 ㄱ 보다는 다소 강해서 濁音
과 비슷한 점이 있다. 治는 티(ヂ) 이다. 皮는 피(ビ) 이다. 之는 지(スイ),
齒는 지(シ)를 강하게 소리 내어 치(ヂ) 라고 하는 것과 가깝다.　[102]

그런데 실은『언문해』에는 이를테면 음성학적인 관점에서 韓語에 대해 기술한 내용이 이 밖에도 또 있다. 먼저 다음과 같이『훈몽자회』 원문의 해석 순서를 訓点 등을 기입하여 제시하고,

唯ㅇ(ンギ)之字初声与ㅡㅇ(イ)字音ㅡ俗呼相近故俗用初声則皆用ㅡㅇ 音ㅡ若上字有ㅡㅇ(ンギ)音終声ㅡ則下字必用ㅡㅇ(イ)音ㅡ為ㅡ初声ㅡ也

이어서 이에 대한 해설을 덧붙인다.

이는 終声에 ㅇ(ンギ) 음이 있을 때, 다음 글자의 음에 가까운 소리 로 섞이는 일이 있으므로, 미리 쓰거나 이어서 읽을 때 준비가 있다 는 것을 말한다. ㅇ과 ㅇ이 일반적으로 소리가 서로 가깝다고 하는 것은 ㅇ 소리는 혀끝을 上歯 안쪽에 가깝게 하여 숨을 코에 넣으면서 띄우는 것처럼 한다는 뜻으로 희미하게 ンギ라고 소리 낸다. 그 소리 가 다소 단지 ㅇ(イ) 라고 하는 것과 서로 비슷하기 때문에 일반적으 로 쓸 때 위 글자에 ㅇ(ング) 음의 종성이 있을 때에는 아래 글자에 설령 ㅇ(ンギ)자를 初声으로 가진 말이 있어도 곧바로 바꾸어 ㅇ(イ) 을 초성으로 사용하는 일이 있다는 것을 말한다.   〔103〕

이처럼 行智는 한글 'ㅇ'의 調音点과 調音法에 대한 설명이 가능 할 정도로 韓語에 대한 이해가 깊었는데, 이는 오로지『훈몽자회』와 의 접촉으로 가능했던 일이며 아울러 종래의 悉曇学에 대한 조예 역 시 바탕이 되었다고 하겠다. 行智에 대해서는 다음 8.3. 가운데서 조 금 더 논의하겠다.

3. 白井寬蔭의 경우

白井寬蔭(생몰년 미상)는 本居宣長가 간과한 ‘ヌ(누)韻尾’ ‘ム(무)韻
尾’의 문제에 주목하여 韓字音을 증좌의 하나로 삼아『음운가나용례
(音韻仮字用例, 온인가나즈카이)』(1860)를 저술했다. 이밖에도『조선언
문유합(朝鮮諺文類合, 초센온몬루이고)』10)(1860)과『조선언문자회(朝鮮諺
文字会, 초센온몬지카이)』11)(1860)가 있는데, 각각『유합』과『훈몽자회』
를 書写하고 또 한편으로 韓語 그 자체에 대해 기술한 내용을 담고
있다. 여기에서는 이러한 문헌들을 중심으로 白井寬蔭의 韓語 이용
에 대해 살펴보겠는데, 특히 行智와의 관련성을 집중적으로 논의하
고자 한다.

行智와의 관련을 문제 삼는 이유로는, 白井寬蔭가『조선언문유합』
에서 行智의 韓語 이해에 대해 비판을 가하고 있다는 점, 그리고 行
智가 저술한『언문해』(1834)도『조선언문자회』와 마찬가지로『훈몽
자회』에 대한 해설이 주된 내용으로 이루어져 있다는 점 등을 들 수
있다. 요컨대 같은 문헌 즉『훈몽자회』에 대한 양자의 이해 및 해설
방식의 차이 등을 음미함으로써 白井寬蔭의 韓語 이해의 수준과 그
이용의 배경을 밝힐 수 있을 것이라고 생각하기 때문이다.

---

10)『조선언문유합』은 현재 東洋文庫에서 전자복사의 형태(정리번호Ⅶ-1-815)로
　　볼 수 있으며, 원본은 福井(후쿠이)현 永平(에이헤이)寺에 소장(정리번호R11-
　　No30)되어 있다고 한다.
11)『조선언문자회』는『조선언문유합』와 마찬가지로 원본은 永平寺에 소장되어있
　　고(정리번호R11-No29) 東洋文庫에 그 전자복사(정리번호Ⅶ-1-814)가 있다.

3.1. 白井寬蔭의 韓字音 이용과『운경』

『음운가나용례』의 內題 옆에는 다음과 같은 언급이 보인다.

> 이 책은『만엽집』의 仮字(가나) 借字,『고금집(古今集)』「物名歌」 등
> 을 증거로 삼고 운경의 규칙에 의해『자음가나용격』의 오류를 자세
> 히 논의하여, 〈후략〉   {104}

이처럼 本居宣長의『자음가나용격』(1776)의 잘못된 부분을 고문헌
들과『운경』을 참조하여 바로잡아간다고 하는 기본 방침이 밝혀져
있는데, 이와 같은 기본 방침은 앞선 本居宣長와 太田全斎의 연구
결과에 대한 반성에 기초하고 있다.

> 太田(오타)翁은『운경』의 用例에 상세한데, 古書의 仮字(가나)에 상
> 세하지 않았고 또한 古書를 잊는 잘못이 있다. 本居(모토오리)옹은 古
> 書의 가나에 상세한데,『운경』이용에 상세하지 않아 高를 コ 保를
> ホ 가나로 쓰는 것과 같이 올바른 呉音을 通音이라고 하는 따위의
> 잘못된 생각이 또한 보인다. 그러므로『用格』과『音図』의 가나가 다
> 른 것은 대개『用格』이 맞다.『図説』과『用格』에『운경』의 예가 다른
> 것은 대개『図説』이 맞는 것으로 보인다.   {105}

위 인용문에서 “用格”은 本居宣長의『자음가나용격』을 가리키며,
“音図”와 “図説”는 太田全斎의『한오음도』(1815)에 수록된「한오음도」
와「한오음도설」을 가리키는 것으로 보인다.

그런데 白井寬蔭는 “字音” 및 “皇国音” 모두 撥韻尾에 ‘ヌ(누)’와

184 일본인의 국어인식과 神代文字

‘ム(무)’의 구별이 있다는 점을 선행하는 説에 대한 비판을 통해 주장하고 있는데, 이 문제와 관련해서 韓字音을 典拠로 삼아 다음과 같이 논하고 있다.

朝鮮諺文字母의 初声終声通八字 가운데 ㄴ尼隱 ㅁ眉音이라고 들어져있다. ㄴ 은 초성에는 ニ, 종성에는 ヌ 로 읽으며, ㅁ 은 初声에는 ビ ミ 의 2声, 종성에는 ム 로 읽으라고 적혀있으므로,『字会』,『類合』[모두 朝鮮의 字書이다.] 등에 辰진 이라고 적혀있는 것은 ス(シ)ㅣ(イ)ㄴ(ヌ), 森슴 이라고 적혀있는 것은 ㅅ(シ)·(イ)ㅁ(ム), 岸안 이라고 적혀있는 것은 ㅇ(ギ)ㅏ(ア)ㄴ(ヌ), 巌암 이라고 적혀있는 것은 ㅇ(ギ)ㅏ(ア)ㅁ(ム) 로서, 그 辰 자는 韻鏡 17転에 소속되어 シヌ의 음, 森 자는 38전에 소속되어 シム의 음, 岸 자는 23전에 소속되어 ガヌ의 음, 巌 자는 40전에 소속되어 ガム의 음이다. 대개『자회』『유합』책 안에 수 천 자의 諺文을 적었는데 그 쓰임새가 엄밀하고 또한 혼동되지 않는다.

〔106〕

여기에서 白井寬蔭가『훈몽자회』와『유합』을 "모두 조선의 字書이다"라 하여 참조하고 있음을 먼저 확인해 두고, 그가 들고 있는 "辰, 森, 岸, 巌"의 韓字音을 살펴보면, 白井寬蔭가 한글 'ㄴ'은 'ヌ'에 해당하고, 'ㅁ'은 'ム'에 해당한다고 인식하고 있었다면, '辰(진), 森(슴), 岸(안), 巌(암)'은 그야말로 韻尾 'ヌ'와 'ム'를 명확히 구별하는 중요한 전거가 된다고 할 것이다.

그런데 여기에서 주목해야 할 것은 白井寬蔭는 韓字音을『운경』을 통해 재확인하고 있다는 점이다. 즉 당시의 日字音 연구가 전면적으로『운경』에 의거하고 있다는 사실은 거듭 말할 필요도 없지만,

白井寬蔭의 경우에는 韓字音을 이용함에 있어서도『운경』에 의한 검증 과정을 거치고 있었던 것이다.

3.2. 白井寬蔭의 行智 비판

白井寬蔭의『조선언문유합』은 다음과 같은 세 부문으로 이루어져 있다.

①『유합』의 書写
②「漢呉音徴巻中朝鮮諺文抄」
③「梵漢対訳字類編巻中朝鮮諺文抄」

위의 ①은 ‘壱’‘弐’‘参’에서 시작하여『유합』을 베껴 적고 있으며, ②는 太田全斎의『한오음도』에 소수된「한오음징」에 보이는 韓語에 대한 언급, 그리고 ③은 行智의『범한대역자류편』에 있어서의 韓語에 대한 기술을 음미하고 그에 대한 자신의 생각을 논한 부분이다.[12] 여기에서는 이 가운데 ③에 주목하고자 하는데, ③에서는 특히 行智가『범한대역자류편』에서 "霄小소セヲ"라고 한 점을 문제 삼고 있다.

霄小소(シオ)セヲ. 헤아려보니 소(シオ) 는 쇼(シエ) 로 적어야 한다. 소(シオ) 는 ソ의 음이다. 우리나라(일본)에 霄 小는 呉音으로 シエ

---

12) 이처럼 太田全斎와 行智의 책을 들어 자신의 생각을 덧붙인 이유에 대해 白井寬蔭는 다음과 같이 밝히고 있다.
　　이상「音徴」『対訳』두 책에 들어진 諺文을 등사하고 내 어리석은 생각을 여기에 적어둔다. 이는 또한 童蒙을 위해 학력을 보태는 데 유익함이 없지 않을 것이라고 생각하기 때문이다.　　　　　〔107〕

ウ, セウ이지만, 조선에서는 豪(호) 宵(소)의 ウ韻은 생략하는 것으로 보인다. 이는 阿(ア)行의 ㅇ(ウ)운이 아니라 和(ワ)행의 于韻이므로, 이 韻에 붙일 諺文은 실은 없는 것이다. 그러므로 쇼 라고 써서 シエ, セ라고 읽어야 하는 것이다.

〔108〕

이제 위와 같이 비판한 배경에 대해 살펴보아야 하겠다. 그 배경으로서 먼저 생각되는 것은 白井寬蔭가 『음운가나용례』를 통해 빈번하게 인용하고 있는 『유합』 및 『훈몽자회』를 근거로 삼고 있을 가능성이다. 이에 두 문헌을 조사해보면 『유합』에 '小쇼'(20앞), 『훈몽자회』에 '霄쇼'(上卷「天文」)로 되어있는 것을 발견할 수 있다. 따라서 『유합』과 『훈몽자회』를 근거로 行智가 붙인 한글의 부정확성을 비판하고 있다고 보는 것은 일단 문제가 없다고 할 것이다.

그러나 좀 더 자세히 살펴보면 白井寬蔭는 다음에 논하는 바와 같은 자신 나름의 논리에 근거해서 行智를 비판하고 있다고 보는 편이 타당할 듯싶다. 앞선 인용문을 다시 음미해 보면 이것은 〈韓字音이 "소"인 이상 그 음은 "シオ"로 밖에 해석되지 않는다, 또한 "霄" "小"의 "呉音"이 "シエウ, セウ"인 이상 "쇼 라고 써서 シエ, セ라고 읽어야 하는 것이다"〉와 같이 주장하는 내용이다. 즉 위의 기사는 단순히 『유합』이나 『훈몽자회』의 韓字音을 근거로 한 것일 수도 있으나, 그것이 아니라 韓字音이 일본 呉音과 합치하는가에 초점을 맞춘 해석으로 판단되는 것이다. 그렇다면 白井寬蔭는 어째서 이러한 논리를 펼친 것일까.

그것은 아마도 〈韓字音을 呉音의 証左로 삼는다〉는 『음운고증』(1862)의 저자인 黒川春村(1799-1866)의 주장과 깊은 관계가 있는 것

08: 18-19세기 日字音 연구와 『유합』·『훈몽자회』　187

으로 생각된다. 그 근거로서 白井寬蔭는 黒川春村를 "師"라 칭하고 있으며, 위의 문제와 관련된 해석에 있어서도 두 사람 사이에 공통되는 점이 많다는 사실을 들 수 있다. 그러한 전형적인 예를 黒川春村의 『음운고증』에서 하나 들어본다.

다만 新井白石(아라이하쿠세키)의 『대한잡화(対韓雑話, 타이칸자쓰와)』, 宝暦(호레키) 14년(1764)의 『채한필어(菜韓筆語, 사이칸히쓰고)』, 対馬 雛川(히나가와) 아무개의 『언문이로하(諺文伊呂波, 온몬이로하)』, 行智 법사의 『언문해』, 『언문고』 등은 ㅗ를 才(오)의 음으로 삼고, ㅛ를 크(요)의 음으로 삼았다. 만일 이러한 대역에 의할 때에는, ㅗ ㅛ 字母에 따르는 한 漢音이 되는 예이므로, 그 밖에는 대부분 呉音인 것과 거듭해서 맞지 않는다.

〔109〕

위에 보듯 黒川春村는 白井寬蔭와 마찬가지로 行智에 대한 비판을 가하고 있으며, 그리고 이는 呉音·漢音이라고 하는 日字音의 틀 속에 한글을 끼워 맞추려는 시도로서 이해된다.

이처럼 行智의 해석을 물리치고 "쇼 라고 써서 シエ, セ라고 읽어야 하는 것이다"라고 한 白井寬蔭의 주장은 스승인 黒川春村의 생각을 祖述한 것이라고 밖에 생각할 수 없다. 이는 呉音·漢音이라고 하는 日字音의 범주 속에서 韓字音을 해석하려 한 것으로서, 아울러 자세하게는 후술하겠지만 白井寬蔭는 한글 자체보다는 漢字에 의한 "音註"를 중시하고 있었다는 것을 의미하기도 한다. 그리고 그것은 단순히 韓字音을 『운경』에 비추어보는 정도를 넘어 『운경』을 매개로, 또는 경우에 따라서는 매개 없이 日字音에 의거해서 한글의 音

을 구하는 것이었다.

3.3. 『조선언문자회』와 『언문해』의 비교

白井寬蔭가 韓字音을 『운경』에 의거하여 해석하고 가나로 치환된 韓語를 증좌로서 이용하고 있다는 점에 대해서는 앞서 살펴본 바와 같다. 그러나 白井寬蔭가 자신의 연구 가운데서 韓語 그 자체를 어떠한 관점에서 바라보고 이해하고 있었는가 하는 점은 아직 확실하지 않다. 이에 이하, 양쪽 모두 한글에 대해 음운학적인 관점에서 설명을 시도하고 있는 白井寬蔭의 『조선언문자회』와 行智의 『언문해』를 비교해 나가면서, 白井寬蔭가 韓語에 대해 어떠한 입장을 취하고 있었는지를 밝혀 보고자 한다. 또한 行智의 저서를 비교의 대상으로 삼는 것은 전술한 바와 같이 白井寬蔭가 韓語와 관련하여 行智 비판을 전개하고 있고, 『조선언문자회』와 『언문해』는 공히 『훈몽자회』에 대한 해설이 주가 되므로, 이를 대조하는 것을 통해 白井寬蔭의 특징이 보다 선명하게 부각될 것으로 기대하기 때문이다.

3.3.1. 『언문해』와 『조선언문자회』

전술한 바와 같이 行智의 『언문해』는 『훈몽자회』의 「凡例」를 옮겨 적은 「諺文」과 「悉曇章」, 그리고 한글에 대한 자신의 생각을 기술한 「언문해」로 이루어져 있다. 또한 行智에게 있어서 『훈몽자회』는 韓語를 이해하는 텍스트로서의 의미도 아울러 갖는다는 점도 밝혀 두었다.

한편 白井寬蔭의 『조선언문자회』는 다음과 같은 구성으로 이루어져 있다.

①「訓蒙字會引」
②「訓蒙字會謄写之記」
③「訓蒙字會凡例」
④「朝鮮諺文童喩」
⑤「訓蒙字會本文書写」

위에 보인 바대로 본서는 『훈몽자회』의 書写와 그 해설을 주된 내용으로 삼고 있는데, 이하 「訓蒙字會謄写之記」의 일부를 살펴보기로 한다.

原本에서는 乾견(ケン) 坤곤(コン) 등과 같이 붉은 색으로 片仮字(카타카나)를 붙였다.[이는 일본인이 한 일로 보인다.] 이래서는 字母인지 作字인지 [初学을 위해] 분명하지 않다. 겨 는 ケ, 고 는 コ 라고 보겠지만, ㄱ ㅕ 둘이 합쳐져 作字 ケ, ㄱ ㅗ 둘이 합쳐져 作字 コ 라고 세심하게 보이지 않으면 안 되는 것이다. 따라서 이제는 乾견[キエヌ, ケ ヌ], 坤곤[キオヌ, コ ヌ]와 같이 좌우에 카타카나를 붙여서 字母의 音, 作字音을 [초학에게도 이해하기 쉽도록] 분명히 보이고자 한다.
　　　　　　　　　　　　　　　　　　　　　　　　　　　〔110〕

위에 보듯 白井寛蔭는 "原本"에 개선해야 할 사항이 있다고 지적하는데, 그가 말하는 개선점이란 "原本"에서 한글에 붙여진 가나 부분에 대한 것이다. 즉 白井寛蔭는 그 가나를 "字母의 音"과 "作字音"으로 나누어 그 양쪽을 모두 보이는 편이 "初学"에게도 유익하다고 밝히고 있는 것이다. 그렇다면 그가 "原本"에 손을 댄 것은『훈몽자회』를 이용하고자 하는 후학들을 위해서이며, 또한 이를 통해 白井寬蔭도 본서를 자신의 연구에 활용했다는 사실을 확인할 수 있다. 아울러 白井寬蔭도 行智와 마찬가지로『훈몽자회』에 의거해서 韓語를 이해하고 있었던 것으로 생각된다.

3.3.2. 한글의 성격에 대하여

앞서 살펴본 바와 같이 行智의『언문고』와『언문해』에는 韓語를 梵語에 빗대 설명하는 부분이 적지 않은데, 그것이 때로는 유효한 설명이 되기도 하지만, 韓語와 梵語 사이에 차이가 있는 경우 韓語에 대한 해석에 있어서 오늘날의 관점에서 보면 오류가 발생하기도 한다. 따라서 〈行智는 한글의 체계와 梵字의 체계가 같은 원리 아래에 있다고 인식하고, 또 그러한 관점에 입각해서 韓語를 이해하고 있다〉고 할 수 있겠다.

그런데 白井寬蔭는 이와는 다른 입장을 취한다. 즉 다음에 보듯, 한글과 梵字를 전혀 이질적인 것으로 간주하고 있는 것이다.

> 諺文은 悉曇의 摩多 体文, 皇国의 히라가나 카타카나 등과 같이 한 글자가 하나의 음으로 정해져 있는 것이 아니라, 소위 万葉仮字처럼 한 글자를 두 개의 음 세 개의 음으로도 바꾸어 읽는 것도 있다.
>
> 〔111〕

이와 같이 두 사람 사이에는 한글의 성격을 둘러싼 인식에 차이가 보이는데, 주목할 점은 白井寬蔭는 어째서 한글을 "한 글자를 두 개의 음 세 개의 음으로도 바꾸어 읽는 것도 있다"고 했을까 하는 부분이다. 이에 관해 이하 살펴보기로 하겠는데, 韓語의 終声과 中声에 관한 양자의 설명을 비교해갈 때에는 白井寬蔭의 용어인 "字母의 音" "作字音" 등을 빌려 쓰는 경우가 있다는 점을 미리 밝혀둔다.

3.3.3. 終声에 대하여

주지하는 바와 같이 『훈몽자회』「凡例」의 '初声終声通用八字'에는 한글 한 글자에 대해 漢字에 의한 音註가 좌우에 초성자, 종성자 순으로 제시되어 있다.

初声終声通用八字

ㄱ其役　ㄴ尼隱　ㄷ池末　ㄹ梨乙　ㅁ眉音　ㅂ非邑　ㅅ時衣　ㅇ異疑

그럼 먼저 行智의 『언문해』에 있어서의 이 부분에 대한 해석부터 살펴보기로 한다. 이에 관해서는 이미 2.3.에서도 인용한 다음과 같은 기술이 있다.

初声은 首音이다. 終声은 尾音이다. 또한 中声의 韻이 있다. 다음에 보인다. 예컨대 東동(トグ) 이라고 하는 것과 같다. ㄷ(夕) 은 초성이다. ㅗ(オ) 는 중성이다. ㅇ(グ) 은 종성이다. 합쳐서 소리를 만든다. 또한 南남(ナム) 과 같다. ㄴ(ナ) 은 초성이다. ㅏ(ア) 는 중성운이다. ㅁ(ム) 은 종성이다. 합쳐서 소리를 만든다. 〔99〕

위에 보듯 行智는 한글의 초성·중성·종성을 "作字音"의 구성요

소로서 취급하고 있다. 즉 "作字音" '동'은 〈초성 ㄷ(タ) + 중성 ㅗ(オ) + 종성 ㅇ(グ)〉로 구성되어 있다고 설명하는 것이다.

한편 종성에 관해서는 다음과 같이 기술한다.

> 役은 音 역(エク) 이다. 종성 ク를 빌어 ㄱ글자가 종성에 있어서 이처럼 ク라고 소리 내야한다는 것을 보인다. 隱은 음 온(オン) 이다. 종성 ン을 빌어 註한다. 〔112〕

여기에는 종성을 해석할 때의 行智의 논리가 구체적으로 제시되어 있는데, "字母의 音"에서가 아니라 "作字音"을 출발점으로 하고 있다는 점이 확인된다. 즉 'エク'와 같이 읽히는 종성자 '役'의 "作字音"은 '역'이고 그 마지막에 자리하는 'ㄱ'이 한글의 종성에 해당한다고 하는 것이다. 다시 말해서 音註 '役'에서가 아니라 한글 '역'에 의거한 해석을 하고 있다고 할 수 있다.

그런데 이 설명에 있어서 종성 'ㄴ'을 'ン'이라고 가나 표기하고 있는 점이 주목된다. 行智는 梵字의 "空点"을 'ン'으로 표기하고 있기 때문에, 그에게 있어서 이러한 처리는 의문의 여지가 없는 것이었겠지만, 白井寬蔭에게는 간과할 수 없는 처리였을 것이다. 왜냐하면 전술한 바와 같이 白井寬蔭는 한글 'ㄴ'을 'ヌ(누)'로 인식하고 있었기 때문이다. 그러나 行智를 비판하는 白井寬蔭는 이에 대해서는 전혀 언급하지 않았다.

그렇다면 다음으로 白井寬蔭 쪽을 검토해 보기로 한다. 白井寬蔭는 『조선언문자회』에서 종성을 다음과 같이 정의하고 있다.

終声이라고 하는 것은 音註 文字의 声을 버리고 韻만을 이르는 것
이다.

〔113〕

위는 말 그대로 종성에 대한 정의 자체를 풀어 쓴 것이므로 여기에
서 곧바로 그의 입장을 파악할 수는 없다. 이에 「初声終声通用八字」
로 눈을 돌려보고자 한다. 白井寬蔭는 『훈몽자회』의 해당 부분을 다
음과 같이 펼쳐 기록한다.

初声終声通用八字

ㄱ 其 キ、ケイ、ガイ、ギ	ㄱ 役 エキ、ユエキ、ユワク、ヤク
ㄴ 尼 ヂ、テイ、ナイ、ニ	ㄴ 隱 イヌ、オニ
ㄷ 池 チ、テイ、ダイ、ヂ	ㄷ 未 バツ、ブワツ、ムワチ、マチ
ㄹ 黎 リ、レイ、ライ、リ	ㄹ 乙 イツ、オチ
ㅁ 眉 ビ、ベイ、マイ、ミ	ㅁ 音 イム、オム
ㅂ 非	ㅂ 邑 イフ、オフ
ㅇ 異 ｲ、エイ、ヤイ、ｲ	ㅇ 凝 ゴウ、ギヨウ、ゲイ、ギ
ㅅ 時 シ、セイ、ザイ、ジ	ㅅ 衣 イ、アイ、イエ、ｲ

위에서 예컨대 "ㄱ役(ク)"에 대해 "エキ, ユエキ, ユワク, ヤク"와
같이 네 개의 음을 둔 것은, 白井寬蔭가 말하는 "漢次音, 漢原音,
呉原音, 呉次音"이라는 틀에 맞춘 것으로 보이는데,13) 이와 같은 처
치를 전체에 걸쳐 실시한 후 韓語의 종성에 대해 다음과 같이 기술

---

13) 白井寬蔭는 『음운가나용례』의 범례에서 어떤 漢字의 음을 제시할 경우에는
    예컨대 "イ, ｲイ, アイ, イ"와 같이 네 개의 음을 보여야 한다고 기술한다. 그
    리고 이 네 개의 음은 "漢次音, 漢原音, 呉原音, 呉次音"의 순서이며, 원음・
    차음과 같이 나누는 것은 太田翁 즉 太田全斎의 방식에 따른 것이라고 밝히
    고 있다.

하고 있다.

役(ク) 의 예에 따르자면 隱(ニ) 乙(チ) 凝(ギ)가 되어야 하며, 音은 ミ,
邑은 ヒ가 되어야 한다고 생각하지 못할 것도 아니지만, 앞서도 말한
바와 같이 그 나라에서는 有(ウ)緯의 韻만 쓰는 것으로 보인다. 〔114〕

여기에서 白井寬蔭는 어째서 "役(ク) 의 예에 따르자면 隱(ニ) 乙
(チ) 凝(ギ)가 되어야 하며"라고 하고 있는 것일까. 그것은 아마도 앞
서 문제가 되었던 〈韓字音을 呉音의 증좌로 삼는다〉고 하는 인식이
배경에 있었던 것이 아닌가 생각된다.

白井寬蔭에 따르면 〈"役"에는 "エキ, ユエキ, ユワク, ヤク"와 같은
네 개의 음이 있다. 呉音은 그 가운데 두 개 즉 "ユワク"와 "ヤク"이
다. 종성이란 "音註 文字의 声을 버리고 韻만을 이르는 것"이므로
이 경우 그것은 바로 "ク"가 된다〉는 것이 된다.

그러나 이와 같은 논리를 "隱"에 적용하면 문제가 발생한다. "隱"
의 경우 呉音에 해당하는 것은 "オニ"이므로 "ニ(니)"를 종성으로 삼
아야만 하는 것인데, 이래서는 앞서 확인한 白井寬蔭 자신의 주장과
모순이 발생하고 만다. 즉 韓語에 韻尾 'ヌ(누)'를 세울 수 없게 되는
것이다. 이에 제시한 해결책이 "앞서도 말한 바와 같이 그 나라에서
는 有(ウ)緯의 韻만 쓰는 것으로 보인다"는 설명이다. 이렇게 되면
거꾸로 韓語의 운미로서 'ニ'를 세우는 것이 불가능해지고 'ナ행' 가
운데 "有(ウ)위" 즉 'ヌ'를 쓸 수밖에 없게 되는 것이다. 결국 白井寬
蔭는 韓字音에 대한 논의를 五十音図의 틀 속에서 전개했다는 사실
을 확인할 수 있다.

白井寛蔭가『훈몽자회』의 '初声終声通用八字'에 네 개의 음을 덧붙인 것은, 그것이 그 자신의 韓字音 기술에 유익하다고 보고 있었기 때문일 것이다. 그러나 이를 위해 앞서 밝힌 바와 같은 추가적인 기술과 함께 "이 이야기는 먼저 본문을 보고 다음에 보아야 한다. 그렇지 않으면 이해하기 쉽지 않을 것이다[14]"라는 언급이 필요하게 되어버린 것이다.

요컨대 白井寛蔭가 한글 그 자체가 아니라 漢字에 의한 '音註'에 근거하여 종성을 정의하려고 하고 있었던 것은 분명하며, 바로 여기에 行智와의 상이점이 명백하게 드러난다. 그리고 반복이 되지만 그것은 白井寛蔭가 日字音을 주로 삼고 연역적으로 연구를 수행한 결과가 표출된 것으로 생각된다.

3.3.4. 中声에 대하여

行智는『언문해』에서 "中声은 韻이다. 悉曇에 磨多가 있는 것과 같다[15]"라 해서 韓語의 중성을 梵字의 '摩多'에 빗대면서도 한글의 시스템 속에서 설명하려 하고 있다.

중성이라고 하는 것은 예컨대 羊양イヤグ 라 하는 것과 같다. ㅑ(ヤ) 韻은 ㅇ(初)ㅇ(終)의 중간에 있다. 또한 鹿룩(ルク) 라 하는 것처럼 ㅜ운은 ㄹ(初)ㄱ(終) 의 중간에 있다. 따라서 이를 중성이라 부른다. 그렇지만 短声 単音에 있어서는 종성처럼 쓰이는 일이 있는 것은, 尾비(ビ), 毛모(モ), 尼니(二), 巫부(ブ) 라 하는 것과 같이 종성으로 바뀌

---

14) 「此弁はまづ本文を見て、次に見るべし。しからざれば解しやすからじ。」
15) 「中声は韻なり。悉曇に磨多あるが如し。」

어 쓰이는 일이 없기 때문이다. 끝에 있다고 하더라도 韻으로서의 쓰임이 있을 뿐이다. 종성의 예가 아니다. 〔115〕

초성과 종성의 사이에 위치하기 때문에 중성이라 한다는 行智의 설명은, 종성의 경우와 마찬가지로 "作字音"을 그 출발점으로 한 것이다. 그런데 위 기사에서 주목해야 할 것은 '尾비(ビ)' '毛모(モ)'와 같은 "短声 単音"에 대해 "끝에 있다고 하더라도 韻으로서의 쓰임이 있을 뿐이다. 종성의 예가 아니다"라고 기술하고 있는 점이다. 行智는 이와 같은 단성 단음 즉 받침이 없는 경우에는 중성이 종성의 위치에 놓여 종성의 역할을 하지만 그것은 중성이 가진 기능의 일부로서 그 위치에 있기 때문에 종성이라고 할 수는 없다고 밝히고 있는 것이다. 이에 비해 白井寬蔭는 다음과 같이 기술한다.

中声独用十一字라고 보이지만, ㅗ ㅡ · 등이야말로 중성으로만 쓰이고, 나머지 8자는 종성으로도 쓰이는 예가 종종 보인다. 〔116〕

白井寬蔭는 '中声独用十一字' 항목을 문제 삼고 있는데 여기에서 중성에 대한 정의에 있어서 行智와는 다른 견해를 가지고 있음을 알 수 있다. 예컨대 白井寬蔭는 중성에 대해서도 종성의 경우와 마찬가지로 다음과 같이 네 개의 음을 들고 있다.

中声独用十一字

ㅏ 阿	ア、イヤ、イエ、ㆍ	ㅑ 也	ヤ、ㆍヤ、ㆍエ、エ
ㅓ 於	オ、イヨ、イヨ、オ	ㅕ 余	ヨ、ㆍヨ、ㆍヨ、ヨ
ㅗ 吾	ゴ、ギヨ、ギユ、グ	ㅛ 要	ヤウ、ㆍヤウ、ㆍエウ、エウ
ㅜ 牛	グウ、ギユウ、ギユ、グ	ㅠ 由	ユウ、ㆍユウ、ㆍユ、ユ
ㅡ 応	オウ、イヨウ、ㆍイ、イ	ㅣ 伊	イ、ㆍイ、アイ、イ
ㆍ 思	シ、セイ、サイ、シ		

이 네 개의 음을 참조하면서 앞 절에서 본 白井寛蔭의 논리에 맞
추어 생각해보면 다음과 같은 기술은 전혀 앞뒤가 맞지 않는 설명이
라고 할 수밖에 없다.

ㅡ 応 [不用終声] 이라 한 것은 応(オウ)의 ウ를 사용하지 않고 オ라
고 읽는다는 것을 보인 것인가.
[117]

"ㅡ 応"을 문제 삼는 것이라면 그 네 가지 음인 "オウ, イヨウ, ㆍ
イ, イ" 가운데 吳音에 해당하는 "ㆍイ, イ"에서부터 논의를 전개해야
함에도 불구하고, 白井寛蔭는 이에 대해서는 아무런 언급도 없이
"オウ"에서부터 이야기를 꺼낸다. 다만 "그 나라에서는 有(ウ)緯의 韻
만 쓰는 것으로 보인다"라는 것을 염두에 둔 기술이라고 하면 나름대
로 이해할 수 없는 것만도 아니다.

아무튼 여기에서 문제 삼아야 할 것은 『훈몽자회』「凡例」에서 "不
用終声"이라고 한 기사를 白井寛蔭가 어떻게 해석하고 있는가 하는
점이다. 이 점에 대해 그의 설명을 음미해보면 白井寛蔭는 "不用終
声"의 의미를 오해하고 있었다고 해야 할 듯싶다. 요컨대 白井寛蔭는
"不用終声"을 〈'ㅡ'가 종성에 쓰이는 일은 없다〉고 해석한 것이 아니

라, 〈‘応オウ’의 종성인 ‘ウ’를 사용하지 않는다〉는 식으로 받아들이고 있다는 것이다. 이렇게 보아야만 “一 応”은 “オ(오)라고 읽는다”고 하는 결론에 이르게 된 경위를 비로소 이해할 수 있게 되는 것이다.

이와 마찬가지 논법에 의한 설명은 아래아에 대한 해석에서도 발견된다.

> ・思[不用初声], 思セイ, サイ의 セ, サ를 사용하지 않고, イ로 읽는
> 다고 보인 것이리라.
> {118}

이와 같은 이해는 白井寬蔭가 漢字에 의한 音註를 바탕으로 韓語를 해석하고자 했다는 사실을 여실히 보여주는 것이라고 생각된다. 만일 한글 ‘一’와 ‘・’가 ‘不用終声’ ‘不用初声’이라고 이해한 것이라면 위와 같은 이를테면 오해는 발생하지 않았을 것이다.

한편 다음 기사들에는 白井寬蔭의 韓語에 대한 관점이 보다 현저하게 드러난다.

> ㄱ를 グ로 읽는 것은 呉의 次音이다. ㅋ 로 읽는 것은 ギㅋ 의 韻을
> 취한 것이다. ウ로 읽는 것은 唐音 ウ、에 의거한 것이다.『자총(字叢)』
> [古字書]에 晤ウ로 되어 있는 것을 방증으로 삼을 것이다. オ로 읽는
> 것은 ゴ의 転音일 것이다.
> {119}

> ㅜ牛[グウ, ギユウ, ギユ, グ]グ 로 읽는 것은 呉音이다. ウ로 읽는
> 것은 漢音의 韻을 취한 것이다.
> {120}

위에 보인 〈韓語의 중성은 呉音으로 읽는 경우가 있는 한편 漢音

이나 唐音으로 읽히는 경우도 있다〉는 해석은 앞서 언급했던 "諺文은 … 소위 万葉仮名처럼 한 글자를 두 개의 음 세 개의 음으로도 바꾸어 읽는 것도 있다"는 기술과 관계가 있다고 할 수 있다. 즉 여기에서 "한 글자"라고 한 것은 한글 1자라는 의미가 아니라 音註로 사용된 漢字 1자의 의미였던 것이다.

이처럼 白井寬蔭는 韓字音을 증좌로 사용할 때『훈몽자회』의 音註를 논의의 출발점으로 삼았으며, 또한 日字音에 관한 지식을 바탕으로 그 音註를 오십음도의 틀 속에서 해석했기 때문에, 결과적으로는 자신에게 유리한 예를 다수 확보할 수 있었으나 때로는 부차적인 설명이 필요하게 되는 등 한계도 명확하게 드러난다고 할 수 있다.

4. 黒川春村의 경우

黒川春村의 『음운고증(音韻考証)[16]』(1862) 「凡例」에는 다음과 같은 기사가 있다.

> 朝鮮音은 대개 바르고, 倭 漢의 책과 대조하여 밝혀야 할 것이 적지 않다.
>
> [121]

위에 보는 바와 같이 黒川春村는 "朝鮮音은 대개 바르다"는 인식하에 韓字音을 日字音 연구에 적극적으로 이용하고 있다.

---

16) 国立国会図書館 소장본

200 　일본인의 국어인식과 神代文字

한편 본서의 「附説 二」에는 한글의 시스템에 대한 黒川春村의 생각이 기술되어 있다. 이는 『훈몽자회』「凡例」와 관련이 있는 것인데, 다만 黒川春村가 말하는 "朝鮮音" 즉 韓字音에 대해 논한 것은 아니다.

> 朝鮮諺文字母는 初声終声通用八字, 初声独用八字, 中声独用十一字, 합쳐서 27자가 있다. 『훈몽자회』의 권 머리에 보인다. 이 가운데 중성 11자는 ㅏ阿, ㅑ也, ㅓ於, ㅗ吾, ㅛ要, ㅜ牛, ㅠ由, ㅡ応, ㅣ伊, ·思, ㅕ余 와 같고, 이를 초 종성과 合用하면 무수한 음을 만들어내는 것이 우리의 五十字音과 같다. 〔122〕

위에서 주목되는 것은 한글의 시스템을 "五十字音" 즉 오십음도에 비견한다는 점이다. 물론 오십음도가 反切과 깊은 관련이 있으므로 이러한 지적이 일부 타당하기도 하겠지만, 현재의 관점에서 말하자면 음절문자와 음소문자의 차이를 제대로 인식하지 못한 결과라고 할 수 있다.

마지막으로 본서에는 『유합』이라는 書名도 보인다.

> 그런데 ㅗ吾는 ウ, ㅛ要는 ゴ, ㅜ牛는 ウ, ㅠ由는 ゴ의 字母로서 앞선 ㄱ(キ)자와 合用하면 고 는 ク, 교 는 キュ, 구 는 キュ가 된다. 고(ク) 구(ク)를 反切하여 교(キュ) 규(キュ)를 拗音으로 부르는 것은 가(カ) 거(コ)와 갸(キャ) 겨(キョ)의 예와 같다. 또한 吾는 五 乎의 切, 음이 吳인 것에 관해, 전혀 吳에 대한 논이 없는데 ウ의 음이라고 하는 것은 어찌된 일인가 하니, 이 글자는 朝鮮音도 唐音도 ゴ 는 아니고 ウ의 음이다. 이는 『유합』에 吾오 라고 있는 것을 보아야한다. 〔123〕

위의 두 인용문만을 보더라도 黒川春村의 경우에도 太田全斎나 行智, 그리고 白井寛蔭와 마찬가지로『유합』및『훈몽자회』에 의거하여 韓語를 이해하고 또한 韓字音을 증좌로 삼고 있었다는 사실을 확인할 수 있다. 또한 여기에서는 자세하게 언급하지 않지만 黒川春村의 韓字音 이용 역시 연역적이고 자의적인 수준에 머물렀다는 점을 지적해둔다.

 일본인의 국어인식과 神代文字

제9장

18-19세기 일본 韻学과 '神代文字'

18-19세기 일본 韻学은 吳音·漢音 등과 같은 日字音의 重層性 문제에 대한 해명에 초점을 맞춰 전개된다. 이는 '国学'의 대두와 무관하지 않은데, 복고주의적 관점에서『고사기』나『일본서기』와 같은 古典들을 제대로 이해하고 풀이하기 위해서는 日字音의 규명이 선결과제였던 것이다. 그 논의 과정에서 기본적으로는 일본의 音을 절대시했는데, 한편으로는 종래의 悉曇学의 연구 성과와『운경』이 적극적으로 활용된다. 다만 悉曇의 난해함과 더불어 일본의 글자인 가나가 음절문자라는 한계도 영향을 미쳐서 대개의 논의가 '五十音図'라는 규격화된 틀을 벗어나지 못하고 나아가 '오십음도'를 신성화하기에까지 이른다.

이러한 상황에서 일본 韻学者들이 음소문자인 우리 한글에 접촉하게 된다. 당시 일본에서 한글은 비교적 쉽게 접할 수 있는 외국문물 가운데 하나였고, 『훈몽자회』와 같이 한글의 원리를 설명한 문헌도 가까이에 있었다. 漢字가 한반도를 경유하여 일본에 전해졌으므로 당연히 韓字音과 日字音 사이에 유사점이 적지 않다는 사실이 그들에게 매력적이었겠지만, 그뿐만이 아니라 한글 자체가 지닌 과학성을 日字音을 논하기에 매우 유용한 설명방식으로 인식했을 개연성 역시 충분하다.

本居宣長와는 달리 太田全斎는 韓字音을 日字音 연구에 증좌로서 활용했다. 그러나 太田全斎의 韓語 이용은 매우 단편적이었고 결과적으로 자신에게 유리한 예만 제시하는 연역적 방식을 취하고 있다는 한계를 노정한다. 또한 韓語에 대한 이해가 〈相通説〉 도입과 같은 종래 일본 韻学의 설명 방식 틀 속에서 이루어졌다는 점 역시 문제점 가운데 하나로 지적할 수 있다. 그렇다고는 해도 『유합』 및 『훈몽자회』와 같은 문헌들을 참조하여 韓字音을 日字音의 논증에 활용했다는 점에서는 연구방법의 획기적인 전환을 시도했다는 의미에서 의의가 있다. 요컨대 韓語가 "과학적 연구"에 활용되기 시작한 것이다.

한편 悉曇学에 대한 조예에 바탕을 둔 行智는 韓字音의 활용 가능성을 모색할 뿐만 아니라 한글 그 자체에 관한 "과학적 연구"도 전개한다. 즉 나름의 방식으로 한글의 체계에 대해 논했다는 점에서 주목할 만하다.

이를 잇는 白井寬蔭와 黒川春村는 한글 자체가 아니라 예컨대 『훈몽자회』에서 한글 옆에 붙어있는 漢字 즉 '音註'의 해석에 주력하여 그것을 바탕으로 日字音에 관해 논한다. 이 때문에 설명이 복잡해지고 때론 여러 가지 부차적인 주석까지 첨부하는 일도 벌어지게 된다.

또한 논리의 전개가 연역적이라는 점 및 '오십음도'를 한글 이해의 방편으로 삼은 문제 역시 "과학적 연구"라고 하기에는 불충분한 면이 있다.

그러나 이러한 명백한 한계에도 불구하고, 18-19세기 日字音 연구의 특징 가운데 하나가 표음문자 그것도 음소문자인 한글에 대한 부족한 이해 속에서도 韓字音을 이용했다는 사실이라는 점만큼은 부인하기 어렵다. 또한 이는 〈일본은 "神国"이며, 일본어는 "神語", 그리고 일본 문자는 "神字"〉라는 인식에 바탕을 둔 諦忍이 『신국신자변론』(1779)에서 「朝鮮諺文」 즉 한글에 대해 언급할만한 사회적 분위기가 마련되어 있었다는 것을 의미하기도 한다.

그런데 문제는 이후 한글을 또 다른 관점에서 왜곡하려는 시도가 활발하게 이루어진다는 사실이다. 승려인 諦忍에 의해 '神代文字'의 〈실물〉까지 등장하고 나자 神代文字에 대한 논의는 새로운 방향으로 나아갈 수밖에 없게 된다. 이전의 추상적이고 일종의 신앙과도 같은 논의에서 〈실물〉로서의 '神代文字'에 대한 학문적 접근이 시도되게 된 것이다. 또한 그 〈실물〉이라는 것이 한글과 관련되는 까닭에 한글 역시 이를테면 〈수난〉을 겪게 되는데, 그 과정을 이하 Ⅳ.에서 자세히 살펴보기로 하겠다.

IV.
〈神代文字論〉의 전개

제1장

平田篤胤의 『고사징』과 『신자일문전』

주지하는 바와 같이 平田篤胤(1776-1843)의 학문적 성과 및 후학에 미친 영향 등에 대해서는 本居宣長와의 연관성 등을 포함하여 실로 다양한 측면에서 논의가 진행되어왔다. 요컨대 平田篤胤는 本居宣長와 더불어 일본 '国学'의 중요 인물로서 자리매김 되는데, 그런 그의 성과물 가운데 언어 연구와 관련해서는 '神代文字'의 존재에 관한 주장이 특히 주목받아왔다. 그러나 이에 관해서는 이미 당대에 伴信友(1773-1846)에 의한 부정 — 후술하듯 비록 그 부정이 한글에 대한 왜곡에 기반을 둔 것이라는 한계는 있지만 — 과 더불어 후대에도 신랄한 비판이 가해져온 만큼, 그 진위 문제에 대한 논의는 더 이상 필요가 없다고 생각한다. 다만 平田篤胤가 언어에 대해 어떠한 관점을 가지고 있었는가 하는 문제는, 후일 '国語'가 성립되고 전개되어가는 과정을 이해하기 위한 실마리를 찾는다는 의미에서도 아직 검토의 여지가 남아있다고 생각된다. 이는 '神代文字'가 존재한다고 하는 주장의 근거를 비롯하여 그 구체적인 내용에 대한 보다 상세한 검토를 통해 가능할 것이다.

平田篤胤의 '神代文字' 존재론이 집대성되어 있는 『신자일문전』(1819)은 다음과 같이 시작한다.[1]

斎部広成(이미베노히로나리)의 『고어습유』에 "上古之世未有文字" 운운과 같이 적혀있지만 그렇지 않다. 사실은 神世에 文字가 있었다고 하는 이야기는 『고사징(古史徵, 코시초)』의 「開題記」, 「神世字의 論」이라고 하는 조목에서 증명하여 논한 바와 같다. 〔124〕

또한 이를 이어 두 줄 주의 형태로 다음과 같은 언급도 보인다.

모든 이 日文(히후미)에 대한 생각은 그 조항을 잘 살펴둔 연후에 보아야 한다, 그렇지 않으면 이해할 수 없는 것이 많이 있기 때문이다.

〔125〕

平田篤胤가 밝히고 있는 바와 같이 '神代文字'에 대해서는 『고사징』(1819)에서 이미 자세하게 논의하고 있는데, 그 가운데서도 「一春之卷」의 「神世文字의 論」이 중심이 된다. 「神世文字의 論」은 다음과 같이 시작된다.[2]

---

1) 이하 『신자일문전』을 인용할 때는 平田篤胤全集刊行会編 『新修 平田篤胤全集』第15巻에 의한다.
2) 이하 『고사징』을 인용할 때는 岩波文庫(22-046-1) 平田篤胤著 山田孝雄校訂 『古史徵開題記』(岩波書店)에 의한다.

神世에는 문자가 없었다는 것, 斎部広成의 『고어습유』에 "上古之世 未有文字、貴賤老少口々相伝、前言徃行存而不忘(상고 시절에는 문자가 아직 없어 귀천 노소 모두 입에서 입으로 서로 전했다, 앞서 말이 오가서 알아 잊지 않는다)"이라고 한 것을 증거로 삼아 세상의 식자들이 논의해 말하는 대로 나도 그렇게 생각했는데, 요사이 잘 생각해보니 이는 사려가 깊지 않았던 것이다. 고로 이제 이를 다시 논하고자 한다. 그렇지만 이는 『석기(釈紀)』에 일컫는 『가나일본기(仮名日本記)』라는 책의 체재를 밝혀 둔 연후에 말하지 않으면 이해하기 어렵기 때문에 우선 이것부터 밝히고자 한다. [『석기』란 卜部兼方(우라베노카네카타)의 『석일본기(釈日本紀)』를 가리킨다, 이하 이에 준한다.]　　　[126]

그리고 이하 卜部兼方[3]의 『석일본기』에 대한 설명이 이어지는데, 이는 平田篤胤가 주로 본서에 의거하여 논의를 진행하는 만큼 그 자료적 가치에 대해 먼저 밝혀두고자 했기 때문인 것으로 보인다.

「神世文字의 論」의 전체적인 내용에 대해서는 「一 春之巻」의 「開題記目録大意」에 상세하게 정리되어 있으므로 아래에 인용하는 것으로 대신하고자 한다.[4]

---

3) 卜部兼方에 대해 平田篤胤는 다음과 같이 밝힌다.(아래에서 亀山院(카메야마인)天皇는 1249-1305년, 花園院(하나조노인)天皇는 1297-1348년이다.)
　　이 문답의 취지를 깊이 생각건대 우선 釈紀의 찬자인 卜部宿禰(우라베노스쿠네)兼方는 亀山院天皇의 치세에서 花園院天皇 치세 무렵의 사람이라 하니, [卜部秘事口伝抄에 이 사람에 관해 보이는데, 그 적힌 兼方宿禰記라고 하는 것도 곳곳에 인용했다. 平野(히라누노)社를 맡은 卜部平麻呂(우라베노히라마로)의 제자로 神祇大副(=神祇官)에 임명된 사람이다. 그렇지만 지금의 吉田家의 조상은 아니다. 그 平麻呂宿禰의 正統이라 한다.][127]
4) 「開題記目録大意」에는 '山崎篤利謹記'라는 기록이 있다.

○神世文字의 論

이 조목에서는 세상의 지식인들이 『고어습유』에 "上古之世未有文字" 운운이라고 기록되어 있는 것을 증거로 삼아, 神世에 문자가 없었다고 하는 것은 잘못된 설이라는 것을, 『일본기사기(日本紀私記)』, 『석일본기』를 비롯하여 古書 등에서 증거를 취해 자세하게 밝히고, 그에 이어 옛날에 『가나일본기(仮名日本紀)』라고 했던 史가 2部 있었던 점, 또한 그 書体에 대한 생각, 또한 『석일본기』를 읽는 마음가짐, 『일본기(日本紀)』의 私記 등에 대해, 『석일본기』에 소위 肥人書, 薩人書, 私記에 図書寮에 있었다고 하는 梵字体의 書 등은 神世字였던 점, 天武(텐무)天皇 시절에 만드신 新字라는 書에 대해, 神世字의 字原 字体에 대한 생각, 空海(쿠카이)가 만든 이로하(以呂波) 글자는 神代字의 書法을 사용한 점, 또한 梵字도 空海 이후에는 神字의 書法을 사용한 점 등, 모든 字体의 근원을 밝히고, 漢字가 건너온 이후 점차 神字를 멀리하고 그 글자를 널리 사용하게 된 연유, 또한 欽明(킨메이)天皇本註에 "帝王本紀多有古字" 운운하는 글에 대한 논의, 또한 中世 사람들이 上古에 文字가 있었다고 말하지 않았던 뜻, 또한 고어습유에 "書契以来。不好談古。浮華鏡興" 운운한 데에 깊은 이유가 있었던 것까지 밝혔다.　　　　　　　　　　　　　　　　　　　　　　　　　　〔128〕

이처럼 '神代文字'에 대해서는 自著인 『고사징』에서 이미 충분히 논파한 내용이라면 굳이 『신자일문전』을 세상에 내놓을 필요도 없었을 것이라는 소박한 의문이 드는데, 이에 대한 平田篤胤의 언사를 짚어두도록 하겠다.

다만 그 조목을 보면서도, 여전히 둔해서 믿지 못하고, 또한 고쳐

말하지도 못하면서 그저 중얼거리고 있는 사람도 있다고 하는데, 그
것은 미혹하는 귀신에게 마음을 빼앗긴 사람이므로 그러한 어리석
은 부류는 지금 말할 가치도 없다.   〔129〕

또한 『고사징』 작성 이후의 상황에 대한 다음과 같은 언급도 『신
자일문전』 저술의 동기를 미루어 짐작케 한다.

> 그런데 神世字에 대해 앞서 「開題記」를 저술할 무렵까지는 아직까
> 지 이것이야말로 바른 文字일 것이라고 생각할 것을 정하지 못했기
> 때문에, 지금 세상에 神世의 글자라고 이것저것 베껴 전해지는 가운
> 데는 진짜도 있겠지만 아직 정하지 못해서, 잘 그 진위를 살펴 후에
> 전할 것이 있으면 전할 것이라고 적었는데, 그 후에도 이것저것을
> 모았다.   〔130〕

요컨대 『고사징』을 저술한 이후에 새로이 다양한 글자들을 발견했
으며 그것에 대해 다시 논의할 필요가 생겼으므로 『신자일문전』을
집필하게 되었다는 것이다.

그런데 平田篤胤는 "神世行文。中古所謂肥人書也"라는 기록이 있
는 "眞字(마나)"만으로 적힌 한 장의 문헌을 발견했다고 언급한다.

> 마나(眞字)만을 보면 朝鮮의 소위 諺文이라는 글자와 비슷한데, 이
> 는 본디 그 諺文을 취해 만든 것은 아닌가 하고 반신반의하다가, 다
> 시 생각하니 그 諺文에 草書가 있다는 것을 듣지 못했다. 그런데 소
> 위 肥人書에는 草書가 있다.   〔131〕

　드디어 한글에 대한 언급이 등장하는데, 위에서 平田篤胤가 "眞
字"와 "草書"라고 하는 것은 『신자일문전』에 제시하고 있는 아래와
같은 글자를 가리키는 것으로 보인다. 오른쪽에 있는 것이 "草書"의
예다.

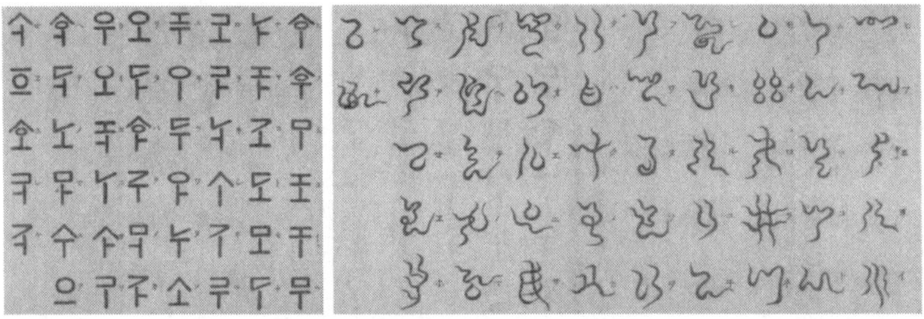

　위에 제시한 바와 같이 平田篤胤가 "草書"라고 하는 것은 이를테
면 흘림체를 일컫는 것으로서, 이러한 흘림체가 한글에 있다는 이야
기를 듣지 못했다는 것이며, 이를 근거로 삼아 소위 "肥人書"와 현재
의 한글을 별개의 것으로 취급할 수밖에 없다고 하는 것이다. 이처럼
한글과 "肥人書"와의 관계를 주장한 점이 특징적인데, 이 문제에 대
한 상세한 논의는 뒤로 돌리기로 하고, 여기에서는 平田篤胤의 결론
즉 한글이 오히려 "肥人書"를 위작한 것이라고 주장한다는 사실만을
확인해두기로 한다.

　또한 숙고하니, 朝鮮의 諺文이라고 하는 것은, 우리 神世의 文字가
옛날 그 나라에도 전해졌던 것을 그 나라 사람들이 아는 체 하여 고
쳐 만든 것일 터라 마침내 깨달아서, 어찌 바로잡을 수 있을까 생각
하니, 〈후략〉
〔132〕

214　일본인의 국어인식과 神代文字

平田篤胤는 바로 이러한 문제의식을 가지고『신자일문전』을 저술하게 되었다. 즉 이미『고사징』을 세상에 내어놓았음에도 불구하고 그 내용이 이론적·추상적인 주장에 그칠 뿐만 아니라 실증적인 면 역시 부족하여 믿지 못하는 사람들이 적지 않다는 점과, 이후 발견되고 수집한 '神代文字'의 물증들이 너무나도 한글과 유사하다는 점에 대한 당혹감에서, 다시 말하자면 한글과 '神代文字'의 관계 등에 대한 추가적인 기술이 필요하다는 인식 하에『신자일문전』을 작성했다는 것이다. 따라서 平田篤胤는『신자일문전』에서 한글에 대해 적극적으로 자신의 견해를 표출한다.

제2장

平田篤胤의 諦忍 비판

자신이 수집한 '神代文字'와 한글의 유사성에 대한 당혹감이 『신자일문전』을 집필하게 된 동기 가운데 하나이기 때문에 당연한 일이겠지만, 본서에는 한글과 관련된 기술이 곳곳에 보인다. 그 내용을 살펴보기에 앞서 여기에서는 이것이 '神代文字'의 실체라며 『신국신자변론』을 통해 처음으로 그 〈실물〉을 세상에 공표한 諦忍에 대해 平田篤胤이 어떠한 입장을 취하고 있었는지 확인해두기로 한다.

宝暦 13년(1763) 무렵, 尾張国 八事山 興正寺의 諦忍 和尚이라는 사람이 『이로하문변』이라는 책을 써서 〈중략〉 [篤胤(아쓰타네)가 말한다. 이 설은 그 黑瀧(쿠로타키)의 潮音(초온)이 위작한 『구사대성경』이라는 것에 적힌 妄説에 의거하여 말한 설이다. 이 諦忍이라고 하는 중은 空華老人이라고도 칭하는데, 수많은 저술들이 있어서 박식하다고 들었는데,『대성경』에 대해 제대로 분간하지 못했기 때문일 것이다. 그러므로 이 중이 神世에 文字가 있었다고 한 것은 마땅하지만, 그 의거한 설은 잘못이다.]

〔133〕

위에 인용한 바와 같이 平田篤胤는 諦忍의 저술 내용에 대해 기본적으로는 신뢰하지 않지만 그 결론 즉 "神世에 文字가 있었다고 한 것" 만큼에 대해서는 긍정적인 평가를 내리고 있다. 또한 諦忍이『신국신자변론』에서 金龍敬雄의 비난에 답하는 과정을 묘사한 후,

이것은 다양한 사정을 생각건대, 諦忍이 그『이로하문변』을 만들 때, 이미 이 日文 글자를 득해서 가지고 있었다고는 하지만, 깊이 존숭하는 마음에 쉽사리 세상에 드러낼 수 없어 숨겨 가지고 있다가, 金龍敬雄가 이 건에 대해 비난하기 때문에 어쩔 수 없이『신자변론』에 밝혔을 것이다.

〔134〕

라 하여, 諦忍이 제시한 '神代文字'만큼은 위작이 아니라는 입장에서의 주장을 전개한다. 다만 諦忍이 제시한 '神代文字'가 모두 신뢰할 만한 것은 아니라는 다음과 같은 기술은 주목할 만하다.

그런데 諦忍 和尚이 鶴岡宮에 전해지는 글자를 세상에 밝힌 후에 그에 놀라 여러 지역의 神社나 고찰에 감추어두었던 옛글들이 연달아 나타나, 이제는 이렇게 많이 모여 고려할 만한 것으로도 되었다. [그러나, 그 나타난 글자들 가운데 위작으로 보이는 것이 매우 많다.]

〔135〕

이러한 입장은 "高田与清(타카다토모키요)"라는 인물의 저서 내용을 소개하고, 그에 대한 자신의 생각을 밝히는 순서로 이루어져 있는 다음 기사에서도 확인할 수 있다.

> 그런데 神世에 文字가 없다, 지금 세상에 있는 것은 僞作이라고 하는 사람이 있다. 실제로 文字가 없다고 하더라도 있다고 말해야만 우리나라를 존숭하는 이치가 될 것이다. [篤胤가 말한다. 이렇게 말하는 뜻은 매우 사랑스럽지만, 실제로 없는 것을 있다고 해서는 안 된다. 그러나 文字에 있어서는 진실로 神世로부터 있어 왔던 것임에 조금도 의심할 바가 없을 것이다.]
>
> [136]

이처럼 平田篤胤는 諦忍이 전거로 삼은 문헌에 위작 논란과 같은 문제가 있다는 이유 등에서 그를 비판하면서도, 한편으로는 '神代文字'가 존재한다는 주장이 단순한 "애국담" 만은 아니라는 입장을 밝히고 있는 것이다.

한편 平田篤胤는 "가까운 시절 사람으로 神代에 文字가 있다고 말한 것은 新井君美가 처음이었다[1]"라고 한다.[2] 여기에서 "新井君美"란 新井白石(1657~1725)를 일컫는 것인데, 그리고 이에 이어서 아래와 같이 말한다.

---

1) 「近き世の人に。神代に文字ありと論へるは。新井君美ぬしぞ始(はじめ)なりける。」

2) 新井白石의 『동문통고』에는 「神代文字」라는 항목도 마련되어 있다. 거기에서의 新井白石의 주장 가운데 주목할 만한 것은, 일본에 거북점(龜卜)은 있었으나 그것은 문자가 아니고, 후일 백제를 통해 漢字가 전해짐으로써 비로소 문자를 가지게 되었다는 지적이다. 이처럼 '神代文字'가 존재했다는 주장은 新井白石에게서는 찾아볼 수 없음에도 불구하고 平田篤胤는 이렇게 기술한 것이다.

이보다 이전에 소위 神道 학자들 가운데서도 그렇게 말한 사람이
많았지만, 그 주장은 매우 유치하고 무계한 주장이므로 지금 언급할
가치가 없다.
〔137〕

平田篤胤가 諦忍을 "神道 학자들" 가운데 한 사람으로 여겼는지
여부는 명확하지 않으나, 新井白石 이전에 "神代에 文字가 있다"고
한 주장들에 대해 "유치하고 무계한 주장"이라고 경계한다는 사실에
는 주의가 필요하다.

제3장

平田篤胤와 行智 그리고『훈몽자회』

平田篤胤의『신자일문전』에는『훈몽자회』를 인용한 부분이 있다. 물론 그가 전거로서 제시하는 문헌이『훈몽자회』에 한하는 것은 아니지만, 조선에서 간행된 漢字 학습서인『훈몽자회』를 '神代文字'의 존재를 주장하는 平田篤胤가 어떠한 경위로, 어떻게, 또한 왜 제시하고 있는가를 밝히는 것은 흥미로운 주제가 아닌가 생각된다.

Ⅲ.에서는『훈몽자회』의 異本이 다수 일본에 전해지고 있다는 사실을 들어, 본서가 일본에서도 매우 광범위하게 이용되었을 개연성에 대해 논의했다. 또한 그 연장선상에서『훈몽자회』를 통해 한글에 대한 종래의 이해 부족을 해소한 行智(1778-1866)에 대해, 그리고 본서를 日字音의 연구에 이용한 白井寬蔭 및 黒川春村에 대해서도 살펴보았다.

또한 앞선 Ⅱ.에서는 이것이 '神代文字'의 실체라고 처음으로 문헌
상에 제시한 諦忍에 주목하여, 『이로하문변』(1764)과 『신국신자변론』
(1779)의 내용 등에 대한 검토를 통해, 諦忍의 언어인식 및 그 공표
배경 등에 대해 고찰했다.

이러한 일련의 고찰이 平田篤胤의 저서에 등장하는 『훈몽자회』에
대한 관심으로 이어지게 되었는데, 여기에서는 『신자일문전』의 주요
내용 및 본서에 『훈몽자회』가 게재되게 된 경위 등에 대해 살펴보기
로 하겠다.

한글이 "肥人書"의 위작이라는 생각을 가지고 있던 平田篤胤는 文
政(분세이) 2年 즉 1819년에 行智와 만나게 되었다는 기록을 남긴다.
앞서도 인용했지만 平田篤胤의 行智에 대한 묘사는 다음과 같다.

> 이 사람은 浅草에 있는 銀杏八幡宮의 승관으로 속세를 떠난 나의
> 친구이다. 悉曇의 학문에 매우 정통하여 『실담자기신석』이라는 것
> 을 지었다. 이 학문이 있은 이래 그 만큼의 해석을 나는 아직 보지
> 못했다.   〔88〕

이와 같이 학문적으로 매우 신뢰하는 行智가 자신에게 『훈몽자회』
를 소개시켜주었다고 하는데, 그 경위는 다음과 같다.

> 요사이 어떻게 지내는가 물으니, 최근 조선의 『훈몽자회』라는 책
> 을 보니, 漢字 아래에 모두 諺文을 붙였기에 이를 밝혀보려 생각하여
> 그 일에 매달리고 있다고 하여, 매우 기뻐서 앞선 건을 쓴 일 등을
> 이야기하고, 베껴 가지고 있는 肥人書와 薩人書도 보이고, 그 諺文은

우리 皇国(일본)의 글자가 그 나라에 옛날 건너가 전해진 것을, 그 나라의 原文으로 삼아, 悉曇章에 의해 梵字의 쓰임새로 쓰려고 그 나라 사람이 아는 체 한 것으로 보인다고 하니, 매우 감동하여 그렇다면 빨리 神世의 글자를 밝히시라 하니, 다시 생각이 일어서 나도 우선 諺文이 만들어진 근본부터 밝혀보고자, 그것이 보이는 책들을 이것저것 찾아 모아, 〈후략〉

{89}

위 인용문 말미에 보이는 平田篤胤 자신이 수집하여 확인한 서책들은 다음과 같은 3종이라고 밝힌다.

屋代(야시로)1) 옹에게 『훈몽자회』를 빌리고 〈중략〉 伴信友에게 『조선원문역어(朝鮮原文訳語)』라는 것을 빌리고 〈중략〉 高田与清에게 朝鮮板 『금양잡록(衿陽雑録)』이라는 책의 漢字 아래에 諺文을 덧붙인 것 등을 빌려 모아서, 〈후략〉

{138}

이러한 서책들을 가지고 자세히 살펴보고 생각해낸 平田篤胤의 결론은 다음과 같다.

이렇게 지금 기록되어 전해지는 옛글 등을, 소위 肥人書, 薩人書로서, 이는 곧 神世의 古字라고 생각을 굳히게 되었다.

{139}

그런데 Ⅲ.에서 行智는 한글의 체계와 梵字의 그것이 같은 원리 아래에 있다고 인식하고, 또 그러한 관점에 입각해서 韓語를 이해하

---

1) 이 인물은 에도시대의 国学者로 알려진 屋代弘賢(야시로 히로카타, 1758-1841)로 보인다.

고 있다는 사실을 확인했다. 이러한 인식을 가진 行智의 영향도 있었기 때문인지 平田篤胤 역시 梵字와의 관련 속에서 언급하는 부분이 적지 않다. 다만 아래『고사징』의 인용문에서 볼 수 있듯이 일본의 문자를 가장 우월한 것으로 자리매김하는 점이 특징적이다.

어떤 설에 이로하(以呂波) 글자는 梵字의 書法에 따라 만들어졌다고 하는 설도 듣지만, 이는 본말이 다르다. 이는 내가 아는 사람인 円明院(엔묘인)의 行智가『실담자기석(悉曇字記釈)』에 梵字는 皇国에 건너오고 나서 우아하고 아름답게 되었다, 이는 자연스럽게 皇国 書風의 아름다움이 옮겨간 것으로서, 弘法 이래의 일로 보인다, 옛날 天竺 漢土에서 썼던 梵字는 지금 皇国에서 적는 梵字와 비교하면 매우 굽어서 지저분한 글자체라고 한 것은 정말로 명백한 설로서, 梵字도 이로하 글자도 皇国의 書法을 옮겼기 때문에 아름다워진 것이다.

〔140〕

그런데 行智의『언문해』에는 아래에 인용하는 바와 같이 "肥人書"에 대해 언급한 부분이 있다.

'諺'은『광운(広韻)』에 '俗言也'라고 註한다. 俚俗의 通用에 편리하게 만든 文이기 때문에 그렇게 이름 붙인다. 이 文에 古今의 2体가 있다. 古体는 三韓国 초에 만들어 전해지는 것일 테다. 今体는 일본의 後小松院(고코마쓰노인) 明徳(메이토쿠) 3년 壬申(진신)〔南朝 後亀山院(고카메야마인) 元中(겐추) 9년〕明太祖 洪武 25년에 즈음하여 高麗의 李成桂라는 者가 自立하여 国을 朝鮮이라 칭한다. 그 아들인 世宗 시절, 明의 太宗 永楽 年間에 前代의 古文을 고치고 줄여서 今体의 諺文을 만든다.

224　일본인의 국어인식과 神代文字

당시 나온『世宗御製訓民正音』이라는 책이 있어 그 나라에서 간행했
다. 이것이 곧 지금의 諺文의 시작이다. 古文은 今文과 약간 다른 부
분이 있다. 이는 그 나라에 전해지지 않는다. 즉 요사이 베껴 전해져
肥前書라고 부르는 것은 그 나라의 古文이다. 今文과의 다른 점을 대
략 말하자면, 예컨대 古文 ㄱㅜ(ク) ㄱㅗ(コ), ㅅㅜ(ス) ㅅㅗ(ソ), ㅊㅜ
(ツ) ㅊㅗ(ツオ), ㄷㅜ(ツ) ㄷㅗ(ト), ㄴㅜ(ヌ) ㄴㅗ(ノ), ㅂㅜ(ブ) ㅂㅗ
(ボ), ㅍㅜ(ブ) ㅍㅗ(ボ), ㅎㅜ(フ) ㅎㅗ(ホ), ㅁㅜ(ム) ㅁㅗ(モ), ㄹㅜ
(ル) ㄹㅗ(ロ)와 같다. 今文에서는 구고, 수소, 추초, 두도, 누노, 부보,
푸포, 후호, 무모, 루로로 만들고, 또한 古文에 ㅂㅏ(ア) ㅂㅣ(オ) ㅂ
ㅜ(ウ) ㅂㅓ(エ) ㅂㅗ(オ), ㅇㅏ(ワ) ㅇㅣ(井) ㅇㅜ(ウ) ㅇㅓ(ウエ) ㅇㅗ
(ウヰ)인 것을 今文에서 아(ア) 이(イ) 우(ウ) 여(エ) 오(オ) 와(ワ) 외
(井) 우(ウ) 오ㅓ(ヱ) 우(ヰ) 로 만든다. 이와 같이 그것은 사실은 同文
으로서 그저 그 接續 및 古ㅂ 今ㅇ와 같은 작은 차이가 있을 뿐이다.

〔141〕

이처럼 行智는 한글의 역사에 대해 기술하는 가운데 "肥人書"에
대해서도 언급하여, 이는 한글의 "古体"에 해당한다고 단정한다. 平
田篤胤가 자신의 이야기에 "매우 감동"했다고 적고 있는 行智도 역
시 사실은 그와 견해를 달리하고 있었던 셈이다. 그리고 行智는『훈
몽자회』를 통해 한글의 시스템을 이해하고 "肥人書" 역시 한글의 옛
형태라는 점을 밝히고 있는데, 그렇다면 平田篤胤는『훈몽자회』를
어떻게 활용하고 있는가를 따져볼 필요가 있다.

주지하는 바와 같이『훈몽자회』의 범례에는 한글을 알지 못하는
사람을 위한 '諺文字母' 조항이 첨부되어 있다.[2] 이 '諺文字母'에는

---

2)『훈몽자회』에는 10개조의 범례가 붙여져 있는데, 그 가운데 하나가 다음이다.

한글 자모의 명칭을 비롯하여 한글의 구성, 그리고 성조에 대한 간단한 설명 등이 기재되어 있는데, 平田篤胤는 『신자일문전』에서 그 일부를 아래와 같이 제시한다.

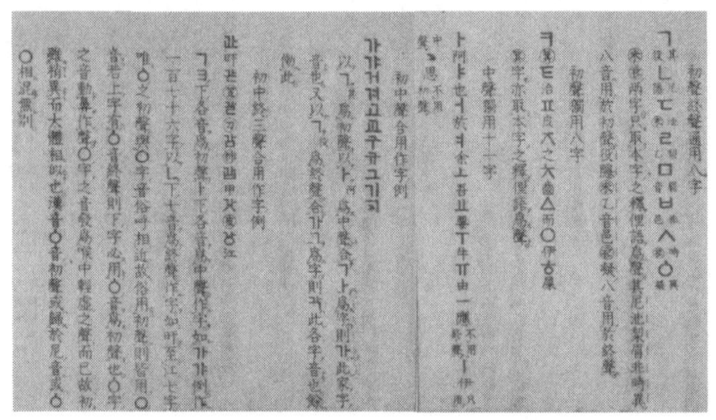

平田篤胤는 이것이 屋代가 소장하고 있던 것을 빌려 베껴 쓴 것이라고 밝히고 있는데, 아울러 다음과 같이 기술한다.

단 드물게는 글자에 잘못이 있는 것도 있어서, 『삼한기략(三韓紀略)』에 인용된 것에 의해 보완도 하고, 바로잡기도 하여 인용했다. [142]

이에 어떤 부분을 바로잡았는가를 찾아보니 예컨대 한글의 'ㅋ'을 'ㅋ'와 같이 고치는 등 한글 글자체의 일부가 변형되어 있을 뿐이다.

그런데 平田篤胤의 기술 가운데 주목되는 하나는 "ㅂ(ヒ)非는 日(ひ)文(ふみ)로는 ô인 것을 어찌하여 이렇게 잘못 전했는가[3]" 하는

<hr>

凡在辺鄙下邑之人　必多不解諺文　故今乃并著諺文字母　使之先学諺文　次学字会　則庶可有暁誨之益矣　其不通文字者　亦皆学諺而之字　則雖無師授　亦将得為通文之人矣

3)「ㅂ(ヒ)非は日(ひ)文(ふみ)にてはôなるを。何(いか)にしてかく訛(あやま)り伝へたるか。」

自問이다. 이에 대해 平田篤胤는 "어쩌면 조선인이 아는 체 한 것일지도 모른다[4]"는 견해를 밝힌다. 또 한편으로 平田篤胤는 한글에 "悉曇의 이치조차 모르는 잘못[5]"이 있다고 하는데, 이하 이러한 언사의 근거에 대해 살펴보고자 한다.

平田篤胤는 『신자일문전』에서 '히후미47음(日文四十七音)'을 다음과 같이 제시한다.

그리고 아래와 같이 일본의 '五十音図'에 맞춰 '히후미47음'을 재배열한다.

이처럼 '히후미47음'을 '오십음도'에 맞춰 재배열하는 平田篤胤는

---

4) 「もしくは朝鮮人の、さかしらならむも知るべからず。」
5) 「悉曇の理をさへに知らざる誤なり。」

『훈몽자회』「범례」의 내용과 관련하여 다음과 같이 언급한다.

> 그런데 히후미(日文)의 아홉 父字 가운데 있는 ○字는 ㅜ(ウ)ㄴ(オ)
> ㅣ(イ)ㅓ(エ)ㅏ(ア) 등의 母字와 합쳐서 ㅇㅜ(ウ)ㅇㄴ(キ)ㅇㅣ(ヰ)ㅇㅓ
> (ヱ)ㅇㅏ(ワ) 와 같은 다섯 子字로 쓰는 글자이므로, 諺文의 初終通用
> 字 가운데 있어야만 하는데, 初声独用八字 가운데 나와 ○(イ)伊라고
> 되어있는 것은 音을 잘못했을 뿐만 아니라 悉曇에 의해 글자를 짓는
> 다 하면서도 悉曇의 이치조차 모르는 잘못이다. 이는 初終通用字 가
> 운데 ○字가 없어서는 五十音図에 ウヰヰヱワ의 行을 만들 수 없기
> 때문이다. [初終通用字는 반드시 아홉 字가 없어서는 안 되는 이치인
> 데 여덟 字가 있다. 더욱 더 諺文과 悉曇章을 견주어 이러한 이치를
> 깨달아야 한다.]　　　　　　　　　　　　　　　　　　　　　　〔143〕

실제 『훈몽자회』에는 다음과 같이 기술되어 있다.

初声終声通用八字
ㄱ其役　ㄴ尼隱　ㄷ池㊀　ㄹ梨乙　ㅁ眉音　ㅂ非邑　ㅅ時㊀　ㆁ異凝
初声独用八字
ㅋ㊀　ㅌ治　ㅍ皮　ㅈ之　ㅊ歯　ㅿ而　○伊　ㆆ屎

요컨대 平田篤胤는 "○字"가 "初終通用字"에 없어서는 "五十音
図"를 구성할 수 없으므로『훈몽자회』의 기술이 잘못되었다는 것이
며, 또한 이는 "悉曇의 이치조차 모르는 잘못"이라는 것이다. 자신이
경계하는 "매우 유치하고 무계한 주장"을 펼치고 있다고 해야 할 것
이다.

이상 살펴본 바와 같이 平田篤胤는 한글의 글자체에 집착하여 그 일부를 "보완" 수정하는 등의 방법과 한글의 체계를 '오십음도'의 틀 속에 끼워 맞추려는 시도를 통해 『훈몽자회』까지도 자신의 주장을 뒷받침하는 전거로서 이용하려 했다. 요컨대 한글의 제자원리를 무시한 채 또는 그것을 왜곡하여 〈'神代文字'와 한글이 유사한 것은 "그 땅에 옛날에 전해진 皇国字"이므로 당연하다〉는 결론을 이끌어냈던 것이다.

이제 마지막으로 『고사징』에 보이는 平田篤胤의 다음 언사에 주목하고자 한다.

> 글자는 소리의 숫자만큼 적는 것처럼 편리한 것은 없다. 그런데 漢国에는 글자가 많아 오히려 불편하고 번잡하다고 하는 것은 이미 本居宣長가 자세히 설명한 바와 같다. 또한 서양인도 매우 漢文字를 비웃어, 漢人은 너무나도 글자를 많이 만들어서 일생 자신의 国字를 다 알 수 없다고 한 것도 생각해야 한다. 〔144〕

위 인용문은 이를테면 표음문자의 우수성을 강조하는, 그런 의미에서 漢字 사용에 대한 비판으로 이해할 수 있는데, 이는 후일 前島密 (1835-1919)가 행한 건의와 맥락을 같이하는 것으로서 흥미롭다. 즉 前島密는 漢字를 폐지하고 가나와 같은 표음문자를 사용할 필요가 있음을 깨닫고, 1866년 12월 開成所(카이세이조) 대표(지금의 東京大 총장)인 松本寿太夫(마쓰모토주다유)에게 부탁하여 당대의 将軍인 徳川慶喜에게 「한자폐지건의」라는 제하의 건의서를 제출했던 것이다.

이렇게 볼 때 『신자일문전』에서의 平田篤胤의 업적은 '神代文字'

의 존재를 주장한 데에 있는 것이 아니라, 굳이 말하자면 종래 日字音 연구에 치중되어온 언어와 관련된 학문의 흐름을 문자에 관한 관심으로 돌리고, 그 연장선상에서 漢字 문제를 포함한 표기법 문제를 제기함으로써, 明治 이후의 소위 '国語国字問題'를 선도했다는 점에서 찾아야 할 것으로 생각된다. 또한 같은 의미에서 후일 일본어를 근대화하고자 했던 시도들은 '神代文字論'과 같은 자국어 우월주의에 뿌리를 두고 있다는 사실에 주의해야 할 것이다.

제4장

‘肥人書’와 新井白石 그리고 伴信友

平田篤胤는 한글은 ‘肥人書’를 위작한 것이라는 주장을 펼치는데, 문제가 되는 ‘肥人書’에 대해 『고사징』에서는 다음과 같은 견해를 밝히고 있다.

松下見林, 新井君美 등이, 『만엽집』에 高麗人(コマビト)이라고 하는데 肥人이라고 적은 것도 있어서, 이는 高麗国의 책을 말할 것이다, 지금도 朝鮮에서 사용하는 文字, 그 글자체가 梵字와 같은 諺文이라고 하는 것이 있다, 그러므로 그 나라 文字가 우리나라에 전해진 것을 적은 책일 것이라고 하는데 그것은 틀렸다. 그것은 肥人書에 관해 『대외기(大外記, 다이게키)』 業忠(나리타다)의 本朝書籍目録에 『肥人書 五巻』이라 보이고, 이와 나란히 『薩人書(사쓰히토노후미)』라고 하는 것도 있다. 그러므로 肥人書는 火国人(ヒノクニビト)의 책, 薩人書는 薩摩人의 책이라는 것은 의심할 바 없다. 〔145〕

위에서 보듯 平田篤胤는 新井白石에 대해 언급하는데, 이는 『동문통고(同文通考, 도분쓰코)』(1760)의 내용을 문제 삼은 것이다. 『동문통고』의 卷二에는 「肥人書」라는 항목이 마련되어 있으며 그 내용은 다음과 같다.[1]

> 肥人書란 肥의 国 사람의 책이다. 肥의 国이란 지금의 肥前(히젠) 肥後(히고) 등의 国이 이것이라는 사람이 있지만, 『만엽집』 안에[11권] 肥人이라 쓰고 「コマビト」라고 읽었으므로, 肥人書라고 하는 것은 高麗国의 책을 말할 것이다. 지금도 朝鮮의 나라 안에서 사용하는 文字, 그 글자체가 梵字와 같은 諺文이라고 하는 것이 있다. 지금의 朝鮮이라고 하는 것은, 옛 三韓의 땅을 합한 나라이므로, 지금 그 나라에서 사용하는 文字가 있다는 것은 예로부터의 관습일 것이다. 그렇다면 高麗 시절에 그 나라에서 사용되던 文字가 우리나라(일본)에 전해진 것을 적은 책일지도 모른다.　　　　　　　〔146〕

즉 新井白石는 『만엽집』의 예를 근거로 삼아 '肥人書'는 "고려의 책"이라 단정하고 있는 것이다.[2] 그런데 平田篤胤는 『신자일문전』에서 이러한 新井白石의 언사에 대해 "이는 매우 잘못된 설이다[3]"라고 단정 짓고 있으며, 아울러 "肥国이란 지금의 肥前 肥後 등의 国이 이것이다[4]"라고 한다. 平田篤胤로서는, 한글과 '神代文字'가 유사

---

1) 이하 『동문통고』를 인용할 때는 勉誠社文庫70 『同文通考』에 의한다.
2) 新井白石가 근거로서 언급한 『만엽집』의 예는 "肥人(こまひと)の額髪(ぬかがみ)結(ゆ)へる染木(しめゆ)綿(ふ)の染(し)みにし心我忘れめや[一に云ふ、「忘らえめやも」])"이다. 여기에서 문제가 되는 '肥人'에 대해 岩波書店에서 간행된 新日本古典文学大系3에서는 "「こま人」는 「くま人」, 즉 九州 球磨의 사람이다. 高麗 사람이 아니다"라고 강조하여 주석을 붙이고 있다. 다만 그것이 큐슈(九州)의 쿠마(球磨)가 되었건, 사쓰마(薩摩)가 되었건, 역사적 지리적 관계를 고려할 때, 그 지역에 한글이 흘러들어갔을 개연성은 매우 높다고 할 것이다.
3) 「此(こ)はいみじき非説(ひがごと)なり」

한 형태를 띠는 것은 한글이 "肥人書"를 위작한 것이기 때문에 당연한 현상이라는 견해를 밝힌 만큼, '肥人'이 '고려인'이어서는 주장의 근간이 무너져 내리는 결과가 초래된다. 이와 관련하여 伴信友는 다음과 같이 언급한다.

『석일본기』에 스승의 설로서 "大蔵省御書中有肥人之字六七枚許、先帝於御書所令写其字、皆用仮字、或其字未明、或乃川等字明見之"에 보이는 乃 川은 吏道의 草体에 乃(ノ) ﳲ(子) 등과 같이 적은 것이 있는 것을 보니, 어쩌면 이두의 草書로 적은 것일까. 그렇다면 肥人은 コマビト로서 高麗人인 것일까.　　　　　〔147〕

이처럼 "肥人"을 "고려인"으로 보는 관점은 앞서 언급한 바와 같이 新井白石의 『동문통고』에서도 찾아볼 수 있는데, 위 인용문에서 볼 수 있듯이 伴信友는 新井白石와 비슷한 견해를 밝히면서도 "吏道"와의 관련성에 대해서도 언급한다는 사실에 주의할 필요가 있다. '이두'와 관련된 논의는 뒤로 돌리기로 하고 여기에서는 "肥人"에 대한 伴信友의 언사를 조금 더 살펴보기로 한다.

新井白石 역시 『만엽집』 11권의 내용을 바탕으로 "肥人"을 고려인으로 이해할 수 있다고 하는데, 伴信友는 여기에서 한 걸음 더 나아가 아래와 같은 독특한 추론을 제시한다.

『만엽집』11권의 "肥人額髪結在染木綿(ヒタヒガミユヘルソメユフノ)、染心我忘哉(ソメシココロヲワレワスレメヤ)"에 있는 肥人를 옛 訓에 コ

---

4) 「肥国とは、今の肥前肥後等の国是(これ)なり」

マビト라고 읽었다. 肥를 コマ라고 읽어야할 이유는 알기 어렵지만, 이유 없이 그렇게 읽었을 리도 없다. 어쩌면 옛날에는 살찐 사람을 コマ人라 하여 그렇게 적은 것일까. 또는 고려인(こまびと)은 대체로 살이 쪘으므로 그 옛날 살찐 사람을 고려인 같다고 했기 때문에 농하는 글의 예에 肥人이라고 쓰기도 할 것이다. 〔148〕

또한 이에 대한 방증으로서 다음과 같이 언급하기도 한다.

『만엽집』12권에 コチタミ라고 하는데 毛人髮三이라고 쓴 것도, 毛人은 蝦夷(에조)를 의미하는 것으로서, 그 몸에 털이 많고 험상궂게 보이는 것을 가지고 농하여 쓴 것도 비슷한 취지로서 함께 생각해야 한다. [지금 세상에서 머리카락이나 수염을 다듬지 않고 무례한 사람을 蝦夷사람 같다고 하고, 혹은 唐人, 또한 毛唐人 같다고도 하며, 또한 키가 크고 살집이 적으며 눈 색깔이 붉고 똑똑해 보이는 사람을 네덜란드인 같다고도 한다. 이것도 미루어 생각해야 한다. 그런데 또한 노래의 2, 3구는 그 옛날 고려인은 이마의 머리카락을 물들이고 무명으로 아름답게 묶어 장식한 것일 테다.] 〔149〕

이처럼 伴信友는 "肥人"이라는 것을 고려의 사람으로 인식하는 종래의 설을 제시하는 한편으로, 외견상의 특징에 근거한 다른 예들을 통해 결과적으로 平田篤胤의 주장을 반박했다고 할 수 있다. 요컨대 "肥人"이 "고려인"을 가리키는 것이라면 平田篤胤가 말하는 한글이 일본의 "肥人書"를 본떠 만든 것이라는 주장은 논리적 근거를 상실하게 되는 것이다. 이제 다음으로 伴信友의 『가나본말』에 대해 살펴보기로 한다.

제5장

伴信友의 『가나본말』

　'神代文字'가 존재하는가의 여부를 둘러싼 논의는 18-19세기를 전후하여 활발하게 전개된다. 이는 요컨대 주술적 또는 이념적 관점에 입각하여 '神代'라고 하는 시대를 설정하고, 漢字가 일본에 전해지기 이전에 고유한 표기수단을 가지고 있었는가를 논의한 것이라고 할 수 있는데, 그 각각의 입장을 대표하는 인물로서 늘 언급되는 것이 平田篤胤와 伴信友이다. 예컨대 『일본어학연구사전』(p.383)에는 아래와 같이 기술되어 있다.

　平田篤胤는 『신자일문전』을 저술하여 神代文字의 존재를 주장하고 「히후미(日文)」라는 것이 그것이라고 했다. 〈중략〉 신대문자의 説에 대해서는 伴信友가 『가나본말』의 부록에서 篤胤 등이 말하는 「히후미」는 조선의 諺文(현재 한글이라 불린다) 類에 의거한 後世의 作為라 하여 否定했다.

그런데 '神代文字'와 관련한 伴信友에 대한 종래의 평가는 과연 충분하며 타당한 것일까. 즉 伴信友가 『가나본말(仮字本末)』(1850)의 첫머리인 「上巻之上」에서 다음과 같이 언급하였으므로 〈神代文字의 존재를 부정한 인물〉로 분류하면 그만인 것인가 하는 문제제기다.

> 上代에 문자라고 하는 것이 없었던 것은, 大同(다이도)3년에 齋部廣成가 지어 올린 『고어습유』의 序에 上古之世未有文字、貴賤老少口口 相伝、前言往行存而不忘 운운이라 보인다. 이제 古典에 의해 미루어 헤아려도 진정 그러할 것이다. 〔150〕

이처럼 문헌시대 이전인 "上代"에 "문자"가 없었다는 확신에 찬 주장을 펼치는 伴信友는 『가나본말』의 「付録」에 「神代字弁」이라는 항목을 마련하고 있다. 그 처음은 아래와 같다.

> 세상에 神代字라 하여 베껴 전해지는 것이 여러 종류 있는 것을 보니, 대부분은 거북점의 구운 점괘에 빙자하여 가지각색으로 만든 것으로 보인다. 그것은 中古 시절부터 지금까지 유일하다고 하는 神 道者들이 간대로 만든 것일 터이고, 또한 그에 편승하여 사이비가 나 중에 만든 것도 있다고 보이는 등, 더더욱 받아들이기 어려운 것이 다. 또한 요사이 네덜란드 글자를 본떠 새로이 만들어졌다고 생각되 는 것이 아무개 神社에 전해지고 있는 등, 그럴듯하게 말한 것도 보 이는 것은, 그것을 만든 속내까지 미루어 짐작할 수 있어서 모두 논 하기에도 족하지 않지만, 그 가운데 字体도 대체적으로 확실하고 간 대로 만든 것이라고는 보이지 않는 것이 세 가지 있는데, 지금 조선 에서 諺文이라 하여 사용하는 国字의 古体로서, 吏道라 하는 것으로

보인다. 그것을 우리 쪽 어리석은 자 가운데 진짜 神代의 것이라고 생각하여 현혹된 자가 있어서 일부분을 설명해 들려주었는데 더욱 더 헷갈리게 되었다. 어떻게든 적어서 보여 달라는 요청에 따라 일단 밝혀보고자 하여 쓰는 것이다. 이에 우선 그 이두와 언문에 대해 밝혀두고 이어서 논할 것이다. 〔151〕

위 인용문에서 보듯 伴信友는 종래 항간에 떠도는 '神代文字'라고 하는 것이 모두 위작이라는 점과, 또 그것이 한글과 관계가 있음을 명확히 밝히고 있다. 특히 "그럴듯한" 세 가지 글자는 "이두"가 일본에 전해져 남아있는 것으로서 "어리석은" "현혹된" 사람들을 깨우치기 위해 "이두"와 "언문"에 대해 논하겠다는 설명이 주목된다. 아래에 "이두"와 "언문"에 대한 伴信友의 언사를 인용한다. 먼저 "이두"에 대해서는 다음과 같다.

吏道라고 하는 것은 朝鮮国에서 일찍이 만든 国字를 일컫는 이름이다. 그것은 조선에서 중국의 『명률(明律)』을 판목에 인쇄한 책의 跋에 〈중략〉 我本朝三韓時、薛聰所製方言文字、謂之吏道、〈중략〉이라 적은 이두가 이것이다. 〈중략〉 그런데 이처럼 있었는데 世宗 치세에 이르러 이두의 転訛를 다시 손질하여, 고쳐 諺文으로 만들어 쓰여, 이두는 사용하지 않는 시절이 됨과 더불어, 旧本의 이두로는 매우 혼란스럽기 때문에 새로 刻板을 만들어 원래 이두를 언문으로 고치고 또한 그것을 漢字音을 仮借하여 그렇게 적은 것을, 跋文은 여전히 旧本 그대로로 따로 말을 붙이지 않았던 것일 테다. 〈중략〉 그런데 그 이두를 만든 薛聰은 신라인이다. 그것은 『조선사략(朝鮮史略)』의 新羅紀에, 神文王의 世譜에, 설총이 文才가 있었음을 싣고, 〈중략〉 既長

博学、能以方言解九経、〈中略〉 [能以方言 운운하는 글은 이두를 만든 일을 이르는 것으로 이해된다.] 그 国籍을 살피매 그 신라의 신문왕이라고 하는 것은 天武天皇 10년부터 持統(지토)天皇[1] 4년까지 통치한 왕이므로, 설총이 이두를 만든 무렵은 대략 미루어 알 것이다.

〔152〕

다음으로 "언문"에 대해서는 아래와 같다.

諺文이라고 하는 것은 그 나라 사람인 成俔[2]이 지은『용재총화(慵齋叢話)』에, "世宗諺文廳、命申高靈成三問等製諺文、初終聲八字、初聲八字、中聲十一子、其字體依梵字爲之、本國及諸國語音文字所不能記者悉通無礙、洪武正韻諸字亦皆以諺文書之、遂分五音而別之、曰牙舌脣齒喉、脣音有輕重之殊、舌音有正反之別、字亦有全淸次淸全濁不濁之差、雖無知婦人無不瞭然曉之、聖人創物之智有非凡力之所及也"라고 했다. 世宗은 [莊憲王이라 칭했다] 중국에서는 永楽 17년에서 景泰 2년에 걸치고, 우리 皇朝의 応永(오에이) 26년에서 宝德(호토쿠) 3년경에 해당할 때까지 세상을 다스린 왕이다. [그 신라의 薛聰 시절로부터 대략 750년 남짓 후에 해당한다.] 이처럼 그 성현의 설에, 또한 그 나라의 책인『훈몽자회』[嘉靖 6년에 지어진 책이다. 또한 이 책에 관해서는 아래에 밝힐 것이다]에 적힌 내용을 참고하니, 世宗 무렵에는 이미 그 이두의 자획이 저절로 어그러져 맞지 않는 등 하여 혼란스럽고, 또한 方言의 사투리, 字音의 잘못 등도 생겨서, 여러모로 혼란스럽게 되었는데, 새로이 글자체를 하나로 정하고, 5音 4声 淸濁을 바로잡고, 合用作字의 법을 세우거나 해서 그것을 언문이라 칭하고

---

1) 天武天皇는 ?-686년, 持統天皇는 645-702년으로 여겨진다.
2) 성현은 1493-1504년의 인물이다.

庁을 두어 나라 사람에게 가르친 것일 테다. 松岡玄達(마쓰오카겐타쓰)의『結毦録(케쓰지로쿠)』에 언문에 관해, 그 나라에서 辞吐(ぢと)라고도 한다는 내용을 들었다 하고, 또한 忠友(타다토모)가 말하길 対馬 사람의 설에 조선인의 말로 언문을 이두라고도 하는 것은 그 다른 이름으로서 혹은 里土(りと)라고도 한다고 하는 것을 들었다고 했다. 이것으로서 언문은 이두로부터 나온 것이라는 점은 더욱 분명하다. 이처럼 이두란 그 나라에서 글자에 관해 말하는 말로서 里土(りと), 辞吐(ぢと) 등으로 이르는 것은 바뀐 말이라고 해야 할 것이다. 이렇게 해서 諺文庁을 둔 것을 가령 世宗 치세 중엽이라 치고, 그『명률』에 이두를 써 넣었다고 하는 洪武 28년에서는 30여년 후의 일이다. 그런데 성현의『총화』에 예로부터 이두가 있었다는 것을 말하지 않고, 처음으로 언문이라는 글자를 만든 것처럼 적은 것은 소홀하다. 그『명률』조차도 보지 않고, 또한『총화』에 언문의 글자체를 依梵字 為之 라고 한 것은, 그 글자체가 조금 梵字에 닮았다는 것일 테다. 이두도 원래는 범자를 본뜬 것일 텐데, 성현의 이러한 언문의 유래에 소홀한 식견으로는 알기 어렵다. 후세 사람들이 추량한 설에 의거한 것으로 보인다.

〔153〕

위 인용문 가운데 "이두"를 만든 것이 설총이라든가 "언문은 이두로부터 나온 것"이라는 주장은 현재의 관점에서는 전혀 받아들일 수 없는 것인데,[3] 더더욱 이해하기 어려운 것은 伴信友가 그 근거로 삼은 것이 松岡玄達[4]라는 인물의『結毦録』(1759)에 보이는 기술과 忠

---

3) 류렬(1983)『세나라시기의 리두에 대한 연구』해외우리어문학연구총서59 한국문화사 영인, 李丞宰(1992)『高麗時代의 吏讀』國語學會, 강영(1998)『『大明律直解』吏讀의 語末語尾 研究』국학자료원, 韓相仁(1998)『朝鮮書記 吏讀의 國語學的 研究』보고사, 南豊鉉(2000)『吏讀研究』태학사 등 참조.
4) 松岡玄達(마쓰오카겐타쓰) 즉 松岡恕庵(마쓰오카조안)은 1668-1746년의 인물

友라는 사람이 전한 "対馬 사람의 설"에 불과하다는 점이다. 요컨대 아무런 결정적인 근거도 없이 伴信友는 한글 창제 과정을 왜곡하고 있다고 해야 할 텐데, 그럼에도 불구하고 주목할 만한 사실은 이미 여러 차례 등장한 『훈몽자회』가 伴信友에게도 이용되었다는 점이다. 아래에 伴信友의 『훈몽자회』에 대한 설명을 살펴보기로 한다.

조선의 서적인 『훈몽자회』, [漢字를 들고 그 글자의 音訓을 언문으로 注했다. 嘉靖 6년 崔世珍 著라 識했다. 世宗이 언문을 만든 무렵에서 대략 백년 가량 후에 쓴 것이다.]의 첫머리에, 諺文字母라 하여, 初声終声通用의 8字, 初声独用의 8자, 中声独用의 11자, 합해 27자를 들고, 다음으로 合用作字例, 또한 四声定位図까지도 들었는데, 그 字音을 보인 漢字音은 변한 쪽의 方音을 모르면 읽어내기 어려운 것도 있다. 字体도 字母合字 등이 섞이고, 変体로 생각되는 것도 섞여서, 쉽게 읽어내기 어렵지만, 篇 안에 든 漢字에 붙인 음훈의 언문은, 이제 제시한 音図에 덧붙여 쓴 언문에 의하고, 합용작자의 예에 의하고, 또한 쓴 모양도 대조하여 미루어 생각하면, 대개는 읽을 수 있다. 이에 의해서도 위에 든 글자들은 韓国의 옛 이두로서, 언문은 이두가 여러 대에 걸쳐 바뀐 것을 고쳐 만든 것이라는 점이 한층 명백하다. 그런데 이 이두가 皇国에 전해진 것은, 皇国에서 한국을 통치함과 더불어 매우 일찍이 訳者 등이 써서 전해 있던 것이 세상에 남아있었던 것을 神道者 등이 그런 것이라고는 모르면서도 아는 체 하여 神代字라 하고, 또한 ヒフミ크 운운하며 어지러이 말을 만들고 이어 적은 것으로 보인다.

〔154〕

로 本草学者로 알려져 있다.(『일본인명대사전』 참조)

역시 "언문은 이두가 여러 대에 걸쳐 바뀐 것을 고쳐 만든 것이라는 점이 한층 명백하다"와 "皇国에서 한국을 통치함과 더불어" 등과 같은 받아들일 수 없는 주장에 대해서는 논외로 하고, 伴信友가 논증 과정에서 『훈몽자회』를 음미했다는 사실과, 또한 "神道者"들의 우매함을 질타한다는 점에서는 平田篤胤와 마찬가지 입장을 취하고 있다는 것을 확인하는 데에 의의를 두어야 할 것으로 보인다.

다음으로 伴信友가 일본에 전해져 남아있는 "이두"라고 하는 "그럴듯한" 세 가지 글자를 살펴보기로 한다. 伴信友는 "위에 말했던 세간에서 神代文字라고 하는 세 가지를 여기에 들어서 이어 논하겠다[5]"고 한다. 그리고 "이제 그 세 가지 글자체에 관해 논의함에 있어서 임시로 그 글자에 이름을 붙여 甲本 乙本 丙本 丁本이라고 한다[6]"고 하며 아래와 같이 제시한다.

○ 甲本真字体

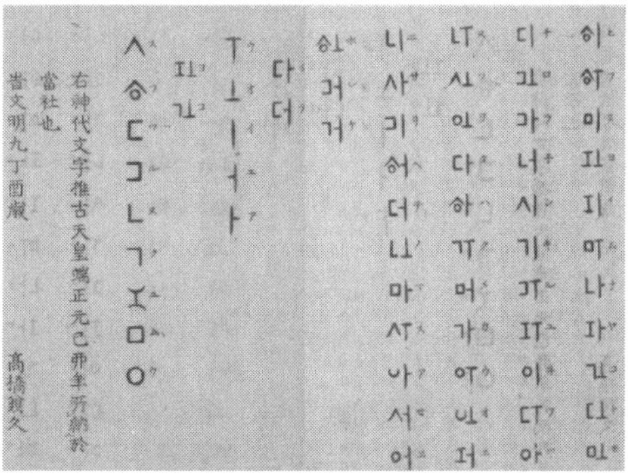

---

5) 「上にいへる、世に神代文字なりといへる三体を、ここに挙てつぎつぎに論ふべし。」
6) 「その三体の事を論ふにつけて、仮に其字の本様の名目を設て、甲本乙本丙本丁本といふ。」

○ 乙本真字体　　　　　　　　○ 丙本真字体

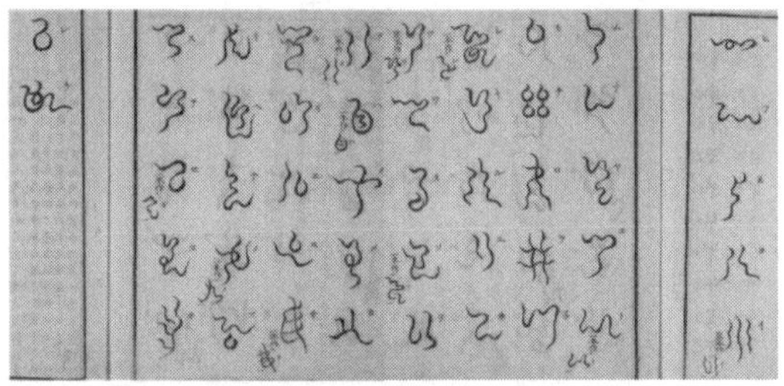

○ 丁本真字体

○ 丁本附　朝鮮人以諺文草体所書皇国歌詞

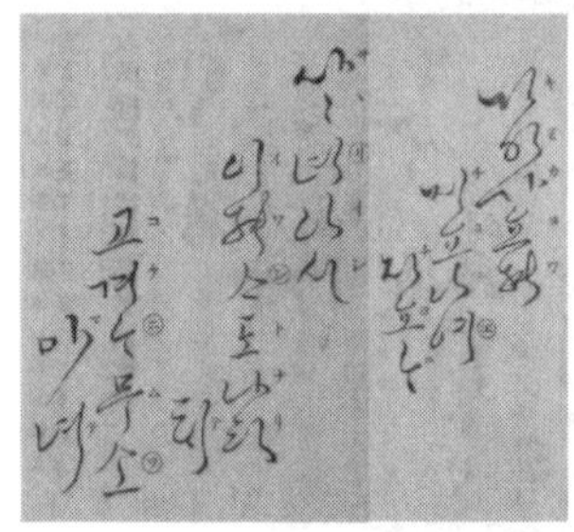

　　그리고 아래와 같은 설명 후에「今考定吏道諺文対照字音図」를
제시한다.

『훈몽자회』에 보이는 언문의 異体를 보태 쓰고, 또한 언문의 草体를 그 歌詞를 적은 한에서 취해 덧붙여 써서, 언문은 본디 吏道에서 나와서 조금 바뀐 것이라는 사실을 증명하고, 세상에 神代字라 하는 것은 韓国의 이두라는 사실을 증명해 변별하고자 図를 만드는 바 이와 같다.

〔155〕

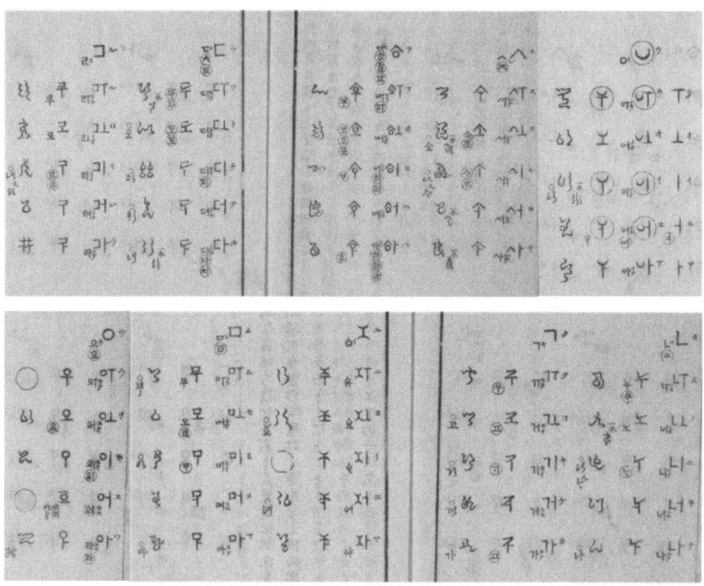

이「今考定吏道諺文対照字音図」에 대한 설명은 아래와 같다.

위 図에 적어 보인 바와 같이, 이두에 언문을 대조하여 보니, 언문은 세로의 字原인 ㅓ를 ㅕ로 하고, 가로의 자원은 ㅇ을 ㅇ로 하고, ㆁ을 ㅂ으로 하고, ㄷ을 ㄷ으로 하고, ㄱ을 ㄹ로 하고, ○을 으로 하고, 〔그 異体는 옆에 원 안에 적어 보인 바와 같다.〕 그 나머지는 완전히 서로 같다. 다만 첫머리에 ウオイエア의 1행이 있어야 하는데 빠져 있는 것으로 보여 이제 더해 적었다. 그 이유는 위에 말한 바와 같다. 이처럼 가로 행의 자원 이두의 음은 ウスフツルヌクユムウ인데 언문에는 イシヒチリニキイミウ의 음으로 했다. [이 자원을 대체적인 언문에 섞어 쓰는 것으로 보인다.] 그런데 언문의 글자를 조사하니, 이두의 ㅗㅜ(ユ) ㅗㅗ(ヨ) ㅗㅣ(イ) ㅗㅓ(エ) ㅗㅏ(ヤ)의 1행의 글자만 그 만들어짐이 몹시 다르다. [원편에 덧붙여 쓴 것을 대조하여 알 것이다.] 옛 이두와 지금의 언문의 차이는 대체로 이와 같을 것이다.

{ 156 }

결국 『가나본말』을 통해 伴信友가 말하고자 했던 것은 다음과 같이 요약할 수 있겠다.

첫째, 현재 일본에서 '神代文字'라고 칭해지고 있는 것은 신라시대 설총이 만든 "이두"가 일본에 전해져 남아있는 것이다.
둘째, 세종대왕이 창제한 한글은 이두의 변형이다.
셋째, 따라서 '神代文字'라고 하는 것들과 한글이 유사한 형태를 띠는 것은 당연하다.

伴信友는 '神代文字'의 존재를 강력히 부인하지만, 그 과정에서 한글의 역사를 왜곡했다는 점에서, 『훈몽자회』의 일부를 "보완" 수정하는 등의 방법과 '五十音図'의 틀 속에 한글을 끼워 맞추려는 시도 등을 통해 『훈몽자회』를 자신의 주장을 뒷받침하는 전거로서 이용하려 했던 平田篤胤와 결과적으로 크게 다르지 않다고 해야 할 것이다. 요컨대 한글이 "肥人書"의 위작이라고 하는 주장과 "이두"의 변형이라고 하는 주장은 '神代文字'의 유무를 가리는 데에 있어서는 정반대

244   일본인의 국어인식과 神代文字

의 결론 도출로 이어지지만, 그 논거 과정을 볼 때 伴信友와 平田篤胤는 공통된 인식에 기반을 두고 있었다는 추론이 가능한 것이다. 여기에서 공통된 인식이란 다음에 인용하는 伴信友의 언사를 통해 확인할 수 있다.

> 모든 외국인의 声音은 朦朧 雑曲하여, 皇国의 清朗 単直한 正音에 미치지 못하므로, 이두 언문의 字音을 정하는 데 있어서도 억지로 우리 음에 맞춘 것도 있겠으니 그 뜻은 미루어 깨달아야 한다. 〔157〕

이처럼 伴信友의 언어관은 本居宣長나 平田篤胤와 크게 다르지 않았다. 즉 伴信友가 비록 神이 지배하던 시절에 문자가 없었다는 사실을 주장하고는 있으나, "皇国"의 "正音"을 우월하게 인식하는 태도만큼은 일관되게 견지하고 있었던 것이다. 또한 한글에 대한 잘못된 이해를 바탕으로 자신의 주장을 합리화했다는 점에서는 종래의 韓語 연구자들의 성과를 전혀 계승하지 못했다는 공통점 역시 인정된다.

제6장

落合直澄(오치아이나오즈미)와 韓語

앞서 諦忍(1741-1813)을 비롯하여 平田篤胤(1776-1843) 그리고 伴信友(1773-1846)에 이르기까지 소위 '神代文字'의 존재를 주장했거나 부정한 학설들에 대해 고찰해왔다. 각 인물들의 저술 내용 및 주장의 배경 등을 살펴본 것이었는데, 이는 결과적으로 18-19세기를 통해 国学者들 사이에서 韓語가 어떻게 이해되고 논거로서 이용되었는가를 조명하는 것으로 이어졌다. 즉 '神代文字'가 존재한다는 주장 및 부정하는 입장 뒤에는 韓語와의 접촉이 배경으로서 영향을 미치고 있었다는 사실에 관해 논의했던 것이다.

여기에서는 이를 이어 메이지(明治)시대에 있어서의 '神代文字論'의 전개 양상을 살펴보고자 한다. 우선 메이지시대 문헌 가운데 落合直澄(1840-1891)의 『일본고대문자고(日本古代文字考, 니혼코다이모지코)』(1889, 메이지21)에 주목하고자 하는데, 그 이유는 먼저 『일본고대문자고』에 대해 平井(1948;p.37)[1]가 "메이지 이후 존재설 최고의 문헌"이라고 평가하고 있다는 점, 다음으로 후술하는 바와 같이 본서에 韓語에 대한 落合直澄의 견해가 상세히 기술되어 있다는 점 등을 들 수 있다.

이하 먼저 『일본고대문자고』의 구성 및 落合直澄가 주장하는 내용을 살펴보고, 나아가 '神代文字'의 존재를 주장하는 본서에 韓語가 제시된 이유 등에 대해 고찰해가기로 한다.

1. 『일본고대문자고』의 구성 및 내용

落合直澄는 에도막부 말기부터 메이지에 걸쳐 활약한 国学者로 알려져 있는데,[2] 平井(1948;pp.37-38)는 "直澄도 또한 神道家로서, 本宮, 出雲(이즈모)大社 등의 宮司가 되어 神宮(진구)教의 본부장으로서 각지에 포교를 행한 적도 있다"고 기술한다. 이를 통해서도 알 수 있듯이 落合直澄의 성과물에 관해 논의할 때는 神道와의 관련을 염두에 두어야 할 것이다.

『일본고대문자고』의 집필 목적 및 그 구체적인 내용에 대해서는 후술하기로 하고, 여기에서는 먼저 본서의 목차를 통해 전체적인 구성을 밝혀두기로 한다. 본서는 上·下 2권으로 이루어져 있으며 다음과 같이 전체 19章 편제를 취하고 있다. 이 가운데 제1장에서 12장까지는 上卷에 나머지는 下卷에 소수되어 있다.

---

1) 전게서.
2) 『일본인명대사전』 참조.

　落合直澄는 『일본고대문자고』를 통해 일본에 일찍이 ‘神代文字’가 존재했으며 현재 12종의 글자체가 남아있다고 주장한다. 여기에서 12종의 ‘神代文字’란 위 목차의 제3장에 제시한 「六行成字」에서부터 제14장에 제시한 「通用仮字」까지이다. 또한 현재의 카타카나는 “豊国(토요쿠니)字”와 “阿比留(아히루)字”에서, 그리고 히라가나는 “通用仮字”에서 유래한다는 “字源”을 밝히고 있다.

　여기에서 落合直澄가 말하는 “字源”이 무엇을 가리키는가를 먼저 확인해두기로 한다. 落合直澄는 일본의 “古字”는 “象形文字”와 “卜兆ノ図”에서 출자된다고 한다.[3] 그리고 ‘卜兆’는 ‘圓象中点’에서 시작된다고 한다. 여기에서 “圓象中点”이란 “☉”와 같은 형태를 말하

---

3)「我国ノ古字ハ象形文字ヲ除クノ外悉ク卜兆ノ図ヨリ出リ。」. 아울러 「緒言」에서 다음과 같이 언급한다.
　　본서에 실은 그 글자체는 12종이다. 이를 묶으면 卜兆字와 象形字의 2종에 그친다.(此書ニ載スル所其体十二種ナリ。之ヲ約レバト兆字象形字ノ二種ニ止マル。)

고, "이 그림에 종횡사선(縱橫斜ノ線)을 더해" 만들어지는 것이 "圓象入点" 즉 "⊛"이라고 한다. 이러한 방식으로 획 등을 추가하여 모든 "古字"의 글자체는 "七字源"을 벗어나지 않는다고 하는데 그 일곱 가지는 다음 그림과 같다.

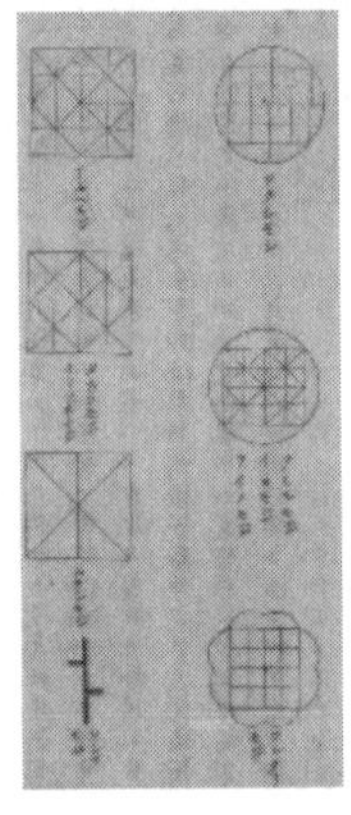

한편 『일본고대문자고』는 다음과 같은 「緒言」으로 시작된다.

예로부터 古字에 관한 설이 많다고 해도 『일문전(日文伝)』보다 뛰어난 것이 없다. 이제 『일문전』을 근거로 삼고 金石字 등을 증거로 들어 字源 字父母에서부터 字子 조직의 이치에 이르기까지 내 생각이 미치는 한 힘을 다하고자 한다.

위 인용문에서 "日文伝"이란 平田篤胤의 『신자일문전』을 가리키는 것으로, 落合直澄가 기술한 내용이 기본적으로 平田篤胤와 깊은 관련이 있음을 짐작케 한다. 그런데 여기에서 주목할 만한 것은 "字父母" "字子"와 같은 용어이다.

字源에서 字父母가 이루어지고 字父母에서 字子가 생겨나 五十音図를 이루는 이치에 있어서는 모든 글자체가 동일하다. 다만 対馬字와 齊部字만이 字源이 있는데 字父母가 없다. 또한 豊国字는 象形字이므로 이 부류가 아니다.

위 인용문에 보이는 "字父母"는 平田篤胤도 역시 사용했던 용어인데, 오늘날의 子音·母音과 같은 개념의 것으로 생각된다. 이는 다음에 제시하는 제1장의 「伝記諸説」 모두 부분의 언사를 통해서도 유추할 수 있다.

　무릇 글자를 만드는 자가 천연의 음운에 의거하지 않는 바가 없다는 것은 만국이 동일하다. 오직 중국에서는 일마다 물건마다 글자를 만들어 그 수가 수 만개에 이르고 그 글자체가 수 만개에 이르러 아직 모든 것을 망라한 字書가 없다고 한다.

　즉 "천연의 음운"이란 音声을 의미하는 것으로 보이고, 이를 "父"와 "母"로 나누는 이상에는 子音·母音 이외에는 상정하기 어렵기 때문이다. 또한 다음에 제시하는 표는 「訂正諺文図」의 일부인데 이를 보더라도 "字父母"란 자음과 모음을 가리키는 것으로 보아야 할 것이다.

<table>
<tr><td rowspan="2">訂正諺文図</td><td colspan="9" align="center">正 音</td></tr>
<tr><td>父
母</td><td>ク
ㄱ
ヨツク
役</td><td>ヌ
ㄴ
ウンヌ
隠</td><td>ツ
ㄷ
クツ
末</td><td>ル
ㄹ
ウル
乙</td><td>ム
ㅁ
オム
音</td><td>フ
ㅎ
ウツフ
邑</td><td>ス
ㅅ
オズ
衣</td><td>ウ グ
○
ハイング
凝</td></tr>
<tr><td rowspan="3">高長音</td><td>ア ー
ㅏ</td><td>カ ー
가</td><td>ナ ー
나</td><td>タ ー
다</td><td>ラ ー
라</td><td>マ ー
마</td><td>ハ ー
하</td><td>サ ー
사</td><td>ア ー 아
ガ ー</td></tr>
<tr><td>ウ ー
ㅜ</td><td>ク ー
구</td><td>ヌ ー
누</td><td>ツ ー
두</td><td>ル ー
루</td><td>ム ー
무</td><td>フ ー
후</td><td>ス ー
수</td><td>ウ ー 우
グ ー</td></tr>
<tr><td>オ ー
ㅓ</td><td>コ ー
거</td><td>ノ ー
너</td><td>ト ー
더</td><td>ロ ー
러</td><td>モ ー
머</td><td>ヒ ー
히</td><td>ソ ー
서</td><td>オ ー 어
ゴ ー</td></tr>
</table>

	ア ㅏ	カ 가	ナ 나	タ 다	ラ 라	マ 마	ハ 하	サ 사	ア゜ガ
低短音	イ ㅣ	キ 기	ニ 니	チ 디	リ 리	ミ 미	ヒ 히	シ 시	イ이ギ
	ウ ㅡ	ク 그	ヌ 느	ツ 드	ル 르	ム 므	フ 흐	ス 스	ウ゜グ
	オ ㅗ	コ 고	ノ 노	ト 도	ロ 로	モ 모	ホ 호	ソ 소	オ오ゴ

이처럼 落合直澄는 음절문자인 일본어의 가나로는 시각화할 수 없는 "字父母" 즉 자음·모음의 분리를 전제로 논의를 시작하고 있는 것이다.

이제 여기에서는 다소 길기는 하지만 위 인용문에 이어지는 다음 기술을 통해 『일본고대문자고』의 집필 동기 등에 대해 살펴두기로 한다.

> 우리나라(일본)는 아시아의 동쪽에 있어 중국과의 관계가 가장 크고 이익을 얻는 바가 가장 크다. 그렇지만 우리나라 고유의 간이한 문자를 버리고 역사와 그밖에 모두 번잡한 漢字를 가지고 이를 적어 사람들의 지혜를 퇴축시킨바 또한 적지 않다. 이제 그 폐단을 고치려 해도 어찌 할 수도 없다. 그리고 근래에 우리나라 사람들이 각국의 학술을 연구하는 사람이 매우 많다고 해도 우리 古字와 같은 것에 이르러서는 제쳐두고 논하지 않는 것과 마찬가지다. 그런데 요사이 청나라의 沈文熒은 『일본신자고(日本神字考)』를 저술하여 우리나라의 古字를 가지고 모두 중국의 古字에 부회하여 그 해석을 내렸다. 영국인 챔벌린도 또한 우리 古字에 관해 논하여 결국에는 上古시대에 文字가 없다는 결론을 내렸다. 그렇지만 때때로 여러 지방에서 異体의

문자가 나오는 일이 있어 세상 학자들이 반신반의하지 않을 수 없다. 내가 생각건대 上古에 文字가 없다고 하는 설은 매우 부당하다. 왜냐하면 陸奧(미치노쿠)[4]에 南部曆이라고 칭하는 것이 있다. 異体의 여러 글자와 물체에 획을 삽입하여 무지한 인민에게 날짜를 알게 한다. 세간에서 이를 장님력(盲目(メクラ)曆)이라고 한다. 芝浦漁人 문자도 이 부류의 것인가. 『안자이총서(安斎叢書)』에 보인다. 常陸(히타치)[5] 久慈(쿠지)郡 安寺持方(アテラモチカタ) 마을은 깊은 계곡 사이에 있다. 天明(텐메이)[6] 시기에 불과 10호로 사람들이 질박하고 세상사와 통하지 않는 사람이 많다. 그렇지만 방원 또는 종횡 선으로 이루어진 여러 글자가 있어서 조세 등을 틀리는 일이 없다고 한다. 세간에서 이를 장님장(盲目(メクラ)帳)이라고 한다. 태고에 있어서는 점을 치는 사람이 가장 지식이 있는 사람일 것이다. 그렇다. 우리 上古의 문자를 생각건대 卜兆字는 스스로 심원한 이치를 갖추었지만 象形字에 이르러서는 아이의 놀이일 뿐. 중국의 문자도 또한 그러하다. 말이나 사슴을 보고서는 그 모습을 그리고 달과 해를 보고서는 그 모습을 적는 것에 불과하다. 후세에 이르러 잠시 漢字를 귀중히 여겨 필법을 논하고 서체를 논하는 것은 만든 사람이 뜻하지 않은 바일 것이다. 문자를 만드는 것은 이처럼 쉽다. 아무리 인민이 몽매하다 해도 위로 천자가 있고 아래로 만민이 있다. 천세에 이르는 치세에 어찌 문자가 없을 리가 있겠는가.

위 인용문의 주된 논점은 크게 둘로 대별된다. 첫 번째는 〈漢字를 빌려 사용하는 것의 부당함〉이고, 두 번째는 〈일본 고유의 문자가 태

---

4) 陸奧(미치노쿠)는 磐城(이와키), 岩代(이와시로), 陸前(리쿠젠), 陸中(리쿠추), 陸奧(무쓰) 다섯 지방의 옛 이름이다.
5) 常陸(히타치)는 옛 지역 명으로, 현재의 茨城(이바라키)현 북동부에 해당한다.
6) 天明(텐메이)는 에도시대 일본의 연호로 기간은 1781-1789년.

고로부터 존재했다〉는 주장이다. 이 가운데 첫 번째 漢字 차용과 관련한 주장은 앞서 살펴본 바와 같이 平田篤胤 및 前島密가 漢字 사용을 비판한 것과 같은 맥락으로 볼 수 있다는 점에서 주목할 만하다.[7]

다음으로 선행하는 연구 즉 沈文熒과 챔벌린의 '神代文字' 비존재 주장의 부당함을 주장하는데 있어서는, 다시 말해 〈일본 고유의 문자가 태고로부터 존재했다〉는 주장과 관련해서는 세 가지 논거를 제시한다. 먼저 여러 지방에서 異体字가 다수 발견되고 있다는 점, 그리고 지방에 따라서는 무지한 인민들이 사용해온 문자가 일찍부터 존재한다는 점, 마지막으로 天皇 치세의 일본에 누구나 쉽게 만들어 쓸 수 있는 문자가 예로부터 없었다는 것은 있을 수 없는 일이라는 점이 그것이다.

이러한 언사들을 종합해보면 『일본고대문자고』의 집필 동기 및 落合直澄의 학문적 태도를 확인할 수 있는데, 즉 그의 주장은 과학적 근거에서 출발한 귀납적 결론이 아니라 논리적 개연성에 기대어 '神代文字'의 존재를 합리화하려는 연역적 발상에서 도출된 것이며, 이 역시도 花岡安見(1902)가 말하는 '애국담'의 영역을 벗어나지 않는다고 할 것이다.[8] 이는 諦忍 이하 平田篤胤에 이르기까지 일관되게 견지되어왔던 자세라고 할 수 있으며, 아울러 '神道'와의 관련성 역시 상정되는 부분이다.

---

7) 平田篤胤는 『고사징』에서 漢字 사용의 폐해에 관해 기술하고 있으며, 前島(마에지마) 역시 漢字를 폐지할 것을 「漢字御廢止之議」를 통해 건의했다.

8) 앞서도 언급했듯이 花岡安見는 『国語学研究史』에서 平田篤胤가 주장하는 神代文字 존재설에 대해 "篤胤의 설에는 학리 상 어떠한 가치도 인정할 수 없고, 단지 国字가 없는 것을 일국의 치욕으로 여기고 변론한 하나의 애국담에 지나지 않는다.(p.15)"는 평가를 내린다.

2. 落合直澄와 韓語

그렇다면 落合直澄는 韓語를 어떻게 이해하고 있었고 또 어떠한 필요에서 『일본고대문자고』에 「朝鮮諺文」이라는 장을 별도로 마련했던 것일까. 韓語를 제시한 이유에 대한 落合直澄 자신의 명확한 언급이 없기 때문에 추정에 그치지만, 아마도 이 역시 諦忍 이하 平田篤胤에 이르기까지 일관되게 韓語와 관련된 언급이 반복되고 있다는 사실과 무관하지 않을 것이다. 즉 그들이 제시한 '神代文字'와 한글과의 형태적 유사성이 韓語에 대한 논의를 피할 수 없도록 한 결정적 계기가 된 것으로 생각된다.

이하 落合直澄의 언사를 좇아 살펴보기로 한다. 「朝鮮諺文」은 크게 다섯 가지 내용으로 구성되어있다. 「諺文三説」「언문은 일본에서 전해졌다(諺文ハ日本ヨリ伝フ)」「아히루자는 언문 이전에 있었다(阿比留字ハ諺文ノ前ニアリ)」「朝鮮活語」 그리고 앞서 제시했던 「訂正諺文図」이다. 「訂正諺文図」의 상단 여백에는 몇 가지 항목에 걸쳐 주석 형태의 가필이 있다.

먼저 「諺文三説」을 살펴보기로 하는데, 이는 한글 성립의 기원에 관한 기술이다.

朝鮮語学士 鮎貝房之進(아유카이후사노신)이 말하길 諺文의 기원에 대해 朝鮮에 세 가지 설이 있다. 첫 번째로 이르길 언문은 이두(吏道, リト)에서 나왔다고 한다. 이두는 신라 31대 神文王 때 漢字의 偏과 傍을 취해 만든 것이라고 한다. 두 번째로 이르길 梵字에 의해 만들었다고 한다. 세 번째로 이르길 예로부터 国字가 있었지만 한 때 폐

절되었던 것을 世宗 때에 수식을 더해 다시 용법을 정했다고 한다. 이러한 설을 주장하는 것은 옛 기물 등에 남아있는 것을 가지고 증거로 삼는다고 한다.

위 인용문의 鮎貝房之進(1864-1946)은 한국 고대의 지명 등에 대한 고증과 민속학적 연구를 수행한 언어학자·역사학자로 알려져 있는데,9) 『일본고대문자고』를 통해 鮎貝(아유카이)의 이름이 여러 곳에 등장하여 落合直澄 자신의 논거로 삼는 경우가 많다.

이제 다음으로 "언문은 일본에서 전해졌다"고 하는 자극적인 제하의 내용을 살펴보기로 한다.

薩摩(사쓰마) 사람인 관리 아무개가 오랫동안 조선에 체류했었다. 이르길 諺文은 일본에서 전해졌다고 한다. 조선에 그러한 설이 있다고 한다. 鮎貝씨가 이르길 나는 아직 이러한 설을 듣지 못했지만 조선에서 日本語学館을 설치하여 日本語를 배운 것은 확실하다.

위에 인용한 바와 같이 이러한 주장은 그 "鮎貝房之進" 조차도 인정하지 않는 것인데, 落合直澄가 韓語에 대해 어떠한 주장을 펼칠지에 대한 기본 입장을 엿볼 수 있다는 점에서 주목된다. 그리고 이에 이어 "아히루자는 언문 이전에 있었다"는 주장을 펼친다.

이처럼 諺文에 대해서는 여러 종류의 설이 있지만 문자조직을 가지고 생각하니 아히루자(阿比留字)와 그 처음에 이처럼 동일한 것이

---

9) 「ウィキペディア」 참조.

라는 점은 의심할 바 없다. 『일본서기』私記의 肥人書에 관한 설은 이미 2천년 이상이라고 한다. 이밖에 下野(시모쓰케) 赤麻(아카마)마을의 옛 비석의 글자 및 神田孝平(칸다타카히라)[10]씨의 石劍 머리의 古字 등도 모두 천년 이상의 옛 것이다. 그러므로 諺文을 日本에서 전해진 것이라고 하는 것도 이치에 어긋나지 않는다.

여기에서 落合直澄가 말하는 "아히루자"를 아래에 제시하기로 한다.

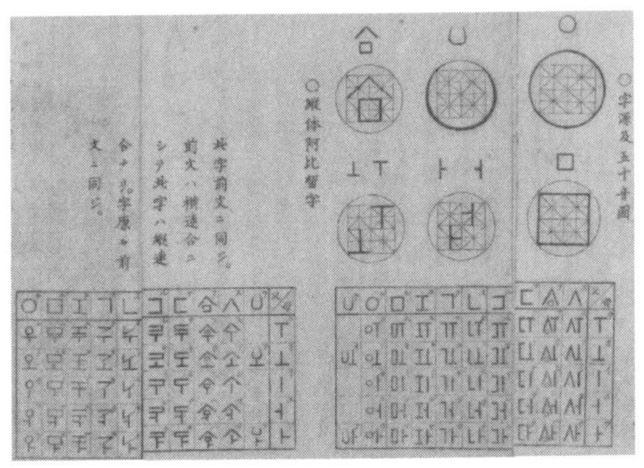

위 그림에서 볼 수 있듯이 "아히루자"란 平田篤胤가 제시한 "히후미(日文)"를 五十音図의 틀 속에 재배치한 것에 불과한데, 역시 핵심은 오십음도가 가지고 있는 行과 段의 구조 즉 자음과 모음을 분리하여 좌표로 제시하는 체계라고 할 것이다. 자음과 모음의 분리는 오십음도의 기본적인 목표이며, "히후미(日文)"와 한글 역시 그 분리가 가능하다고 할 때, 음절문자인 가나와는 다른 음소문자에 대한 일종의 동경이 이러한 형태로 발현된 것이 아닌가 생각된다. 다만 이 또

---

10) 神田孝平(1830-1898)는 서양의 학문을 한 학자로 관료이기도 하다. 저서로 『経世余論』, 번역서로 『経済子学』이 있다.(『일본인명사전 참조』)

한 平田篤胤의 연장선상에 선 시도라고 할 것이다.

그런데 한글의 시스템을 五十音図의 틀 속에서 이해하고자 하는 시도는 사실 이전부터 있어왔다. 예컨대 行智는 『언문고』(1819)에서 다음과 같이 제시한다.

	ラ ㄹ	ヤ ㅇ	マ ㅁ	ハ ㅎ	ナ ㄴ	ツア ㅈ	タ ㄷ	サ ㅅ	カ ㄱ	ア ㅇ	
ワ 와	ラ 라	야	マ 마	ハ 하	ナ 나	ツア 자	タ 다	サ 사	カ 가	ア 아	ア ㅏ
이.	リ 리	이	ミ 미	ヒ 히	ニ 니	チ 지	タイ 디	シ 시	キ 기	イ 이	イ ㅣ
우	ル 루	유	ム 무	フ 후	ヌ 누	ツ 주	トウ 두	ス 수	ク 구	ウ 우	ウ ㅜ
어	レ 러	여	メ 머	ヘ 허	子 너	ツエ 저	テ 더	セ 서	ケ 거	エ 어	エ ㅓ
오	ロ 로	요	メ 모	ホ 호	ノ 노	ツオ 조	ト 도	ソ 소	コ 고	オ 오	オ ㅗ

앞서 보인 "阿比留字"의 도표와 매우 유사한 모습이지만, 行智는 "生音成字の図"라고 해서 한글의 구성 원리를 표로 제시한 후 "어리석은 자에게 도움을 주려"는 목적에서 한글을 "일본의 五十音에 배치"하여 기재했다는 점에서 확연하게 다르다고 해야 할 것이다. 이처럼 일종의 방편으로서 오십음도의 틀 속에서 한글을 이해하고자 했던 시도들이 "아히루자" 즉 '神代文字'의 시스템을 설명하는 원리로서도 이용되기에 이르렀던 것으로 보인다.

다음으로 落合直澄의 韓語 이해의 수준을 가늠하기 위해 「朝鮮活語」의 언사를 살펴보기로 한다.

朝鮮에 活語가 있다. 助辞가 있고 호응이 있고 과거 현재 미래가 있다. 우리나라의 歌文과 마찬가지라고 한다. 諺文에는 阿比留字의 草体와 같은 초서체가 없다. 단지 언문을 흘려 쓰는 것이다. 漢字의 행서체와 같다. 우리나라(일본)의 古字에는 ㄷ(ツ)丁(ウ) 등과 같은 字母를 바로 문장에 사용하는 일이 있지만 諺文에서는 字母를 바로 문장에 사용하는 일이 없다. 鮎貝씨의 설을 들어 이제 새로이 그림 하나를 만들어 訂正諺文図라고 명명했다.

위 기사를 통해 "訂正諺文図" 제작의 배경을 확인할 수 있다. 또한 여기에서 서체의 문제를 언급하는 것은 역시 平田篤胤와의 관련을 상정할 수밖에 없다. 즉 앞서 밝힌 바와 같이 平田篤胤는 한글에 흘림체가 없다는 이유에서 "肥人書"와 한글을 별개의 것으로 취급하고 있는 것이다.

한편「訂正諺文図」가운데는 다음과 같은 내용도 포함된다.

父／母	激切音				濁音		
	ク′ ㅋ	ツ′ ㅌ	フ′ ㅍ	ス′ ㅊ	ブ ㅂ	ズ ㅈ	グ
ア ー ㅏ	カ′ー 카	タ′ー 타	ハ′ー 파	サ′ー 차	バー 바	ザー 자	ガー 아
ウ ー ㅜ	ク′ー 쿠	ツ′ー 투	フ′ー 푸	ス′ー 추	ブー 부	ズー 주	グー 우
オ ー ㅓ	コ′ー 키	ト′ー 터	ホ′ー 퍼	ソ′ー 처	ボー 보	ゾー 저	ゴー 어
ア 丶	カ′ ㅋ	タ′ ㅌ	ハ′ ㅍ	サ′ ㅊ	バ ㅂ	ザ ㅈ	ガ ㆁ
イ ー ㅣ	キ′ 키	チ′ 티	ヒ′ 피	シ′ 치	ビ 비	ジ 지	ギ 이
ウ ー ㅡ	ク′ 큐	ツ′ 트	フ′ 프	ス′ 츠	ブ 브	ズ 즈	グ 으
オ ー ㅗ	コ′ 코	ト′ 토	ホ′ 포	ソ′ 초	ボ 보	ゾ 조	ゴ 오

위 표에는 "激切音"과 "濁音"이 제시되어 있는데, 일본어에서 음운으로 존재하지 않는 유기음을 가나로 표기하는 방식에 대해 고심한 흔적이 보인다. 落合直澄는 "激切音은 우리나라의 半濁音에 가깝다. 濁音은 우리나라의 濁音에 가깝다"고 하면서도 "激切音"에 "ス ｀ "와 같이 현재 통용되지 않는 부호를 사용하고 있는 것이다. 이러한 시도는 雨森芳洲의 '三濁点'과 맥락을 같이하는 것으로 보인다.11) 이와 같은 표기법 상의 고안은 Ⅲ.에서 살펴본 바와 같이 한글을 가나로 치환하여 이해하고자 했던 18-19세기 日字音 연구자들의 방식을 그대로 답습하고 있다고 해야 할 것이다.

다음으로 주목할 만한 기사는 『훈몽자회』에 대한 언급이다.

○을 加行 半濁의 鼻音으로 한다.『훈몽자회』를 보니 처음에 ○ㆁ 두 字母를 만들었다. 후세에 혼동되어 ㅇ으로 만들어 항상 グ라고 부른다. 그렇지만 清雅(ショグア, 청아)와 같은 것은 ㅇ을 阿行의 字母로 했으므로 지금도 阿行의 字母이다.

平田篤胤가 그러했듯이 落合直澄 역시 『훈몽자회』에 의존하여 韓語를 이해하는 수준에서 벗어나지 못하고 있다고 할 것이다. 앞서 언급한 한글을 가나로 치환하는 문제와 『훈몽자회』에 의거한 韓語 이해의 태도는 다음 기술을 통해서도 확인할 수 있다.

古代 諺文의 독법을 알게 하기 위해 그 字母에 漢字를 대는데 ㄱ其

---

11) 雨森芳洲가 『전일도인』에서 도입한 '三濁点'에 대해서는 閔丙燦(2003)「『全一道人』에 있어서의 「-ㅔ」의 仮名 転写에 대한 考察」(『日本學報』57輯1券)에서 논의했다.

役(キヨツク) ㄴ尼隠(ニウンヌ)과 같다. ㄱ을 キ라고도 ク라고도 ㄴ을
ㄴ라고도 ヌ라고도 부르는 이유를 알린 것이리라. 지금의 조선인은
キヨツク ニウンヌ이라고 부르는 것은 무엇인지 모른다고 한다.
〈중략〉 ㄷ末(クツ) ㅅ衣(オズ) 갇笠(カツ) 등의 末 衣 笠 곁의 소리는
조선의 詞로서 우리나라의 소위 訓이다.

이제 마지막으로 '終声音'에 관한 기사를 살펴보기로 한다.

　　終声音 가운데 ㄴ을 ン이라고 부르는 것은 잘못이다. 우리나라에
서도 難丹(ナンタン)과 같은 부류를 옛날에는 ナニ タニ 등과 같은
仮字로 사용했던 것과 같다. 우리나라의 ン字는 ㄴ字에서 나온 것일
것이다.

위 내용은 얼핏 가타카나 'ン'이 한글 'ㄴ'에서 출자된 것으로 기술
하고 있는 것으로 보인다. 그러나 사실은 'ㄴ'을 이미 "아히루자"라고
확신하고 있는 落合直澄로서는 이 역시도 "언문은 일본에서 전해졌
다"고 하는 그리고 "아히루자는 언문 이전에 있었다"는 주장을 뒷받
침하는 논거 가운데 하나에 지나지 않는 것이다. 다시 말하면 'ン'과
'ㄴ'의 관계에 관한 기술은 일본어의 카타카나는 "아히루자" 곧 '神代
文字'에서 출자된 것이라는 주장을 되풀이한 것에 불과하다. 이러한
논법은 〈한글이 이두에서 만들어졌으며 이두가 전해져 남아있는 것
이 '神代文字'이므로, 한글보다 '神代文字'가 먼저 만들어졌다〉는 伴
信友와도 맥락을 같이 한다.
이상 『일본고대문자고』에 기술된 落合直澄의 언사를 중심으로 그

주장하는 바를 살펴보았는데, 비록 平井는 『일본고대문자고』를 "메이지 이후 존재설 최고의 문헌"이라고 평가하고 있지만, 결국 平田篤胤의 祖述에 불과하며, 韓語에 대한 이해 역시 당대의 연구 수준과는 현격한 차이를 보인다는 점에서 『일본고대문자고』는 '神代文字' 존재론의 학문적 한계를 노정한 결과물로 자리매김해야 할 것이다. 이제 남은 과제는 落合直澄 이후 메이지시대와 타이쇼(大正)시대를 거치면서 '神代文字論'이라고 하는 "애국담"이 시대적 상황과 맞물려 어떠한 전개를 보이는가를 밝히는 것이다.

제7장

木村鷹太郎의 애국담

이상 살펴본 바와 같이 '神代文字'가 존재한다는 주장은 애국주의적 문자론으로 변모하여 그 과정에서 한글의 역사까지 왜곡하는 방식으로 확대 전개되었는데, 앞선 Ⅱ.에서도 언급한 바와 같이 『세계적 연구에 기초한 일본태고사』(1911)[1]에서 언어학자가 가져야할 "애국심"을 강조하는 木村鷹太郎는 한편으로 「신대에 문자가 있었다」는 절을 마련하여 다음과 같이 주장한다.

상고 시절에 문자가 있었는지 없었는지, 『고어습유』에 이르길 「상고 시절에는 문자가 아직 없어 귀천 노소 모두 입에서 입으로 서로 전했다, 앞서 말이 오가서 알아 잊지 않는다」라 한다. 이것이 神代文字가 없었다고 주장하는 사람이 근거로 삼는 바이다. 그렇지만 나의 새로운 연구를 갖고 보면 『고어습유』의 이러한 말은 취할 바가 못

---

1) 전게서.

되는 것으로, 神代에 확실히 문자가 있었다.

나는 지금 여기에서 하나하나 문자 역사를 논하는 것을 생략하고 간단하게 처리하고자 한다.

『고어습유』는 神代文字가 없다고 하는 주장인데, 또 한편으로는 神代文字가 있어서 日文(ひぶみ), 天名地鎭(あないち), 秀眞(ほづま)와 같은 3체가 있었다 하고 다양한 허구의 위작 문자를 배열한 것이 있다. 이제 그 문자들을 보니 명백히 후대의 위작으로서 결코 고대의 것이라 생각되지 않는다.

그렇다고는 해도 日文, 天名地鎭, 秀眞와 같은 3체의 문자가 있었던 것은 사실로서, 그 진짜는 현재도 문서로서 존재하며, 지금도 세계에 전해지고, 또한 그들 자체(字体)로부터 서양 제국의 문자 및 일본의 카타카나를 발생시켰다는 것은 내가 이번에 발견한 바로서, 그 소위 3체의 神代文字라고 하는 것은 오늘날 중등교육을 받아 만일 스윙턴의 만국사를 읽은 자가 눈으로 보는 바로서, 그 책을 가진 사람은 이들 3체의 神代文字를 소장한 사람이라 할 것이다.

日文(ひぶみ) ─ 라는 문자는 곧 Hebrew(ヒブリウ) (Hebrim(ヒブリム)) 문자이다. 「ヒブリム」에서 「r」음을 탈락시키면 「ヒブム」가 되고 「ヒブミ」라는 것은 명료한 것이다.

天名地鎭(あないち) ─ 라는 것은 「고대희랍자」 즉 Anti-Greek(アンチグリーク)문자로서, 그 「アンチ」(古代)의 발음이 「アナイチ」와 같이 변화한 것이 이것이다.

秀眞(ほずま) ─ 라는 것은 Phoenicia(ホエニシア)문자로서, 그 자국 문자가 훌륭한 것을 형용하여 Kosma(コスマ)라 하고, 「コスマ」가 변화하여 「ホズマ」로 된 것으로 이것이 秀眞文字일 것이다.

나의 중학교육 ─ 그 교과서였던 스윙턴의 만국사에 매우 감사한다. 나의 가타가나 기원에 대한 발견은 실로 스윙턴씨의 만국사에 의거한 것이기 때문이다.

　설명은 많을 필요가 없다, 사실은 스스로 자신을 증명한다. 바라기는 존경해 마지않는 스윙턴씨의 만국사 제47항을 펼쳐라, 여기에 일본에 전해지고 있는 3체의 문자는 표가 되어 내 눈앞에 명백하다. 이는 결코 후대 사람의 위작이 아니고 세계의 사실로서 몇 천 년 동안 전해져 온 문자인 것이다.

　실로 이것이 神代 이래의 문자라는 것은 세계의 학자들이 모두 승인하는 바이며, 또한 세계 역사가 보이는 바로서, 일본에 소위 神代의 3체 문자이다. 그러므로 나는 단언한다, 神代文字가 있다고.

위 인용문에서 보듯 "명백히 후대의 위작"이라고 하면서도 '神代文字'가 있었다고 "단언"하는 木村鷹太郎는 "설명은 많을 필요가 없다"고 하여 더 이상의 언급을 하지 않는다. 그러면서 平田篤胤가 그러했듯이 '문자론'으로 시선을 돌린다. 아래 인용하는 것은 「일본문자개량(로마자)가에게 한마디 한다」는 제하의 언사다.

　중국 문자는 본디 일본에서 배척해야만 한다. 로마자는 본디 나쁜 문자가 아니라 해도 나는 오히려 가나주의를 취한다. 이는 실용상 가장 편리한 문자이기 때문이다. 그렇기 때문에 우리 선조는 모음자 자음자가 있는 神代의 3체 문자를 가지고 있으면서도 그대로 이를 사용하지 않고 오늘날의 가나라고 하는 것을 제작했던 것이다. 이는 실용에 있어 하나하나 모음 자음을 조합하는 것은 실용상 불편하기 때문일 것이다. 중국 문자는 나쁜 문자이다, 언어의 발달을 방해하고 古語의 의의를 혼란시키고, 학습에 불편함은 말할 것도 없고, 특히 이번 나의 연구는 중국 문자가 우리 언어 우리 역사에 커다란 해와 독을 미쳤음을 통절히 느끼게 하는 것이다. 고로 나는 하루라도 빨리 중국 문자를 실용상에서 배척하고, 로마자보다도 가장 편리하며 우리 민족의 선조가 로마자 조직을 가진 문자가 있으면서도 이를 불편하다 하여 따로 만들어낸 가나문자의 사용을 주장하는 바이다. 감히 문자개량론자 특히 로마자주의 사람들의 참고로서 바친다.

이처럼 애국적 관점에서 일본 역사에 "해와 독"을 끼친 "중국 문자" 즉 漢字를 배척하고 한편으로는 '神代文字'의 존재를 인정한 木村鷹太郎가 현실의 문제 즉 '国語国字問題'와 관련해서는 "실용"적 측면에서 "가나주의" 채택을 지지했다는 사실은 주의가 필요하다. 또한 神代文字를 "로마자 조직" 즉 자음과 모음이 분리되는 음소문자로 단정하고 이를 보다 "편리"하게 만든 것이 "가나문자"라고 한 점 역시 주목된다. 결국 음절문자인 가나가 가장 빼어나다는 주장을 하기 위해 가나가 만들어진 경위 즉 漢字를 변형시켜 만들어진 것이 가나라고 하는 자국 문자의 역사까지 왜곡하기에 이른 것이다. 자국어 우월주의는 이렇게까지 확장되어간다. 이제 남은 과제는 이후 '国語国字問題'가 어떠한 양상을 띠며 전개되었는가를 밝히는 문제로 귀결된다.

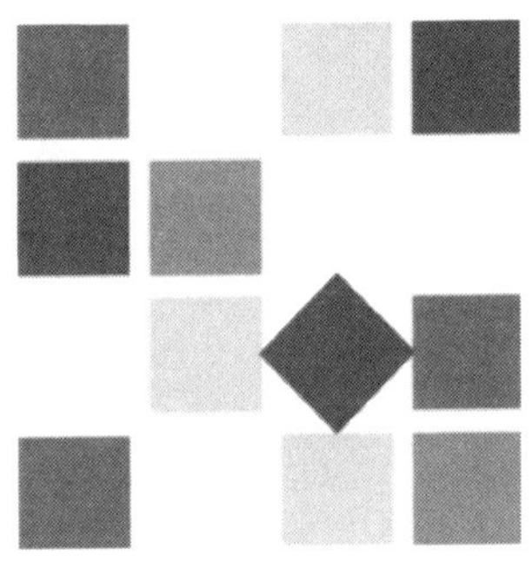

V.
'国語' 문제

제1장

'국어'와 공용어

일반적인 의미에서 '국어(national language)'란 해당 국가의 역사와 문화 그리고 민족을 대표하는 언어를 가리키며, 이는 '국가어'라는 용어로 옮겨지곤 한다. 따라서 한국어, 일본어, 영어, 중국어라고 불리는 언어들은 각각 그 국가를 대표하는 하나의 '국어'이다. 다만 영연방 제국과 미국의 국어가 영어라는 점을 볼 때 하나의 국어가 하나의 국가에만 한정되는 것은 아니다. 프랑스어의 경우 아프리카에 위치한 16개국에서 국어로 쓰인다.

그런데 국어와 유사한 개념을 가진 용어로서 '표준어(standard language)' '공용어(official language)' '공통어(common language)'가 있다. 표준어에 대해서는 후술하기로 하고 먼저 공용어에 대해 살펴보면, 공용어란 행정을 비롯한 공적인 상황에서 그 사용이 인정된 언어를 가리킨다고 할 수 있다. 캐나다에서는 영어와 불어 두 언어가 공용어로 사용된다는 점에서 알 수 있듯이 공용어 역시 하나의 국가에 하나만이 있는 것은 아니다.

한편 공통어란 다른 언어나 방언을 사용하는 집단 사이에 커뮤니케이션을 위해 설정한 언어이다. 여기에는 국제공통어나 다국민공통어, 지방공통어 뿐만 아니라 피진(pidgin)과 같은 혼합어와 인공적으로 만든 에스페란토도 포함된다.

일본의 경우 국어로서의 일본어가 존재하며, 행정 등에 있어서 공적인 사용이 인정된 공용어 또한 일본어이다. 따라서 일본에 존재하는 언어는 일본어 하나뿐이라고 해도 좋을 것 같다. 그러나 하나의 일본어라고 해도 그 실체는 결코 단순하지 않다. 우선 공간적으로 보면 지역적인 차이가 있다. 언어의 지리적 변종 즉 방언(dialect)으로 나누자면 칸사이(関西)방언, 토호쿠(東北)방언, 나고야(名古屋)방언 등과 같이 지역에 따라 특색을 보인다.

다음으로 시간적으로 보면 모든 언어는 그 나름의 역사를 지니고 복잡한 변천을 거쳐 현재에 이르고 있다. 일본어는 문헌시대에 들어서도 천 수 백년을 지났지만 각 시대에 따라 조금씩 다른 모습을 보이면서 현재까지 이어지고 있는 것이다. 게다가 각 시대마다 역시 방언이 있었다.

또한 특정한 시대의 어떤 언어 사회를 살펴보더라도 다양성이 인정된다. 남자가 있는가 하면 여자가 있다. 다양한 연령층의 사람들이 있다. 다양한 직업을 가진 사람이 있고 교양의 수준 역시 각기 다르다. 더구나 사회적으로는 사회적 경제적인 계층이 있다. 이와 같은 성별, 연령, 직업, 교양, 계층의 다름에 따라 언어에 차이가 보인다. 덧붙여 말하자면 음성언어와 문자언어의 차이도 있다. 그리고 대화의 상대방이 누군가에 따라 다른 말투를 사용하는 것은 일상적으로 경험하는 일인데, 이처럼 격식을 차린 말과 그렇지 않은 말 사이에도 차이가 있다.

제2장

표준어의 제정과 의미

이상과 같이 하나의 언어로서 '일본어'라고 하더라도 그것은 공간적, 시간적, 사회적으로 다양한 모습을 지니고 있으므로 일본어는 단일하지 않다고 해야 마땅할 듯싶다. 요컨대 다양한 모습을 가진 전체를 통 털어 일본어라고 부르고 있는 것에 불과한 것이다.

그러나 한편으로는 현재 시점에서 이러한 다양성의 토대가 되는 일본어, 또는 규범으로서 올바르다고 인정되는 하나로서의 일본어가 존재한다는 것도 분명하다. 이것이 바로 '표준어'로서의 일본어인데, 문법, 어휘, 음운 등 모든 면에 있어서 규범적 통일성을 가지며 공문서, 문학, 교육, 신문, 방송 등에 사용된다. 또한 외국인에 대한 일본어교육 역시 표준어를 통해 이루어진다.

일본에서 표준어라는 용어를 명확하게 규정하고 그 제정이 적극적으로 주장된 것은 메이지시대로 거슬러 올라가야 한다. 上田万年(우에다카즈토시, 1867-1937)는 1895(메이지 28)년 「표준어에 대하여(標準語

に就きて)」라는 논고에서 근대국가 일본에 통일적인 언어가 확립되어야 한다는 입장에서 "전국의 모든 장소에서 대개의 사람들이 이해할 수 있는 효력을 갖춘" "한 나라 안에 규범으로서 사용되는 언어"인 '표준어'를 제정할 것을 주장한 것이다. 그리고 上田万年는 다음과 같이 언급한다.

나는 이 점에 대해서는 현재의 토쿄(東京)어가 언젠가 그 명예를 향유할 자격을 갖춘 것이라고 확신한다. 〈중략〉 내가 말하는 토쿄어란 교육을 받은 토쿄 사람이 말하는 말을 가리키는 것이다.

요컨대 옛 정치 중심지였던 쿄토(京都)를 중심으로 한 쿄토어와의 대립 또는 경쟁 상황을 염두에 두고 표준어의 외연을 이렇게 정의한 것이다. 다시 말하자면 표준어로서의 단일한 일본어를 구축하기 위해 일본국의 정치 경제의 중심지에서 쓰이는 방언을 바탕으로 통일하려 한 것으로 이해된다. 앞서 언급한 바와 같이 통일된 国語란 대내외적으로 국가의 공용어임과 동시에 일본 국민이라면 누구나 그것을 사용하고 이를 母語라고 해야 할 언어여야 한다. 일본 국가를 단일한 것으로 여기는 이상 国語는 단일성을 담보해야 하며, 결국 표준어 역시 단일하지 않으면 안 되는 것이다. 그리고 이처럼 단일한 표준어를 상정하는 이상에는 국가의식이 배경에 있다는 점에 주의할 필요가 있다.

1897년(메이지 27) 大槻文彦(오오쓰키후미히코, 1847-1928)는 『광일본문전 별기(広日本文典 別記)』의 서론에 다음과 같은 글을 남긴다.

일국의 국어는 대외적으로는 한 민족이라는 것을 증명하고 대내적으로는 동포가 일체가 되는 공적 의무에 대한 감각을 단결시키는 것으로서, 즉 국어의 통일은 독립 국가로서의 기초로서 독립되었다는 표식이다. 그러므로 국어의 消長은 국가의 성쇠와 관련되며, 국어의 純, 駁, 正, 訛는 가르침과 관련되며, 활력과 관계되며, 国光과 관련된다, 어찌 힘써 널리 주장하지 않겠는가.

요컨대 国語는 국가의 근본이자 국위와 관련된다는 점을 강조한 것인데, 사실 이러한 관점에서의 논고는 끊이지 않는다. 앞서 언급했던 上田万年는 민족의 정신과 문화를 직결시켜 国語로써 '国体'가 유지된다는 주장을 펼친다.[1]

언어란 이를 사용하는 인민에게 있어서는 마치 그 혈액이 육체상의 동포임을 나타내는 것과 같이 정신상의 동포임을 나타내는 것으로, 이를 일본 국어에 비유하자면, 일본어는 일본인의 정신적 혈액이라 할 것이다. 일본의 국체는 이러한 정신적 혈액을 통해 주로 유지되며, 일본의 인종은 이러한 가장 강하고 가장 오래 보존될 연결고리로 인해 흩어지지 않는 것이다.

이상과 같이 표준어로서의 国語를 제정하고자 하는 움직임은 이데올로기적 요인과 떼어서는 생각할 수 없는데, 이러한 움직임의 배경에 대해 살펴볼 필요가 있다. 즉 실제로 메이지시대 일본어는 어떠한 모습이었기에 이처럼 "통일"이 강조되었는가를 살펴보고자 하는 것이다. 결론을 먼저 말하자면 외부로부터의 강제가 필요할 정도로 당시 일본어는 사분오열 상태에 있었다.

---

1) 上田万年(1895) 「国語のため」『明治文学全集44』筑摩書房

제3장

国字 문제와 漢字

근세 国学者들은 종래의 漢学 중시 및 漢字 사용에 대해 끊임없이 비판해왔는데, 이는 어찌 보면 개인적이거나 특정 유파 내에서만 전유되는 문제였다고 할 수 있다. 그런데 메이지유신을 전후하여 상황이 급변하게 된다. 즉 漢字 비판이라고 하는 개인적인 의견이 '国語国字問題'라고 하는 사회적 담론으로서의 성격을 띠게끔 된 것이다. 달리 말하자면 봉건 체제가 불완전하게나마 타파되기에 이르자 〈漢字 비판론〉이라고 하는 静的인 의견이 〈漢字 폐지론〉이라고 하는 활동적인 의견으로 바뀌게 된 것이다. 이는 보통교육의 실시와 사회 교통망의 확대 등으로 인해 누구나 언어의 문제에 관심을 가질 수 있게 된 환경적 요인이 관여한다. 이를테면 질적 변화라고 할 수 있는데, 여기에는 개인의 해방과 민권주의를 표방한 사회상황의 변화도 영향을 미쳤다. 이하 漢字 사용에 대한 비판 및 활동이 어떠한 양상을 띠며 전개되었는가에 대해 살펴보기로 한다.

그 최초의 주창자는 당시의 지식인이며 나가사키(長崎)에서 미국인 선교사 윌리엄 아무개로부터 漢字 사용 문제에 대한 자극을 받았다고 하는 前島密(1835-1919)였다. 다만 서양인과의 접촉을 계기로 漢字의 문제에 대해 고민했던 것은 前島密가 처음은 아니다. 예컨대 유학자이며 정치가이기도 한 新井白石(1657-1725)는 『동아(東雅, 토가)』(1717)에서 다음과 같이 기술한 후, 일본에서는 고유어와 漢字가 주객이 전도되어 있다고 언급했다.

> 또한 서방 사람과 만나 그 方音을 물으니, 그 字母는 불과 33자로서, 천하의 소리 가운데 옮기지 못할 것이 없고, 그 사람이 중국에 문자가 많다는 것에 대해 논하여, 중국인은 매우 기억력이 좋은 것으로 보이는데, 그 글자를 모두 쓸 수 있게 되어 천하의 말에 통달하는 것은 몹시 번잡한 일이다, 우리 쪽은 그렇지 않다고 했다.　　[158]

또한 '神代文字'의 존재를 주장한 平田篤胤 역시 비슷한 생각을 가지고 있었다.[1]

前島密는 1866년 12월 德川幕府(토쿠가와 바쿠후)의 마지막 將軍인 德川慶喜(1837-1913)에게 「한자폐지건의(漢字御廃止之議)」라는 제목의 건의서를 제출했다. 이 건의서에는 근본적으로 국민교육의 보급이라고 하는 당시로서는 획기적인 정신이 담겨 있었다. 일반적으로 교육

---

1) 앞서도 인용했지만 平田篤胤는 『고사징』에 아래와 같은 견해를 밝힌다.
　글자는 소리의 숫자만큼 적는 것처럼 편리한 것은 없다. 그런데 漢国에는 글자가 많아 오히려 불편하고 번잡하다고 하는 것은 이미 本居宣長가 자세히 설명한 바와 같다. 또한 서양인도 매우 漢文字를 비웃어, 漢人은 너무나도 글자를 많이 만들어서 일생 자신의 国字를 다 알 수 없다고 한 것도 생각해야 한다.

은 무사에게만 한정되어 있었던 봉건시대, 그 교육이 漢学과 漢字 학습에 치중되었던 교육귀족제의 시대에는, 모든 사람들을 평등하게 보고 인애를 베푼다고 하는 생각은 도저히 발현될 수 없었던 것이다.

이 前島密의 건의서가 정권 이양을 코앞에 둔 시대 상황 속에서 봉건제의 최후를 맞이한 德川幕府에 채용되지 않았다는 것은 사실 전혀 이상하지 않다. 그러나 이 건의서의 내용은 후일 国字를 개량할 것을 주장한 사람들의 모든 의견이 대부분 반영되어 있다고 해도 무방할 정도로 다채로우며 영향력도 지대했다.[2] 다소 길지만 그 전문을 이하 인용하기로 한다.

국가의 大本은 국민에 대한 교육으로서, 그 교육은 士民을 가리지 않습니다. 국민에게 널리 펼치고, 이를 널리 펼치기 위해서는 가능한 한 간단하고 쉬운 문자 문장을 사용하지 않으면 안 됩니다. 심오하고 고상한 모든 분야의 배움에 있어서도 문자를 안 연후에 그 내용을 아는 식의 어렵고 고생스러우며 迂遠한 교수법을 취하지 않습니다. 모든 배움이란 그 사실의 이치를 이해하는 데에 있다고 하지 않을 수 없다고 생각합니다. 정말로 그렇다면 우리나라에서도 서양 諸国처럼 가나와 같은 音符글자를 사용하여 교육을 펼치고 漢字는 사용하지 않아 결국에는 일상 公私의 문장에 漢字를 사용하는 것을 폐지

---

2) 예컨대 安藤正次(안도세이지)는 『国語国字問題を説く』(1948, 大阪教育図書)에서 아래와 같이 前島密의 견해를 祖述한다.
　일본의 国字는 학습하는 데 있어서 현저한 장해가 된다. 널리 일본어를 적는 데 사용되는 漢字의 암기가 생도들에게 과중한 부담이 되고 있는 것은 거의 모든 유식자들의 의견이 일치하는 바이다. 소학교 시절을 통해 생도들은 그 학습시간의 대부분을 그저 国字를 읽고 쓰는 데만 소비하지 않으면 안 된다. 이러한 초기 수 년 동안 광범위에 걸쳐 유용한 어학적 수학적 연습을 쌓거나 자연계 및 인류사회에 관한 본질적 지식을 얻거나 하기 위해 소비해야할 시간이 이 国字를 구사하기 위한 노력에 소비되는 것이다.(p.5)

하도록 하셔야 할 것으로 생각합니다. 漢字를 폐지하신다고 하는 것
은 예로부터의 습관을 완전히 바꿀 뿐만이 아니라, 배움이란 漢字를
쓰고 漢文을 구사하는 것이 제일이라 여기는 일반적인 상황을 완전
히 쓸모없는 것으로 돌리시라 하는 것이므로 용이한 일이 아니지만,
국가의 대본이 어떠해야 하는지를 밝히시고 깊이 잘 생각하시고 널
리 제 蓄에도 의견을 물어 의논하시면, 그것이 커다란 이익이 있다는
것이 판명이 나서, 예상과는 달리 어렵지 않게 시행하실 수 있을 것
으로 생각합니다. 목하 정사로 다망하시고 사람들이 앞 다투어 구급
책을 강구하는 때에 이러한 건의를 아뢰는 것이 매우 우원하게 보여
귀를 기울여주시지 않지 않을까 저어됩니다만, 우리나라를 다른 열
강들과 맞서 세우시는 일이 무엇보다 중차대하지 않겠는가 생각하
여 감히 삼가 아뢰는 바입니다.

　배움의 구조를 간단하게 하고 보통교육을 실시하는 것은 국민의
지식을 넓히고 정신을 발달시켜 이치와 학예 전반에 있어서의 초보
적인 입구이며, 국가 부강을 이루는 기초이므로, 가급적 배우기 쉽
게, 가급적 널리, 가급적 신속하게 흡수할 수 있도록 베풀어주셨으면
하고 생각합니다. 그런데 이 교육에 漢字를 사용할 때에는 그 字形과
音訓을 학습시키기 위해 오랜 세월을 소비하여, 학업을 이루는 때를
지연시키고 또한 배우기 어렵고 익히기 쉽지 않기 때문에 취학하는
자의 비율이 매우 희소합니다. 드물게 취학하여 면려해도 아까워해
야할 소년시절의 활발한 장시간을 소비하여 그저 문자의 형상과 발
음을 배워 알 뿐으로 사물의 이치는 대개 애매한 채로 끝나는 바입니
다. 실로 소년시절이야말로 사물의 이치를 밝힐 가장 좋은 때인데,
이 형상문자에 대한 무익한 古学을 위해 이를 소비하고 정신과 지식
을 둔하게 하고 꺾이게 하는 것은 아무리 생각해도 비통하기 짝이
없습니다.

무릇 우리나라에는 서양제국에 조금도 뒤처지지 않는 고유의 言辭가 있고 이를 쓰는 데 50음의 가나가 있어 [가나의 발생에 대해서는 다양한 논설이 있고 또한 우리나라 古文字 등과 같은 논설도 있습니다만, 이 건의에는 불용하므로 여기에서는 부기하지 않습니다] 전혀 漢字를 사용하지 않아도 세계의 수도 없는 사물을 해석 書写하는 데 아무런 지장이 없고, 실로 지극히 간단하고 쉽습니다. 그럼에도 불구하고 옛 사람들이 견식이 없이 그 나라의 문물을 수입하는 것과 마찬가지로 이 불편하고 무익한 형상문자까지도 수입하여 마침내 国字로 삼아 상용하기에 이른 것은 실로 통탄할 따름입니다. 황공하오나 우리나라 사람들의 지식이 이처럼 낮고 국력이 부진한 것은, 멀리 원인을 찾자면 그 본래 독소가 여기에서 나온 것이라고 생각되어 통분을 참을 수 없습니다.

이와 관련하여 미국인 윌리엄 아무개의 이야기를 참고삼아 적습니다. 이 사람은 미합중국의 기독교 선교사로서 아시아 지방에 기독교 포교를 위해 먼저 중국의 함풍(咸豊)3) 말까지 중국에서 중국어를 배우고, 그리고 나가사키(長崎)에 와서 요사이까지 우리나라 말을 배우고 있는 사람입니다. 이 사람은 처음으로 중국에 건너갔을 무렵 어느 날 어떤 한 집의 문을 지나고 있었는데 그 집 안에 있는 수많은 소년들이 큰 소리로 외치는 엄청나게 시끄러운 부르짖음에 무슨 일인가 하고 안에 들어가 보니, 그 집은 학교로서 그 소리는 독서하는 소리였습니다. 어찌 이렇게 고통스러워 보이는 큰 소리를 내며 시끄럽게 부르짖는지 이상하게 생각했습니다만, 후일에 그 실상을 알게 되니 특별히 괴이해 할 일도 아니었습니다. 그들은 그 읽어 익히는 서적에는 어떤 내용이 적혀있는지 모르고서 그저 그 글자를 素読하고 그 모양과 획과 발음을 암기하려 했을 뿐이었습니다. 그 읽고 있

---

3) 중국 청나라 때의 연호로 1851년부터 1861년까지.

는 책은 経書 등 古文으로서 나이를 먹은 사람도 학자도 해석이 곤란
한 것이었습니다. 중국은 인민이 많고 땅이 넓은 대제국입니다만 萎
靡하고 부진한 꼴에 沈淪되어 그 인민은 야만 미개한 생활에 빠지고,
서양 제국이 모멸하는 바가 된 것은, 그 형상문자의 해를 입은 것과
보통교육의 방식을 모름에 기인한 것입니다. 이제 일본에 와서 보니
句法 語格이 정연한 국어가 있음에도 이를 제쳐두고, 간단하고 쉬우
며 편리한 가나 문자가 있음에도 이를 專用하지 아니하고, 그 번잡하
고 불편함이 세계 제일인 漢字를 사용하여 구법 어격이 부자유한 난
해하고 오류가 많은 漢字에 의거하여 보통교육을 펼치고 있는 형세
다, 이 활발한 知力을 소유한 일본 인민이 이러한 빈약한 처지에 놓
이게 된 것은 오로지 중국 글자의 무지막지한 독에 깊이 감염되어
그 정신을 마비시켰기 때문이라고 운운합니다.

이러한 이야기들은 漢字 漢学을 가지고 훈도 받은 수많은 우리나
라 사람 및 이로써 최상의 학문이라고 妄信하는 학자들이 들으면 쓸
데없이 놀라고 괴이하게 여길 뿐만 아니라 악마의 말, 도적의 말이라
고 배척하겠지만, 깊은 지식과 사려를 가진 사람이 들으면 눈물을
흘리며 찬탄하실 것입니다. 황송하오나 부디 현명한 혜안을 가지고
깊이 이 뜻을 살펴주실 것을 곤원 드립니다.

漢字를 폐지하신다고 하더라도 漢語 즉 그 나라에서 수입해온 언
사까지도 모두 폐지하신다는 것은 아닙니다. 그저 그 문자를 사용하
지 않고 가나 문자로써 그 언사를 그대로 書記하는 것은 마치 영국
등에서 라틴어 등을 그대로 받아들여서 그 국어로 삼고 그 나라의
철자법을 가지고 서기하는 것과 마찬가지로 하는 것입니다. 즉「今日」
를「コンニチ」,「忠考」를「チウカウ」로 쓰는 식입니다. 이와 같이
하면 '橋' '箸' '端'에 혼잡이 있을 것이고,[4] 또한 「霞そ野邊の香哉」를

---

4) 일본어에서는 '橋' '箸' '端'를 모두 'はし'로 읽는다.

「カスミソノ ヘノ ニホヒカナ」로 오독[5]하는 것과 같은 단락 구분의 오류를 범할 우려가 있다는 식으로 비난하는 사람도 있겠지만, 이러한 것들은 文典을 제정하고 사전을 편찬하여 구법 어격 접속의 규칙을 서양 제국의 이미 만들어져 있는 것과 우리나라 고유의 것을 참작 절충하면 조금도 우려할 바가 아닌 일로서, 게다가 漢字와 같이 소란(騷亂)의 란(亂)자와 난신(亂臣)의 란(亂)자와 같은 혼잡도 없습니다. 또한 '大將軍'은 대장의 군인지, 커다란 장군인지, 크게 장차 싸움을 벌인다는 것인지, 크게 군을 이끈다고 읽는 것인지를 변별하기 어려운 病은 없어집니다. 漢文과 같이 구법 어격이 없는 것조차 전후의 語勢와 기지의 이해로써 '大將軍'은 곧 대장군이라는 관직이라고 이해하여 '征夷大將軍'을 읽을 때 '오랑캐를 공격하여 크게 장차 싸움을 벌이려 한다(夷を征して大ひに將さに軍せんとす)'라고는 아무도 이해하는 자가 없습니다.

國文을 정하고 문전을 제정하는데 있어서도 반드시 古文으로 돌아가 「ハベル」「ケルカナ」를 쓰는 일은 없습니다. 오늘날 보통의 「ツカマツル」「ゴザル」를 사용하여 이에 일정한 법칙을 둔다는 말씀입니다. 언어가 시대에 따라 変転하는 것은 우리나라에서도 외국에서도 모두 마찬가지가 않은가 생각합니다. 다만 입에 담으면 담화가 되고, 글로 쓰면 문장이 되므로, 구두어와 필기어의 취지를 달리하지 않도록 하고 싶습니다. 이러한 것들은 학술적인 분야의 일로 본디 이 건의를 채용하신 후에 그 사업을 착수할 때 학자들의 논의에 맡겨야 하는 것입니다만, 조사하실 때 자료로 쓰시기만을 원해 간추려 아룁니다.

---

5) 「霞そ野邊の香哉」는 띄어쓰기를 포함하여 제대로 가나로 쓰고자 하면 「カスミソノ ヘノ ニホヒカナ」로 그 뜻은 '안개는 들판의 향기다'이다. 그런데 이를 잘못 적어 「カスミソノ ヘノ ニホヒカナ」가 되면 '쓰레기 된장의 방귀 냄새다'라는 뜻이 된다. 우리 농담에 '아버지가방에들어가신다'와 유사한 이야기다.

漢字를 보통 일반의 교육에서 폐하는 것은 素讀과 習字 즉 문자의 형태와 읽기를 암기하고 이를 書写하는 기술을 얻기 위해 소비하는 시간을 절감하는 것이 됩니다. 일반 학년의 童子에게는 적어도 3년간, 전문 상급에게는 5, 6년에서 7, 8년의 시간을 절감하게 할 수 있어서 그 절감할 수 있는 시간을 가지고 혹은 학문에 혹은 흥업 식산에 각자 그 바라는 바에 따라 사용하게 하면 필시 헤아릴 수 없을 정도의 이익이 될 것임은 추호도 의심할 바가 없다고 생각합니다. 황공하오나 이러한 시간을 이용하는 건에 대해서는 특히 신경을 써 주셨으면 하고 생각합니다. 우리나라 사람들이 시간을 낭비하고도 아깝다고 생각하지 않는 것은 실로 탄식할만한 일입니다. 대우가 촌음을 아까워한다는 격언을 만반의 실업에 실시하도록 하는 것이야말로 실로 치국의 커다란 요건이라고 생각합니다.

다음으로 보통 일반의 교육법을 개량하지 않으시면, 일반의 지식을 펼치게 할 수 없고 그 애국심을 두텁게 하는 것은 불가능할 것이라고 생각합니다. 앞서도 말씀드린 바와 같이 국민이 모두 자신의 나라야말로 더할 나위 없이 좋은 나라라고 자신을 갖고 자존심을 품고 조금도 외국에 뒤처지지 않는다는 의식을 갖지 않으면 진정한 애국심을 불러일으키기 어렵습니다. 우리나라의 소위 야마토다마시이(大和魂)는 일본 특유의 혼인 것으로 여길지 모르겠습니다만, 이는 결코 그러한 것이 아니라고 생각합니다. 다름 아닌 나라를 사랑하는 마음 바로 그것입니다 [스스로 용감하게 목숨을 버리는 것 등은 야마토다마시이의 일부분에 지나지 않는다고 생각합니다].

우리나라의 보통 일반 교육은 상하 2등급으로 나뉘어 그 초급은 그저 불과 이름을 쓰는 법, 편지 적는 법 및 직업에 있어 필요한 글자를 암기할 뿐으로 우주 만물의 이치와 같은 것은 조금도 이를 가르치지 않고, 나라 밖에 나라가 있다는 것조차 아는 사람이 적은 상태로,

애국심과 같은 것은 이들 계층에서는 전혀 그림자조차 찾아볼 수 없는 것은 있어서는 안 될 일이라 생각합니다.

그 상급에 있어서는 우선 사서오경의 소독에서 중국 역사로 나아가 그 문화와 제도, 평화와 혼란, 번영과 멸망의 흔적을 가르치고, 우리나라의 고전 역사와 같은 것은 수업 이외의 공부에 맡겨, 아는 것도 모르는 것도 교육에 있어서는 관계가 없는 것은 일반적인 일입니다. 이 때문에 저쪽을 존중하고 이쪽을 업신여기는 병은 일찍부터 이미 그들의 뇌리에 감염되어 애국심을 손상시킵니다.

본디 지식을 신장시키는 데는 널리 세계의 사정을 가르치는 것이 간요하므로, 중국은 물론이고 서양의 책을 읽히는 것은 당연합니다만, 보통 일반 교육에 있어서는 무릇 우리나라의 사물을 먼저 하고, 외국의 것을 받아들여 자국의 사물과 같이 자국의 언어로써 교수하고 [즉 학문의 독립], 소년들의 마음에 자신을 사랑하고 존중하는 기초를 다지게 하는 것이 매우 간요한 일이라고 생각합니다.

남을 배운 후에 우리나라를 아는 식의 일은 주객이 전도되고 순서를 어기는 근원으로 풍습 전체에 있어 커다란 방해가 됩니다. 학자들은 항상 우리 백성을 요순(堯舜)왕의 백성이 되도록 가르치고 있습니다. 영웅을 논하면서 쿠스노키 마사시게(楠正成)는 제갈공명과 닮았다는 식으로 말하는 것은 주객 순서를 전도한 것으로서, 우리나라의 풍속과 풍습을 비굴한 것으로 만드는 하나의 예입니다.

서양인 아무개의 이야기에, 일본인은 '야마토다마시이(大和魂, 일본정신)' 운운하지만 종래 漢学으로써 학문 교육의 기본으로 삼았기 때문에 일종의 '시나다마시이(支那魂, 중국정신)'는 있어도 야마토다마시이[애국심]가 부족하다, 최근에 들어 점차 서양학을 하는 사람이 늘었기 때문에 빨리 학문의 순서를 개정하여 이를 잡지 않으면 언젠가는 스스로 '세이요다마시이(西洋魂, 서양정신)'를 수입하여 '시나다마시이'와 충돌하여 어찌할 도리 없는 갈등을 일으켜 결국에는 '야마토다 마시이'를 없앨 것이라고 합니다. 외국인의 잘못된 생각입니다만, 전혀 고려 밖의 이야기로 둘 일이 아니라고 생각합니다. 따라서 신속히 학문 독립의 원칙을 세우시고, 우리나라 말로써 편찬한 德育의 서책 [孝悌6), 忠臣, 德과 誼, 品行과 관련된 것], 智育 [역사, 지리, 물리, 산수 등에 관련된 것]의 서책을 초급, 상급으로 구분하여, 彼我, 주객 등의 다름을 확실히 하여 보통교육에 적용해주시도록 정부에서 살펴 주시길 바랍니다.

학문의 순서를 세우지 않는 교육은 애국심 여하의 한 점에 그치지 않고, 우리나라사람 전체의 智德을 발달시키지 못하는 큰 병의 근본입니다. 예컨대 仁義라든가 明德이라든가 치국평천하라고 하는 것은 나이가 든 학자도 역시 밝혀 설명하기 어렵고, 노련한 정치가가 어려워하는 바입니다. 그것을 아이들의 초보 교과서로 삼으니 소중한 智力을 발양할 시간을 이에 낭비하여, 여러 해에 걸친 공부는 불과 素讀 하나에 그쳐, 이에 그만두면 바로 그 글자조차 잊어버려 전혀 가치가 없는 헛수고가 됩니다.

또한 학문은 그저 도덕상의 것으로만 간주하기 때문에 物理에 대한 학습 따위는 예로부터 전혀 교육되지 않고, 기술 교육 등은 이를 직공의 천박한 일이라고 여겨 학교의 문에 들이지 않았기 때문에, 공예의 수준이 낮고 교육은 겉돌며 빈약하고 미진한 오늘날을 초래하여, 뜻이 있는 사람은 피눈물을 흘리며 탄식하는 비참한 상황에 이른 것입니다. 필경 자존 독립의 기상을 북돋우고 애국지성의 마음을 견고하게 하는 것은 富와 強 둘에 의거하는 것으로, 새삼스럽게 말할 필요도 없이 제일 원인인 학문의 순서와 방법이 옳지 않았기 때문이라고 하는 것을 깊이 생각해주십시오.

---

6) '효제'는 부모에 대한 효도와 형제에 대한 우애.

아마도 이 제안은 지금 학자들의 대부분이 극력 배척할 것으로 생각됩니다만, 저속한 학자나 범인은 잘 모를 테니 쓸모없는 비난은 멀리하시고 부디 막부에서 영명한 결단을 해 주실 것을 간절히 원합니다. 외람됩니다만 정말로 이 문제는 과거에도 예가 없고 장래에도 있을 수 없다고 생각되는 영원한 과제라고 생각합니다.

앞서 기술한 제 3과, 사항을 나누어 말씀드린 포고령과 그 밖에 漢字를 쓰지 않는다고 한 것은 漢字를 폐하는 수순을 가리키는 것으로 달리 서둘러야할 긴요한 문제는 아닙니다. 이처럼 수단을 강구하지 않으시면 일반인들이 신속히 漢字를 사용하지 않고 국문을 사용할 때를 얻기 어려우므로, 그렇다면 개인의 문서에는 관여하지 않는다는 것을 밝혀두는 방법도 있다고 생각합니다.

단 지명과 인명에 漢字를 사용하지 않으면 '松平'를 「マツタイラ」「マツヒラ」「マツヘイ」「シヤウヘイ」 그 밖에 「シヤウヒラ」「シヤウタイラ」와 같이 어떻게 읽는 것이 맞는지 그 사람에게 묻지 않으면 바르게 읽지 못한다는, 실로 세계에 유례를 찾지 못하는 기괴하고 불편한 폐해를 제거하고, 만인이 한번 보고 하나로 읽는 이익을 보면 이것이 훌륭한 정책이라고 널리 상찬할 것은 멋진 일이라고 생각합니다.

이상은 다망하신 중에 읽으실 수고를 염려하면서 보잘것없는 생각의 일부를 말씀드리는 것이오니, 다행이 일람하시는 영예를 얻고 물으신다면 삼가 상세하게 아뢰겠습니다. 단 신분이 낮은 입장에서 존엄을 범하는 참월의 죄는 어떠한 벌도 받겠습니다. 삼가 아룁니다.

慶応(케이오) 2년 12월.

이상 前島密의 주장을 인용했는데, 이는 크게는 〈교육을 인민에게 개방할 것〉과 그를 위해서는 〈漢字를 폐지하고 가나(仮名)와 같은 표음문자를 사용할 필요가 있다〉는 내용인 것으로 요약할 수 있겠다. 또한 종래의 漢学者에 대한 통렬한 비판인데, 그 논점이 교육에 맞춰져 있다고는 해도 종래의 国学者들의 논설과 일맥상통한다는 사실에 주목할 필요가 있다. 다만 여기에서 주의할 점은 '서양과 끊임없이 견주고 그 우수성을 인정하고자 하는 태도인데, 이는 本居宣長가 말하는 '古学'의 입장에서는 생각하기 어려운 관점이라고 하겠다.

아울러 일본에 "서양제국에 조금도 뒤처지지 않는 고유의 言辞"가 있으며 이를 표기할 수 있는 "지극히 간단하고 쉬운" '가나'가 있음을 이야기하고, "국가"와 그에 대한 "애국심"을 강조하는 태도는 종래의 神代文字 존재론자들과도 비견된다. 특히 "가나의 발생에 대해서는 다양한 논설이 있고 또한 우리나라 古文字 등과 같은 논설도 있습니다만, 이 건의에는 불용하므로 여기에서는 부기하지 않습니다"라고 한 부분에서 "古文字"는 아마도 '神代文字'를 가리키는 것으로 보여서, 이 기술만으로는 명확하지 않지만 前島密는 역시 神代文字 존재론을 옹호하는 입장이 아니었을까 유추된다. 요컨대 前島密의 漢字 폐지 주장은 일본 및 일본어의 우수성에 대한 자긍심에 바탕을 둔, 그런 의미에서 애국주의적 관점에서의 文字에 대한 관심의 발현이었다고 할 수 있을 것이다.[7]

---

7) 漢字 폐지를 최초로 제안한 前島密의 주장은 漢字를 대신하여 가나로써 해야 한다는 것이므로 오늘날 일컫는 〈가나국자론〉의 선구라고 할 수 있을 텐데, 그러나 그의 주장은 가나에 한정되는 것이 아니라 漢字를 폐지하고 소리글자를 채용하면 된다고 하는 쪽에 방점이 찍혀있었다. 1874년(메이지7)에 초안이 작성된「흥국문폐한자건의(興国文廃漢字議)」에서는 다음과 같이 논하고 있어서 前島密의 진의를 파악할 수 있다.(아래는 平井(1948;pp.166-167, 전게서)를 재인용한 것이다.)
　혹은 이르길 세상은 날로 빠르게 변해간다, 장차 5州의 문자는 로마 알파벳 하나로 돌아갈 형세다, 따라서 이제 国字를 사용하는 것은 곧 로마자를 사용

이미 漢字 폐지를 주장할 수 있는 사회상황이 형성되어 있었다. 〈가나국자론〉까지 제안되었다면, 서양 문명이 급격하게 유입되어 영향력을 발휘하기 시작한 당시에 漢字를 대신하는 것으로서 로마자를 가지고 써야 한다는 주장이 등장하는 것도 당연한 추세일 것이다. 최초의 〈로마자국자론〉은 1869년(메이지2) 5월에 제출된 「수국어론(脩国語論, 슈코쿠고론)」에 보인다. 이는 南部義籌(난부요시카즈, 1840-1917)가 건의한 것으로 서양문명국의 국어의 독립에서 유추하여 일본의 国語도 독립해야 할 것을 주장하는 것이다. 역시 다소 길지만 이하 그 전문을 우리말로 옮겨 제시한다.[8]

학문의 길은 서양 제국에서는 간단하게 할 수 있다. 일본[9]과 중국에서는 어려우며 특히 일본은 심하다. 그 서양에서 학문을 하는 데에

해야 한다고 한다. 이 논은 실로 그러하다.
国語 문장이 이미 갖추어졌으면 이를 로마자로 쓰는 것이 가하고, 이를 히라가나로 쓰는 것이 가하고, 이를 카타카나로 쓰는 것이 가하다. 조정에서는 마땅히 그 실제상의 갖추어짐이 어떠한지를 살펴야할 것이다.
또한 前島密는 『로마자잡지(ローマ字雑誌)』 제51호에서 다음과 같이 이야기한다.
그 즈음에는 로마자라는 것에 생각이 미치지 못했습니다. 생각이 미치지 못한 것이 아니라, 분명 시절의 형세가 생각을 미치지 못하게 했습니다. 당시에는 攘夷 鎖国의 시절로 좀처럼 로마자를 우리나라에 들여 사용한다고 하는 일은 꿈에도 상상할 수 없었던 세상이었습니다.
〈漢字폐지론〉조차도 획기적인 의견이었던 시절이었다는 점을 생각하면 그가 국자개량을 가나를 통해 이루고자 했던 것도 사실은 자연스러운 일이었다. 쇄국의 영향이 아직 강하게 남아있던 시절이므로 로마자 채용에까지 생각이 미치지 못한 것은 당연한 일이었을 것이다.
8) 그 원문은 전체가 한문으로 작성되어 있다. 아래에 일부를 들어둔다.
　　學問之道、西洋諸邦爲易、皇國支那爲難、而皇國爲甚、夫西洋之爲學也、唯知二十六之字、解文典之義、則無不可読之書、是其所以爲易也、如支那不然、非読数百之書、通于数千之字、則不可、是其所以爲難也……
9) 원문에서는 일본을 '皇国'이라 칭하고 있다.

는 26개의 문자를 아는 것만으로 서적의 의미를 알 수 있고, 읽지 못하는 책이 없다. 이것이 손쉬운 이유다. 중국은 그렇지 않다. 수백 권의 책을 읽는데 수천 개 문자에 능통하지 않으면 안 된다. 그 때문에 어려운 것이다. 그래도 중국은 그것만으로 족하다. 일본에 이르러서는 그에 더해 일본의 학문10)과 일상 문장을 모두 이해하지 않으면 안 된다. 그 때문에 배우기 어려운 것은 일본이 가장 심각하다. 문물의 융성 여부는 오직 여기에 있다. 인재를 키우려 해도 역시 매우 어렵다. 요즈음 학문을 하는 사람은 漢学이건 양학이건 근본을 버리고 지엽에만 매달린다. 때문에 국어를 이해하고 国典에 능통한 자가 매우 적다. 이렇게 된 것은 학자의 죄가 아니다. 정치가 그렇게 만든 것이다. 人情이 쓰임새가 없는 것을 피하고 쓰임새가 있는 쪽으로 향하는 것은 물이 아래로 흐르는 것과 마찬가지다. 막을 방도가 없다. 中古시대에 중국의 제도를 본 딴 이래 조칙의 문장은 반드시 한문 고전의 힘을 빌려 가다듬는다. 일상의 문장도 이러한 것이 많다. 한문 고전을 배우지 않으면 쓸모가 없다. 또한 서양학자의 당면한 급무이다. 일본의 학문에 이르러서는 현실의 일과 관계가 없고 거의 쓸모 없는 것이다. 단지 노래를 짓는 도구에 불과하다. 이는 곧 정치의 잘못이다. 학자가 가다듬고자 하지 않는 것은 당연하지 않은가. 그 때문에 국어가 날로 소실되고 국내에서 말이 달라 언어가 거의 통하지 않는다. 이는 語学이 不明한 때문으로, 이래서 어찌 문명국이라 할 수 있겠는가. 이대로 막지 못한다면, 당당한 일본의 말이 혹은 漢字語로 바뀌거나, 혹은 영어나 혹은 프랑스어, 혹은 네덜란드어로 바뀌거나 하여 혼란을 일으키며 마모되어, 장차 분변할 수 없게 된다. 탄식

---

10) 원문에서는 '和学(와가쿠)'나 '国学(코쿠가쿠)'라는 용어가 사용되고 있으나, 특정한 학문 분야를 일컫는 것으로 보이지 않으므로 여기에서는 모두 '일본의 학문'으로 옮긴다.

할 노릇이 아닌가. 그러므로 이러한 이치를 잘 이해하고, 쉽게 배우는 방법을 세우지 않으면 안 되며, 우선 일본의 학문을 익히게끔 노력하지 않으면 안 된다. 적어도 이를 실현하고자 한다면 로마자를 빌려 일본어를 가다듬는 것이 제일이다. 세상 사람들은 옛 인습에 젖어 받아들일 수 없다고 할 것이 분명하지만, 평심으로 살피면 이러한 이치에 이를 것이다. 그러므로 단연코 이처럼 해야 마땅할 것이다. 일본의 史典을 정성스럽게 강구하고, 중국과 서양의 서적은 나라를 다스리는 보조가 되는 것과 천문 지리학의 책을 골라 번역하여 학생에게 배우게 하면, 외국 학문의 힘을 빌리지 않더라도 천하의 이치를 스스로 얻고 세계정세에 정통할 수 있다. 이는 어렵게 바꾸는 것이 아니라 쉽게 한다는 것이다. 그렇게 되면 조칙과 명령과 일상의 문장에 모두 이를 사용하게 된다. 온 나라 사람들이 일본의 학문을 하지 않을 수 없게 되는 것이다. 이렇게 하면 일본에서는 같은 말을 사용하게 되어 서로 통하지 않는 근심이 없어지게 된다. 이렇게 온 나라 사람들이 우선은 먼저 일본에 대해 익히고 그리고 중국이나 서양에 대해 좋아하는 업을 익힌다. 기본이 서고 나서 이루어지는 것이다. 인재의 육성과 문물의 발흥은 오늘날과 마찬가지로 논해서는 아니 될 것이다. 그러므로 이제 서둘러야 하는 것은 재능을 키울 기초를 만드는 것이다. 그것은 갑자기 가능한 일일까. 혹자는 생각은 좋지만 그러나 로마자를 빌리면 国体 즉 나라의 체면이 상처 입는 것은 아니냐고 한다. 무엇이 상처 입는가. 중국도 서양도 마찬가지로 외국이다. 어찌 그것을 구별하는가. 이제 문자를 빌려 국어를 가다듬고자 한다. 漢字와 漢字語를 빌려 일본 고유의 말을 잃은 것에 비하면 하늘과 땅의 차이뿐이 아니겠는가. 따라서 이제 단호하게 고쳐야한다. 어찌 걱정이 있겠는가.

이상 살펴본 바와 같이 南部義籌의 논조는 前島密와 비슷한데, 다만 "문명국" 일본으로서 서양 제국과 어깨를 나란히 하기 위해서는 문자의 개혁이 선결 과제이며 이는 "国体"를 바로 세우는 일이기도 하다고 주장하는 점이 특징적이다. 그리고 로마자를 사용함으로써 일본어의 독립과 발달을 꾀한다고 하는데, 다만 로마자와 일본어와의 관계에 대해서는 설명하지 않는다. 이러한 로마자를 国字로 삼아야 한다는 주장에는 일본도 国語(일본어)의 독립과 발달을 꾀하고자 한다면 서양문명제국이 사용하고 있는 문자를 일본에서도 사용하면 된다고 하는 단순한 생각에 이르게 한 서양문명 숭배가 배경에 있을 것이다. 이러한 점에서 南部義籌의 주장은 한편으로는 漢学・漢字를 배격하고자 했던 国学者들과 같은 입장을 취하고는 있으나, 前島密가 그러했듯이 本居宣長가 말하는 '古学'의 입장에서는 역시 생각하기 어려운 관점이라고 하겠다.

이처럼 이미 이른바 〈가나국자론〉과 〈로마자국자론〉이 세상에 알려졌다. 이러한 양자의 우열이 논해지기 전에 漢字를 가능한 줄여보자는 주장이 등장하는 것은 자연스러운 흐름일 것이다. 즉 国字를 개량하고자 하는 논의 가운데 실용주의라고 할 〈漢字절감론〉이 메이지시대 실리주의의 일인자로 알려진 福沢諭吉(후쿠자와유키치, 1835-1901)에 의해 주장되었다. 福沢諭吉는 1873년(메이지6) 8월 간행된 『문자지교(文字之教, 모지노오시에)』의 서문에서 다음과 같이 기술한다.

일본에 가나 문자가 있으면서도 漢字를 섞어 쓰는 것은 매우 불편하지만, 〈중략〉漢字를 완전히 폐한다는 주장은 바라는 바이지만 갑자기 행해지기 어려운 일이다. 이 주장을 행하고자 한다면 때를 기다

리는 외에 달리 방도가 없을 것이다. 〈중략〉 이제부터 차츰 漢字를
폐하는 준비를 열심히 해야 할 것이다. 그 준비란 문장을 쓸 때 어려
운 漢字를 가능한 한 사용하지 않도록 주의하는 것이다.

위 인용문을 통해 알 수 있듯이 福沢諭吉의 〈漢字절감론〉은 漢字
를 언젠가 폐지하기 위한 수단 방편으로서의 주장으로, 漢字를 절감
하는 것만으로 문제가 최종적으로 해결되는 것은 아니다.

이후에도 일본의 国字를 둘러싼 수많은 논쟁이 전개되는데, 예컨
대 계몽사상가로 알려진 西周(1829-1897)는 1874년(메이지7) 3월 「서양
글자로써 국어를 적는 논(洋字키以テ国語키書スルノ論)」을 제출하여 〈漢
字절감론〉과 가나 채용 주장을 비판하고 로마자를 사용했을 때의 이
득을 열 가지로 나누어 주장했다.[11] 그리고 여기에서 더 나아가 국어

---

11) 그 열 가지 이득이라고 하는 것은 아래와 같다.
 1. 이 방법이 행해지면 일본의 어학이 선다.
 2. 童蒙의 초학은 먼저 국어에 능통하는 것을 통해 일반사물의 이름과 이치에
    능통하고, 다음으로 각국의 말에 들어갈 수 있다. 장차 같은 서양글자이니
    그것을 보는데 괴이해하지 않을 것이다. 〈중략〉 학문에 들어가기 쉽고 어
    려움은 무릇 명확하다.
 3. 말하는 것과 쓰는 것의 그 방법을 같게 한다.
 4. ABC 26자를 알고 만일 철자법과 읽는 법을 배우면 어린 여자도 역시 남자
    의 책을 읽고 필부도 군자의 책을 읽고 또한 스스로 그 의견을 쓸 수 있다.
 5. 서양 계산법을 쓸 때의 편리.
 6. 헵번이나 로니의 일본어 철자법의 교정.
 7. 저술이나 번역을 편리하게 할 수 있다.
 8. 외국 인쇄기의 사용.
 9. 학술어로서 원어의 사용
 10. 이 방법이 장차 정립되면 모든 서구의 만물이 모두 우리의 것이 된다. 자
    국에서 쓰이는 문자를 폐하고 다른 나라의 장점을 취한다. 이는 단지 복장
    을 바꾸는 것과는 비할 수 없으므로, 우리나라 인민의 성격이 선한 쪽으로
    흘러가는 것과 같은 아름다움을 가지고 세계에 자랑하고 그들의 간담을 서
    늘하게 하기에 족할 것이다.
한편 로마자를 채용할 때의 폐해로는, 먼저 붓과 먹으로 장사하는 사람들의 실

자체를 변혁해야 한다는 주장도 등장하게 된다. 즉 일본어 대신 영어를 국어로 삼아야 한다는 주장이다.[12]

이제 다시 漢字에 관한 논의로 돌아오면, 앞서 살펴본 것처럼 민간에서의 움직임만이 있었던 것은 아니다. 文部省에서도 漢字의 폐해에 주목하여 漢字의 수를 줄이고자 계획하여 大臣인 大木喬任(오키타카토, 1832-1899)는 1872년(메이지5) 7월에 당대의 학자들에게 『신찬자서(新撰字書, 신센지쇼)』를 편집할 것을 명했다. 채택 漢字의 초안은 3,167자였다고 한다.

이처럼 国字 문제를 둘러싼 수많은 논의들이 있었지만, 다음에 제시하는 일본 패전 후인 1945년 미국교육사절단의 보고서 내용을 보더라도, 그 논의의 내용 및 치열한 공방은 차치하고, 실제적인 면에 있어서는 전혀 진전이 없었음을 미루어 짐작할 수 있다.

보고서의 「제2장 국어의 개혁」은 "일본의 아이들에 대해 우리들이

업, 다음으로 製紙의 개조, 마지막으로 국한학자 사이에 "매우 이것을 꺼려 미워하는 자가 있을 것"이라는 세 가지를 든다.

12) 森有礼(모리아리노리, 1847-1889)는 더 나아가 일본어 대신 영어를 국어로 삼아야 한다는 주장을 펼치는데, 이러한 국어변혁론에 대해 예컨대 전술한 黒川春村의 문인으로서 国学者인 黒川真頼(쿠로카와마요리, 1829-1906)는 메이지 8년 6월 『洋々社談』제2호에 게재한 「언어문자 개혁설의 변(言語文字改革ノ説ノ弁)」에서 이를 통렬하게 공격한다. 그 내용은 다음과 같다.

황국의 언어를 서양의 언어로 고치고 문자도 또한 서양의 문자로 고치는 것은 피아가 서로 통해 편리하기만 하면 된다는 식의 주장이다. 하지만 언어는 천지를 창조한 高皇産靈神(타카미무수비노카미), 神皇産靈神(카미무스비노카미)가 만들어 수여한 것이므로 사람의 힘으로는 고칠 수 없다. 문자는 중국의 문자를 차용하는 것으로서 본디 신이 만들어 수여한 것이 아니므로 때에 이르러 그 편리함에 있어서는 신도 또한 이를 다행스럽게 고치시는 일도 있을 것이다.

국어변혁설은 그 이후에는 등장하지 않았지만, 쇼와(昭和) 초기에 "로마자를 채용할 바에는 에스페란토로 하라"고 논하는 식의 비상식적인 지식인이 보이는가 하면, 일본 패전 이후에는 프랑스어로 해야 한다는 둥 영어로 해야 한다는 둥의 주장도 가끔 보인다.

책임을 느끼지만 않는다면, 이를 건드리지 않고 있는 편이 조심스럽기도 하고 편안하기도 하여 좋다고 생각하는 문제에 이에 당면하는 것이다"라고 시작하여 다음과 같이 이어진다.

일본의 国字는 학습에 엄청난 장해가 되고 있다. 널리 일본어를 쓰는 데 사용하는 漢字의 암기가 학생들에게 과중한 부담을 안기고 있다는 것은 거의 모든 지식인들의 일치된 의견이다. 소학교 시절을 통해 아동들은 그저 国字의 읽는 법과 쓰는 법을 배우는 일에 대부분의 공부 시간을 할애하지 않으면 안 된다. 이러한 초기 몇 년 동안 광범위하고 유용한 어학적 및 수학적 숙련과, 자연계 및 인류사회에 관한 주요한 지식 습득에 충당해야할 시간이 이러한 国字 習熟의 고통스러운 싸움 때문에 헛되이 소비되고 있는 것이다. 漢字를 읽고 쓰는 데 과도한 시간을 들여 달성한 성적을 보면 실망스럽다.

소학교를 졸업하더라도 아동들은 민주적 公民으로서의 자격에 불가결한 어학 능력을 갖추지 못했을 지도 모른다. 그들은 일간신문이나 잡지와 같이 흔한 것조차 좀처럼 읽을 수 없는 것이다. 〈중략〉

중등학교에 입학하는 15%의 학생의 경우에도 여전히 国語문제는 해결되지 않는다. 이들 소년 소녀들은 변함없이 国字 기호의 습득이라고 하는 끝이 나지 않는 일에 수고하는 것이다. 어떠한 근대국가에 이렇게 어렵고 시간이 드는 표현과 전달의 사치스러운 수단을 사용할 여유가 있을까.

이는 전반적으로 앞서 살펴본 前島密의 언사와 비슷한데, 다만 그 해결책으로서 사절단이 제시한 것은, 가나보다는 로마자 쪽에 장점이 많으므로, 漢字와 가나를 모두 폐지하고 로마자를 채용해야 한다는 제안이었다. 물론 이러한 제안이 받아들여지는 일은 벌어지지 않았지만, 이러한 보고서를 보더라도 약 80여년에 걸쳐 일본 내부에서 논의되었던 国字를 둘러싼 논쟁들이 아무런 실천적 결과를 선보이지 못했던 것만은 분명하다고 할 것이다.

그런데 문제는 漢字를 폐지할 것인가 존속시킬 것인가, 또는 国字를 무엇으로 정하느냐에 그치는 것은 아니다. 이제껏 수많은 논의들이 있었지만, 결국 일반 사회에서는 예로부터 漢字와 가나를 섞어 쓰는 방식이 여전히 유지되고 있었고, 따라서 가나를 사용하는 경우 그 철자법을 어떻게 할 것인가가 시급한 과제로서 상존하고 있었던 것이다.

제4장

일본어 철자법의 혼란과 표음의식

이제 철자법의 문제를 살펴보기로 하겠는데, 그 전에 한두 가지 용어를 정리해두고자 한다. 일본어를 가나로 표기하는 방식을 일반적으로 '仮名遣い(가나즈카이)'라고 하는데, 본서에서는 이것을 〈가나철자법〉으로 옮겨 적기로 한다. 또한 '仮名遣い'는 크게 '歴史的仮名遣い(레시키테키가나즈카이)'와 '現代仮名遣い(겐다이가나즈카이)'로 대별되는데, 각각 〈역사적 가나철자법〉〈현대 가나철자법〉으로 옮기기로 하겠다.

전면적인 학교의무교육 실시와 TV와 같은 대중매체의 보급 등의 영향으로, 오늘날에는, 적어도 일본 내부에서는, 가나철자법이 문제가 되는 일은 거의 없다. 만일 철자법에 혼란이나 오류가 발생하는 경우가 있다고 하면, 그것은 새로이 일본에 들어온 외래어의 문제이거나 학습 부족으로 인한 것이 대부분이다. 다만 그러한 경우라고 하더라도 이렇게 적는 것이 올바르다고 미리 정해놓은 '정서법' 곧 〈표준적인 철자법〉을 해당 어휘의 표기에 적용하거나 또는 그에 준하여 발생한 오류를 바로 잡아가면 그만이다. 그러나 시간을 조금 거슬러 올라가보면 상황이 그렇게 간단하지만은 않다. 즉 일본에서 표준어로서의 '国語'의 제정이 주창되던 메이지시대에는 〈표준적인 철자법〉이 여전히 논쟁거리가 될 만큼 혼란스러운 상황이 연출되고 있었던 것이다. 이는 '언문일치체'로 대표되는 문체의 문제 이전의 가장 기초적인 사항조차 혼돈 상태에 있었다는 것을 의미하며, 아울러 앞서 언급한 '표준어' 제정의 토대가 아직 마련되어 있지 않았다는 것을 의미하기도 한다.

주지하는 바와 같이 '역사적 가나철자법'의 원리를 의식하면서 '通り[tōri1)]'라는 단어를 가나만으로 표기하려 하면, 몇 가지의 표기방식을 상정할 수 있다. 즉 현재의 정서법에 맞는 'とおり' 뿐만 아니라 'とうり' 'とをり' 'とほり'나 그리고 장음부호를 사용한 'とーり' 등도 그 선택지 가운데 하나가 될 수 있는 것이다. 여기에 카타카나까지 포함하면 이야기는 더욱 복잡한 양상을 띠게 된다. 다만 오늘날에는 말할 필요도 없이 내각 고시에 의한 '현대 가나철자법'이 정착되어 있어서 위와 같은 여러 가지 선택지를 두고 고민할 필요는 없다. 즉 위에 보인 선택지 가운데 하나를 '바른' 것이라고 정한 내각 고시에 따라 그것을 학습하고 적용하면 그만인 문제인 것이다.

이러한 '현대 가나철자법'은 '역사적 가나철자법'과 비교할 때, 현실 발음에 가깝고,2) 또한 외우기 쉽다고 여겨지고 있다. 그렇다고는 해

---

1) 여기에서 'ō'로 적은 것은 일본어의 長音을 의미한다.
2) 실제 발음에 가깝게 표기하려는 시도에서 얻은 결과를 여기에서는 〈表音性〉

도 이러한 설명만으로는 「党利[tōri]」는 「とうり」이고 「通り[tōri]」는 「とおり」라고 적지 않으면 안 되는 이유를 쉽게 납득하기는 어렵다.

이처럼 일본어를 視覚化할 때 하나의 단어에 대해 둘 이상의 표기 방식이 가능한 이유로서는, 일반적으로 音의 역사적 변화에 대해 문자는 고정적이기 때문이라는 점[3)]과 더불어, '가나철자법'이라는 것이 인공적이며 사회적인 약속에 지나지 않기 때문이라는 점 등을 들 수 있다. 더군다나 이러한 인공적인 약속 역시 시대에 따라 달랐다는 사실도 영향이 있다. 요컨대 개략적으로 이야기하자면 1945년 이전까지는 '역사적 가나철자법'이 채용되었으며, 그 이후에는 '현대 가나철자법'이 기준이 되는 것이다.

1945년 일본 패전을 기점으로 '정서법'에도 대대적인 수술이 이루어졌는데, 다만 '역사적 가나철자법'에서 '현대 가나철자법'으로 전환되지 않으면 안 될 적극적인 이유를 비롯해서, '현대 가나철자법'에서 〈表音性〉을 강조하게끔 된 배경 등에 대해서는 논의의 여지가 남아 있는 것으로 생각된다. 이에는 '역사적 가나철자법'을 그대로 견지했을 때 발생되는 문제점과 불편함뿐만 아니라 사상적인 이유도 관여

을 추구한 것으로 취급한다.

3) 헤이안(平安)시대 말경부터 발음이 점차 변화하여 발음과 문자가 서로 일치하지 않게 되는데, 하나의 글자로 여러 종류의 음을 나타내거나 하나의 음이 몇 가지 가나로 쓰이게 되는 등 표기법이 복잡한 양상을 띠게 된 것은 바로 이러한 이유 때문인 것이다. 하나의 글자가 여러 음을 나타내는 예로서는, 예컨대 「ほん(本)」과 「とほり」의 경우, 같은 「ほ」이지만 전자는 [ho]음인데 비해 후자는 [o]음으로 읽는다는 것을 들 수 있다. 또한 같은 「う」라고 하더라도 「うし」의 「う」와 「おとうさん」의 「う」는 발음이 다르다. 아울러 하나의 음이 다양한 가나로 쓰이는 예로서는, 예컨대 일본어의 [i]음을 나타내는 방법으로는 현재 쓰이지 않거나 또는 위치에 따라서 달라지기는 하지만 굳이 이야기하자면 「い」「ゐ」「ひ」와 같은 세 가지를 들 수 있다. 이러한 관계는 「え」「ゑ」「へ」나 「お」「を」「ほ」의 경우도 마찬가지다.

할 텐데, 여기에서는 이러한 제 문제들에 대해 살펴보고자 한다.

1. 현대 가나철자법의 성격

현대일본어를 가나로 표기할 때는 특별한 경우[4]를 제외하고는 대개 발음 나는 대로 쓰도록 규정되어 있지만, 古文의 경우에는 실제 발음과 다르게 적는 예를 적잖게 찾아 볼 수 있다. 예컨대 현대일본어에서 '川'는 'かわ'로 표기되는데 고문에서는 'かは'와 같이 표기된다. 다만 이것은 표기상의 문제일 뿐 실제 발음은 [kawa]와 같이 이루어졌을 것으로 여겨진다. 요컨대 같은 발음인 [kawa]를 현재는 'かわ'로 적지만 옛날에는 'かは'로 표기했던 것이다. 이처럼 현대어와는 다른 특수한 표기법을 일반적으로 '역사적 가나철자법'이라고 부르는데, 일본에서 철자법에 대한 논의는 실로 오랜 세월에 걸쳐 이루어져 왔다.

일본어의 가나(仮名)가 만들어진 과정에 대해서는, 중국어를 적는 수단인 漢字가 일본에 전해진 이래 그 漢字의 音과 訓을 빌어 일본어를 표기한 万葉仮名를 거쳐 각 漢字를 보다 간략화한 결과라고 보는 것이 통설이다. 또한 漢文을 訓読하는 과정에서 만들어진 것이 카타카나(片仮名)이고, 漢字의 草書体에서 출발하여 주로 여성들이

---

4) 助詞 'は, へ, を'를 그 대표적인 예로 들 수 있다. 'は'와 'へ'는 조사로서 사용할 경우 [ha][he]가 아니라 'わ[wa]' 'え[e]'로 발음하며, 'を'는 조사로서 이외에 일반 단어에서는 사용하지 않는다. 漢字와 가나를 섞어서 쓰는 일본어의 특성상 취할 수 있었던 표기의 고안이었다고 할 것이다.

　일본인의 국어인식과 神代文字

글을 짓는 데 쓰인 것이 히라가나(平仮名)라고 한다. 따라서 우리 한글이 처음 만들어졌을 때 漢文과는 달리 주로 여성들이 사용한다는 이유에서 '암글'이라 불렸던 것처럼 히라가나에는 '女手(온나데)'라는 별칭이 따라다녔던 것이다. 이렇게 만들어진 가나를 이용하여 수많은 문학작품들이 저술되는데, 당연히 가나를 어떻게 운용할 것인가, 즉 '가나철자법'이 문제로 대두된다.

'가나철자법'의 원칙에 관심을 두고 이를 처음으로 정한 것은 귀족이면서 歌人인 藤原定家(후지와라테이카)[5](1162-1241)로 알려져 있다. 그는 와카(和歌)를 짓는 법을 지도하는데 있어서 그 표기법을 헤이안(平安)시대(794년에서 1185년까지)의 실태를 기반으로 삼았는데, 이를 '定家仮名遣い(테이카가나즈카이)'라고 부르며, 그의 위세에 걸맞게 일반에 널리 보급되었던 모양이다. '定家仮名遣い'는 藤原定家가 古典을 書写하고 교정하는 과정에서 발견한 구별에 의거하며, 특히 'お'와 'を'의 경우는 당대의 악센트의 차이를 반영한 것이라고 한다.[6] 그러니까 개인의 주관이 상당 부분 개입될 개연성이 있었다고 할 것이다.

한편 에도시대에 들어 国学者인 契沖[7](1640~1701)는 종래 권위를 인정받고 있던 '定家仮名遣い'에 문제가 있음을 비판하면서 새로이 나라(奈良)시대(710-784년)에 기준을 둔 표기법을 주장하게 된다. 이것이 바로 '歴史的仮名遣'라고 칭해지는 것인데, 契沖는 가나 운용상

---

5) 藤原定家의 대표작으로는 『下官集(게칸슈)』(1204 이후)를 들 수 있는데, 주로 'を'와 'お', 'え'와 'へ'와 'ゑ', 그리고 'い'와 'ひ'와 'ゐ'를 문제 삼아 논의한다.
6) 『日本語学研究事典』(明治書院) p.387 참조.
7) 契沖의 대표작으로는 「定家仮名遣い」의 오류를 바로잡기 위해 지은 『和字正濫鈔』(5권, 1693)를 들 수 있다. 여기에서는 'ア・ハ・ヤ・ワ'行을 중심으로 기술이 되어있고, 또한 「四つ仮名」 문제에 대한 언급도 보인다.

의 규범을 나라시대의 문헌 즉 『만엽집』이나 『고사기』에 보이는 실태에서 찾아 그것을 증거로 삼아 귀납적으로 결정하려 했다. 国学이라고 하는 복고주의적 입장에서 일본 내 最古의 문헌들에 의거하여 정서법을 개정할 것을 주장한 만큼, 시대적 상황과 맞물려 그 파급력은 실로 대단했던 모양으로, 메이지유신 이후에는 바로 이 '역사적 가나철자법'을 바탕으로 한 표기법이 채용되게끔 되었다. 한편 漢字를 어떻게 읽을 것인가 하는 문제에 초점을 맞춘 本居宣長와 같은 인물도 있다. 이 역시도 国学의 관점에서 접근한 만큼 원리적으로는 契沖와 크게 다르지 않다고 보아야할 것이다.

앞서 언급한 바와 같이 '가나철자법'이란 간단히 말하면 음성을 수반한 말을 '가나'로 어떻게 적어서 나타낼 것인가 하는 그 표기법을 가리키는데, 나라시대의 문헌에 의거하여 귀납적으로 결정한 '역사적 가나철자법'은 태생적으로 수많은 문제점들을 내포하고 있었다. 즉 契沖가 살고 있던 시대에는 이미 현실음과 옛 표기 사이에 엄청난 괴리가 발생한 상태였고, 옛 문헌이 모든 말들을 담고 있을 리도 없는 것이기에, 유추 과정을 거칠 수밖에 없는 것이다. 또한 옛 문헌들은 기본적으로 万葉仮名로 기록되어 있는 만큼, 그 漢字의 실제 발음이 어떠했는지 역시 밝혀야 했으며, 그 과정에서 韻学이 国学의 하나의 축을 형성할 수밖에 없었던 것이다.

이러한 문제점들과 모순을 안고 있으면서도 '역사적 가나철자법'이 널리 채용되게 된 것인데, 그 문제점 가운데 하나인 현실음과 표기 사이의 간극을 해소하려는 시도로서 〈표음적 가나철자법〉이 대두되게 된다. 『국어학연구사전』(p.85)에는 그 경위가 다음과 같이 소개되어있다.

　메이지유신 후에도 정부는 교육상 및 법제상 역사적 가나철자법을 채용했기 때문에 그것이 국민 사이에 보급되었다. 그러나 역사적 가나철자법은 원래 표음문자인 가나를 사용하면서도 말로서는 당시의 발음을 반영하지 않기 때문에 실제로는 불편이 느껴져서 사회 개량의 사조와 더불어 가나철자법의 개정 문제가 발생했다. 메이지 16년에 가나문자 전용을 주장하며 결성된 「가나의 모임(かなのくわい)」에서는 역사적 가나철자법과 표음적 가나철자법 양론으로 나뉘었다. 이 양론은 메이지 20년대에 쇠퇴했지만 이후에도 오랫동안 그 영향을 미쳤다.

요컨대 1883년에 시작된 표음적 가나철자법을 둘러싼 논의는 1946년에 '현대 가나철자법'이 내각 고시로 제정될 때까지 끊임없이 이어졌던 것이다. 그 '현대 가나철자법'의 서문 말머리에는 다음과 같은 언급이 있다.

　이 가나철자법은 무릇 현대어음에 의거하여 현대어를 가나로 써서 나타내는 경우의 준칙을 보인 것이다.

'현대 가나철자법'이 표음성을 강조하고 있다고 여겨지는 이유를 여기에서 찾아볼 수 있는데, 그렇다고는 해도 이도 역시 '역사적 가나철자법'과 마찬가지로 일본어에 대한 음운론적 해석임에는 다름이 없다. 예컨대 '蝶[chō](나비)'는 현대어의 음운으로서는 /tyou/인데, 이를 가나로 쓰는 경우에 'ちょう'라고 쓸 지 'ちょー'로 쓸 지, 혹은 'てふ'

로 쓸 지 'ちやう'로 쓸 지 하는 것이 '가나철자법'이기 때문이다. 만일 이 가운데 장음부호를 덧붙이는 방법을 도입하여 'ちょー'를 선택한다면, 적어도 이 가운데서는 철저한 〈표음식 가나철자법〉이라고 할 수 있을 것이다. 그런 의미에서도 '현대 가나철자법'은 진정한 의미에서의 〈표음식〉이라고는 할 수 없다.

2. '현대 가나철자법'에 내재된 '역사적 가나철자법'

'현대 가나철자법'의 세칙을 보면, 예컨대 "ウ로 발음되는 ふ는 う로 쓴다"라든가 "才로 발음되는 ほ는 お로 쓴다"와 같은 기술이 있다. 여기에서 "ウ로 발음되는 ふ"나 "才로 발음되는 ほ"란 '역사적 가나철자법'에 의거해서 'ふ'나 'ほ'로 적지만, 그것이 語中이나 語末에 오는 경우 실제 발음은 'う'나 'お'와 같으므로, 각각 현실 발음에 맞는 가나를 사용하도록 표기법을 바꾼다는 이야기이다. 이 점을 보더라도 '현대 가나철자법'은 어디까지나 '역사적 가나철자법'의 개정을 목표로 삼았다는 것을 알 수 있다. 즉 '通り[tōri]'를 'とおり'로 표기하는 것은 그저 '역사적 가나철자법'에서 'とほり'로 표기했던 'ほ'가 현대어에서는 '才'로 발음되므로 그렇게 정했다는 것에 지나지 않는다. 여기에 이르러 앞서 언급한 '党利[tōri]'를 'とうり'와 같이 표기하는 이유를 알 수 있다. 즉 '党[tō]'는 '역사적 가나철자법'에서 'たう'로 정해져있었던 것이다. 여기에 〈ア+ウ〉는 〈才의 장음〉이 된다고 하는 일본어의 음절결합법칙이 도입되면 결과적으로 '党[tō]'는 'とう'로 적는 것이 정서법이 되는 것이다. 요컨대 '역사적 가나철자법'의 규칙을 이해하지 못하는 한, 하나의 음운을 가나로 표기할 때 혼란이 발생할 개연성이 항상 따라다닌다고 할 수 있을 것이다. 아울러 'こうり(小売り)'와 'コーリ(公理)'로 나누어 읽는 것, 'けいろ'를 'ケイロ(毛色)'와 'ケーロ(経路)', 'しきふ'를 'シキフ(敷布)'와 'シキュー(至急)'로 구별하는 것 등도 역시 가나 철자법을 둘러싼 제 문제 가운데 하나다.

결국 '현대 가나철자법'은 현대어의 발음에 기초한 표음적인 성격을 강조하고는 있으나, 그것은 역시 '역사적 가나철자법'에 의거한 일본어음에 대한 음운론적 해석에 불과하다고 할 수밖에 없다. 특히 문제가 되는 것 가운데 하나가 일본어의 長音에 대한 가나표기인데, 그것을 '역사적 가나철자법'에 따라 했을 경우 어떻게 되는지에 대해 그 예를 들어 살펴보기로 한다.

□ オ列 장음

음운	표기	예
オー	おお	← おほ
	おう	おとうと(弟)
	おほ	とほい(遠い)
	おふ	きのふ(昨日)
	あう	たうげ(峠), らうじん(老人), よまう(読まう), ありがたう(在り難う)
	あふ	あふぎ(扇), はふる(放る)
	わう	わう(王)

❑ [그]의 장음

음운	표기	예
ユー	ゆう	← ゆふ
	ゆふ	<u>ゆふ</u>ぐれ(夕暮れ)
	いう	えい<u>きう</u>(永久), おほ<u>きう</u>(大きう), <u>しう</u>と(舅), よろ<u>しう</u>(宜しう)
	いふ	<u>きふ</u>む(急務), れん<u>しふ</u>(練習)

❑ [키]의 장음

음운	표기	예
ヨー	よう	← よふ
	いやう	<u>みやう</u>にち(明日), ぶん<u>しやう</u>(文章)
	えう	にち<u>えう</u>(日曜), <u>けう</u>いく(教育), <u>せう</u>ねん(少年), で<u>せう</u>, ま<u>せう</u>
	えふ	らく<u>えふ</u>(落葉), <u>けふ</u>(今日), <u>てふ</u>(蝶)

위에 제시한 것을 정리하여, '역사적 가나철자법'에 따르는 형태로 이론적으로 가능한 장음의 가나 표기를 모두 들면 다음과 같이 된다.

장음	표기	읽기
オ열 장음	おお／おう／おほ／おふ／あう／あふ／わう	[オー]
[그]의 장음	ゆう／ゆふ／いう／いふ	[ユー]
[키]의 장음	よう／いやう／えう／えふ	[ヨー]

※[ジョー]：じよう/じやう/ぜう/ぜふ/ぢよう/ぢやう/でう/でふ

게다가 다음과 같이 위의 규칙이 적용되지 않는 것들도 있다.

단어	잘못	단어	잘못	단어	잘못
あふ (会ふ)	[オー]	あかうま (赤馬)	[アコーマ]	しりうま (尻馬)	[シリューマ]
うたふ (歌ふ)	[ウトー]	あかふだ (赤札)	[アコーダ]	はなれうま (放れ馬)	[ハナリョーマ]
あふぐ (仰ぐ)	[オーグ]	ばいう (梅雨)	[バユー]	けう (希有)	[キョー]
たふす (倒す)	[トース]	はいふ (配布)	[ハユー]	きふ (寄付)	[キュー]

요컨대 하나의 음운에 대해 '역사적 가나철자법'의 규칙을 따를 경우 다양한 표기법이 상정되게 되며, 또한 이를 거꾸로 말하자면 '역사적 가나철자법'의 규칙을 따라 적은 글의 경우 일본어의 음절결합규칙이라든가 철자법의 원리를 몰라서는 제대로 읽어낼 수 없다는 것이 된다. 이는 비단 漢字를 사용할 것인가 말 것인가에 그치는 문제가 아닌 것이다.

이처럼 나라(奈良)시대 문헌에 의거한 귀납적인 표기법인 '역사적 가나철자법'은 다양한 문제점을 내포하고 있었다. 따라서 보통교육 확대를 표방한 만큼 당연히 그 교과서를 마련해야 했을 메이지 정부로서도, 그리고 당대를 살아간 어학자들이나 작가들로서도, 현실에 걸맞은 새로운 철자법에 대한 모색에 끊임없이 내몰리게 되는 것은 자연스러운 추세라고 할 것이다. 새로운 가나철자법 제정을 향해 나아간다는 의미에서 메이지시대는 이를테면 과도기이며 혼돈상태였다고 할 수 있으며, 또한 이후의 '현대 가나철자법'을 확립해가는 준비

단계였다고도 할 수 있을 것이다.

3. 번역소설 『소공자』에 보이는 가나철자법의 혼란

여기에서는 메이지시대 번역소설인 『소공자(小公子, 쇼코시)』와 『오오카미(おほかみ)』 등에 대한 검토를 통해, 특히 長音에 대한 당시의 표기법의 혼란 실태를 밝히고, 또한 그러한 혼란을 해소하고자 했던 시도 등을 확인해보고자 한다. 그리고 오늘날과 같이 表音性을 표방한 '현대 가나철자법'이 정착하게 된 배경에 대해서도 살펴보기로 하겠다.

『소공자』는 버넷(Burnett)의 『Little Lord Fauntleroy』(1886)를 若松しづ子(와카마쓰시즈코)가 일본어로 번역한 소설인데, 1890년(메이지23) 8월부터 1892년 1월에 걸쳐 『여학잡지(女学雑誌, 죠가쿠잣시)』에 연재되었다. 『소공자』에 주목하는 이유로는, 먼저 본서는 언문일치체를 적극적으로 시도한 초기 작품이라는 점과, 전술한 바와 같이 표음적 가나철자법을 둘러싼 논의가 1883년에 시작된 만큼 시기적으로 가깝다는 점, 그리고 본서는 본문 전체에 漢字에 대한 독음이 첨서되어 있어서 漢字의 그늘에 가려져있던 표기상의 제 문제가 표면에 드러나게 되고, 그 결과 漢字音의 가나철자법에 혼란이 있는지를 손쉽게 확인할 수 있다는 점 등을 들 수 있다. 아울러 본서는 번역소설인 만큼 외래어가 빈번히 사용되어 후술하는 외래어 철자법으로부터의 영향이 상정된다는 것도 그 이유 가운데 하나다.

'철자법'의 혼란에는 다양한 형태가 있겠지만, 여기에서는 長音의 문제를 중심으로 조사해가기로 하는데, 특히 동일한 漢字에 대한 가나표기가 어떠한 양상을 보이는지가 주된 관심사다. 조사 범위로서는 『소공자』의 경우 16회에 이르는 방대한 내용이므로, 그 본문 가운데 각 회의 上 또는 甲을 대상으로 하고, 〈才열 장음〉〈[그]의 장음〉 〈[크]의 장음〉의 문제를 검토한다. 그 조사 결과를 아래에 제시한다.

□ 才열 장음('역사적 가나철자법'을 줄여 '역사적'이라고 한다.)

한자	역사적	예
光	くわう	光線(くわうせん)/ 光線(こうせん)
合	がふ	都合(つがう)/ 都合(つごう)
向	かう	一向(いつかう)/ 一向(いつかふ)/ 一向(いつこう)
相	さう	相応(さうおう)/ 相応(そうおう)
堂	だう	会堂(くわいだう)/ 会堂(くわいどう)
方	はう	両方(れうはう)/ 両方(りようほう)
法	はふ	処置法(しよちはふ)/ 法律(はうりつ)/ 法廷(ほふてい)/ 法律(ほうりつ)
様	やう	様子(やうす)/ 様子(ようす)
老	らう	老母(らうぼ)/ 老母(ろうぼ)
幸	かう	幸福(かうふく)/ 幸福(こうふく)

앞서도 언급한 바와 같이 '역사적 가나철자법'에서 〈ア열＋ウ 또는 フ〉로 표기되는 것은 〈才열 장음〉으로 발음된다. 그러니까 표기와 실제 발음 사이에는 차이가 있었다는 것인데, 위 예를 보는 한 『소공자』의 〈才열 장음〉 표기에는 두 가지 계열이 존재하고 있었던 것으로 생각된다. 즉 종래의 '역사적 가나철자법'에 따른 표기법과 실제

발음에 가까운 표기법이 공존하고 있었다고 하는 것이다. 예컨대 '相'의 경우 '相応(さうおう)'가 역사적 가나철자법을 따른 표기 예이며 '相応(そうおう)'가 실제 발음에 가까운 표기법이라고 할 수 있다. 이러한 점은 다음에 제시하는 〈그의 장음〉과 〈크의 장음〉에 대해서도 마찬가지로 지적할 수 있다.

ㅁ [그]의 장음

한자	역사적	예
旧	きう	旧友(<u>きう</u>ゆう) / 旧友(<u>きゆう</u>ゆう)
友	いう	朋友(ほう<u>いう</u>) / 朋友(ほう<u>ゆう</u>)
有	いう	所有(しよ<u>いう</u>) / 所有(しよ<u>ゆう</u>)
裕	いう	富裕(ふ<u>いう</u>) / 富裕(ふ<u>ゆう</u>)
遊	いう	遊戯(<u>いう</u>ぎ) / 遊戯(<u>ゆう</u>ぎ)

ㅁ [크]의 장음

한자	역사적	예
業	げふ	業務(<u>げふ</u>む) / 稼業(か<u>げう</u>) / 事業(じ<u>ぎやう</u>)/ 産業(さん<u>ぎよう</u>)
城	じやう	城郭(<u>じやう</u>くわく) / 城郭(<u>ぜう</u>かく)/ 城郭(<u>じよう</u>かく)
調	てう	調子(<u>てう</u>し) / 調子(<u>ちやう</u>し) / 調子(<u>ちよう</u>し)
妙	めう	妙(<u>めう</u>)な / 妙(<u>みやう</u>)な / 妙(<u>みよう</u>)な
常	じやう	非常(ひ<u>じやう</u>)に / 非常(ひ<u>ぜう</u>)/ 非常(ひ<u>じよう</u>)な
領	りやう	領分(<u>りやう</u>ぶん) / 大統領(だいとう<u>れう</u>)/ 大統領(だいとう<u>りよう</u>)

반복하지만 이상과 같이 『소공자』에는 '역사적 가나철자법'에 의거한 것과, 어느 쪽인가 하면 '현대 가나철자법'에 가까운, 그런 의미에서 실제 발음에 가까운 표기법이 공존하고 있다는 것을 확인할 수 있었다. 이렇게 표기법이 공존한다는 것은 당시 철자법에 일대 혼란이 발생하고 있었다는 사실을 의미하며, 어떻게든 하나로 통일할 필요성에 대해서는 누구나 공감하는 바였을 것이다.

한편 『소공자』에는 외래어를 표기하는 경우 「ストーブ」「ローム」「モリノー」「コート」 등과 같이 오늘날과 같은 역할을 하는 장음부호를 사용함으로써 위와 같은 표기상의 혼동은 발생하지 않는다. 다만 용례 수는 적지만 인명이나 지명 가운데 「ドリンコウト」와 「ドリンコート」, 그리고 「ニユーヨウク」와 「ニユーヨーク」가 모두 사용되고 있는 점은 주목할 만하다. 그렇지만 예컨대 「ドリン<u>カウ</u>ト」나 「ニユー<u>ヤウ</u>ク」와 같은 예는 전혀 보이지 않는다.

그런데 『소공자』의 등장과 거의 같은 시대인 1887년(메이지 20)년 간행된 二葉亭四迷(후타바테이시메이, 1864-1909) 저 『浮雲(우키구모)』[8]의 경우를 살펴보면, 필자가 조사한 범위에 있어서는 '역사적 가나철자법'의 규칙과 합치하여 혼동은 보이지 않는다. 그렇다고는 해도 그것이 '역사적 가나철자법'에 합치되어 있다는 것과는 별도로, 'オー'라고 하는 동일한 음운에 대해 '相談(<u>さう</u>だん)' '帽子(ぼ<u>う</u>し)' '様(<u>やう</u>)' '容子(<u>よう</u>す)'와 같이 여러 가지 방식의 표기법이 존재하여 혼란스럽다는 사실은 부정할 수 없다. 요컨대 '역사적 가나철자법'에 대한 지

---

8) 『浮雲』는 제1편(1887년(메이지20)간행), 제2편(1888), 제3편(1889)이 발표된 시기가 각기 다르다. 여기에서 사용한 텍스트는 近代文学館의 「新選 名著復刻全集」의 新編『浮雲』(1981년 인쇄)이다.

식 없이는 바른 표기는 애당초 불가능하다는 것이다. 그리고 이는 같은 음운을 단순하고 단일하게 표기한다는 입장과도 거리가 먼 것이었다.

한편 『浮雲』에서 채용하고 있는 표기법 가운데 특징적인 것은 외래어에 있어서의 「フロツクコート」와 같은 장음부호 사용은 물론이고, 고유어에 대해서도 비슷한 역할을 하는 부호를 사용하고 있다는 점이다.

> 「それからアノー例(れい)の事子、」
> 「ソノー気(き)心(ご、ろ)が解(わか)らんから厭(いや)だといふなら
> エー」

이와 같은 외래어의 가나 표기에 사용되는 장음부호나 카타카나가 고유어의 세계, 특히 회화문에 채용되어 있는 것을 볼 때, 카타카나는 역시 표음적인 표기수단으로서 인식되고 있었다는 것을 알 수 있다.

이처럼 거의 동시대의 두 문헌에 있어서의 가나철자법을 비교해본 결과 상당히 커다란 편차가 있다는 점을 확인할 수 있었다. 문헌의 성격과 저자의 능력이라는 면이 관여했을 것으로 생각되는데, 그것이야말로 사회 전반에 걸쳐 가나철자법에 혼동이 발생되고 있었다는 점뿐만 아니라, 그것도 몹시 심각한 상황에 처해 있었다는 사실을 상징하는 것으로 이해할 수 있겠다. 요컨대 가나철자법이라고 하는 사회적인 약속이 제대로 기능하지 못하는 상황이 연출되고 있었던 것이다.

 일본인의 국어인식과 神代文字

4. 上田万年의 표음적 철자법

일본의 '国語' 형성 과정에서 실로 막강한 영향력을 행사한 上田万年(1867-1937)에 대해서는 다양한 각도에서 평가가 이루어져있는데, 여기에서는 『국어학연구사전』(p.31)을 참조하여 간단하게 정리해두기로 한다.

메이지 정부는 중앙집권화를 위한 국어정책으로서「표준어의 제정」을 들고 있다. 그것을 위해 메이지 35년 국어조사위원회를 발족시켰는데, 그 주사 역할을 담당한 것이 上田万年다. 그가 국어정책에 깊이 관여했음을 알 수 있다.

이처럼 "국어정책"을 주도한 핵심 인물인 上田万年가 독일의 그림(Grimm) 원작 동화를 重訳한 『오오카미』라는 번역서를 세상에 선보인다. 본서는 1889년(메이지22)년 9월 1일 인쇄, 같은 해 10월 5일 출판된 것으로, 여기에서는 1978년 4월의 복제본에 의거하여 長音표기에 관해 조사한 결과를 아래에 제시한다.

  □ オ열 장음
  · おう : 大層(たいそう)
  · あう : だまされないやョーうに / 狼だらローう / さうさせたのち / 方々(はうばう) / ふるへさソーうな / やョーうす / さソーうして / ～ておかコーう / 一方(いっぱう)

☐ [그]의 장음 : 용례 없음.

☐ [크]의 장음

  ・よう：鎔化(ようくわ)

  ・いやう：両字(りやうじ)

  ・えう：気をつけませ^{ショー}う

  ・えふ：符喋(ふてふ)

☐ 기타

  と^{トー}ほり / 食ッてしま^{モー}ふぞ / 云^{ユー}ふ(いふ)

  위에 제시한 바와 같이『오오카미』에 채용된 철자법은 기본적으로는 '역사적 가나철자법'과 같다고 볼 수 있다. 다만 한편으로 'や－う(크ー)に' 'だら－う(ロー)' 등과 같이, 표기 자체는 역사적 가나철자법을 따르면서도 카타카나로 실제 발음을 注記하고 있는 점이 주목된다. 이러한 표기법과 관련하여 본서 말미에는 다음과 같은 주의사항이 부기되어 있어서, 上田万年가 실제 발음과 표기 사이의 차이에 대해 명확한 문제의식을 가지고『오오카미』를 통해 이를테면 실험적인 시도를 했음을 확인할 수 있다. 그 내용을 아래에 제시한다.

  ○주의

  (一) は 글자는 모두 ワ, へ 글자는 (返事(へんじ)의 'へ'를 제외) 모두 え, おほかみ(狼)나 かほ(顔) 등의 ほ 글자는 お로 읽어야한다.

  (二) ツ 글자는 촉음의 부호다.

  (三) 또한 ― 부호가 두 글자 사이에 있으면 두 글자가 나타내는 음을 하나로 변화시키는 것을 나타내고, 카타카나 아래에 있으면 그 가나가 나타내는 음을 길게 발성하는 것으로 알아야한다.

위에 제시한 주의 (一)은 '語中 ハ行'의 문제, 그리고 (二)는 '促音'의 문제에 대해 언급한 것이다. '주의' 가운데 가장 주목되는 것은 (三)인데, 이것은 두 개의 가나 사이에 부호 '一'을 넣은 경우, 그 발음을 하나로 변화시켜 읽어야 한다는 점과, 카타카나로 적은 말에 사용되는 경우에는 오늘날의 장음부호와 같은 역할을 한다는 것을 밝힌 것이다. 이 (三)을 거꾸로 이해하자면, '一'이 쓰이지 않은 경우는 가나로 적힌 그대로 읽으면 된다는 것을 의미하게 된다. 이처럼 上田万年는 종래 가나철자법을 따르면 실제 발음과 표기 사이에 심각한 차이가 발생한다는 인식 아래 표기상의 다양한 실험을 시도했던 것이다.

그런데 이 (三)이 주목되는 이유 가운데 하나로서, 비록 발상은 정반대였지만, 이러한 시도가 이미 에도시대에도 있었다는 점을 들 수 있다. 蘭学者9)로 유명한 前野良沢(마에노료타쿠, 1723-1803)의 『화란역전(和蘭訳筌, 오란다야쿠센)』(1785)에 다음과 같은 기사가 있다. 아래 인용문은 네덜란드어를 일본어로 옮겨 적을 때 발생하는 표기상의 문제점 즉 가나철자법에 대해 기술한 것인데, 『화란역전』에는 'hoest'를 'ウゥズト', 'luna'를 'ルユナ'로 표기한 예가 보이며, 이처럼 글자를 작게 첨서하는 방식 등에 대한 개괄적인 설명이다.

가나를 註함에 있어서, 네덜란드어의 흡을 바르게 옮기기 어려운 것이 있다. 따라서 옛 訳 가운데 음운이 서로 혼동되지 않은 것과, 피차에 가깝게 닮은 것을 취하여, 이를 사용한다. 대개 읽는 법은, 「エフ・イェ・エル」 등과 같이 작은 글자를 붙인 것은 「フ」라고 하여,

---

9) '蘭学'이란 네덜란드와 관련된 학문을 가리킨다.

각 그 작은 글자의 소리를 띠면서 발음해야 한다. 「キュウ」는 キ・ウ 두 글자의 합으로서 1音을 이루는 것으로, 「ウ」는 그 나머지 韻
이다.

〔159〕

대개 독음하는 国字10)를 사용하는 예. ○ア 등〔イ・ウ・エ・オ〕
다섯 韻의 글자를 작게 적은 것은, 그 위 글자를 끌어서 발음하는 것
이다. 단 「ウ」자를 크게 쓴 것은 위 글자와 합하지 않고 따로 「ウ」의
全音을 발음하는 것이다. 〔「コウド」와 같은 것이 이것이다. ○「コオ
ド」 등과 같이 발음해서는 안 된다.〕 ○「フ」자, 옛날에는 위 글자를
끌어서 발음하는 경우가 있다. 그러나 지금은 이를 따르지 않는다.
모름지기 全音으로 발음해야 한다. 매번 이를 크게 적음으로써 그 분
별을 기한다. ○두 글자를 합해 쓰는 것은 두 글자를 1音으로 해서
발음해야 한다. ○글자의 왼쪽 어깨에 작은 글자를 덧붙인 것은, 그
덧붙인 글자의 소리를 띠면서 원래 글자를 발음한다. ○「ツ」자를 오
른쪽 아래에 덧붙인 것은 본래 글자를 눌러서 발음하는 것이다.

〔160〕

위 인용문 가운데 「エフ・イェ・エル」의 경우, "작은 글자의 소리를
띠면서 발음해야 한다"고 기술한 부분과 "「ウ」자를 크게 쓴 것은 위
글자와 합하지 않고 따로 「ウ」의 全音을 발음하는 것이다"라는 기술
이 특히 주목된다. 이는 앞서 살펴본 上田万年의 언급과도 관련성이
인정되는데, 요컨대 표기상의 고안을 반영하지 않은 경우에는 적힌
대로 읽으면 된다고 하는 것으로, 上田万年가 말하는 〈'ー'이 없는
것은 가나로 적힌 대로 읽으면 된다〉는 발상과 원리적으로 같다고

---

10) 여기에서 '国字'는 일본어의 가나를 가리킨다.

316 일본인의 국어인식과 神代文字

할 수 있다. 그리고 일본 고유어의 읽는 방법을 그대로 적용하면 'コオド'가 되어버리는 'コウド'에 대한 주의를 환기시키는 前野良沢의 지적은, 표기상에 있어서 외국어와 고유어의 차별화를 시도했다는 점에서 매우 독창적이라고 할 수 있다. 즉 같은 가나를 사용하는 이상에는 고유어에 대한 읽는 법과 외국어를 가나로 옮겼을 경우가 충돌할 수밖에 없으므로 그것을 경계한 것으로 생각되며, 이는 거꾸로 '작은 글자'나 'ー'와 같은 이를테면 부호를 사용하는 방식에 정당성을 담보하는 결과가 된다.

그런데 이와 같은 무언가 부호나 글자의 크기에 의해 고유어 아니 보다 정확하게는 '역사적 가나철자법'과의 충돌을 피하고자한 시도는, 서양 학문에 몰두하여 통역으로서도 활약했던 清水卯三郎(시미즈우사부로, 1829-1910)의 『엔기리시코토바(ゑんぎりしことば)』(1860)에도 보인다. 그것은 『당화찬요』(1718)에서도 채용된 「デ○ウ」와 같은 표기다[11].

| むすめ | ド○ウトル | みかづき | ニ○ウムーン |
| つゆ | デ○ウ | ねづみ | マ○ウス |

위 예에서 가나 사이에 사용된 '○'는 만일 'デウ'를 고유어의 읽는

---

11) 『당화찬요』는 유학자로서 중국어에도 능통했던 岡島冠山(오카지마칸잔)(1674-1728)이 지은 중국어 학습서이다. 본서에는 다음과 같이 漢字를 표제어로 삼고 그 발음을 가나로 적은 예가 보인다.

把 パア	柄 ピン	不 プ
再 ザ イ	讃 ザン	早 ザ ○ウ
没 モ	根 ゲン	客 ゲ

위에 보이는 ' ° '에 대해 沼本(1990)는 각각 'パ는 'p-音'을, 'ザ '는 'ts-音'을, 그리고 'モ '와 'ケ '는 '-ə音'을 나타내는 것으로 정리하고 있다. 또한 'ザ ○ウ'에 보이는 '○'는 'ソ ー'로 읽는 것을 방지하기 위한 표기상의 고안으로 생각된다.

방식에 따라 읽었을 경우 'ヂョー'가 되어버리므로, 그것을 방지하기 위해 고안한 것으로 보인다. 上田万年의 '一'와는 반대의 목적을 가지고 있는 부호지만, 결국 원리적으로는 같다고 할 수 있을 것이다.

이상과 같이 언어학자이면서 또한 일본의 언어정책을 입안한 대표적 인물이기도 한 上田万年는 표기와 실제 발음 사이의 相異 문제에 민감하게 반응하여, 카타카나와 촉음부호, 그리고 '一' 등을 채용했던 것인데, 이러한 시도는 上田가 독창적으로 만들어낸 것이 아니라, 에도시대 이래 외래어에 대한 가나 표기에 시도되었던 수법을 재해석 내지 재도입한 것이었다고 할 수 있겠다.

반복하지만, 이러한 표기상의 고안은 原音을 충실하게 시각화하고자 한 결과이며, 고유어를 가나로 표기할 때 발생했던 표기와 실제 발음 사이의 相異 문제를 적극적으로 고려한 것이었다. 그리고 외래어에 대한 표음식 가나철자법이 강하게 의식되는 한편 그 때 고안된 표기상의 방식이 고유어의 가나철자법에도 영향을 미친 것으로 보는 편이 타당할 것이다.

이상 일본어 철자법의 혼란 상황에 대해 살펴보았다. '현대 가나철자법'은 표음적인 성격이 강하다고 일컬어지지만 이도 역시 '역사적 가나철자법'에 의거한 음운론적 해석에 지나지 않는다. 그리고 '현대 가나철자법'으로 이행한 것은 단순히 현실 발음과 표기 사이의 相異를 바로잡으려 했기 때문만은 아니다. 그것은 다름 아니라 시각상의 단순화·단일화를 추구한 결과였던 것이며, 그 배경에는 외국어와의 접촉 등에서 축적해온 수많은 시행착오들이 있었다.

이제 〈가나철자법〉이라고 하는 것이 결국 정책상의 판단이라는 측면이 강하기 때문에, 메이지 이후 정책 면에서 실제로 어떠한 전개를 보이는지를 밝히는 문제가 남아있다. 그 일환으로서 이하 일제강점기 조선에서 가나철자법 문제가 어떠한 양상으로 전개되었는가에 대해 살펴보도록 하겠다.

제 5 장

일제강점기 조선에서의 일본어 표기법

앞서 살펴본 바와 같이 '역사적 가나철자법'이란 간단히 말하자면 가나 사용상의 규범을 옛 문헌에서 찾아 그것을 증거로 삼아 귀납적으로 결정한 표기법이라고 할 수 있다. 따라서 어떤 단어를 漢字가 아닌 가나로 표기할 때에는 '역사적 가나철자법'에 입각하는 한 현실 발음과의 괴리가 표면에 드러날 수밖에 없으며, 그 괴리를 극복하기 위한 새로운 약속이 먼저 교수되어야만 한다는 제약이 따른다. 이러한 문제는 특정 지식층만이 문자를 專有하던 시절에는 크게 대두되지 않았을 테지만, 메이지유신 이후 일반 민중에 대한 보통 교육이 확대되면서, 또한 서구 문물과의 접촉의 부산물로서 일본어에 대한 관심이 고조되는 상황에서, 사회적인 문제로서 활발하게 논의되기에 이른 것으로 보인다. 즉 큰 틀에서 보면 〈가나철자법〉 문제는 과거로부터의 탈피 과정에서 발생한 사건이며 또한 일본어에 대한 객관적인 접근의 결과라고도 할 수 있을 것이다. 그 결과물이 바로 〈表音性〉을 강조하는 1946년에 제정된 '현대 가나철자법'이라고 한다면 이러한 〈표음성〉이 곧 새로운 시대정신을 반영하고 있다고 해도 무방할 것이다.

그런데 일본어를 어떠한 방식으로 시각화할 것인가 하는 문제는 주로 언어 교육의 장에서 발생하게 되는데, 메이지유신 이후 '현대 가나철자법'이 제정되기 이전까지의 일본어 교육은 단지 일본어를 모어로 가진 사람만을 대상으로 하는 데에서 그치지 않고 나아가 소위 식민지에서의 일본어 교육도 포함하여 전개되었다. 따라서 오늘날의 관점에서 이야기하자면 외국어로서의 일본어 교육에서 표기법 문제가 두드러지게 발생했으며, 그 가운데는 일제강점 하 조선의 상황 역시 포함된다.

여기에서는 일제강점기 조선에서 조선총독부가 발간한 일본어 교과서에 채용된 가나 표기법이 실제로 어떠한 형태의 변화 과정을 거치고 있으며 또한 그것이 당시 일본에서 전개된 가나표기법을 둘러싼 논의 및 일본인을 위한 교과서의 방식들과 어떠한 관계에 있었는지를 중심으로 살펴보고자 한다. 구체적으로는 일본에서는 논의에만 그쳤던 소위 〈표음식 가나철자법〉이 어떠한 형태로 조선에서 채용되었으며, 그 채용 및 개선이 조선에서 가능했던 이유에 대해 생각해보기로 하겠다. 또한 내선일체의 강조와 같은 패러다임의 변화가 일본어 표기법에 어떠한 영향을 미쳤으며, 나아가 일본 패전 이후 현실 발음을 중시하는 '현대 가나철자법'이 채용된 것과 조선에서의 조선총독부에 의한 이를테면 실험이 어떠한 상관관계가 있는지 등에 대해 살펴보기로 한다.

1. 일본의 국정교과서와 조선총독부 편찬 교과서

메이지유신 이후 일본에서의 초등 교과서는 1872년(메이지5)의 '学制' 발포 후에 전국에 만들어진 小学校의 교과서로서 사용되는 것을 시작으로 점차 변화 발전하게 된다. 또한 1881년(메이지14)의 '小学校教則綱領'에 의해 이후 小学校는 初等科(3년), 中等科(3년), 高等科(2년)와 같은 제도로 자리 잡게 되는데, 1886년(메이지19)의 '小学校令' 이후 교과서와 관련하여 検定제도가 도입되게 된다. 그리고 이를 이어 1903년(메이지36) 小学校 교과서는 国定제도로 바뀌게 된다.[1]

그런데 국정교과서 채택 이전에도 예컨대 1887년(메이지20) 文部省編輯局에 의해 만들어진 『심상소학독본(尋常小学読本)』이나, 今泉定介(이마이즈미사다스케)·須永和三郎(스나가와사부로) 共編 『심상소학독서교본(尋常小学読書教本)』(1894) 등 다양한 일본어 교과서가 존재했는데, 국정교과서 채택 이후 문부성에서 제작한 교과서를 정리하면 다음과 같다.

---

1) 1903년 4월 小学校令을 개정하여 발포한 제24조의 내용은 다음과 같다.
   小学校의 교과서는 문부성에서 저작권을 갖는 것이다. 전항의 도서가 동일한 교과목에 관해 여러 종이 있는 경우에는 그 가운데서 府 県의 知事가 이를 채택하여 정한다. 문부대신은 제1항의 규정에 구애받지 않고 修身, 日本歷史, 地理의 교과용 도서 및 国語読本을 제외하고 그 교과용 도서에 한해 문부성에서 저작권을 갖는 것 및 문부대신이 검정한 것에 대해 부 현의 지사에게 이를 채택하여 정하도록 할 수 있다. 補習科의 교과용 도서에 관해서는 문부대신이 정하는 바에 따른다.

제1기 국정국어교과서

　　『심상소학독본』巻1-8(1903-;明治36)

제2기 국정국어교과서

　　『심상소학독본』巻1-12(1910-;明治43)

제3기 국정국어교과서

　　『심상소학국어독본(尋常小学国語読本)』巻1-12(1918-;大正7)

제4기 국정국어교과서

　　『심상과용 소학국어독본(尋常科用 小学国語読本)』巻1-12

　　(1933-;昭和8)

제5기 국정국어교과서

　　『コトバ ノ オケイコ』1, 2(1941-;昭和16)

　　『ことば の おけいこ』3, 4

　　『ヨミカタ』1, 2

　　『よみかた』3, 4

　　『초등과국어(初等科国語)』1-8

한편 조선총독부에서도 国語(일본어) 교과서를 독자적으로 발간하는데, 조선총독부 편찬 교과용 도서 목록을 보면 "併合" 직후 교과용 도서를 『보통학교학도용국어독본(普通学校学徒用国語読本)』이라고 했으며, 이들 교과서는 1911년 제1차 朝鮮教育令 발포 이후 다음과 같이 제1기부터 제5기로 나누어 구분할 수 있다.

제1기　1912년 이후 1915년까지 간행된 교과용 도서

　　　『보통학교국어독본(普通学校国語読本)』

제2기　1923년 제2차 조선교육령 이후 간행된 교과용 도서『보통학

교국어독본』

제3기 1930년 2월5일 개정 이후1931년 1월까지 간행된 교과용 도서
『보통학교국어독본』

제4기 1938년 제3차 조선교육령 이후 간행된 교과용 도서『초등국
어독본(初等国語読本)』

제5기 1941년 3월31일 国民学校規程(조선어폐지) 이후 간행된 교과
용 도서『초등국어(初等国語)』

1911년 조선교육령 발포 이후 조선총독부에서 본격적으로 교과서
편찬 작업에 착수한 이래 처음으로 간행한『보통학교국어독본』(1912
년)은 당시 編修課長이었던 小田省吾(오다쇼고) 등을 중심으로 편찬
되었다. 小田省吾는 「조선총독부편찬교과서개요(朝鮮総督府編纂教科
書概要)」(1917)에서 교과서 편찬에 관한 「일반방침」을 밝히고 있는데
그 내용은 다음과 같다.

교과서 일반방침

(1) 보통학교 교과서는 조선교육령 및 보통학교 규칙에 준거하여 편
찬할 것.

(2) 보통학교 교과서는 조선어 및 한문 독본을 제외하고 모두 国語(일
본어)를 가지고 기술할 것. 단 더욱 国語(일본어)가 보급될 때까지
사립학교 생도용으로 쓰기 위해 修身書·農業書 등 특수한 것에
한해 따로 朝鮮訳文을 만들 것.

(3) 내용은 교과목의 다름에 따라 각기 특색을 갖춰야 함은 물론이지
만, 직접 국민성 양성에 관계가 있는 교과목에 있어서는 다음에
밝히는 점을 가장 주로 삼아야 할 것.

1) 조선은 内地(일본) 대만 등과 마찬가지로 우리 국가의 일부를
   이룬다는 것을 분명히 알게 한다.
2) 우리 帝国(일본)은 万世一系의 天皇이 이를 통치하시는 곳이라
   는 것을 알게 한다.
3) 우리나라(일본)가 오늘날과 같이 국력이 발전한 것, 또한 조선
   인이 大日本帝国 臣民으로서 다른 世界 一等国의 인민과 어깨
   를 나란히 하고, 안으로 행복한 생활을 영위할 수 있는 것은
   오로지 皇室의 恩沢에 의한다는 것을 깊이 새기게 하고, 각기
   본분을 지켜 皇室을 우러르고, 국가에 진력해야 하는 도리를
   알게 한다.
4) 실용 근면을 主로 삼고, 空理 空論을 피하게 한다.
(4) 보통학교 교과목 중 따로 地理 歷史科를 만들지 않았으니 国語読
   本 교재 안에서 우리나라(일본)의 歷史 地理 일반을 교수하고, 조
   선어 및 한문독본 안에서 조선 지리의 개요를 가르치는 것으로
   한다.   (pp.4-5)

이하 小田省吾의 「조선총독부편찬교과서개요」에서의 언사 등을 중
심으로 『보통학교국어독본』의 편찬 배경 등에 대해 자세히 살펴보기
로 한다. 또한 이때는 『보통학교국어독본』 간행 직전에 문부성에서
펴낸 국정교과서인 『심상소학독본』(1910)과의 관계 역시 시야에 넣고
논의를 진행한다.

2. 『심상소학독본』과 『보통학교국어독본』

1903년 일본에서 교과서에 대한 국정제도가 도입된 이후 일반적으로 제2기 국정교과서라고 일컫는 것은 1910년 발간된 『심상소학독본』(1-12권)이다. 여기에서 주로 논의하고자 하는 『보통학교국어독본』은 이보다 2년 늦은 1912년 간행이므로 시기적으로나 당시의 상황 등을 종합적으로 고려할 때, 두 교과서가 내용적인 면뿐만이 아니라 언어적인 면에 있어서도 깊이 관련되었을 개연성이 큰 것으로 생각된다. 다만 다음에 제시하는 「조선총독부편찬교과서개요」의 언사를 보면 "内地" 즉 일본에서 만들어진 교과서와의 차별성을 강조하고 있어서 그 관련성의 정도가 어디까지인지 단언하기는 어렵다.

> 종래 内地에서 출판된 국어독본은 그 서적의 숫자가 헤아릴 수 없을 정도로 많다고는 하지만, 모두다 国語(일본어)로써 모어로 삼는 아동을 목적으로 한 것으로서, 모어를 달리하는 자에게 적용할만한 국어독본의 편찬에 대해 깊이 고려한 것이 적다. 이에 보통학교국어독본은 모어를 달리하는 조선인 아동을 대상으로 편성한 것이므로, 이러한 점에 있어서 종래와는 취지를 달리하는 일종의 국어독본이라고 칭해야 할 것이다. (p.11)

위 기사에서 주목할 만 한 것은 보통학교2)에서 사용할 『보통학교

---

2) 조선에서 '普通学校令'이 공포된 것은 1906년 8월 27일로 알려져 있는데 '普通学校'라는 명칭이 쓰이게 된 배경에 대해서는 佐藤由美(2000)『植民地教育政策の硏究 : 朝鮮・1905-1911』龍渓書舍(pp.40-41)를 인용하는 것으로 대신한다.
　'普通学校'라는 명칭은 幣原(시데하라)에 의해 고안된 것인데, 그것은 学部大臣 李完用과의 다음과 같은 교섭의 결과였다. 처음에 幣原가 일본과 마

국어독본』이 지향하고 있는 바가 명확히 드러나 있다는 점이다. 즉 조선총독부에서 편찬한『보통학교국어독본』은 "모어"를 달리하는 조선인 아동을 대상으로 삼고 있는 만큼, 일본어가 "모어"인 아동을 위해 편찬된 교과서(국정)로는 〈목적〉하는 바를 충분히 달성할 수 없다는 인식에서 출발하고 있다는 점을 확인할 수 있는 것이다. 이러한 〈목적〉과 관련된 논의는 후술하기로 하고 여기에서는 일단『심상소학독본』과『보통학교국어독본』의 목차에 대한 조사 결과를 제시하고자 한다. 각 1권에는 제목이 없으므로 2권 이하를 조사의 대상으로 하고 레벨 등을 고려하여 2권과 3권을 조사한 결과를 아래에 보인다.

<hr>

찬가지로 '小学校'로 했더니, '文字를 형식적으로 취급하는 韓国에서는 "小"는 비천한 의미를 가지므로, 종래에도 "小"를 쓰지 않고 書房(書堂)'이라 해왔던 배경이 있으므로, 이에 '国民学校'라는 명칭을 고안했더니, 이번에는 韓国에서 '民'이란 庶民을 가리키는 문자로서 양반의 자제들이 입학을 거부하지 않겠느냐는 李 学部大臣의 대답이었다. 그 결과 탄생한 것이「普通学校」라는 호칭이었다.
수학 연한은 당시의 일본을 본떠 4년으로 하고, 입학 연령은 8세로 했다. 세는 나이로 8세였으므로 일본의 만6세와 큰 차이는 없었다. 교과과정은 갑오개혁기에 제정된 小学校令에 준했는지, 독자적인 것을 편성했는지 불명이다. 명확한 것은 일본어와 한문이 있었다는 것으로, 한문 시간을 일본어로 대체하려 했던 일로 반발을 샀다. 또한 일본어 및 그 밖의 교과의 교편을 잡기 위해 일본인 교원을 채용할 것이 결정되어, 1905년 10월 1일에 国井泉(쿠니이이즈미)가 부임했다.

국정(1910) 2권	국정(1910) 3권	과	총독부(1912) 2권	총독부(1912) 3권
ニハトリ	サクラ	1	アサ	木ウエ
ヒノデ	コレ ガ スンデ カラ	2	アサ ノ アイサツ	ノアソビ
キク ノ ハナ	ノアソビ	3	クリヒロイ	ウメト サクラ
オハナ ト オキク	ワタクシ ノ ウチ	4	ツキ	花サカセジジイ(一)
ツキ	ノミ ノ スクネ	5	ニワトリ	花サカセジジイ(二)
カハ	ヒバリ	6	木 ノ ハ	花サカセジジイ(三)
イヌ ノ ヨクバリ	なぞ	7	オキャク	かたかな と ひらがな
キ ノ ハ	うし と うま	8	ジュンサ	こい
ナゾ	こうま	9	四方	日 の かぞえかた
カクレンボ	タケ	10	シンセツナ コドモ	たけ
ユフガタ	タウヱ	11	ゴゼン ト ゴゴ	ものさし
シンネン	ほたる	12	マチ	なつ
タコ ノ ウタ	がくかう へ もつて いく もの	13	福童 ノ ウチ	ほたる
モチ ノ マト	うと からす	14	ユキ	こうま
オカアサン	ミギ ト ヒダリ	15	雪ダルマ	田うえ
ユキダルマ	四方	16	子犬	山 ノ 上 ノ ナガメ
天ジン サマ	ほしとり	17	兄 ト 弟	地図 ノ 見カタ
ワタクシ ノ ホン	かへる	18	シンネン	すいえい
ハナサカヂヂイ(一)	かへる と くも	19	日ノマル ノ ハタ	だいにっぽんていこく
ハナサカヂヂイ(二)	ハイ 今 スグニ	20	テン ノウヘイカ	めいぢてんのう
ハナサカヂヂイ(三)	虫ボシ	21	オカアサン	お花
	うみ	22	月 ノ カゾエカタ	テンチョウセツ
	かひ	23	氷 ノ 上	ヤクショ(一)
	ウラシマ ノ ハナシ(一)	24	ブタ	ヤクショ(二)
	ウラシマ ノ ハナシ(二)	25	手ヌグイ	トケイ
		26	トリ ノ カズ	時計 の 歌
		27	タコ	あさ の いち
		28	エホン	おうちゃくもの
		29	モモタロウ(一)	ていしゃば
		30	モモタロウ(二)	汽車りょこう
		31	モモタロウ(三)	

위에 제시한 목차를 보면 그 제목만으로도 『보통학교국어독본』에서는 조선이라고 하는 특수한 상황을 고려한 것으로 인정되는 챕터가 보인다. 즉 朴英淑(2000)이 말하는 "정치적인 목적[3]"이 느껴지는

---

3) 朴英淑(2000)「解題『第一期普通学校国語読本』について」『福岡教育大学付属 図書館蔵 普通学校国語読本』, 粒粒舎. pp.1055-1056
　　필자는 이 교과서가 본래의 국어교육 목적을 달성하기 위한 것이 아니었다고 생각한다. 본래 국어교과서란 국어교육을 통해 심성을 풍요롭게 하고, 지식을 부여하여 개인의 능력을 신장시키기 위한 것임에도 불구하고, 이 교과서가 정치적인 목적을 主意로 하여 조선인 아동을 대상으로 편찬되어, 통치자 측의 노림수 및 통치자 측의 요망을 수행하고자 한 것이 되어버렸기 때문이다.

'순사(ジュンサ)' '일장기(日ノマル ノ ハタ)' '천황폐하(テンノウヘイカ)' '대일본제국(だいにっぽんていこく)' '메이지천황(めいぢてんのう)' '천장절(テンチョウセツ)'과 같은 챕터가 『보통학교국어독본』에만 들어있는 것이다. 그런데 두 책에는 동일한 제목의 챕터도 있다. 그것을 정리한 것이 다음이다.

제목	국정2기 (1910)	총독부 (1912)
お母さん	2권 15과	2권 21과
キノハ	2권 8과	2권 6과
こうま	3권 9과	3권 14과
シンネン	2권 12과	2권 18과
四方	3권 16과	2권 9과
ツキ	2권 5과	2권 4과
タケ	3권 10과	3권 10과
タウヱ	3권 11과	3권 15과
ニハトリ	2권 1과	2권 5과
のあそび	3권 3과	3권 2과
ホタル	3권 12과	3권 13과
ハナサカヂヂイ	2권 19과-21과	3권 4과-6과
ユキダルマ	2권 16과	2권 15과
ワタクシ ノ ウチ	3권 4과	2권 13과(福童 ノ ウチ)

단순히 위 조사결과만을 보더라도 『보통학교국어독본』의 편찬 배경에는 국정교과서인 『심상소학독본』이 어떠한 형태로든 관련되어 있다고 생각하는 편이 타당할 것이다. 이하 「조선총독부편찬교과서개요」에서 小田省吾가 언급한 국정교과서와 관련된 사항을 살펴보기로 한다.

먼저 내용상의 문제를 보기로 한다. 「조선총독부편찬교과서개요」

에는 조선에 체재하는 일본인 아동에 대해서는 기본적으로 국정교과서를 사용하도록 하고 있다는 기사가 보인다.

> 조선에 있는 내지인 자제를 교육할 소학교 교과용 도서는 모두 내지와 마찬가지로 문부성 저작 국정교과서를 사용하지만, 다소 내지와 사정을 달리하므로 약간 本府[4]에서 편찬 사용하게끔 한 것이 없지는 않다. (p.1)

다음으로는 한일강제병합 이전의 "韓国"의 상황에 대한 기술 가운데 교과서의 내용에 대한 언급 부분에서 찾을 수 있는데, 여기에서는 국정교과서의 체제 및 내용을 따라서 "韓国王室"에 대한 기술이 이루어지고 있었기 때문에 이후 이에 대한 수정이 필요했다는 지적이 보인다.

> 이때[5], 한국은 여전히 우리나라 보호 아래에서 독립의 체면을 유지하고 있었으므로, 해당 교과서의 내용은 우리 국정교과서류를 본떠 한국왕실 등에 관한 사항을 포함하는 경우가 적지 않았다.(p.2)

이러한 지적에 이어서 다음과 같이 언급한다.

> 이어서 메이지 43년 8월 29일, 일한병합이 발표되자, 반도는 우리나라 영토의 일부가 되고 반도 주민은 모두 폐하의 백성이 되었으니, 앞선 교학부 편찬 교과서는 그 내용에 있어서 몹시 부적당한 것이

---

4) '본부'란 조선총독부를 가리킨다.
5) 원문은 '此時'로 되어 있는데, 이는 1908년(메이지41)을 가리킨다.

되고, 그 밖의 교학부에서 검정 또는 인가를 했던 도서들은 모두 시
세에 적합하지 않은 것이 되었다.   (p.2)

즉 한일강제병합이라는 정치 사회적 변화에 따라, 예컨대 "韓国王
室"에 대한 기술 등 그 내용에 있어서 "부적당"한 것이 있고 따라서
시대적 상황(時勢)에 맞지 않는다는 것이다. 이에 일단은 다음에 보
는 것과 같이 "字句"를 "訂正"하고 필요한 사항을 "敷衍"하는 방식을
채용했음을 밝히고 있다.

당시 제 학교에서 사용했던 각종 교과서 가운데 부적당한 교재의
자구를 정정하고 또는 필요한 사항을 부연하게 하여, 이로써 교수함
에 있어서 유감이 없음을 기한다.   (p.2)

여기에 앞서 인용했던 「교과서 일반방침」의 "1)조선은 内地(일본)
대만 등과 마찬가지로 우리 국가의 일부를 이룬다는 것을 분명히 알
게 한다"를 비롯한 (3)의 내용을 겹쳐보면 『보통학교국어독본』은 "정
치적인 목적"을 달성하기 위해 작성된 교과서라는 지적이 타당한 것
으로 보인다. 그런데 이하 살펴보는 바와 같이 小田省吾는 이러한
이데올로기적인 문제뿐만 아니라 구체적인 언어적 문제에 대해서도
국정교과서와의 관계 속에서 언급하고 있다.
먼저 가나 표기법에 대한 언사를 살펴본다.

内地의 소학교에서 사용되는 국정교과서는 어떠한가 하니, 수년
전 문부성은 소위 一式 가나철자법[6]을 폐지하고, 모두 역사적 가나

철자법을 채용했으므로, 예컨대 「学校」를 「がくかう」, 「行きませう」
를 그대로 「行きませう」로 했다.   (p.3)

위 기사는 『보통학교국어독본』의 경우 소위 〈표음식 가나철자법〉
을 채용하고 있다는 사실의 배경에 대해 언급하는 과정에서 제시된
것인데, 이렇게 국정교과서에서는 '역사적 가나철자법'을 채용하고 있
음을 밝힌데 이어 小田省吾는 조선의 경우는 대만이나 일본과는 사
정이 매우 다르다고 지적한다.

> (1) 신속히 국어의 보급을 도모하는 것이 가장 긴절하며, 가나철자법
> 의 난이는 그 성적에 영향을 미치는 바가 지대한 점.
> (2) 병합 당시 조선에 현존하는 학교의 수는 전기한 바와 같이 수천
> 을 넘어 대만과 결코 같은 수준이 아니다. 또한 이들 제 학교에
> 있어서의 교사는 공립보통학교장을 제외하고 대개 모두 조선인
> 이므로, 이러한 다수의 조선인 교사에게 사용하도록 하여 오류
> 없이 교수시키는 데는 역사적 가나철자법은 몹시 불편한 점.(p.3)

즉 일본어의 빠른 보급을 위해서는 그 표기법이 어려워서는 곤란
하며, 조선의 학교 수를 볼 때 대만과는 비교가 되지 않으며, 또한 교
사가 대부분 조선인이므로 오류 없이 교수하기 위해서는 '역사적 가
나철자법'을 채용해서는 매우 불편하다는 사정이 있음을 밝히고 있는
것이다. 그리고 이러한 배경을 바탕으로 조선에서는 일본 현지와는

---

6) 'ㅡ식 가나철자법'이란 일본어의 長音을 현재와 같이 'う'나 'お' 등을 가지고 표
　기하는 대신 장음부호인 'ㅡ'로 표기하는 방식을 가리킨다. 이것이 폐지된 것은
　1905년이다.

다른 표기법을 채용하고 있음을 밝힌다.

> 이상의 이유에 의해 조선총독부에서는 학리 상 가장 자연스러워 조선인에게 받아들여지기 쉽고, 또한 역사적 가나철자법을 학습하는 경우에 발생할 수 있는 곤란이 적은 가나철자법을 채용하여, 이에 의해 보통학교교과서를 편찬하여, 이로써 국어 보급에 있어서 현저한 효과가 있도록 기했다.　　　　　　　　　　　　　　(pp.3-4)

여기에서 주목할 만 한 것은 〈표음식 가나철자법〉을 "학리 상" 가장 자연스러워 조선인이 받아들이기 쉽다고 지적하는 점이다. 이는 조선총독부 편수과장으로서 일본어 표기법에 대해 이러한 소신을 가지고 있었음을 여과 없이 드러내 보이는 부분이라는 점에서 중요한 의미를 갖는다. 이러한 小田省吾의 생각은 다음 기사로 이어진다.

> 조선총독부 제정 표음적 가나철자법을 써서 종래 모어를 달리하는 조선인 아동에게 배우기 쉽도록 한다.　　　　　　　　　(p.12)

이것은 小田省吾가 조선총독부의 「国語読本」 편찬에 있어서의 방침을 밝히는 부분 가운데 일부인데, 여기에서 주목되는 점은 "배우기 쉽도록 한다"는 언사다. 즉 小田省吾는 앞서도 밝힌 바와 같이 "모어"가 다른 조선인 아동에게 있어서 "조선총독부 제정 표음적 가나철자법"은 배우기 쉬운 것으로서 인식하고 있었다는 것이다.[7] 그리고 이러한 표기 방식은 이후 일정 시기까지 조선총독부에서 발간하는

---

7) 여기에서 말하는 "조선총독부 제정 표음적 가나철자법"이란 조선총독부에서 1913년에 발행한 『보통학교용가나철자법』을 가리킨다.

국어(일본어) 독본에 일관되게 적용되게 된다.

다음으로는 漢字에 대한 小田省吾의 언급을 살펴보기로 한다.

> 漢字는 보통학교국어독본 전8권을 통해 약 천 오륙백을 제출하여
> 국정소학독본에 비해 다소 많도록 한다. 이는 보통학교에는 따로 조
> 선어 및 한문 교과목이 있어서, 漢字의 학습이 그다지 곤란하지 않
> 고, 또한 사용할 기회가 비교적 많기 때문이다.   (p.12)

위에서 볼 수 있듯이 교과서 내의 漢字 수가 『보통학교국어독본』
이 국정교과서보다 많은 것은 교과 편성상의 이유뿐만 아니라, 조선
인 아동의 경우 漢字를 사용할 기회가 많기 때문이라고 하는데, 아울
러 이와 관련해서는 다음과 같은 지적도 있다.

> 옛 교학부 시절에 편찬한 일어독본이 있다고는 해도, 당시의 보통
> 학교 생도는 대부분 서당[漢文의 私塾]을 경과하여 漢字에 대한 지식
> 을 가지고 있었으므로, 해당 독본 또한 漢字를 가지고 일어를 가르치
> 는 매개로 삼고, 점차 가나를 가르치는 방침을 취했기 때문에, 그 교
> 수 방법은 당연히 번역 교수에 의거하지 않으면 안 된다.   (p.11)

위 기사는 한일강제병합 이전에 만들어진 교과서에 대한 문제제기
차원에서 언급된 것인데, 당시 조선에서의 漢字 보급 상황에 대한 총
독부 측에서의 인지 여부 및 교수법 문제에 대한 인식을 확인할 수
있다는 점에서 흥미롭다.

그런데 교수법과 관련해서는 "번역 교수에 의하지 않고 오로지 직
관적 직접 교수를 하는 데 편리하도록 편성한다"(p.12)고 해서 『보통

학교국어독본』이 〈직접법〉 도입을 하나의 목적으로 설정한 교과서 편성이었음을 밝히고 있다. 이는 읽기 보다는 말하기 중심 교육과 관련될 텐데, 이에 관해 小田省吾는 "말하기에 중점을 두고, 가능한 한 신속하게 아동에게 교실 내에서 필요한 회화를 교수하고, 모든 학과를 국어(일본어)로써 교수하는 데 지장이 없도록 한다"(p.12)라고 해서 소위 〈몰입형 교육〉의 필요성을 강조한다. 이렇게 되면 당연히 유창한 발음 역시 문제가 될 텐데 이에 대해서도 "조선인에게 곤란하거나 또는 틀리기 쉬운 발음을 조사하여, 가장 받아들이기 쉬운 것에서 시작하여 점차 곤란한 것에 미치게 하고, 또한 정확한 발음연습에 유의한다"(p.12)라고 해서 발음 교육 및 연습에 충분히 주의할 필요가 있음을 밝히고 있다.

이제 小田省吾가 밝힌 국정교과서에 대한 나머지 개선 사항을 살펴보도록 하겠다. 먼저 분량에 관한 언급 가운데 교과서의 체제에 대한 지적이 보인다.

> 분량은 해당 학년의 문부성 저작 국정교과서에 비해 다소 많게 하고, 또한 각 과에는 반드시 연습문제를 붙여, 이로써 연습 응용에 중점을 두도록 할 것. (p.5)

분량을 늘리고 연습에 중점을 둔다는 것인데, 앞서 제시한 동일한 제목의 챕터 가운데 내용적으로 거의 완벽하게 일치하는 「こうま」를 통해 이를 확인할 수 있다.

□ 『심상소학독본』3권 9과

九 こうま
はいしい、はいしい、あゆめ よ、小馬。
山 でも さか でも、ずんずん あゆめ。
おまへ が すすめば、わたし も すすむ。
あゆめ よ、あゆめ よ、足おと たかく。」
ぱかぱか、ぱかぱか、走れ よ、小馬。
けれども いそいで つまづく まいぞ。
おまへ が ころべば、わたし も ころぶ。
走れ よ、走れ よ、ころばぬ やう に。

□ 『보통학교국어독본』3권 14과

十四 こうま
一、はいしい、はいしい、あゆめ よ、小馬。
山 でも さか でも、ずんずん あゆめ。
おまえ が すすめば、わたし も すすむ。
あゆめ よ、あゆめ よ、足おと たかく。」
二、ぱか ぱか、ぱか ぱか、走れ よ、小馬。
けれども いそいで つまずく まいぞ。
おまえ が ころべば、わたし も ころぶ。
走れ よ、走れ よ、ころばぬ よう に。
練習
一、「小馬」の 歌 を そらで いって ごらん なさい。
二、歌 の わけ を お話し なさい。

다만 두 책에는 'おまへ'와 'おまえ' 등과 같은 가나표기법에 있어서의 차이가 존재한다. 그리고 과 후미에 '練習'을 제시하고 있다는 점에서 차이가 있다. 그런데 그 연습 내용은 대부분 앞서 언급했던 말하기 영역을 강조하는 것으로 이루어져 있다는 특징을 확인할 수 있다.

다음으로 단순히 내용상의 문제가 아니라 언어 교과서로서의 성격과 관련된 것을 살펴보기로 한다.

편찬에 있어서 각종 주의 및 개량을 도모한 점이 적지 않다. 지금 하나하나 열거하지는 않지만, 예컨대 매년 문부성이 전국 사범학교를 통해 실제 사용상의 경험에 의거하여 국정교과서에 관한 개량의견을 제출하도록 한 것 가운데, 이미 조선총독부 편찬 보통학교국어독본에서 실행되고 있는 것이 적지 않다. 이제 아래에 이를 열거한다.

(p.13)

小田省吾는 『보통학교국어독본』 편찬에 있어서 "改良"을 도모했음을 밝히고 있는데, 이는 아마도 기존 국정교과서를 의식한 언사로 여겨진다. 이는 위 기사에서 국정교과서에 대해 기존에 문제되었던 점, 즉 전국의 사범학교에서 제기된 "改良意見"들을 『보통학교국어독본』에 이미 반영했다고 기술하고 있는 점에서 미루어 짐작할 수 있다. 그 "改良" 내용은 다음 아홉 가지 항목에 이른다.

1. 문장을 적당한 길이로 짧게 자르는 것.
2. 과 말미에 문자 어구 내용 등에 관한 연습을 드는 것.
3. 위 공란에는 신출 漢字뿐만 아니라 신출 어구와 어법도 드는 것.
4. 拗音 표를 넣는 것.
5. 문장 중의 拗音 促音을 작은 글자로 인쇄하는 것.
6. 권말에 신출 漢字 표 신어 표를 붙이는 것.
7. 권말에 가나철자법 일람표를 첨부하는 것.
8. 文語와 口語[8]의 대조표를 덧붙여 문어의 학습에 편리하도록 하는 것.
9. 과 말미에 어법 연습을 내는 것. (pp.13-14)

---

8) 여기에서 '문어' '구어'란, 서기언어와 음성언어의 뜻이 아니라, 각각 古語와 현대어라는 의미이다.

위에서 볼 수 있듯이 『보통학교국어독본』에서 "改良"된 것은 언어 교육적 측면에 집중되어 있음을 알 수 있다.

3. 1913년 조선총독부 발행 『보통학교용가나철자법』

메이지시대를 거치면서 일본 국내에서는 〈가나철자법〉 문제와 관련하여 다양한 의견이 제출되고 또한 대립 양상까지 노정되고 있었다.[9] 이렇게 논의가 좀처럼 원활하게 진행되지 않는 상황에서 문부성은 '역사적 가나철자법'이 학습에 불편이 있기 때문에 언젠가는 정리해야한다는 것을 예상하고 1908년 발포한 훈령 가운데 다음과 같은 사항을 언급한다.

---

9) 메이지시대 일본에서의 가나철자법 개정 논의의 전개과정을 간단히 정리하면 다음과 같은데, 매우 치열하고 복잡한 논의 과정을 거쳤다고 할 수 있다.
　①1883(明治16)년 「かなのくわい」 결성
　　→ 仮名文字 전용을 주장
　②1894(明治27)년 上田万年가 『太陽』誌上에 「欧州諸国に於ける綴字改良論」을 발표.
　③1900(明治33)년　小学校令施行規則 第2号 字音仮名遣改正案
　　→ 字音에 한해 表音的(발음식)가나철자법 채용. 장음부호 'ー' 사용 및 ア行의 お를 모두 を로 함
　④1905(明治38)년 2월 文部省에 의한 「国語仮名遣改定案」
　⑤1905(明治38)년 11월 国語調査委員会 仮名遣諮問에 対する答申
　　→ 国語 및 字音의 長音에 'ー'를 사용하지 않고 'あ, い, う'를 사용.
　⑥1908(明治41)년 5월 文部省은 「臨時仮名遣調査委員会」를 설치.
　　→기존의 소위 '棒引き仮名遣い'를 폐안.
　　→이 안은 漢字音에 대한 가나철자법은 모두 発音式으로 하고, オ列長音은 'おう, こう, そう', 拗長音은 'きう, しう, にう'와 같이 표기.

가나철자법은 시세의 진보에 따라 정리를 요함은 물론이다.

또한 더욱 신중한 연구를 거듭함으로써 그 목적을 달성할 것을 기한다.

즉 "時勢의 進步"에 부합하는 표기법에 대한 향후의 "研究"를 기대한다는 내용인데, 이러한 언급의 배경을 다음에 인용하는 교육에 있어서의 그 취급에 관한 훈령을 통해 확인할 수 있다.

漢字音 가나철자법 때문에 쓸데없이 국어의 학습을 난삽하게 하고 아동의 심신을 과로하게 만드는 것은, 힘써 이를 피하지 않으면 안 되므로, 굳이 규범에 구애받을 필요가 없이, 적절히 종전의 가나철자법을 허용하는 등 취사선택하여 알맞은 교수를 베풀어야한다.

이러한 "漢字音 가나철자법"의 어려움에 대한 인식과 관련해서는 후술하기로 하고 여기에서는 당시 조선에서의 상황에 대해 살펴보기로 한다.

일본 내에서의 논란에 비해 조선에서의 일본어 표기법을 둘러싼 상황은 비교적 단순했던 것으로 보인다. 결론부터 말하자면 이는 조선총독부에서 1913년에 발행한 『보통학교용가나철자법(普通学校用仮名遣法)』(국립중앙도서관 청구번호 朝11-15)에서 적시한 방식이 일관되게 적용되었던 점이 그 배경에 있을 것이다. 다시 말하면 본서는 당시 통용되던 일반적인 가나 표기법과 보통학교에서 사용해야할 가나 표기법이 구분되어 명시되어 있어서, 이 틀 속에서의 운용이 일관되게 적용되고 있었던 것이다.[10] 그 가운데 특징적인 것을 몇 가지 살펴보

 일본인의 국어인식과 神代文字

기로 하겠다.[11)

먼저 助詞에 한해서 'は' 'を'를 사용한다는 점을 명기하고 있는 부분인데 그것을 표로 정리하면 다음과 같다.

세간에서 일반적으로 사용되는 가나철자법	보통학교용
は(わ로 발음하는 것) **[예외]助詞에 한해 は로 하고 わ를 쓰지 않는다.**	わ
い・ひ(い로 발음하는 것)・ゐ	い
う・ふ(う로 발음하는 것)	う
え・へ(え로 발음하는 것)・ゑ	え
お・ほ(お로 발음하는 것)・ふ(お로 발음하는 것)・を **[예외]助詞에 한해 を로 하고 お를 쓰지 않는다.**	お

앞에서 볼 수 있듯이 그 규정은 대개 현재 사용되는 표기법과 비슷한데 다만 助詞로 사용되는 'へ'에 대한 특별한 언급이 없다는 점이

---

10) 多仁安代(2000) 『大東亜共栄圏と日本語』勁草書房(pp7-8)의 다음 지적을 보는 한 조선에서의 상황은 이례적인 것으로서 이해해도 좋을 듯하다.
　1942년(쇼와17) 마닐라 일일신문사 발행 『ハナシコトバ』에는 'ワタクシワ センセーデス'로 되어 있고, 1943년 버마 軍政監部 발행 『ハナシコトバ』에는 'ハナガ サイテ ヰマス'로 되어 있다. 즉 한편에서는 표음식 가나철자법이 쓰이고, 다른 한편에서는 역사적 가나철자법이 사용되고 있었다. 같은 제목의 교과서라도 이처럼 통일이 이루어지지 않았다는 것은, 국내의 국어·국자문제의 혼란을 반영한 것일 테다.
11) 〈가나철자법〉이 문제가 되는 부분에 대해 간단히 정리하자면, 기본적으로는 다음과 같은 사항을 어떻게 가나로 시각화할 것인가가 논의의 중심이 될 것이다.
　① 조사 「は」「へ」「を」의 사용과 촉음 문제
　② 語中ハ行(「ゐ」「ゑ」문제 포함)
　③ 長音 및 拗長音의 문제(長音 부호 사용 문제 포함)
　　ⅰ) オ列長音　　　ⅳ) オ列拗長音
　　ⅱ) エ列長音　　　ⅴ) 合拗音
　　ⅲ) ウ列拗長音
　④ 히라가나 사용과 카타카나 사용

특징적이다.

다음으로 長音 및 拗長音에 대한 기술을 살펴본다.

세간에서 일반적으로 사용되는 가나철자법	보통학교용
おう・おふ・おほ・あう・あふ・あを・わう・をう・をお・をふ・をを・はう・はふ	おう
よう・よふ・よほ・やう・やふ・えう・えふ・ゑう・ゑふ	よう
きう・きふ・きゆう	きう
じう・じふ・ぢう・ぢふ・じゆう・ぢゆう	じう
にう・にふ・にゆう	にう
きよう・きやう・けう・けふ	きょう
しよう・しやう・せう・せふ	しょう
じよう・じやう・ぜう・ぢよう・ぢやう・でう・でふ	じょう

위 내용은 사실은 1905년(메이지38) 11월 国語調査委員会의 「가나철자법 자문에 대한 답신(仮名遣諮問に対する答申)」과 내용적으로 거의 일치한다. 당시 문부대신이었던 久保田讓(쿠보타유즈루, 1847-1936)에 대한 답신인데 長音 등과 관련된 주된 내용은 다음과 같다.

올해 2월 27일자로 이미 발표한 図63호를 가지고 본회에 자문하신 국어 가나철자법 안 및 漢字音 가나철자법에 관한 사항에 대해, 본회에서 이후 21회 위원회를 열어 별지 자문안 중 朱書한 대로 수정했습니다. 또한 국어 및 漢字音 가나철자법 통일에 있어서 필요한 新旧 가나철자법 대조표 제1호 乙 漢字音 부와 같이 메이지33년(1900) 8월 문부성령 14호 소학교령 시행규칙 2호 표도 수정 증보했습니다.

〈후략〉

국어조사위원회 위원장 문학박사 법학박사 남작 加藤弘之(카토히로유키)

〈新 旧 가나철자법 대조표〉비고

이번 가나철자법 개정안은 대체적으로 발음과 가나철자법을 일치시키는 것을 취지로 삼았지만, 당분간 재래 습관에 따르고 또한 문법 설명에 있어서의 편의에 따른 부분도 있으므로, 가나철자법이 발음과 일치하지 않는 점이 적지 않다.

1. 長音의 표기법에「ー」을 사용하지 않고,「あ, い, う」를 사용하는 경우에 있어서, 長音符인「あ, い, う」와 하나의 音인「あ, い, う」를 구별하지 않는 것.
4.「ゆー, きゅー, しゅー」등의 표기법에「いう」「きう」「しう」등을 가지고 한 것.

그런데 조선에서는 이러한『보통학교용가나철자법』이 발행되기 이전 시점에도 조선총독부에서 발간한 読本이 있는데 다음으로 그 표기법에 대해 살펴보기로 한다.

4. 조선총독부 발행 독본의 표기법

1911년(메이지44) 3월 조선총독부에서 발행한『보통학교학도용 국어독본』(국립중앙도서관 청구기호 朝12-B35-8)은 전체 8권 가운데 1권과 2권은 모두 카타카나로만 기록되어 있다. 제3권 3과 말미에 'いし'(돌) 'いえ'(집)와 같이 처음으로 히라가나가 도입되기 시작하며 이후 11과까지는 'ことし'(올해) 'かし'(과자)와 같은 어휘 레벨의 제시가 각 과

후반부에 이어진다. 그리고 12과 말미에 "あなたわ、よる、ごべん きょうなさいますか。"(당신은 밤에 공부하십니까)와 같이 히라가나 문 장이 등장하는데, 이후 각 과의 본문이 전반부에는 카타카나로, 후반 부에는 히라가나로 구성되게 된다. 이 제3권 말미에는 "平仮名五十 音" 및 "濁音" "半濁音"이 제시되어 있다. 한편 4권 이후 8권까지는 예컨대 4권의 경우 1과는 카타카나, 2과에서 4과는 히라가나, 다시 5 과는 카타카나, 6과는 히라가나와 같이 히라가나와 카타카나를 번갈 아서 사용하고 있다. 다만 "子供が二人、まつちを持つて、遊んでい ました。"(아이가 둘이서 성냥을 가지고 놀고 있었습니다)(4권 15과)에서 보는 바와 같이 동일한 문장 내에서 예컨대 현재와 같이 외래어는 카 타카나로 표기한다든가 하는 용법상의 구별 예는 찾을 수 없다.

이하 본서 가운데 표기법 상 문제가 되는 부분의 예를 몇 가지 살 펴보기로 한다. 먼저 助詞의 문제다.(이하 밑줄은 필자.)

    (1) 私ワ、本ヲ、読ミマス。   (1권 9과)
    (2) 私ワ、学校エ、行キマス。   (1권 9과)

위 (1), (2)에서 볼 수 있듯이 〈'ハ(하)' 대신 'ワ(와)'를 사용〉하고 있 다는 점과 〈'ヘ(헤)'대신 'エ(에)'를 사용〉하고 있다는 점이 특징적이다. 「ヲ(오)」를 사용하고 있다는 점에서는 『보통학교용가나철자법』과 다 름이 없지만, 앞서 살펴본 바와 같이 『보통학교용가나철자법』에서는 "助詞에 한해 は로 하고, わ를 쓰지 않는다"라고 밝히고 있고, 또한 조사 'ヘ'에 대한 규정이 따로 마련되어 있지 않다는 점에 비추어볼 때, 그리고 'わ로 발음하는' 'は'를 'わ'로 표기할 것을 지적하고 있다는

 일본인의 국어인식과 神代文字

점 등을 종합해보면,『보통학교학도용 국어독본』이『보통학교용가나철자법』보다 더욱 〈표음성〉이 중시된 표기방식을 채택하고 있다고 할 수 있을 것이다.

다음으로 〈オ(오)列長音〉의 경우 (3), (4)와 같이 현재와 동일하며 이는『보통학교용가나철자법』과도 마찬가지다.

> (3) 習字ノ紙ヲ、オ<u>トウ</u>サンニ、見せました。　　　　　(1권 22과)
> (4) <u>ソウ</u>デス。　　　　　(1권 31과)

다음으로 〈ウ(우)列拗長音〉은『보통학교용가나철자법』과 마찬가지로 〈イ列＋ウ〉를 기본적으로 채용하고 있다.

> (5) 今日ワ、涼<u>シウ</u>、ゴザイマス。　　　　　(1권 27과)

다만 다음 (6)의 예에서는 원칙을 따르자면 'いう'가 쓰여야 할 부분에 'ゆう'가 사용되어 있다는 점에서 특이하다.

> (6) オカアサン、<u>ユウ</u>ビンガ、来マシタ。　　　　　(1권 34과)

한편 〈オ(오)列拗長音〉의 경우는 다음과 같다.

> (7) 今日ワ、遊ビマ<u>シヨウ</u>。　　　　　(1권 23과)
> (8) ユツクリ、歩キマ<u>シヨウ</u>。　　　　　(1권 36과)

마지막으로 다음 (9), (10)은 외래어와 관련되어 주목되는 예인데,

외래어의 경우 장음부호가 사용되고 있음을 확인할 수 있다. 漢字音의 경우는 「ヘイタイ(兵隊)(1권 8과)」와 같이 エ(에)列 가나에 'イ(이)'를 붙여서 표기한다.

(9) 父ワ、小太郎ヲ、連レテ、ステーシヨンエ、来マシタ。(3권 23과)
(10) あれが、病院で、あれが、すてーしよんですね。　(4권 6과)

이러한 외래어에 대한 특별한 취급 즉 장음부호의 사용은 앞서 언급했던 1905년 国語調査委員会의 「가나철자법 자문에 대한 답신」의 다음 내용과 부합하는 것이다.

국어 및 漢字音의 장음에는 「あ, い, う」를 쓰는 것을 正則으로 하고, 「ー」를 代用하는 것을 허용한다. 다만 외국어에는 「ー」를 사용하는 것을 정칙으로 하고, 「あ, い, う」를 대용하는 것을 허용한다.

이렇게 볼 때 1911년 3월에 발간된 『보통학교학도용 국어독본』의 표기법은 전체적으로 〈표음성〉을 중시하고자 했던 논의의 연장선상에 위치하며, 또한 그것을 적극적으로 실천한 형태로서 이해할 수 있을 것이다. 그리고 이러한 시도는 1912년(大正1) 12월 조선총독부에서 발행한 『보통학교국어독본』으로 이어졌으며[12] 나아가 결과적으로 1913년 『보통학교용가나철자법』의 확정으로 이어진 것으로 생각된다. 또한 이렇게 정비된 일본어 표기법은 기본적으로 1923년 제2차

---

12) 다만 'ニワトリ ハ モウ トヤ カラ 下リマシタ。'(2권1과)와 같이 助詞 'ハ'의 사용에서는 차이가 보인다. 그러나 'ウチ エ カエッタラ、オトウサン ヤ オカアサン ニ アゲマショウ。'(2권3과)와 같이 助詞 'エ'의 사용은 유지된다.

 일본인의 국어인식과 神代文字

朝鮮敎育令 이후 간행된 교과용 도서인 『보통학교국어독본』13)과
1930년 2월5일 개정 이후 1931년 1월까지 간행된 교과용 도서인『보
통학교국어독본』14), 1938년 제3차 朝鮮敎育令 이후 간행된 교과용
도서인『초등국어독본』, 그리고 1941년 3 월31일 国民学校規程(조선
어 폐지) 이후 간행된 교과용 도서인『초등국어』에 이르기까지15) 일
관되게 운용된다.

그런데 1942년을 전후해서 일본어 표기에 커다란 변화가 발생한
다. 1942(昭和17)년 1월 조선총독부 발행『교사용 간이학교용 초등국

---

13) 본서에서는 다만 'イネ <u>ハ</u> スッカリ キイロク ナリマシタ。'(2권4과)랄지 'マエ
 <u>ヘ</u> ススメ。'(2권11과)와 같이 助詞 'ハ' 'ヘ'를 사용한다는 변화가 있었다. 이
 밖에 본서에서 특징적인 몇 가지 표기방식을 아래에 제시한다.
 (1)松 ノ 木 ハ ミンナ カレテ シマウ <u>ダロウ</u>。(3권8과)
 (2)ナニブンニモ カズ ガ <u>オウクテ</u> 手 ガ ツケラレナイ。(3권8과)
 (3)<u>とうげ</u> 三つ こえた さき に ある 白い 石 は なん です か。(3권13과)
 (4)私 ハ ハジメテ 二年生 ノ バショ ニ ナランデ、<u>ウレシウ</u> ゴザイマシタ。
  (3권1과)
 (5)ソレ カラ <u>ニウ</u>ガクシキ ガ アリマシタ。(3권1과)
 (6)ナランデ モ、コシヲ カケテ モ、<u>シジウ</u> ソバ ニ イマシタ カラ、ナカヨ
  シ ニ ナリマシタ。(3권6과)
 (7)一だい は <u>ちう</u>がえり を しました。(3권17과)
 (8)りう王 は、たった 一人 の おひめさま が <u>びょうき</u> に なりました の
  で、(3권19과)
 (9)はじめ は おい<u>しう</u> ございました が だんだん まずく なって、(3권23과)
 (10)一年生 ハ <u>キョウ</u> カラ、コノ 学校 ノ セイト ニ ナッタ ノ デス。(3권1과)
 (11)ハナビラ ハ オドロイタ <u>ヨウ</u>ニ、キシ ノ ホウ ヘ ヨッテ イキマシタ。(3
  권4과)
 (12)それ では 私 が まきま<u>しょう</u>。(3권7과)
 (13)はち も <u>ちょうちょう</u> も 来て いません。(3권10과)
14) (1)<u>キノウ</u> ニワ デ 竹 ノ キレ ヲ 見ツケマシタ ノデ、水デッポウ ヲ ツクリ
  マシタ。(3권22과)
 (2)シバラク スル ト、ウキ ガ <u>キウ</u>ニ シズミマシタ。(3권7과)
 (3)<u>チョウチョウ</u> ガ ヒラヒラ トンデ イマス。(3권5과)
15) (1)右 ノ <u>ホウ</u> ニ、大キナ コブ ノ アル オジイサン ガ イマシタ。(2권11과)
 (2)<u>トチウ</u> デ コロンダ ガ、スグ オキテ ハシリマシタ。(2권4과)
 (3)<u>キョウ</u> ハ、ウチ ノ イネカリ デス。(2권3과)

어독본(教師用 簡易学校用 初等国語読本)』과 1943년(쇼와18) 1월 조선
총독부 발행『초등국어』第三学年 上을 비교해보면 그 차이가 극명
하게 드러난다.

『교사용 간이학교용 초등국어독본』	『초등국어』第三学年 上
天照大神(アマテラスオウミカミ)	天照大神(あまてらすおほみかみ)
どうしたら、よかろうか。	どうしたら、よからうか。
ごそうだんなさいました。	ごさうだんなさいました。
神という	神といふ
ちえのある	ちゑのある
くびかざりのように、	首かざりのやうに、
あまりおもしろそうなので、	あまりおもしろさうなので、
出雲(イズモ)	出雲(いづも)
おじいさん	おぢいさん
泣いているのでございます。	泣いてゐるのでございます。
これは、とうとい剣(ツルギ)だ。	これは、たふとい剣だ。

　위에 보이는 표기상의 차이는 그대로 〈표음식 가나철자법〉과 '역
사적 가나철자법'의 차이를 의미한다. 달리 표현하자면『초등국어』는
일본의 국정교과서의 표기방식을 채용하고 있는 것이라고도 할 수
있겠는데, 여기에서 잠시 일본 국정교과서에서의 표기법의 양상을 살
펴보기로 한다.

　국정교과서 체재 확립 이후 1945년 이전 문부성에서 제작한 초등
과 국어 독본은 대략 5기로 나눌 수 있는데, 이 가운데 시기적으로
일제강점기와 겹치는 제2기부터 제5기 국정국어교과서(각 2권)를 대

상으로 조사한 결과 가운데 특징적인 사항 몇 가지를 중심으로 살펴
본다.

먼저 〈語中 ハ(하)行〉을 보면 다음과 같다.

語中 ハ行	국정 교과서	제2기	ニハトリ(p1) / ウタヒマス(p1) / トホシテ(p9) / カハ(p12) / イヌ ガ サカナ ヲ クハヘテ、ハシ ノ ウヘ ニ キマシタ。(p14) / ユフガタ(p23)
		제3기	トホシテ(p6) / カンガヘモノ(p13) / クハヘテ(p14) / オチテ　シマヒマシタ(p14) / ユフヤケ(p16) / コヒ(p24) / マヘ(p28) / イヒマシタ(p28) / ナホリマセウ(p61) / カホ(p75)
		제4기	トホク(p3) / ニハ ノ(p4) / カホ(p26) / ユフヤケ(p29) / ホホ(p62)
		제5기	トホクノ 方(p6) / イヒマシタ(p11) / トホイ(p22) / カホ(p29)/ ニホヒ(p37) ※ユウベ(p94) / ゆうべ(p98)
	조선총독부	전체	용례 없음

위 표에서 알 수 있듯이 국정교과서의 경우는 모두 '역사적 가나철
자법'을 채용하고 있기 때문에 나름의 일관성은 유지하고 있는 것으
로 보인다. 다만 제5기의 'ユウベ(p94)' 'ゆうべ(p98)'의 예는 다소 이질
적이다. 즉 역사적 가나철자법을 고수하고자 한다면 이는 'ユフベ' 또
는 'ゆふべ'와 같이 표기해야 하는 것이다. 이에 비해 조선총독부 독
본의 경우는 어중에 ハ행이 사용된 예는 없으며 예컨대 'ニワトリ'
'ユウベ' 'カオ' 'ユウガタ' 'ユウゴハン'과 같이 통일되어 있다.

다음으로 'ゐ(이)' 'ゑ(에)' 'を(오)'의 사용에 대해 살펴본다. 먼저 'ゐ'
는 국정교과서에서만 보이며 조선총독부 독본에서는 'イ' 'い'를 사용
하고 있다.

		제2기	ミテ ヰル ウチ ニ(p3) / アソンデ ヰマス。(p29)
ゐ	국정 교과서	제3기	シテ ヰマス(p4)
		제4기	ウイテ ヰタ(p3)
		제5기	ウイテ ヰタ(p6) / つかって ゐる(p96)
	조선 총독부	전체	용례 없음

다음으로 'ゑ'의 경우도 마찬가지로 국정교과서와 조선총독부 독본
사이에 차이가 보인다.

		제2기	ワン ト 一 コヱ ホエマシタ。(p15)
ゑ	국정 교과서	제3기	一コヱ(p14) / ヱサ(p24) / チヱ(p26)
		제4기	コヱ(p6) / ヱンソク(p7)
		제5기	コヱ(p21) / カゲヱ(p80) / こゑを(p106)
	조선 총독부	전체	용례 없음 (「エ」「え」 사용)

마지막으로 조사 이외에 사용되는 '을'의 경우 국정교과서에 그 사
용이 보이는 반면에 조선총독부 독본에서는 예를 찾을 수 없다.

		제2기	ヲバサン(p6) / イヌ モ ヲ ヲ フッテ(p27) / ヲトコノ子 モ、ヲンナノ子 モ(p29)
を (조사 이외)	국정 교과서	제3기	ヲジサン(p54) / ヲハリ(p78)
		제4기	ヲドリ ヲ ヲドッテ(p64) / 竹 ノ サヲ(p77)
		제5기	ヲヂサン(p80)
	조선 총독부	전체	용례 없음 (「オ」「お」 사용)

이상을 종합하면 일본 국정교과서에서는 일관되게 '역사적 가나철

자법'을 채용하고 있는 것으로 볼 수 있으며, 앞서 1943년 1월 조선 총독부 발행『초등국어』가 일본 국정교과서의 방식을 그대로 수용하고 있다고 밝힌 이유가 여기에 있다.

그런데 여기에서 의문으로 남는 것은 조선총독부에서는 왜 일본 측의 흐름과는 무관하게 〈표음식 표기법〉을 유지했으며 또한 최종적으로는 그 방침을 변경했는가 하는 점이다. 이 문제를 다음 절에서 논의하기로 한다.

5. 표기법의 회귀

1938년 제3차 조선교육령[16]의 발포에 발맞춘 소위 "国語一元化" 정책의 진행 과정에서, 조선총독부는 교과서 간행을 통한 〈교육의 개선 및 향상〉을 도모하고자 하는 목적을 가지고『교과서편집휘보(教科書編輯彙報)』를 발간한다.『교과서편집휘보』는 1938년 6월 제1집이 발행된 이래 1942년 3월 제11집이 발행될 때까지, 그 발간사[17](제1집

---

16) 1937년 중일전쟁의 발발을 기점으로 조선에서는 1938년 지원병제도가 실시되고 이와 함께 제3차 개정 조선교육령이 발포된다. 그 주된 내용은 총독부 설치의 기본 이유이기도 한 통치의 일환으로서의 조선인에 대한 일본어 교육에서 한발 더 나아가, '国語'로서의 일본어 교육의 충실로 강화 되었으며, 이에는 전쟁 확대에 따른 언어문제 해결에 대한 사회적인 요구가 배경으로 있는 것으로 생각된다. 또한 구체적으로는 다음 인용문(「朝鮮総督府令第二十四号」小学校規定, 第十六条)에서 보듯 '황국신민'이라는 개념의 도입과 교육 용어의 일본어로의 통일 등을 들 수 있다.
7. 国語를 습득하게 하고 그 사용을 정확히 하고 응용을 자유자재로 하도록 하여 国語교육의 철저를 기하고 이로써 황국신민으로서의 성격을 함양시킬 것을 힘써야한다.
8. 교수 용어는 国語를 사용해야한다.

소수)를 통해 알 수 있듯이 주로 조선에서 사용되는 교과서의 편집 및 발간에 있어서의 제반 주의사항을 기록해둔 문건이다. 발간사에도 언급되어 있는 바와 같이 조선에서의 일본어 교육은 "皇国臣民 조성의 대업"을 완수하기 위한 정책적인 측면이 전제되어 있는데, 그 한편으로는 사회 문화의 변화 등의 이유에서 교과서의 수정 또는 보완을 요구하는 경우도 발생하여 그 개정에 이르게 된다.[18]

---

17) '발간사'의 내용은 다음과 같다.
　　앞서 우리 조선에 있어서는 획기적인 교육령의 발포가 있었고 이제 반도 교육계는 일제히 신 교육령의 정신을 살리는 길에 진지한 노력을 거듭하고 있다. 그런데 그것을 위해서는 수많은 길이 있겠지만 먼저 착수해야 할 것은 교과교재의 정선 및 활용으로서 내일의 교육은 그야말로 여기에서 시작되는 것이다.
　　생각건대 교과서는 아동 교양의 재료에 대한 규범이며 문제해결 능력을 연마하는 소재이며 교사의 활동과 더불어 교육의 효과를 좌우하는 열쇠이다. 따라서 우량 교과서의 간행은 교육의 개선 향상을 도모하는 데 있어서 긴급히 필요한 것이다. 그러나 교과서는 여러 가지 조건에 간섭을 받아 그 개판이 용이하지 않기 때문에 자칫 문화의 발전에 뒤처지기 쉽다. 조선총독부는 이에 비추어 그 폐해를 구하는 하나의 방법으로서 금후 수시로 교과서편집휘보라는 것을 발행하여
　　　1. 편찬에 관한 근본정신을 서술하는 것
　　　1. 사회 문화의 진전에 수반해서 교재의 개정을 요하는 것
　　　1. 참신한 교수 자료로서 소개할 만한 것
　　　1. 사진 그림 도표 등의 제시로 학습 지도에 흥미를 줄 수 있는 것
　　　1. 그밖에 교수에 참고가 될 만한 것
　　등을 담아 널리 전 조선의 소학교에 반포하려고 하는 것이다.
　　그러므로 교사는 이런 종류의 교재가 아동의 정신적 식량이 되고 사회 활동의 원동력이 된다는 것을 깊이 새겨서 교재에 대한 정확한 이해와 확고한 신념을 가지고 아동의 학습 지도에 가일층 연구와 고안을 해서 교육효과의 향상에 진력해주기 바란다.
　　전 조선의 교육자 각위에게 바라기는 본 총독부가 바라는 황국신민 조성의 대업에 힘껏 노력을 바쳐 위에 밝힌 발행의 취지를 명심하여 지켜서 본 휘보를 가장 유효히 활용해 줄 것을.
18) 교과서의 개정 및 수정은 학제상의 큰 변화에만 기인하는 것은 아니다. 예컨대 다음에 인용하는 '창씨개명'과 같은 사회적인 요인도 깊이 관여한다.
　　시운의 진전과 더불어 내선 일체를 향한 발걸음은 빨리 진행되고 있다. 안에서의 요구에 밖에서의 원조가 더해지고, 위에서의 호소에 밑에서부터의 호응이 이어지는 식으로 정말로 아름다운 정경이라고 해야 할 것이다.

　일본인의 국어인식과 神代文字

제3차 조선교육령 발포 이듬해인 1939년 4월 『초등국어독본』이 간행되었다. 이것은 기존의 『보통학교국어독본』에서 『초등국어독본』으로 개정된 것인데 새로운 독본의 성격은 다음과 같다.[19]

> 새 독본은 이 독본을 사용할 학교에 있어서의 국어교육의 특수성을 감안하여 중점을 언어교육에 두고 편찬한 것이다.
>
> (『교과서편집휘보』제3집(1939.04);p29)

위 인용문을 보는 한 조선에 있어서의 国語(일본어)교육의 특수성[20]

> 그 가운데 최근 위로부터 열린 제도상의 일대 시책은 뭐니 뭐니 해도 창씨개명이다. 말이 하나로 마음이 서로 무르익고 풍모나 품격까지 닮게 되었는데 그 이름만이 여전히 민족의 다름을 생각게 하는 형식을 보존하고 있다는 것은 아무래도 그려놓은 용에 찍어야할 눈동자를 남기고 있는 듯한 생각이 들어서 참을 수 없었다. 그것이 지난 건국기념일로부터 창씨개명의 기회를 주었다는 것은 여러 의미에서 서로의 환희인 것이다.
> 그러므로 앞으로 새로이 교과서를 편찬할 때는 물론이고 이미 간행된 분에 대해서도 거기에 등장하는 허구로 만든 인물의 이름은 그것을 모두 이번 기회에 새로운 제도에 맞추어 고치게끔 한 것이다.(「教科書の仮作人物の氏名に就いて―創氏改名に因んだ修正―」『교과서편집휘보』제6집 (1940.07);p67)

이러한 관점에서 예컨대 종래의 '英子(エイシ)'나 '貞子(テイシ)' -이 역시 일본식 音読이기는 하지만- 와 같은 이름의 읽는 방식을 '英子(ヒデコ)'나 '貞子(サダコ)'와 같이 수정할 것을 지시하고 있는 것이다.

19) 보통학교 6학년은 문부성 편찬의 『小学校国語読本』을 사용한다.
20) 말하자면 모어를 달리하는 조선인에 대한 国語(일본어)교육은 식민지 통치를 위한 '기술'적인 측면을 가지고 있다고 할 수 있다. 또한 다음 인용문에서 볼 수 있듯이 조선인 아동에 대한 国語(일본어)교육의 특수성이란 '말하기'뿐만 아니라 '듣기'까지 고려해야 한다는 언어적 상황을 고려한 언급으로도 볼 수 있다.
　음성언어가 중시되고 있는 점입니다. 「말하기」와 표리일체의 밀접한 관계에 있는 「듣기」를 들어 「듣기, 말하기」로 한 것은 그 가운데서도 두드러진 점일 것입니다. 문부성 측에서는 단지 「말하기」와 같이 되어 있습니다만 그것을 「듣기, 말하기」와 같이 「듣기」를 전면에 내세운 것입니다만 이것은 바람직한 국어 교육의 진정한 모습을 보였을 뿐만 아니라 국민학교 아동의 9할에 이르는 130만여 조선인 아동에 대한 국어교육을 포함한 조선에 있어서의 국어교육의 특수성을 깊이 생각한 것으로서 진정 타당한 조치입니다.(『교과을 감안하여 언어교육에 중점을 두었다는 것인데, 언어교육의 구체적인 방식으로는 다음에 보듯 회화교육의 강화를 특징으로 한다.

1권 2권의 뒤를 이은 3권이다. 근본방침은 물론 중점을 언어교육에 둔 것은 전자와 다름이 없다. 또한 이번 권은 회화교재를 늘리고 또 「국어에 대한 관심」을 높이는 교재를 채용하여 국어학습을 암시했다. (『교과서편집휘보』제5집(1940.03);p51)

그런데 1941년 9월 28일자 『경성일보(京城日報)』 3면에는 「가나철자법을 고쳐 저학년부터 漢字 / 반도의 국민학교교과서 개혁(仮名遣ひ改めて低学年から漢字/半島の国民学校教科書改革)」이라는 제하의 기사가 보인다. 새로 선보이는 교과서에 있어서의 일본어 표기법 등의 개정과 관련된 내용이 주가 되는데, 일반 신문에도 이러한 내용이 기사화되는 것을 보면, 조선총독부가 교과서의 개정 문제 등 정책을 홍보하는 데 힘을 쏟고 있었음을 알 수 있다.

서편집휘보』제9집(1941.06); pp.14-15)
또한 이러한 생각은 다음 기사로 이어진다.
조선에 있어서의 国語교육의 특수성을 고려하고 또한 종래 교육의 실적에 비추어 중점을 이 음성언어의 교육에 둔 것입니다.(중략)새로운 국민학교의 교칙에서는 교수에 있어서의 주의로서 「발음을 바로잡고 억양에 주의하고 운운」이라고 되어 있습니다만 『初等国語読本』에서는 교사용에 모든 교재의 표준 악센트를 보이고 모음의 발음법을 설명하여 발음 교육에 기초를 제공하는데 힘쓰고 있는 것입니다. 그러므로 음성언어에 관한 한 『初等国語読本』은 새로운 교칙의 정신을 충분히 반영하여 편찬하였기 때문에...(『교과서편집휘보』제9집(1941.06);p16)
즉 『보통학교국어독본』에서 『초등국어독본』으로 개정되는 과정에서 일반적인 경우라면 시각화되는 일이 없는 악센트까지 교사용 교재에 표기하거나 일본어의 발음상의 특징을 자세하게 기술함으로써 조선인 아동의 말하고 듣는 문제에 대처하려 했던 것이다.

354 일본인의 국어인식과 神代文字

학무국 편집과에서는 내년도부터 사용되는 조선 내 국민학교 1, 2학년용 교과서의 편집을 끝내고 벌써 인쇄에 착수하게 되었는데, 국민학교의 주안점이 훌륭한 황민의 연성에 있다고 하는 정신을 살려서 조선은 조선 독자적인 입장에서 편찬에 임하고 있으며, 큰 틀에서는 일본 측에 순응하고 있다고는 해도 세부적으로는 대개혁이 가해져 있다.

개정의 주안점으로는 標音의 전폐를 들 수 있다. 종래에는 2학년까지는 표음을 채용하여 예컨대 蝶는 「チヨウチヨウ」, 朝鮮은 「チヨウセン」, 今日은 「キヨウ」와 같이 되어있었던 것을 내년 신학기부터는 일제히 「テフテフ」「テフセン」「ケフ」와 같은 역사적 가나철자법으로 개정된다. 또한 히라가나 漢字의 도입도 2학년부터로 되어있던 것을 1학년부터 가르친다는 식으로 입학 당초에 아동이 갖고 있는 왕성한 지식 흡수력, 기억력을 살리고 또한 면학에 대한 흥미와 희망을 이용하여 청신한 두뇌에 신지식을 척척 주입하고자 하는 것이다.

(熊谷(2004)[21];p.238)

한편 여기에서는 인용하지 않았지만 위 기사 가운데는 "종래에는 4학년 이상이 내선 모두 동일한 교과서를 사용하고 있었는데 이것도 3학년부터로 1년 앞당겼다"라 하여 교과서 사용에 있어서 일본 현지와 조선과는 여전히 차이가 있었음을 확인할 수 있다. 그런데 이러한 교과서 사용상의 차이는 『교과서편집휘보』의 다음 기사에서도 확인된다.

국민교육의 원칙, 내선일체의 이상 실현에 있어서는 하루라도 빨리 동일한 교과서로 통일하고 싶다고 생각하지만 그러나 현재는 아

---

21) 熊谷明泰(2004) 『朝鮮総督府の「国語」政策資料』関西大学出版部

직 교칙이 다른 곳이 있고 비록 교칙은 같더라도 그 문언의 해석이나 적용에는 조선의 특수사정에 의거하여 다소 다른 부분이 있는 것이 당연하며 아울러 문부성의 교과서에 의거하는 것 이외에 달리 총독부 편찬의 것을 필요로 한다. 그러므로 교과과목의 성질에 따라 여러 연구의 결과 문부성 발행과 본부 발행 교과서의 사용 비율을 다음과 같이 결정했다. (『교과서편집휘보』제8집(1941.06);p3)

즉 일본과 조선에서 사용하는 교과서의 통일이 요망되나 현실적인 제 문제를 고려하여 사용 교과서에 차이를 둔다는 내용으로, 사회 전체적인 분위기로서 내선일체가 강조되는 시점에서 교과서 역시 일원화를 목표로 하는 방향 설정이 이루어져 있었음을 확인할 수 있다.

이처럼 일본 현지와 조선은 교과서 사용에 있어서 차이가 있었는데, 이러한 차이는 1938년 제3차 조선교육령 발포 이래 소위 내선일체가 강조되는 상황과 더불어 전쟁이 확대되는 과정에서 교과서의 사용에 있어서 "內地"와 조선이 달라서는 곤란하지 않은가 하는 인식으로 이어졌으나 조선총독부에서는 나름의 이유를 들어서 문부성 교과서로 일원화되는 것에 반대하고 있었던 것이다. 그 반대의 이유로는 여러 가지가 있겠지만 언어의 문제 특히 일본어 표기법과 관련된 사항 역시 관련이 있는 것으로 보인다. 이와 관련하여 조선총독부 내 학무국 편수관을 역임한 森田梧郎(모리타고로)[22]의 견해를 살펴보기로 한다. 조선에서의 "国語(일본어)"교육의 최전선에 있던 森田梧郎

---

22) 森田梧郎는 1931년에 경성제국대학 법문학부를 수료하고, 学務局 編輯課의 촉탁이 되었다. 그 한편으로 경성제국대학 국어국문학 전공에 다시 입학하여 1934년에 졸업, 編修書記를 거쳐 조선총독부 학무국 編修官에 오른다. 그밖에 森田梧郎의 약력 및 언어관에 대해서는 安田敏明(2001)『植民地のなかの「国語学」』三元社 등에 상세하다.

(1942[23]);pp.68-69)는 다음과 같이 언급한다.

> 주지하는 바와 같이, 가나철자법에 대한 문제는 문제 중의 문제라
> 고 해야 할 것으로, 역사적 가나철자법, 특히 漢字音에 관해 지극히
> 곤란하다는 것은, 모든 사람의 일치하는 바이다. 그 곤란이 처음으로
> 国語를 배우는 조선인에게 있어서 한층 심할 것이라는 점은 상상하
> 기에 어렵지 않다. 그 곤란을 가능한 한 경감하여, 입문 시절의 国語
> 습득을 가능한 한 용이하게 하기 위하여 조선에서는 저학년에서는
> 표음 가나철자법을 채용하여, 가나철자법에서 오는 부담을 가볍게
> 하는 데에 힘쓰고 있다.

"国語를 배우는 조선인"에게 있어서 "역사적 가나철자법"을 습득하
는 것이 매우 "곤란"하기 때문에 "표음 가나철자법"을 통해 "부담"을
경감시키고자 했다는 견해는, 일면 앞서 제시했던 1908년 문부성 훈
령에서 "漢字音 가나철자법 때문에 쓸데없이 国語의 학습을 난삽하
게 하고 아동의 심신을 과로하게 만드는 것은, 힘써 이를 피하지 않으
면 안 되므로"라는 언급과 맥락을 같이하는 것이기도 하다. 즉 '역사
적 가나철자법'이 학습에 곤란을 초래한다는 사실에 대한 인식에서 출
발했다는 점에서는 공통된다는 것인데, 다만 조선에서는 이러한 상황
을 적극 반영하여 학습자에게 편리한 〈표음식 가나철자법〉을 채용했
으나 일본 현지에서는 그것이 전혀 반영되지 않았다는 차이가 있다.

앞서 인용한 『경성일보』의 기사를 통해 조선 측 교과서와 일본 측
교과서가 통합되어가는 양상을 확인할 수 있었다. 즉 1941년 당시 조

---

23) 森田梧郎(1942) 「朝鮮における国語教育」『国語文化講座第六巻-国語進出編』
　　朝日新聞社刊

선에서 사용되던 교과서에 일대 개정이 이루어졌다는 것인데, 그 가운데 일본어 표기법에 관한 사항이 주가 되었으며, 그것은 결국 〈표음식〉 표기로부터의 탈피 및 '역사적 가나철자법'으로의 회귀였다.[24] 이와 같은 내용은 다음 『교과서편집휘보』제11집(1942년 3월)에 실린 「가나철자법의 통일에 대하여(かなづかひの統一について)」라는 기사를 통해서도 확인할 수 있다.

皇国의 길로 귀일해야 할 国民学校 교육의 본지에 비추어, 內鮮一体의 취지를 고려하여 조선총독부 편찬 교과서에서 한동안 입문시의

---

24) 다만 그 개정의 이면에는 정치적인 목적도 개입되어 있었던 것으로 보이는데, 이는 1941년에 일본에서도 제5기 국정교과서가 등장한다는 사실과 무관하지 않다. H.J.ワンダーリック(1998;pp.187-198)는 『占領下日本の教科書改革』(土持ゲーリー法一監訳, 玉川大学出版部)에서 文部省의 通達(1941년 5월 제11호)을 인용하여 "새로운 전시체제 하의 국정교과서를 발표할 때 이들 교과서는 선전을 위한 것이라고 명시했다"고 지적한다. 즉 "선전"을 위해 개정된 교과서가 조선에서도 그대로 사용되기에 이른 것이다. 참고삼아 H.J.ワンダーリック가 인용한 것의 일부를 아래에 재인용한다.
　이러한 작은 순수한 아이들의 생활 속에까지 엄숙함과 효행심이라는 것이 침투했다. 「天長節」(天皇탄생일), 「明治節」(明治天皇탄생일), 四方拝(元旦), 「紀元節」(神武天皇즉위기념일) 등과 같은 축일에는 아이들은 학교에서 개최되는 행사에 참가하고, 사진에 경례하고 국가를 부르는 것이다. 집에서도 각자의 방식으로 도덕적인 생활을 하고 있으며, 부모와 조부모에 효행한다. 각 가정에는 불단도 있고 神社에 이끌려 가서는 참배한다. 아이들이 몸을 두는 환경에는 国体의 정신을 배양하고 선조에 대한 외경심을 키우기 위한 요소가 가득하다. 〈중략〉 요사이 전쟁 발발로 그들은 자신의 부모나 아저씨, 형들이 전장으로 향하는 모습을 보고 있으며, 그러한 육친이나 친척들이 바다를 넘어 활약하는 모습을 듣고 있다. 수많은 아이들이 전의에 불타 본토를 뒤로 한다. 아이들은 부모에게 졸라 장난감 戰車를 사고, 전함 그림책에 푹 빠져 읽고서는 비행기나 모형비행기에 끝없이 흥미를 품는다. 이러한 사실에서 알 수 있듯이 아이들의 생활 속에는 그들을 지금 시절이 필요로 하는 일본인으로 키워내는 요소가 얼마나 많은지 놀라운 정도다. 소학교 초등과에서 쓰는 교과서는 아이들의 생활에 주의를 기울이도록 만들어져 있다. 아이들의 생활에는 이러한 순수한 놀이가 많이 있으며, 정신생활을 발달시키도록 교육적 배려가 베풀어져 있다. 그들은 이를테면 우리들이 말하는 고도로 조직화된 국방구조의 정신을 체현하고 있는 것이다.

편법으로 채용해온 표음적 가나철자법을 버리고, 내년 4월 새로이
발행하는 국민학교의 교과서부터 모두 역사적 가나철자법을 채용하
기로 했다. 교육의 실제에 관여하는 사람은, 그 취지를 잘 익혀, 취급
철저에 힘쓰지 않으면 안 된다. 〈중략〉 요는 역사적 가나철자법 채용
의 취지를 잘 이해하여, 우리 国語의 본질에 직결되는 역사적 가나철
자법에 능통하여 그 지도에 철저히 임해야 한다.   (p.5)

위 인용문에서 주의할만한 사항은 종래 "편법"으로 활용하던 "표음
적 가나철자법"을 버린 이유 가운데 하나로서 '역사적 가나철자법'은
"国語의 본질"에 "직결"된다고 하는 인식을 전면에 내세우고 있다는
점이다. 여기에서 다시 森田梧郎(1944)25)의 언사에 주목해본다.

처음 国語를 배우는 조선인에게 있어서 표음 가나철자법에 비해
역사적 가나철자법이 곤란한 것은 말할 필요가 없을 것이다. 漢字音
에 있어서 그 곤란은 더욱 심하다. 따라서 종래 표음 가나철자법을
채용했던 것은 오로지 저학년에서만 이루어졌지만 그 저학년이야말
로 漢字音 가나철자법에 가장 관계가 깊은 것이다. 이러한 곤란한 漢
字音 가나철자법을 아직 国語 능력이 충분하지 않은 저학년 아동에
게 가르치는 데에는 이중삼중의 곤란이 있다. 이러한 곤란을 알면서
도 굳이 학습에 곤란이 많은 역사적 가나철자법을 채용한 이유는,
오직 皇国의 길에 따라야 할 우리 조선의 国民学校 교육이, 더 이상
편의주의 가나철자법에 의해 内地의 교육과 비록 초기 동안만이라고
는 해도 다른 길을 걸어서는 안 되겠다는 것이다. 이처럼 우리 조선

---

25) 森田梧郎(1944)「朝鮮に於ける国語錬成教育と皇国臣民」『国語文化』第4巻 第
　　1号.

교육은 명실공이 內地에서의 그것과 동일한 보조를 취하기에 이른 것이다. 그 앞길에는 수많은 곤란이 예상된다. 그러나 이러한 곤란도 또한 皇国臣民 연성을 위한 마땅한 시련인 것이다.　　　(pp.18-19)

위 인용문을 보더라도, 교수의 편의를 위해 도입했던 〈표음식 가나철자법〉을 버리고 "곤란한 漢字音의 역사적 가나철자법"을 도입한 이유는, "皇国의 길" 곧 "내선일체"라는 정치적 구호에 철저하게 동조한 때문이라는 것을 쉽게 알 수 있다. 즉 '역사적 가나철자법'이라고 하는 복고적인, 그런 의미에서 国学 사상의 결과물이, 일본어 아니 그들이 말하는 国語의 개량을 봉쇄해버린 꼴이 되어버린 것이다.

일본에서는 논의에만 그쳤던 〈표음식 가나철자법〉의 채용 및 개선이 조선에서 가능했던 것은 외국인에 대한 일본어 교육이라고 하는 특수한 상황이 보수적인 기존 언어관에서 자유로울 수 있는 계기를 부여했기 때문으로 생각된다. 사실 외래의 것을 일본어화하는 과정에서 〈표음적 표기〉에 대한 시도는 일찍부터 있어왔다. 이를 바탕으로 볼 때 조선에서의 일본어의 〈표음적 표기〉는 일본어를 외래의 것으로 인식하는 데에서 출발했다고 보는 편이 타당할 것이며, 〈내선일체〉의 강화로 대표되는 정치 패러다임의 변화에 이어 곧바로 '역사적 가나철자법'으로 회귀하는 것은 어찌 보면 지극히 당연한 전개였다고 생각된다.

그런데 한편으로 '內地人'과는 달리 조선인에게만 편리한 〈표음식 가나철자법〉을 적용했다는 것에는 '자국어(민) 우월주의'가 그 이면에 있었다는 점에 주의할 필요가 있다. 일종의 '차별' 의식인데, 이러한 '자국어(민) 우월주의'가 결국에는 표기법의 회귀 즉 '역사적 가나철자법'으로의 통일로 이어졌다는 점에서, 똑같은 관점이 전혀 다른 결과를 낳았다고 할 수 있다.

그리고 1945년 이후 현실 발음을 중시하는 '현대 가나철자법'이 채용된 것은 일본 및 일본어를 파악하는 인식이 변화한 결과로 이해된다. 요컨대 복고주의의 결과물들에 대해 자유롭게 비판하고 개선할 수 있는 사회적 분위기가 형성된 것이다. 또한 우리 입장에서 보면 조선에서의 표기법 및 교수법에 대한 이를테면 실험이 '현대 가나철자법' 채용에 있어서 어떤 형태로든 영향을 미쳤을 개연성이 있다는 점에 주목해야 한다. 즉 전후 일본의 일본어정책을 설정함에 있어서 식민지에서의 다양한 시도들이 결과적으로 밑거름이 되었다고 할 수 있는 것이다.

⑴　物学(ものまなび)とは、皇朝の学問をいふ、そもそもむかしより、ただ学問とのみいへば、漢学のことなる故に、その学と分むために、皇国の事の学をば、和学或は国学などいふならひなれども、そはいたくわろきいひざま也。

⑵　古学とは、すべて後世の説にかかわらず、何事も古書によりて、その本を考へ、上代の事をつまびらかに明らむる学問なり。

⑶　和学をとりたてんとするには、先づ三科ばかりに分つべきにや。先づ第一に国史実録の学を一科とし、次に律令典故の学を一科とし、次に古言を解釈する学を一科とすべし。

⑷　和戦の利害、戦を主と致候得ば、天下の士気引立、仮令一旦敗を取候ても、遂には夷賊を逐退け、和を主と致候得ば、当座は平穏の様にても、天下の人気大に緩み、後には滅亡にも到り候儀、漢土歴史の上に明証有レ之、古今識者の確論有レ之候得ば、委細は不レ及レ申候得共、今試に其大略を論じ候に、決して和すべからざる筋合十ヶ条有レ之候。

　　抑、神国は幅員広大ならず候得共、外夷にては帝国とあがめ尊び、恐怖致し居候義は、畢竟往古神功皇后三韓御征伐、中古弘安の蒙古御退治、近古文禄の朝鮮征伐、慶長・寛永の切支丹御禁絶等、其明断御威武海外に振ひ居候故にて有レ之候。然に此度渡来のアメリカ夷、重き御制禁を心得ながら、浦賀へ乗入、和睦合図の白旗差出し、推て願書を奉り、剰内海え乗込、空砲打鳴し、我儘に測量迄致し、其驕傲無礼の始末言語同断にて、実に開闢以来の国恥とも可レ申候。城下の盟は国の恥と承り候処、右の通御制禁を犯し、大城程近き内海え乗込、我を劫し我を要し候夷賊を、御退治無レ之而已ならず、万々一願の趣御聞済に相成候様にては、乍レ憚御国体に於て相済申間敷、是決て不レ可レ和の一ヶ条に候。

{5} 上古之世未有文字、貴賤老少口口相伝、前言往行存而不忘。

{6} 帝王本紀多有二古字一、撰集之人屢経二遷易一、後人習読以レ意刊改、伝写既多、遂致二舛雑一。

{7} 今神代の文字などいふ物あるは、後世人の偽作にて、いふにたらず。

{8} 此れの日出づる国は、五十聯の音のまにまに言を成して、万づの事を口づから云ひ伝へる国なる。

{9} 問今時世上盛ニ通用スル所ノ以呂波四十七字ハ。弘法大師ノ作ナリト云伝ヘタリ。不審実ニ爾リヤ否

{10} 答世上ノ人口ニ言伝ヘタルバカリニテ。慥ナル本拠ナシ。敢テ信ズルニ足ラズ。

{11} 答上古天照太神ヨリ大已貴尊ニ授ケ玉フ四十七言アリ。大已貴尊是ヲ受テ後。天八意命ト共ニ此四十七言ヲ以テ神代ノ文字ヲ作ル。謂ク此四十七字ヲ通シ連テ。万ノ言句ヲ作ルナリ。

{12} 日本ノ大祖天照太神ハ。大日霎貴ニシテ則チ大毗盧遮那仏ナリ。

{13} 今時ノ以呂波ハ。全ク此四十七言ナリ。イ井ヲオエヱ同音ノ字。重リテアルコトモ全ク同ジ。唯詞ノ前後セルマデシテ。本体ハ全ク同一ナリ

ひふみよいむなやこと　もちろらねし　きるゆゐ　つわぬそ　をたはく
めかうお　えにさりへて　のます　あせえ　ほれけ

以呂波ノ文字ニテ書トキハ是ノ如シ。一字ノ相違ナシ。宗ニ奇妙ナリ。

{14} 旧キ神社ニハ。上古ノ神字于レ今残リテ。儼然トシテ存在スルナリ。平岡宮泡輪宮ノ神字ノ記録ノ如キ是ナリ。然レ雖深密ニシテ。通用

シガタキ故ニ。世ニハ流行セザルナリ。

{15} 末ノ世ニハ漢字及ビ以呂波字。甚ダ省易ニシテ。事用ニ尤便タル故
ニ。神字ハ深ク蔵レテ居ナリ、是自然ノ勢ナリ。止本邦ノミナラズ。
異邦モ又上古ノ文字ハ通用セズ。後世作ル所ノ新字盛ニ流行スルナ
リ。次第ニ省易ニ走ルガ致ス所ナリ。

{16} 問柴普等ノ文字ハ漢字ナリ。応神天皇ノ時ニ漢字始メテ渡レリ。尓
ラバ何ゾ是ヲ神代ノ文字ト云ンヤ。

{17} 答是ヲ直神代ノ文字ナリト云ニハ非ス。止是後代ニ渡レル漢字ヲ以
テ。書換テ知リ易カラシムルノミ。

{18} 応神天皇十五年ニ百済国ノ阿直岐来朝ス。十六年ニ岐ガ言ニ依テ王
仁ヲ名ス時ニ王仁論語ト千字文トヲ携テ来ル。仁ヨク和語ニ通ジテ仁
徳帝ニ。難波津ニ咲ヤ此花冬コモリ今ハ春ヘトサクヤ此花。ノ和歌ヲ
上レリ。是ヨリ漢字ト和語ト通用ストイヘドモ未ダ灑然タラズ。其後
三百年ヲ過テ。聖徳太子出テ、始テ和語ヲ以テ経典ニ施シテ読易カ
ラシム。

{19} 神代ニハ別ニ文字アリ。何ゾ漢字ヲ借ンヤ。今神字ヲ此柴普等ニ写
シ換ルハ。梵字ノ対訳ニ似タリ。対訳トハ。天竺ノakaraヲ。漢土ノ
阿賀羅ニ写シ換ルガ如キ是ナリ。

{20} 聖徳太子ノ時マデ。神代ノ文字流布セリ。太子始メテ柴普等ノ漢字
ニ写シ換玉ヘリ。コレ一変ナリ。弘法大師ニ至リテ。柴普等ノ漢字
ヲ。ひふ等ノ草書ノクヅシニ写シ替玉ヘリ。是亦一変ナリ。字ノ体相
ハ再ビ変ズトイヘトモ。神代ノ四十七言ハ。儼然不レ動万世不易ナ
リ。

{21} 日本ノ神字ハ神代自然ノ文字ナリ。漢字ハ秦ノ獄吏程邈ガ作ニシ
テ。至リテ卑賤ノ人ノ所造ナル故ニ。卑詞ト云ヘルナリ。

{22} 又案ズルニ異邦ノ文字ハ。蒼頡作リ出ス所。既ニコレ人作ナリ。日
本神代ノ文字ハ人作ニ非ズ。法尓自然ノ神字ナリ。異国ニ勝ルヽコ
ト百千万倍ニシテ。ソノ妙處ハ言語ノ及フ所ニ非ス。本邦ノ神璽宝
剣内侍所。既ニコレ天造自然ノ神器ナリ。文字モ又同ク天造自然ナ
リ。此四種惟我朝ノミ美ヲ擅ニスル所ニシテ。異邦ノ階テモ及コト能
ハザル所以ナリ。異朝ノ伝国ノ玉璽及ビ宝剣ハ。皆人作ナルコト。古

人詳ニコレヲ論セリ。

{23} 弘法大師此四十七言ヲ。七字一句ニ結ビテ覚ヘ易カラシメ。大唐ノ
草書ノ字ニ書換テ。天下ノ人ヲシテ書易カラシメ玉ヘるなり。

{24} 神語ノ四十七字。則チ以呂波ナリ。マタ梵語ノ五十字門ナリ。五十
字門。則チ片仮名以呂波ナリ。梵字ト漢字ト和語ト圓融自在無礙渋
入不可思議不可思議ナリ。

{25} 答凡ソ梵字ノ本源ヲ論ズルニ。体文ノ三十五字ト十二ノ磨多トナ
リ。合シテ四十七言ナリ。磨多ヲ以テ体文ニ合シテ無盡ノ字ヲ生スル
ナリ。是則チ劫初ニ梵天来下シテ。開示シ玉フ所ナリ。

{26} 他国の文字は悉く其国限りの言を記す為のみが詮故に、異邦の言語
を記すには、皆音韻不足なること也。何故に然ると云に、梵文の如く
全声半音の分ち無く、舌中舌末の別無く、軽重の分詳細ならざるが
故に、必字数も少く、音韻も不足なる謂あること也。其は何故なれ
ば、諸蕃の文字は皆人意の創造に出て、梵文の如くは前却の世に梵
文有るの傍証とも云べきにや。

{27} 弘法大師ハ。聞出ノ大聖ニシテ。紫宸殿ニ於テ毗盧正覺ノ粧ヲ現
ズ。委ク元亨釈書ニ記スルガ如シ。又コレ大毗盧遮那仏ナリ。神用
ヲ廻ラシテ。書易キ草書ニ写シ換テ恵ミ玉ヒシヨリ。一入自在ニ通用
〆。大利益ヲ施スコト凡慮ノ及ブ所ニ非ズ皆是唯仏與仏ノ境界中ノ
所作ナリ。

{28} 問ソノ梵字ト。本邦ノ神語ト。音ノ差別如何
答全ク異ナルコトナシ。仍テ梵字ヲ以テ以呂波ヲ書ニ。障アルコトナ
シ。無礙自在ナリ。

{29} 天竺ハ読下ニシテソノ義通ズ。日本亦尓り。タトヘバ天竺ニテ
handomadara ト云handomaハ蓮ナリdaraハ持ナリ。日本ニテハはすを
もつト云。其義全ク同シ。漢土ハ尓ラズ。持レ蓮ト云ハネバ。ソノ義
通ゼヌナリ。

{30} 問若尓ラバ。天竺大唐日本ハ終日大聖ノ文字ヲ受用スル国ナルガ故
ニ。無上ノ神域トスベシ。其余ノ万国ノ文字通用ノアリサマ如何。

{31} 右三国ノ外。朝鮮琉球台湾東京交趾ハ。梵漢ノ文字モ通用スル国ナ
リ。勿論其国々ニ諺字アルコト日本ノイロハノ如シ。是ヲ梵漢ノ字ニ

施シテ其意ニ通ズルナリ。

{32} 此外ノ外夷。阿蘭陀。咬瑠吧。莫臥爾。邏羅。東埔寨。占城等ハ皆
悉ク横文字ノ国ナリ。梵字漢字一向ニ通用セズ。儒道モ知ラズ仏教
モ神道モナシ。仁義モ因果モナシ。畜生ノ如クナル国ナリ。

{33} 日本ハ元文字ナキ国ナリトテ。夷狄戎蛮ノ如ク思ヘリ。又特ニ甚シ
キハ日本ヲ以テ。呉ノ泰伯ノ国ナリト謂者アリ。神国ノ罪人ナリ。

{34} 問神代ニ文字アリシ道理。宗ニ至極セリ。若尓ラバ一字ナリトモソノ
字残リテ今ニ傳ルベシ。絶テ世ニ流ハラザルコト如何ゾヤ。

{35} 若神代ニ全ク文字アル事ナクンバ。天照太神ハ其身照耀ク故ニ大日
霊貴ト名ケ。天照太神ト名ル等ノ事モアルベカラズ。既ニ其名アルト
キハ。ソレヲ弁別セル文字アルベキ事必セリ。カノ面白穴賢ノ両語ハ
神代ニ始レリ。若文字ナクンバ比此義如何ガ弁別セン。誰カ亦後代
ニ伝ンヤ。

{36} 旧キ神社ニハ。上古ノ神字于レ今残リテ。儼然トシテ存在スルナリ。
平岡宮泡輪宮ノ神字ノ記録ノ如キ是ナリ。

{37} 予ガ以呂波問弁ニ。奮キ神社ニハ上古ノ神字于レ今残リテ儼然トシ
テ存在スルナリト書シハ此事ナリ。

{38} 本師老大和上昔日伊呂波問弁一巻ヲ著テ以テ天下ノ迷ヲ解。正義始
テ露レテ。喜ヲ懐ク者鮮カラズ。玆ニ旧冬霜月中旬。道楽龍金龍龍
敬雄ト云者。駁伊呂波問弁一冊ヲ作テ白雲居老人ヲ紹介トシテ。和
上ノ案下ニ呈ス。臘月朔日和上即チ小僧ニ觚ヲ操セテ。摧駁一篇著
シテ彼ニ貽ル。遠近ノ緇素之ヲ伝聞テ謄写センコトヲ望ムモノ多シ。
吾儕其費功ヲ憐テ両書共ニ書林ニ與ヘテ梓行シ神国神字弁論ト題
ス。一字ヲ低書スルハ則チ金龍ノ駁ナリ。其義ノ允不ハ予ガ輩ノ知ル
所ニ非ス。取捨ハ大方ノ君子ニ一任スル者ナリ。

{39} 弁者ノ曰吾邦往古四十七字アリ悉曇ノ字母ノ如シト。

{40} 駁ニ曰是甚ダ肯ヒ難シ。若文字アラバ名山古跡ニハ一字半点ナリト
モノコリ在ベキニ。終ニ其沙汰ナキハ何事ゾヤ。特ニ億兆ノ人ナレバ
四十七字全ク覚ヘズトモ。セメテ両三字ナリトモ覚ヘ伝フベシ。〈中略〉
往古ノ文字モ或ハ石ニ雕金ニ鏤シ物ナリトモ土中ヨリモ掘出シ。又ハ
河海ヨリモ出ルコトアルベキニ。一向コレナキ事ナレバ。必定往古ハ

質朴ノ風俗ニシテ結縄ノ政ニテ能治リ文字ナキコト明ナリ。仍テ匡房ノ箱崎廟ノ記貝原ノ自娯集ニ古語拾遺ヲ引ガ如キ甚タ確論ナリ。

{41} 弁者定デ旧事記ナトヲ見テ言ルルナラン。然ニ旧事記ハ真偽未決ノ論アレバ全クハ信ジ難シ。

{42} 又八雲八重垣等ノ歌若文字ナキ寸ハ伝ハルマジトノコト。ナルホド文字ナクトモ相承シ来ルニ妨ナシ。今深山僻壌文字ナキ在所アレトモ其里ノ古キ事ヨク相伝ヘ覚テヲルガ如シ。又座頭仲間ノ法ハ書シ物ハ証拠ニナラズ。覚ヘタルコトヲ以テ証拠ニスルナリ。爾ラハ文字ナシトテ伝ハルマジキコトハナシ。

{43} 人ハ我生レシ国ヲ贔負スルモノ故日本ヲ唐土ト同ジ様ニ開闢久シク抗セントスル故ニ。天神七代ノ。地神五代ノトテ。奇妙ナ舌モモトヲリカ子ル尊ノ名ヲ作リ。寿命ハ百億万歳ノ何ノ角ノトテ。空蒙杳冥虚誕杜撰ノ事ヲ取集メ神代巻トヤラン云書ヲ偽作ス。

{44} 特ニ可レ笑ハ此四天下ヲ照ス日輪ヲ天ノ窟ニ隠シ玉ヘバ世界ハ常暗ニ成タトハ。サテサテ唯日本バカリヲ照スト思ヘル井蛙ノ見ヲ起セバナリ。畢竟日本ハ唐ノ新田場同前ナルコトヲ知ザル故ニ。天竺唐土ノ事ニ府会シテ迹形モナキ下手文盲ナ虚ヲ云触スナリ。唐土ヨリ文字万物渡シ来レバ上古彼国ヲ仰ギテ遣唐使ニ歴歴ヲ遣サレ。モロモロヲ。ヲコセシ国ナレバトテモロコシト呼シトナリ。

{45} 然ルニ聖徳太子。唐土ノ恩ヲ忘レテ卑詞トノ玉フベキヤ。老老大大ノ比丘和尚宜ク自ラ省ミ玉ヘ。又弁者ノ云ヘルガ如クノ天造自然ノ文字アラハ其孫謀ヲ貽シ皇孫ニ恵ミ玉フベキニ。所以モナク取上皇孫ヲシテ唐ヲ仰キ稽首セシムルハ不慈不情何ノ心行ゾヤ。〈中略〉天神文字ヲ取上玉フ時海内ヘ弥綸ゼシ文字ヲイカヤウニシテ収拾セラレシヤ。歴歴ノ八百万ノ神等一リモ壁ニ隠シ地ニ埋ム働ナキハ皇孫ノ為ニ不忠トセンカ不仁トセンカ。老大比丘如何思召ヤ。

{46} 弁者ノ曰又特ニ甚シキハ日本ヲ呉ノ太伯ノ国ナリト云者アリ神国ノ罪人ナリト。

{47} 呉音漢音倶ニ伝ヘ来ル中。上古ヨリ多ク呉音ヲ用ヒ且呉服ノ。呉竹ノ。呉藍ノトテ呉ノ字ヲ多ク用ルハ太伯ニ本ゾクト見タリ。是徴トスヘキノ第七ナリ。

{48} 予嘗テ西国行脚ノ時備中庭瀬ノ少林寺ニ往古ヨリ天照皇ノ尊像アル
由聞及デ拝礼スルニ。衣冠ノ容貌儼然トシテ正シク泰伯ノ像ナリ。又
近年浪華ニ挂錫シ天満北野沙山ノ正法寺ニ安置セル尊像ヲ拝スルニ
亦太伯ナリ。爾レハ乃チ天照太神ト申シ奉ルハ太伯ニ疑ヒナシ。

{49} 弁者ノ曰聖徳太子ノ時マデ神代ノ四十七ノ文字流布セリ太子始テ裴
普等ノ漢字ニ写シ換玉フト。

{50} 駁ニ曰若爾ラハ天照皇ヨリ伝ヘ来ル四十七字ヲ漢ノ卑キ詞ニ換ルモ
ノハ太子ニシテ。太子ハ始テ俑ヲ作ル吾邦ノ罪人ナルベシ。天造深妙
ノ字ニシテ天竺ノ悉曇ノ刔音天来下シテ製スル梵字ニ牽強附傍シテ言
ルルハ五色ノ虚説ナリ。是ノ如キ大切ノ文字ナラバ。セメテ形バカリ
モ遺ルヤウニ其文字ノ扁作リノ端ヲ像リ自ラ文字ヲ製シ玉フヘシ。
〈中略〉 太子ハ聖者ニシテ吾邦万事ノ規矩ヲ定メ玉フ。而ルニ何ゾ神
字ヲ省略セル文字ヲ自ラ製作セズシテ。漢字ヲ専トシ玉フヤ。若神字
ハ多含ニシテ庸愚ノ輩知リ難シトイハバ。幼ヨリ目馴耳触バ何ノ難キ
コトカアラン。五大ノ梵字ノ甚深多含ナルスラ。驕長年マデモ解スル
ハ目馴耳馴タレバナリ。

{51} 弁者ノ曰莫臥爾邏羅等ハ皆悉ク横文字ノ国ナリ。儒道モ仏道モ知ラ
ス畜生ノ如クナル国ナリト。

{52} 駁ニ曰ソレ莫臥爾ハ天竺ノ内ニテモ甚ダ豊饒ナル大都会ナリ。ソノ国
旁行ノ文字トテ畜生ノ如キトハ吾輩本師ト貴ブ釈迦モ旁行文字ノ国
ノ生レナリ。然ラバ吾邦ノ諸宗ノ祖師並ニ法親王方御門跡方其外老
大比丘ノ荷担セラルル神道モ。本地ヲ立諸疾諸士モ仏道ニテ葬リ。
天下ノ僧尼ハ勿論皆悉ク畜生国ノ釈迦ノ小屋下トナリシハ無慚ナル
哉。弁者例ノ博学自慢ニテ西域マデモ呑込ダ顔セラルレトモ。諸国随
ニ時代一テ称呼ハ替ルコトヲシラレズ。且見テ来タ様ニ莫臥爾ニハ仏
法ナシトイハルルハ老比丘何レノ時カ渡天セラレシヤ。二百五十戒ヲ
眼目ノ如ク護ル持律ノ大和尚。ヨモヤ妄語ハセラルマジ。虚ナシニ白
状セラレヨ。嗚呼天竺トイヘハ貴ビ。莫臥爾トイヘハ賤ンジ。天帝ヲ
重ジ憍尸迦ヲ軽ズル謗ナル哉。

{53} 希クハ贋律師此駁ヲ見テ。七十余年ノ非ヲ知リ。諸祖ヲ罵辱セシ罪
垢ヲ澡雪シ。自他ニ益ナキ杜撰ノ著述ヲ止高慢ノ長キ舌ヲ縫上セラ

レバ真ノ比丘ナラン与。

{54} 若黙シテ答ヘズンバ。ソレ見ヨ。多年日本ヘ轟キタル空輂老人ヲ。予
ガ一棒ニテ手モナク打破シテノケタハト旬リ。大慢ヲ長ジ天狗ニナラ
ルベキ事モ計リ難シ。是ヲ憐愍スルガ故ニ。忍辱ノ大衣ヲ著シ。大慈
悲ノ室ニ入リ。諸法空ノ座ニ坐シ。金剛杵ヲ揮テ汝ガ邪駁ヲ摧破シ
テ微塵ト作。汝ガ非ヲ知ル手鑑トスル者ナリ。

{55} 日本神代ノ神字儼然トシテ于今名山霊窟ニ存在セリ。汝井蛙ノ輩ノ
所知ニ非ズ。予ガ秘本ナレトモ汝ガ如キ迷謬ヲ愍ムガ為ニ。已コトヲ
得ズ謄写セシメテ今般拝見ヲ許ス者ナリ。敬テ香ヲ焚テ拝覧セヨ。

{56} 朝鮮モ表ニハ支那ノ文字ヲ用レドモ。裏ニテハ別ニ一種ノ諺字ヲ製シ
テ日用ニ心安ルガ故ナリ。

{57} 我州の人、およそ公事に役するもの、たれか韓語に志なからん。しか
し其書もなけれは、たたに望洋の歎をいたけるのみ。ここに四部の書
をゑらひ、はしめに韻略諺文をよみて字訓をしり、次に酬酢雅言をよ
みて短語をしり、次に全一道人をよみて其心をやしなひ、次に鞮履衣
椀をよみて其用を達せしむ。こゆねかわくは、其教の次第ありて其材
をなすにちかからんとしかゆふ。

{58} 韓語の内、諺文にてかけると言葉にいへるとはちかひたる事おほし。
大葉其例を後に記せり。これを以て類推すへきにや。

{59} 日本のことはにもかなにては馬者とかけと、言葉にはうまはといひ、
かなには瓜とかけと、言葉にはうりといへり。それと同しわけなると
しるへし。

{60} 都の人のきる物といふ事をきり物とかき、大こんといふ事を大ことか
き、いなかの人かゐる(蛙)といふ事をかゑるとかける類は、言葉をあや
まりてかなをもあやまるなり。てうじ(丁子)とかくへきをちやうじとか
き、さんせう(山椒)とかくへきをさんしやうとかける類は、言葉にはち
かひなけれと、かなつかひの其法をうしなへるなり。朝鮮の諺文にも
此類の事おゝし。

{61} たとへは橋箸雲蛛花鼻笠瘡なといへる事、都の人はそれへにいひわく
れと、辺土の人はまなひてもあたわさるは、山川風気の違へる故そか
し。まして異邦のことはおや。

{62} 韓人はにこりたる言葉をゑいわさるに、むかしある日本の言葉よくい
へるにてほまれありける訳官のはなしに、今のわかき判事はその志な
きゆへ、こさりますといへるやすきことはも、こさりますといひ、おか
しき事なるといへり。その身はよくいひわくるとおもひかくいひけれ
と、日本の人のみゝにはいつれもこさりますするときこへておかしかり
き。我が国の人の韓語をいへるもこれにおなしとしるへし。

{63} くわしく韓人にまなひ、ひろくたつねてはしめてしるへし。たとへは、
全一道人をはしめかなにてかきたるを熟読し、能覚て後、かさねて諺
文にてかける□□を以て、くわしく韓人にならふへし。さなくはまこ
との韓語とはなるまし。

{64} この国を、呉の泰伯の後なりといへるは、唐の世、咸享と年のなせし
とき、この国の人もろこしにきたり、いひいだせる事なりと、唐書に
見へたり。いかなる人のかくはいひし。史記に、泰伯無子といへるを
見れば、その説のみだりなる事あきらけし。

{65} もろこしの字音は、四声そなはり、唇、舌、牙、歯、喉のわかちあざ
やかなれど、からの字音は、三声のみありて、上声去声わかれず。さ
れど唇、舌、牙、歯、喉のわかちはあるなり。此国の字音は、字ごと
に平声のごとくよみて、上声去声もなく、又入声もなし。ふつくちき
のつきたる字は、入声なりとおぼゆれど、これもくちにてとなふるとき
は、砕音となり、入声にはあらず。唇、舌、牙、歯、喉、そのわかれ
なきにしもあらねど、国のならはし、くちびるがちにものいへるゆゑに
や。五音あざやかならず。釈徒の誦経に、いまも四声わかちてよめる
あり。これはもろこしにわたり、そのことばしれる祖師の、此国に
も、五音をつたへんと、心をつくしをしへたるなれど、もと此国のな
き事なるゆゑ、いまになりては、其のりにあたらざる字音のみ多し。
詩は音調をこそおもしとすれ。この国の字音にて、もろこしの詩つく
るは、調子にかなはぬ笙ひちりきをもて、楽をかなづるにひとし。此
後いくちよへたりとも、もろこし人、これはといへる詩つくる人はあ
りがたかるべし。

{66} 此国にかなといふものなくば、ひとびと文字をしるべきにといへる人
あり。これはおもはざるのことばなるべし。もろこしの文字、西域の

梵字、から国の諺文、此国のかな、其外韃靼、紅夷のごとし。みな其国のことばに応じ、たれはじむるともなく、をうなわらべ、下々までこれをもちふ。まことに自然のことわりに出たり。かなといふものなくばといへるは、其国々々のことばなくばといへるにひとしかるべし。

{67} 日本ノ諸将通事ナクテハ叶マシトテ高麗ノ詞ヲ習セラレケリ其詞ヲ伝聞所ヲ聊記付ス。

{68} 是ハ九牛之一毛ニモ不及殊ニ聞誤書錯モ有ヘキナレトモ人ノ伝ヘ言ケルト又旧ク記セル筆ノ蹟ヲ写シ書ケル物ナリ。

{69} 新羅高麗百済或は馬韓辰韓弁韓合て三韓と号く。又改めて朝鮮国といふ。朝鮮と云ふは、其国日の本に隣て東海の浜なる故に、朝日の山川草木に映して見る所鮮明なり。依て其名あり。物語とは、此書始に朝鮮の本朝に属せしより以来、往昔越前三国船頭彼地へ漂泊の物語を記し、末には其国の地理言語土産等を書あつめて童蒙の一助に備て朝鮮物語と題する事しかり。

{70} 朝鮮諺文左の如し。用ひ様は朝鮮諺文字母に詳かなり。さて朝鮮にて俗の読やすきために、諺文を以て書を訳す。我国伊呂波にて書籍を訳して諺解と云はあやまりなるべきか。

{71} 愚考六条あり。阿耶王三行并拗音を真字に作る、一也。影喩第四等を耶行の定位となす、二也。漢呉音並原音次音あることを発す、三也。二百六韻の左右に国母上中下の韻を記す、四也。三内の撥仮字古へは音博士ありて正しかりしを、中古已来乱れたるを復す、五也。於字十一転開音なるを徴す、六也。此六を立て字音の国字を定むる也。

{72} ある人、呉音漢音といふ事をたづねしゆゑ、呉音は韓の字音、漢音はもろこしの字音にてさふらふ。されど年をへて、いつとなく、此国のこゑとなりたるなりとこたへき。

{73} 凡音声は都鄙雑厠し、正俗混淆し、貴賎相接し、上下相交るよりすることにて、自然なるものなり。此方に伝来してはまた此方の語声音便によりて輾転する故に、種々に変することあり。

{74} 当時(そのかみ)字音を撰定せしは何れの人にかありけむと云に、必彼の皇子に典籍を教へ奉りし百済国の博士阿直(あぢき)和邇(わに)などなるべし。韓地の人ながら、和邇は漢の高祖が子孫なれども、もと唐国の人なるも知べからず。よし然らずとも、唐国の音韻にもよく通じて、弁へ知てぞありけむ。されど皇朝に参入（まゐり）ては、いまだ幾（いく）ばくもあらざりしほどなれば、其音の皇國の語音に叶へりや叶はずやまでは、いまだえよくも弁へ知まじければ、[難波津の歌を、此の和邇が作と云るなどは、伝へ誤れるものなり。] 皇朝の賢（かしこ）き人等と共に相議て、唐国の音韻の旨にも背かず、此間（ここ）の音にも甚遠からぬ、宜しきほどを考へ撰てぞ定めつらむ。[諸字の訓を定めしも、亦如此くにぞありけむ。] 又彼の御世などには、唐国人の参入（まゐり）て留まり居たるも、此れ彼れと有つれば、其人等なども共に相議しこともあるべし。すべてさる細（こまか）なる事どもまでは、今詳には知るべきことに非れども、事のさまをよく考ふるに、必ず然るべき者なり。そのかみ新たに渡り参入（まゐり）来（き）つる書籍を読み初めけむ時の事のさまをよくよく思ひやるべし。文字と云もの、いまだ形をだに見たることもなかりけむに、仮（かり）にも其読音一々に識（しら）むこと、甚容易なるまじければいかにも此方の人の口に誦（よみ）やすく学びやすくして、然も唐国の音韻の旨を失はぬさまを撰ばずばあるべからず。是亦甚容易ならぬことなれば、必此れ彼れと相議て、深く考へずば、定め得べきに非るをや。

[75] 皇国と外国と自然の音韻言語の甚異なること上件の如し。然るに軽嶋の明宮御宇（あきらのみやにあめのしたしろしめしし）応神天皇の御世に、百済国より阿直（あぢき）といひ和邇（わに）と云し二人の博士を渡し奉り、又論語などの漢籍（からぶみ）をも貢献せる。 是れ大御国に漢字漢籍の参（まゐ）入れる始め也。〈中略〉皇子宇治の若郎子（わきいらつこ）彼の二人を師として、始めて其の漢籍を読たまひ、皆能く通達（さとり）たまひしこと正史に見えたり。

[76] さて其時に初めて定まりし字音は必呉音なるべし。其故は昔より書典を讀むには漢音を用ゐつれども、常に口語に呼ぶことには、漢音を用ゐつるはいといと罕（まれ）にして、諸の物の名或は官名其餘の名稱なども、皆呉音にのみ呼来れり。〈中略〉抑唐国にて正しとする漢音をばおきて、呉音をしも用ゐられたるは、如何（いか）なる故ぞと云に、呉

国は漢よりは地方もやや皇国に近ければ、其音も実は漢よりはややまさりて、皇国の音に近く親しくして、是を聞くにもやや平穏なればなり。［又そのかみ高麗百済などは呉国に親しく往来せしことなれば、和邇なども呉国の音を殊によく識（しり）て、これを教へ奉りしにもあらむか。そはいかならむ。今知りがたし。］さてそのかみ初めて定まりし呉音は、即今の世まで伝はれる呉音なり。

〔77〕 雨森芳洲がたはれ草に、「或人呉音漢音と云ふるを尋ねし故、呉音は韓の字音、漢音は唐山の字音にて候ふ。されど年を歴ていつとなく、此心の音となりと答へき」以上と見えたるは我思へると暗合の説なり。

〔78〕 漢国は字甚多くして、煩はしくくだくだしく返て不便也。爾雅の『釈詁』に、林蒸天帝皇王后辟公候は君也、また柯憲刑範辟律矩則は法也、また辠辟戻は罪也、などあるが如き、凡て此如く同じことに字の数多（あまた）あるは各少しづつ義の異なるを以て分けて名（なづ）けたるは精しけれども、其中にはさのみ義の異なることなきにも数字あるは無益のこと也。又いと精しく分れたるかと思へば、右の内の辟の字の、君と法と罪との義ある如く、一字を多義に用るは、まぎらはしく甚不便也。又かの后の字を君にも用ゐ君の妻にも用ゐるが如きは、殊にまぎらはし。凡て此如く一義に多字あり。又一字に多義あらむよりは、一義一字ならむこそ宜しからめ。又同書釈畜に馬の品を云るに、膝上皆白は惟馵、四骹皆白は騱、四蹢皆白は首、前足皆白は騱、後足皆白は翑、右足白は啓、後右足白は驤などの馬の足の毛色の少しづつ差（たがひ）にまで、各其字のあるは、甚くだくだしく不便の至りなり。抑万物万事を悉く此如く細砕に分むとせば、幾千万の字ありとも尽ることあるべからず。故にさばかり字多けれども、終に万物万事を各一字づつにては尽すことあたはずして、二字三字連接せる名称も多かるをや。さて又字は多き故に目にこれを視れば義理よく分るれども、字の多きに比すれば、音はいと少（すくな）くて、一音に数字数言を兼る故に耳に其言を聴ては義の分らぬことつねに多し。又音即ち言なるが故に活用なし。其例をいはば、飲食の如き。皇国言にては、ノム クラフともノマム クラハムともノメ クラヘとも活（はたら）きて、其義を分つを、漢国にてはただ飲（いむ）食（しふ）と云より外なくして、活

(はたら)かざる故に、[食に別に嗣の音ありて義のかはることは末に云
へり。] ノム クラフもノマム クラハムもノメ クラへも、一つにして差
別なし。ただ其時のさまと、上下の言とに随ひて意得分くるのみにこ
そあれ、其一言のうへにては分り難し。是は漢国のみならず、諸の外
国皆此如し。されば皇国の言は生言、異国の言は皆死言の如し。さ
て皇国の音は、ただ五十にして甚少(すくな)けれども、正音全備して
闕(かけ)たる者なし。漢国の音は、これに比すれば甚多けれども、た
だみだりに駁雑にして全備せず、闕たる音多し。故に他国の音を訳す
るに足らざること多くして甚不便也。かの梵音を訳せるが如き、先づ
梵音の長短の声を分けて訳することあたはざる故に、或は長短と注し
[此間無長短字故以長短標之とことわれり。]或は長には引と注し、短
には入声字などをも用ゐて、注を添へたり。是れ入声は隠に急促(つ
ま)る韻ありて、正しき短声には叶はざれども、当(あつ)べきき字音の
無きによりて也。諸の対訳凡て此類にて、髣髴なることのみ多くて、
梵音にあたりがたき故にさまざまと注を加へたり。是を皇国音にて訳
すれば、ア ア、イ イ、ウ ウ、エ エ、オ オ、にて、注をまたず簡
約にして、長短の声調分明也。凡て皇国の音は、単直にしてくせなき
故にこれを用ゐるに便利なること此如し。漢国の音豈(あに)より此如く
なることを得むや。余の国々の音を訳することも准へて知べし。[皇国
の音にても訳しがたき音もまれにはあれども、漢字の訳音よりははる
かにまされり。

{79} 生員十人之者共、朝鮮音を以、類合、十八史略習覚候様被仰付候
間、各被召連、毎日無懈怠坂下へ参候様に被致候事。

{80} 大凡の上件に云る外国の引く音曲る音急促(つまる)音ンの音ハの行の
半濁音等は、皆是れ不正の音にして人の正音に非ず、鳥獣万物の声
に類せるもの也。いかにと云に、先づ鳥獣の声は、馬はニイ牛はモオ
などと、皆必長く鳴て、ニともモとも短かくは鳴くことあたはず。彼
の外国人の引く音これに近し。又雉はキン犬はワン鼠はチウ猫はニヤ
ウと鳴たぐひ、外国人の曲る音ンの韻など是に近し。又烏はカアカア
と鳴くを、若し短く鳴くときは、必カッカッと急促(つま)り蛙鴨(あひ
る)などのギヤッギヤッ ガッガッと鳴くたぐひ、凡て短声のもの、外国

人の入声これに近し。[烏のカッカッ蛙のギヤッギヤッ鴨のガッガッの
類みな其韻はあらはならざれども、急促(つま)る所に隠々と響あるこ
と、全く入声の如し。] さて又絲(こと)の声はピンポン、竹(ふえ)の声
はヒイ フウ ビイ ブウ、金の声はチン チヤン チヨン グワン ボン、革
(つづみ)の声はデン　ドン　カン　ポン、木の声はカッカッ、石の声は
コッコッなどと鳴る。万の物の声皆此類にて、長き者は必ず響ありて
短きことあたはず。短き者は必急促(つまり)てゆるやかならず。凡そ
鳥獣万物の中に、其声の皇国の五十音の如く単直にして正しき者
は、一つもあることなく、皆さまざまとくせありて、外国人の音是に
よく似たるもの也。これ皇国の音は正しく、外国の音は正しからざる
明徴也。

{81} 或説に。此方の字音今の唐音に似ずとて。彼国の真の音に非ずとは
云べからず。今の唐音は訛謬の音にして。古への音に非ず此方に伝は
れる字音ぞ。即彼国の古の音なると云るは。然らず。今の唐音の古の
音とかはれるはさることなれども。大方の音声のすがたは。万国各そ
のふりふりありて。幾千年を経れども。変らぬところは変らぬものな
れば。今の音を以ても。古への音の大方のすがたはよく知らるゝこと
なるに。此方の字音は。そのすがた唐音と大に異なれば。彼国の音の
まゝに非ること明らけし。

{82} 又或説に此方の字音は天竺の音をもまじへたるもの也と云は。殊に非
也。天竺国に漢字を用ることを聞ざれば。其音とてあるべきにあら
ず。思ふに是は彼国の単音の。たまたま皇国の正音と同じく。又五十
連音の図はかの悉曇字母によりて。造れるものなる故に然言なるべ
し。まことに五十連音の図は。悉曇字母によりて。其学のために作れ
る者にして。皇国の固有には非ず。又皇国の語音のために作れるもの
にもあらず。然れども其音は五十ながらもとより皇国の自然の正音に
して。さらに彼国音をうつし取れるには非ず。そは古言を以て知べき
也。然るに彼の国はたまたま此正音の妙用に符合せる故に。これを借
用るのみにこそあれ。彼図によりて此の妙用あるにはあらず。抑天竺
国には。此皇国の正音の如くなる単音もあれども。又さまざま濁雑不
正の音も多し。其中にかの単音の。たまたま皇国の音に同じければと

て。必彼よりうつれるものとはいかでか云べき。

{83} かの宇治若郎子王に初めて読書を教へ奉りし王仁などは、百済国の
人なれば、此方の字音は其の伝へにて、韓地の伝習の謬音也と云説
もあれども、今の朝鮮人の漢字を呼ぶ音を考るに、此方の字音に近き
者もあれども、そはまれにして、大体今の唐音に近し。対馬をタイバ
アと呼ぶが如き。タイは全く此方の音と同じきを、馬をバと呼ばずし
てバアと呼ぶは、唐音の格也。但し今の唐音にはマアと呼ぶ。バアは
古への漢音なるべし。又入声は此方の如く韻尾を顕に呼ぶものも多
し。此等は此方の音と似たれども、また日本をイルポン、百済をペク
チエ、と呼ぶなどは、甚異音にして、其すがた今の唐音に似て、此方
の音とは甚遠し。又此方にてウと呼ふ韻を、喉内に渾濁らして、クの
如く呼ふ字など多し。此外凡て多くは唐音に近し。然れば皇国の字音
は、韓地の音を伝へたるものとは見えず。

{84} 但しそのかみ諸字の中に、漢国の音はいたく、此方の自然の音に叶は
ざるが、たまたま韓地の音は近きなどをば、やがて其音を取用ひしこ
となどはありもすべし。入声字にク　キ　ツ　チ　フの顕なる韻あるなど
は、彼の地の音にならひて定めたるにてもあらむか。然れどもこれら
もたゞ皇国の自然の音に背かざるところを択て、ことさらに定めたる
にこそあらめ。何となく彼の謬音を伝へたるには非るをや。

{85} 我国の古へは此喉音の十呼を自然に習ひ知て、彼漢呉音にあてゝ其
真字を仮て我国の言を属りしを仮名といひて用いしなり[古事記日本
紀に歌を書る又万葉集等是なり]。故に彼此の音訛ることなかりき。
片仮名平仮名いできしより[片仮字平仮字は国字母なり。只仮字とは
かりいふ時は真字にて此方の言を写すをいふなり]約易にのみ趣きて今
は彼此淆乱することになれり。

{86} 五十音の内、喉音アヤワ三行の伊以為の三音[伊はア行也、以はヤ行
也、為はワ行也]、偏于の二音[偏はア行也、于はワ行也]、衣曳恵の
三音[衣はア行也、曳はヤ行也、恵はワ行也]、於遠の二音[於はア行
也、遠はワ行也]、通計十音。

{87} 天竺と云、乾竺と云ふ。〈中略〉乾即天なれば、意を取て名付たるの
み。此の二は梵名のまゝの対音には非る也。然るを真言流の梵学者、

やゝもすれば相通と云ことを主張して、天竺も印度の通音ぞ、「テ」と
「ヱ」と相通し、「ヱ」と「イ」と相通して、天竺と云が即ち印度と云こと
ぞと云也。如レ此云はば何事か相通せざらん。「「ク」と「キ」と相通
し、「キ」と「ミ」と相通す。糞と味噌と相通なれば、相同じと云べき
類」さる事は印度の梵音に没して無きことなるをや。

{88} 此人は、浅草の里に坐す、銀杏八幡宮の別当にて、余が方外の友な
り、悉曇の学にいと精しく悉曇字記新釈といふ物を作れり、此学あり
し以来、かばかりの釈は、吾未だこれを見ず。

{89} 此頃の態はと問へば。近きころ。朝鮮の訓蒙字會といふ書を見たる
に。漢字の下に。悉く諺文を付たれば。此を明らめ試ばやと思ひて。
其事にいたづき居るよし云ふにぞ。いと歓喜しくて。上の件記せる事
どもを語り。写し持たる肥人書。薩人書をも示せて。彼の諺文は。こ
れの皇国字の。彼国に古く遺り伝はれるを。其国の原文にとり成し。
悉曇章によりて。梵字の用格に用ふべく。彼の国人のさかしらせる物
と見ゆ。と云へば。甚く感よろこびて。然も有らば。疾く神世の字
を。明め給へと云ふに。また思ひ発ちて。己もまづ。諺文の成たる本
より明らめてむと。其の事の見えたる書どもを。彼此とあなぐり索め
て。

{90} 他国の文字は悉く其国限りの言を記す為のみが詮故に、異邦の言語
を記すには、皆音韻不足なること也。〈中略〉諸蕃の文字は皆人意の
創造に出て、梵文の如くは前却の世に梵文有るの傍証とも云べきに
や。

{91} 所謂梵文の常住なるは不変真如、余国の文字の無常なるは随縁真如
の理に依ることなるべし。故に字形と音韻とを論ずる時は実に梵文を
以て至極と為べく。

{92} 梵文も此に同く、我国に有ては甚深広大の功益も有こと故に、仏法
世法共に、大切なる所にては、必漢字よりも梵文をば重くし給ふこと
にて、此全く我国一種の文字と成たること也。此意を不レ得して、一
向に蘭学者が西洋諸蕃を歎慕様なるは、大に治教に害有ること故
に、仏説も梵字も皆我国の物として受学すべきこと也。

{93} 一通りに見る時は梵字も阿蘭陀文字も、字を合せて音を生する次第

に於て、さしも異は無き様に思はるれども、実を以て考へ比ぶる時には、梵文の法則に於て、凡そ人間言語の有る限りを尽して、口に出る音声をば其まゝに筆に記し得る者は、迚も蘭字などの及ぶ所には非る也。

{94} 凡そ古来梵音を唱ふる人、ただ此方の呉漢二音のみを拠として、唐訳の梵音を捌く故に、音韻を誤ること誠に多し。行智志学の始めより、此処に心を用ひて、凡そ対訳の字音を正さんが為には、漢魏随唐の古音より、今明清の世の字音に及ぼし、本邦古書の用音の格と、三韓朝鮮の音に至るまで、力の及ぶたけ考へ究めて、漢字音の微細を尽くしたる上にて、当代世々の対註音を読み、其上に於いて、梵文の正律を主として、此を以て漢対の字音と合せ考へ、

{95} 漢字音とても、伊勢の本居宣長の云へる如く、漢土唐音のまゝにては我国の音調に違ふ故に、我国の呉漢二音は我国にて定めたる者ぞと云は実に然ることにて、梵語漢語に不ㇾ限、他国の言音をば没して其侭には用ひ難きこと自然の勢ひに依ることなり。

{96} 亦皆古音の存在するものにして、併に亦徴を取に足ことあり、以て上代字音を考ふるの便となるものなり。

{97} 朝鮮の諺文も亦点劃を合するに随て韻を転ずること、梵文の法に異ること無し。是而ち一種の体なり。次には二三字を合して一音と為る文字と云は、西洋阿蘭陀の文字、及び魯西亜等の国字是也。

{98} 諺文の名も朝鮮に成て定る所にて、其法専ら悉曇に依て製する所なり。

{99} 初声は首音なり。終声は尾音なり。又中声の韻あり。次に出。たとへば東동と云ふが如き。ㄷは初声なり。ㅗは中声なり。ㅇは終声なり。合して音を成す。又南남の如き。ㄴは初声なり。ㅏは中声韻なり。ㅁは終声なり。合して音を成す。

{100} 中声と云は、たとへば、羊양イヤグと云が如き。ㅏ韻、ㅇㅇの中間に在り。又鹿욕と云が如く、ㅜ韻、ㄹㄱの中間に在り。故にこれを中声と云。

{101} 此内ガダの二濁音を欠くことは伝ふる時に写し漏せるか又は此二音彼国古言に無き処なるを以て其文も欠て有ざるにても有べし。[神州の言

語も上代のは語の首を濁る例無き故に、仮字にも濁音の字を別て立ざるにても可思]但これは余が憶推也。

{102} 音註鑁は音訓共に키なり。前のㄱよりは稍強く濁音似る所あり。治はㅌなり。皮はㅍなり。之はス、歯はスを強呼して치と云ふに近し。

{103} 此は終声ㅇ音あるとき、下字の音、近声に混ずることあるに依て、予め書用連読の際、用意あることを云ふ。ㅇ ㅇ俗呼相近と云ふは、ㅇの音は舌端を上歯内に近づけて、気息を鼻に入れながら浮める如き意に、微隠にンギと呼ぶ。其音、稍ただㅇと云ふに相近し故に、俗用に当て、若し上字にㅇ音の終声あるときは、下字にたとひㅇ字を初声とする文ありても、姑く替てㅇを初声として用うることあるを云ふ。

{104} [此書ハ万葉集の仮字借字、古今集物名歌等を徴とし、韻鏡の規則によりて字音仮字用格の誤をこまやかに弁へ、

{105} 太田翁は韻鏡の用例に委しくして、古書の仮字に委しからざりしにや、また古書を亡へる失あり。本居翁は古書の仮字に委しくして、韻鏡の利用に委しからざりしにや、高をコ保をホの仮字に用たる如き、正しき呉音を通音なりなどいはれたる類ひの失考また見ゆ。されば用格と音図と仮字の異なるものは、大抵は用格是なり。図説と用格と韻鏡の例異なるものは、大かた図説是なりとこそ見ゆれ。

{106} 朝鮮諺文字母、初声終声通八字の中に、ㄴ尼隠ㅁ眉音と挙たる。ㄴは初声にはニ、終声にはヌとよみ、ㅁは初声にはビミの二声、終声にはムとよめと注したるにて、字会、類合[ともに朝鮮の字書なり]等に、辰진と注したるはス丨ㄴ、森合と注したるはㅅ・ㅁ、岸안と注したるはㅇㅏㄴ、巌암と注したるはㅇㅏㅁにて、その辰の字は韻鏡十七転に収めてシヌの音、森の字は三十八転に収めて、シムの音、岸の字は二十三転に収めて、ガヌの音、巌字は四十転に収めて、ガムの音なり。抑字会類合の巻中、数千字諺文を施せるに、此格厳密にして、さらに混同せず。

{107} 以上音徴対訳二書に挙たる諺文を謄写し愚按を述て此処に書附く。これまた童蒙のために学力を補ふの益なきにしもあらじとおもひてなりかし。

{108} 霄小소セヲ。飛慮云、소は쇼に作るべし。쇼はソの音なり。我事に霄

小は呉音シエウ、セウなれども、朝鮮にては、豪宵のウ韻は略く例と
見えたり。是は阿行の◌韻にあらず、和行の于韻なれば、此韻に当べ
き諺文は実はなきことなり。されば쇼と作て、シエ、セとよみてある
べきなり。

{109} 但白石翁の対韓雑話、宝暦十四年の菜韓筆語、対州雛川某の諺文伊
呂波、行智法師の諺文解、諺文考等は、ㅗをオの音とし、ㅛをヨの
音としたり、もし此訳に拠るときは、ㅗㅛ字母に従ふ限りは、漢音と
なる例なれば、其他は多く呉音なると、反覆して快からず。

{110} 原本乾견坤곤等朱もて片仮字を施したり。[こは皇国人のしわざと見
ゆ]かくては字母か作字か[初学のために]分明ならず。겨はケ、고はコ
とぞ見るべかれど、ㄱㅕ二合作字ケ、ㄱㅗ二合作字コと懇に示さざる
はあかぬわざなり。故今は乾견[キエヌ、ケヌ]、坤곤[キオヌ、コヌ]と
やうに左右に片仮字を施して字母の音、作字音を[初学にも解し易き
やう]分明に示さむとす。

{111} 諺文は悉曇の摩多体文、皇国の平仮字片仮字などの如く一字一音に
定まりたるものには非ずて、所謂万葉仮字の如く一字を二音三音にも
転じよむもあり。

{112} 役は音역なり。終声クを仮てㄱの字終声に在て、此の如くクと呼べき
ことを示す。隠は音온なり。終声ンを仮て註す。

{113} 終声と称ふは音註の文字の声を捨て、韻のみを呼ぶなり。

{114} 役の例によれば隠乙凝なるべく、音はミ、邑はヒなるべく思はれずし
もあらねど、前にも云ふ如く彼国にては有緯の韻のみ呼ぶると見えた
り。

{115} 中声と云は、たとへば、羊양イヤグと云が如き。ㅑ韻、○○の中間に
在り。又鹿록と云が如く、ㅜ韻、ㄹㄱの中間に在り。故にこれを中
声と云。然れとも、短声単音に至ては、終声の如く用ることあるは、
尾비、毛모、尼니、巫부と云が如き、終声の転活なきが故なり。終に
在と云ども、韻の用あるのみ。終声の例にあらず。

{116} 中声独用十一字と見えたれども、ㅗ一・等こそ中声のみに用たれ、
余の八字は終声にも用いたる例まま見ゆ。

{117} 一応[不用終声]としるしたるは應のウを不用オとよみと示したる事か。

{118} ・思[不用初声]、思セイ、サイのセ、サを不用、イとよみと示したる
　　　なるべし。

{119} ⊥をグとよむは呉の次音なり。ヨとよむはギヨの韻を執るなり。ウと
　　　よむは唐音ウヽに拠るなり。字叢[古字書]に晤ウとあるを傍説とすべ
　　　し。オと訓はゴの転音なるべし。

{120} 丁牛[グウ、ギユウ、ギユ、グ]グとよむは呉音なり。ウと訓むは漢音
　　　の韻を執れるなり。

{121} 朝鮮音は大概正しく、倭漢の書に対照して証すべきもの少なからず。

{122} 朝鮮諺文字母は、初声終声通用八字、初声独用八字、中声独用十一
　　　字、合せて二十七字あり。訓蒙字會の巻首に見えたり。此内中声十
　　　一字は、ト阿、ヒ也、ㅓ於、⊥吾、ㅛ要、丁牛、ㅠ由、ー　応、丨
　　　伊、丶思、ㅕ余、とありて、是を初終声に合用すれば、無数の音を生
　　　ずる事、此方の五十字音の如し。

{123} さて⊥吾はウ、ㅛ要はユ、丁牛はウ、ㅠ由はユの字母にして、例のㄱ
　　　の字に合用すれば、ユはク、ㅛはキユ、ㅜはキユとなる。ユㅜを反切
　　　し、ㅛㅠを拗音に呼ぶ事は、가거と갸겨との例の如し。又吾は五乎の
　　　切、音呉なる事、聊も呉論なきを、ウの音とするは如何と云ふに、此
　　　字は朝鮮音も唐音もゴにはあらでウの音なり。そは類合に吾오とある
　　　を見るべし。

{124} 斎部広成宿禰の古語拾遺に。上古之世未有文字。云々と書れたれど
　　　然らず。実は神世に文字有しことの論ひは。古史徴の開題記。神世
　　　字の論といふ条に。委く徴し論へるが如し。

{125} すべて此の日文の考へは、彼の条をよく見おきて後に見るべし、然ら
　　　では、暁り得がたき事の多有ばなり、

{126} 神世には文字無りしと云説、斎部広成宿禰の古語拾遺に、上古之世
　　　未有文字、貴賎老少口々相伝、前言徃行存而不忘、と云るを徴と為
　　　て、世の事識人たちの定め云るまにまに、予も然ことに思たりしを、
　　　近頃よく想へは、此は思慮の委からざるなりけり。故今其を論ひ直さ
　　　むとするなり。然れども、此は釈紀にいはゆる、仮名日本記てふ書の
　　　体裁を明め置て、後に言ざれば弁がたき由あれば、まづ此事より弁ふ
　　　べし。[釈紀とは卜部兼方の釈日本紀をいふ下これに倣ふべし。]

{127} 此問答の趣を熟考るに、まづ釈紀の撰者卜部宿禰兼方は、亀山院天
皇の御世より、花園院天皇の御世あたりまでの人と聞ゆれば、[卜部
秘事口伝抄に、此人の事見え、其記せる兼方宿禰記と云をも所々引
用ひたり。平野社を預りたる卜部平麻呂の末にて、神祇大副に任れ
たる人なり。然れども、今の吉田家の祖には非ず。彼平麻呂宿禰の正
統と聞えたり。]

{128} 此ノ条には、世の事識人たち、古語拾遺に、上古之_世未レ有二文字
一云々。と記出られしを証拠として、神世に文字無りしと論へるは非
説なる由を、日本紀ノ私記、釈日本紀を始め、古書等に徴をとりて
精く弁へ、それに就て、古く仮名日本紀といひし史の二部ありし事、
および其ノ書体の考へ、また釈日本紀を読む心得かた、日本紀の私-
記どもの事、釈日本紀にいはゆる肥人書、薩人書、私記に図書寮に
在しと云へる梵字体の書などは、神世字なりし事、天武天皇の御世
に造しめ給へる新字といふ書のこと、神世字の字原字体の考へ、空海
の製れる以呂波字は、神代字の書法を用たる事、また梵字も空海よ
り後には、神字の書法を用ヒたる事など、総て字体の原を論ひ、漢字
わたり来て後、次々に神字を罷めて、其ノ字を弘く用ふる事となれる
由よし、また欽明天皇ノ本註に、帝王本紀多有_古字_云々と見たる
文の論ひ、さて中ツ世の人々の、上古に文字ありと言ざりし意ばへ、
また古語拾遺に、書契以来。不レ好レ談レ古。浮華鏡_興云々。と言れ
し事の、深き由ある事までを論はれたり。

{129} 但し彼の条を見つゝも、なほ心おそく信得ず、また論ひ直すことをも
得為ずて、只につぶやき居る人もありとか、其は侫鬼に心を奪はれた
る人にしあれば、然る怪き倫は、今云ふ限りに非ず、

{130} さて神世字のこと。前に開題記を著せる頃までは。猶いまだ。是ぞ正
しき文字ならむと所思るを。考へ定めざりし故に。今の世に神世の字
とて彼此写し伝ふる中には。真の物有るべけれど。未考へ定めざれ
ば。熟くその信偽を正して後に伝ふべき物有らば伝ふべし。と記せ
が。其の後にも。何某くれがしの集たる。

{131} 真字をのみ視れば。朝鮮のいはゆる諺文といふ字に似たるに。此はも
と彼の諺文を採て作れるには非じかと。半は疑はしく成ぬるを。また

思へば。彼の諺文に草書ある事を聞かず。然るに謂ゆる肥人書には。
草書あり。

{132} なほ、熟々に考ふれば。朝鮮の諺文といふは。我が神世の文字の。古
く彼の国にも伝はりたるを。彼の国人のさかしらを加へて。作り改め
たる物ならむと。かつがつ悟り得て。いかで糺し試ばやと思へるに。

{133} 宝暦十三年のころ。尾張国八事山興正寺の諦忍和尚と云へるが。以
呂波間弁といふ書を著はして〈中略〉[篤胤云ふ此説は、かの黒瀧の潮
音が偽り作れる旧事大成経といふ物に記せる、妄説に本づきて言ひ出
たる説なり、此諦忍といひし僧は、空華老人とも称るが、くさぐさ著
述ども有りて、博識と聞えたるに、大成経の事を、よく弁へざりしに
こそ、然れば此僧の神世に文字ありと云へるは宜けれど、其本づける
説は非なり、]

{134} 此はつらつら事情を思ふに、諦忍かの以呂波間弁を作れる時に、既く
この日文字を得て、蔵たりとは通ゆれども、深く尊み思ふ心に、容易
く世に現しがてにして、秘蔵たりしを、敬雄が上の件のごと難たる故
に、已ことを得ずて、神字弁論に著はせるなるべし。

{135} さて諦忍和尚の。鶴岡宮に伝はれる字を世に著せるより。其に驚かさ
れて。諸国の神社古寺に秘め置りし遺文どもの。次々に現はれて。今
はかく数多集めて考へ合さるゝ事としても成にたり。[然れど、其現は
れたる字どもの中に偽り作れり、と見ゆるがいと多かり、]

{136} 然るに神世に文字なし。今の世にあるは。偽作なりと云ふ人あり。実
に文字なしとても。有と云ふこそ。御国を尊み称る義なるべし。[篤胤
云、かくいふ意はいと愛けれど、実になき物を有りとは云ふべから
ず、然れど文字におきては、信に神世より有来しこと、いさゝかも疑
ふべき事に非ずかし、]

{137} 此より以前に、いはゆる神道学者たちの中にもしか云へるが多かれ
ど、其説いと稚く、無稽の説等なれば、今論ふかぎりに非ず。

{138} 屋代翁に。訓蒙字會を借り。〈中略〉伴信友に。朝鮮原文訳語といふ
物をかり。〈中略〉高田与清に。朝鮮板の。衿陽雑録といふ書の。漢
字の下に。諺文を加たるなど借り集へ。

{139} 斯て今著はし伝ふる遺文等を。謂ゆる肥人書。薩人書にて。是やが

て。神世の古字と。思ひ定めたるになむ有りける。

{140} 或ル説に以呂波ノ字は、梵字の書法にならひて、作リ成せりと云へる
説も聞ゆれども、此は本末違へり。其は我が知ル人円明院ノ行智が、
悉曇字記ノ釈に、梵字は皇国に渡リ来てより優美くなれり。其は自然
に皇国の書風の美さのうつれるにて、弘法よりの事と見ゆ。古く天竺
漢土にてかける梵字は、今皇国にて書ところの梵字にくらべては、甚
詰詘にきたなげなる字体なりと云へるは、信に然る説にて、梵字も伊
呂波字も、皇国の書法をうつせる故に、美くなれるなり。

{141} 諺は広韻俗言也と註す。俚俗の通用に便して製する所の文なるが故
に然名く。此文に古今の二体あり。古体は三韓国初より製し伝ふる
所なるべし。今体は本朝後小松院明徳三年壬申[南朝後亀山院元中九
年]明太祖洪武二十五年に当て高麗の李成桂と云者自立して国を朝鮮
と号す。其子世宗の時、明の太宗永楽年間に前代の古文を改消し、
今体の諺文を製為す。当時出す所世宗御製訓民正音の書ありて其国
に刊行す。これ即ち今の諺文の始なり。古文は今文と稍く殊なる所あ
り。此は其国伝を失す。即ち此間に写し伝へて肥前書と呼もの、彼
国の古文なり。今文との異粗これをいはゞ、たとへ古文コ丁(ク) コ
⊥(コ)、〈中略〉今文には구ユ、〈中略〉此の如く其実は同文にして、
但其接続と及び古∪今○の如き小異あるのみ。

{142} 但し稀には、字の誤りたるも有るをば、三韓紀略に引けるによりて、
補ひもし、正しもして引きたり、

{143} さて日文の九父字の中なる○字は、丁(ウ)⊥(オ)丨(イ)丬(エ)丨(ア)等
の母字に配せて、○丁(ウ)○⊥(ヲ)○丨(井)○丬(ヱ)○丨(ワ)の五子字
に用ふる字なれば、諺文の初終通用字の中に有るべきに、初声独用八
字の中に出て、○(イ)伊とあるは、音を訛れるのみならず、悉曇によ
りて字を製ると言つつ、悉曇の理をさへに知らざる誤なり。然るは初
終通用字の中に、○字無くては、五十音図に、ウヲヰヱワの行を作つ
べき由なきをや。[初終通用字は、かならず九字無ては叶はぬ理なる
に、八字あり。なほよく諺文と、悉曇章とを引き合せて、此理を弁ふ
べし。]

{144} 字は音の数ほど印せるばかり便よきはなし。然るを漢国には字多くて、却て便悪く煩はしき由は、県居ノ大人鈴屋ノ大人の、既に委く弁られたるが如し。また西洋人も甚く漢文字を笑ひて、漢人は余りに字を多く製りて生涯己が国字を知尽すこと能はずと云へるをも思ふべし。

{145} 松下見林、新井君美ぬしなど、万葉に高麗人と云フに、肥人と書ることも有ルに依リて、此は高麗国の書を云ヒけむ、今も朝鮮にて用ふる文字、其ノ体梵字の如クなる諺文と云フあり、然れば、彼ノ国の文字の、我ガ国に伝はりしを、記せる書なりけむ、と云へるは違へり。其は、この肥人書のこと、大外記業忠の本朝書籍目録に、肥人書五巻と見え、其にならべて、薩人書と云フもあり。然れば、肥人書は火国人の書、薩人書は薩摩人の書なること疑ヒなし。

{146} 肥人書とは、肥の国人の書也。肥の国とは今の肥前肥後等の国是也といふ人あれど、万葉集の中に[十一巻]肥人と書て、コマビトヽよみたれは、肥人書といふは、高麗国の書をやいひけん。今も朝鮮の国中にて用ゆる所の文字、其体梵字の如くなる諺文といへるあり。今の朝鮮といふは、古の三韓の地をあはせたる国なれば、今其国に用ふる所の文字あること、古よりの俗なるへし。さらば高麗の世に、その国に行はれし文字、我国に伝はりしを、しるせる書なりけんも知らす。

{147} 釈日本紀に、師説、大蔵省御書中有肥人之字六七枚許、先帝於御書所令写其字、皆用仮字、或其字未明、或乃川等字明見之、と見えたる乃川は、吏道の草体にゐ〻など書るがあるをおもへば、もしくは吏道の草書にて書たるものなりしにや。さらば肥人はコマビトにて高麗人ならむか。

{148} 万葉集十一巻に、肥人額髪結在染木綿、染心我忘哉、とある肥人を、旧訓にコマビトと訓(よ)めり。肥をコマとよむべき義は、心得がたけれど、故なくて然訓べくもあらず。もしくは古は肥たる人をコマ人といひて、さも書なれたりしにや。又は高麗人(こまびと)はなべてふとりたるによりて、そのかみ肥たる人を高麗人のごとしといへるから、戯書の例に肥人とかけるにもやあらむ。

{149} 万葉集十二巻に、コチタミといふに毛人髪三と書るも、毛人は蝦夷

の事にて、それが身の毛の多くむつかしげに見ゆる意をもて、戯書に
せるも、似たるこころなるにおもひあはすべし。［今の俗に、髪髭をつ
くろはず、こちごちしき人を、蝦夷人のごとしといひ、或は唐人、ま
た毛唐人のごとしなどもいひ、又長高く肉少く目の色赤みてさかさか
しげにみゆる人を、おらむだ人のごとしなどもいへり。これらをもおも
ひ准へつべし。さてまた歌の二三の句は、そのかみ高麗人は、額髪を
染木綿にてうるはしく結(ゆ)ひかざりたるなるべし。］

{150} 上代に文字と云ふものの無かりし事は、大同三年に、齋部廣成宿禰
の、撰びて上れる古語拾遺の序に、上古之世未有文字、貴賤老少口
口相伝、前言往行存而不忘云々、と見えたり。今古典に拠りて推稽
ふるにも、真に然る事なるべし。

{151} 世に神代字なりとて、写し伝へたるが種々あるをみるに、多くは亀卜
の灼兆にことよせて、とりどりに作りたりものと見えたり。さるは中
むかしよりこなたの、唯一などいふ神道者などの、みだりに作りたる
ものなるべく、又それにたぐひて、えせ人の後に作りたるもありとみ
えなどして、さらにうけがたきものなり。又近き頃紅毛字に效ひて、
新に作れりとおもはるるが、何がしの神社に伝はりたるなど、うべう
べしくいへるもみえたるは、それ作れる下の心さへにおしはかられて、
いづれも論ふにもたらぬを、あるが中に字体もおほかたさだかにて、
みだりに作れるものとはみえざるが三体あるは、今朝鮮にて、諺文と
いひて用(ツカ)ふ国字の古体にて、吏道といふものとぞ見えたる。さ
るをわがともがらのうひうひしきが中に、まことの神代のなりとおもひ
まどへるがあるに、かたはし論ひきかせたりければ、いとどしくまどは
しくなりぬ。いかで書つらねて見せてよとこへるにもよほされて、かつ
がつ弁へてみむとてするなり。それにつきてはまづその吏道諺文の事
を弁へおきて、次々に論ふべし。

{152} 吏道といふは、朝鮮国にてはやく製りたる国字をいふ名なり。其は朝
鮮にて、もろこしの明律を印板にしたる本の跋に、〈中略〉我本朝三韓
時、薛聰所製方言文字、謂之吏道、〈中略〉と記せる吏道これなり。
〈中略〉さてありつるほどに、世宗が世におよびて、吏道の転訛を再修
し、改て諺文に製り行ひて、吏道は用ひざる世となりぬるにあはせ

て、旧本の吏道にては、なかなかに紛はしければ、さらに刻板を造
り、もとの吏道を諺文に改め、また其を漢字音を仮借て、然は書なせ
るものなるを、跋文はなほ旧本のままにて、別に言をば附へざりつる
ものなるべし。〈中略〉さてその吏道を製れる薛聰は新羅人なり。其は
朝鮮史略の新羅紀に、神文王が世譜に、薛聰が文才ありし事を載せ
て、〈中略〉既長博学、能以方言解九経、〈中略〉[能以方言云々の
文、吏道を製れたる事に当りて聞ゆ。]かの国籍を按ふるに、その新羅
の神文王といへるは、天武天皇の十年より、持統天皇の四年まで世
を知りし王なれば、薛聰が吏道を製れる頃、おほかた推知るべし。

{153} 諺文といふは、その国人成俔が著せる慵齋叢話に、世宗諺文廳、命
申高靈成三問等製諺文、初終聲八字、初聲八字、中聲十一子、其字
體依梵字爲之、本國及諸國語音文字所不能記者悉通無礙、洪武正韻
諸字亦皆以諺文書之、遂分五音而別之、曰牙舌脣齒喉、脣音有輕重
之殊、舌音有正反之別、字亦有全淸次淸全濁不濁之差、雖無知婦人
無不瞭然曉之、聖人創物之智有非凡力之所及也、といへり。世宗は
[荘憲王と称へり]もろこしにては、永楽十七年より景泰二年におよ
び、わが皇朝の応永二十六年より宝徳三年の頃に当るまで世を知し王
なり。[かの新羅の薛聰がころより、おほよそ七百五十年あまりの後に
当れり。]かくて其成俔が説に、又その国籍訓蒙字會[嘉靖六年に著は
せる書なり。なほ此書の事は、下にいふべし。]に記せる趣を参考ふる
に、世宗が頃すでにかの吏道の字画の、おのづから差錯(たがひ)など
のいできて混はしく、また方言の訛、字音の差誤などもいできて、と
りどりに混らはしくなりたりけるを、さらに字体を一様に定め、五音
四声清濁を正し、合用作字の法を立などして、其を諺文と称ひて庁
を設て国人に教へたりしものなるべし。松岡玄達が結毦録に諺文の事
を、其国にて辞吐(ぢと)ともいへる由聞りといひ、また忠友云、対馬
人の説に、朝鮮人の語に諺文を吏道ともいふはその異名にて、或は里
土(りと)ともいへりとかたりたる由、聞およべりといへり。これにて諺
文は吏道より出たるものなることますます明なり。さて吏道とは、其
国にて字の事をいへる言にて里土(りと)、辞吐(ぢと)などいふは、転れ
る言なるべき事決し。かくてその諺文庁を設たるを、しばらく世宗が

世の半頃とさだめて、かの明律に吏道を書加へたりといへる洪武二十八年よりは、三十年余の後の事なり。然るに成俔が叢話に、旧より吏道のありし由をばいはで、創て諺文といふ字を製りしごとく記せるは疎なり。かの明律をも見ず、又叢話に諺文の字体を、依梵字為之といへるは、其字体のいささか梵字に似たりとはいふべし。吏道も原は梵字に倣ひたるにてもあるべけれど、成俔が此諺文の由来に疎なる識（さとり）にては信（うけ）がたし。後人の推量説に拠れるものとぞきこえたる。

{154} 朝鮮ぶみ訓蒙字会、[漢字を挙て、其字の音訓を諺文にて注せり。嘉靖六年崔世珍著と識せり。世宗が諺文を製たる頃より、おほよそ百年ばかりの後に書るものなり。]の首に、諺文字母とて、初声終声通用の八字、初声独用の八字、中声独用の十一字、合て二十七字を挙げ、次に合用作字例、また四声定位図をも挙たれど、その字音を示せる漢字音を、訛りたるかたの方音（くにごえ）をしらざれば、読得がたきもあり。字体も字母合字など交りて、変体とおぼしきも交りたれば、たやすく読心得がたけれど、篇中に挙たる、漢字に当たる音訓の諺文は、今件の音図に書加たる諺文によりて、合用作字の例に依り、なほ書ざまをも見合せて推考ふれば、おほかたはよまるるなり。これに依りても、上に挙たる字どもは、韓国の古の吏道にて、諺文は吏道の世々に差錯（たがひ）ゆきたるを改製したるものなること、ますます明なり。さて此吏道の皇国に伝はれるは、皇国より韓国を治給ふにあはせて、いとはやく訳者などの書伝へ置るが世に遺りたりけるを、神道者などのさるものとは知らで、さかしらに神代字なりといひ、またヒフミヨ云々のみだりに言をさへに造りて、書連ねたるものとこそは見えたれ。

{155} 訓蒙字会に見えたる諺文の異体を書添へ、また諺文の草体を、かの歌詞を書るかぎり採りて書加へて、諺文は、もと吏道より出て、いささか転へるものなる事を証して、世に神代字といへるものは、韓国の吏道なる事を証し弁へむとして、図を作ることかくのごとし。

{156} 右の図に書あらはせるごとく、吏道に諺文を対照（あは）せ見るに、諺文は竪の字原の┤を╡とし、横の字原は。を〇とし、ㅇをㅂとし、ㄷ

をᄂとし、コをᄅとし、〇を◌として、[其異体は、傍に圏中に書あらはせるがごとし。]そのほかは全く相同じ。但し首にウオイエアの一行あるべきが脱たりとみゆれば、今加へて書せり。其由は上にいへるがごとし。かくて横行の字原吏道の音は、ウスフツルヌクユムウなるを諺文には、イシヒチリニキイミウの音とせり。[此字原を、なべての諺文に交へ用ひたると見ゆ。]さて諺文の字を撿るに、吏道のエ丁(ユ)エ⊥(ヨ)エ｜(イ)エ⊣(エ)エト(ヤ)の一行の字のみ、その製いたく別なり。[左傍に書そへたるを見合せて知べし。]古の吏道と今の諺文との差異、おほかたかくのごとくなるべし。

{157} すべて外国人の声音は、朦朧雑曲にして、皇国の清朗単直なる正音に合(かな)はざれば、吏道諺文の字音を定むるにも、しひて斯方(こなた)の音に叶へたるもありときこゆれば、其意(こころ)しらひして弁ふべし。

{158} また西方の人にあひて、彼方音を問ふに、其字母わづかに三十三字にして、天下の音としてうつすべからずといふものなく、彼人中土の文字多きを論じて、支那人はよく記性強しとこそ見えたれ、夫等の字盡く記し得て、天下の言に通ぜむ、いと煩しき事なり、我方の如きはしかならずなどいひけり。

{159} 字名ヲ註スルニ、彼音ヲ正ク訳シ難キモノアリ。故ニ旧訳ノ中ヨリ音韻相紛レザル者ト、彼此トニ近ク似タル者トヲ取テ、コレヲ用ユ。凡、読法、「エッ・イェ・エル」等ノ如キ、小字ヲ附スル者ハ、「フ」ト呼ビ、各其小字ノ音ヲ帯テ発スベシ。「キュウ」ハキ・ユノ二字合シテ、一音ヲ為者ニシテ、「ウ」ハ其余韻ナリ。

{160} 凡、読音ノ国字ヲ用ル例、〇ア等[イ・ウ・エ・オ]五韻字小書スル者ハ、其上ノ字ヲ引呼スルナリ。但、「ウ」字大書スル者ハ、上字ニ合セズ、別ニ「ウ」ノ全音ヲ呼ブナリ[「コウド」ノ如キ是ナリ。〇「コオド」等呼ブ可カラザランコトヲ欲ス]。〇「フ」字、旧上字ノ引呼ビ用ル者アリ。而ニ今コレヲ従ハズ。須ク全音ニ呼ブベシ。毎ニコレヲ大書シテ、以テ其分別ヲ誌ス。〇二字合書スル者ハ、二字一音ト為テ呼ベシ。〇字ノ左肩ニ小字ヲ加ル者ハ、其加字ノ音ヲ帯テ、本ヲ発スル也。〇「ツ」字ヲ右脚ニ添ル者ハ、本字ヲ促呼スルナリ。

주요 **한자읽기**

1. **주요인물명 읽기** (이하 일본식 읽기의 가나다 순)

行智	교치	新井白石	아라이 하쿠세키
南部義籌	난부 요시카즈	天照太神	아마테라스오오미카미
西周	니시 아마네	雨森芳洲	아메노모리 호슈
太宰春台	다자이 슌다이	青木昆陽	아오키 콘요
前野良沢	마에노 료타쿠	荻生徂徠	오규 소라이
前島密	마에지마 히소카	小田省吾	오다 쇼고
森田梧郎	모리타 고로	大槻文彦	오오쓰키 후미히코
本居宣長	모토오리 노리나가	大已貴尊	오오아나무치노미코토
文雄	몬노	落合直澄	오치아이 나오즈미
村田春海	무라타 하루미	岡島冠山	오카지마 칸잔
伴信友	반 노부토모	太田全斎	오오타 젠사이
関政方	세키 마사카타	上田万年	우에다 카즈토시
聖徳太子	쇼토쿠 타이시	湯沢質幸	유자와 타다유키
白井寛蔭	시라이 히로카게	齋部廣成	인베노 히로나리
新村出	신무라 이즈루	潮音	초온

香川正矩　카가와 마사노리　　　金龍敬雄　킨류 케이유
荷田春満　카다노 아즈마마로　　　諦忍　　　타이닌
賀茂真淵　카모노 마부치　　　　　寺島良安　테라지마 료안
貝原益軒　카이바라 에키켄　　　　東条義門　토조 기몬
契沖　　　케이추　　　　　　　　徳川慶喜　토쿠가와 요시노부
河野六郎　코노 로쿠코　　　　　　時枝誠記　토키에다 모토키
小松英雄　코마쓰 히데오　　　　　花岡安見　하나오카 야스미
弘法大師　코보 다이시　　　　　　保科孝一　호시나 코이치
小島好治　코지마 요시하루　　　　藤原定家　후지와라 테이카
黒川春村　쿠로카와 하루무라　　　福沢諭吉　후쿠자와 유키치
木村理右衛門　키무라 리에몬　　　二葉亭四迷　후타바테이 시메이
木村鷹太郎　키무라 타카타로　　　平田篤胤　히라타 아쓰타네

2. 인용서명 읽기

한국식 읽기　　　　　　　원문　　　　　　　　일본식 읽기
『가나본말』　　　　　　　仮字本末　　　　　　가나노모토스에
『가나원류고』　　　　　　仮名源流考　　　　　가나겐류코
『겐코석서』　　　　　　　元亨釈書　　　　　　겐코샤쿠쇼
『경성일보』　　　　　　　京城日報
『고사기』　　　　　　　　古事記　　　　　　　코지키
『고사기전』　　　　　　　古事記　　　　　　　코지키덴
『고사징』　　　　　　　　古史徴　　　　　　　코시초
『고어습유』　　　　　　　古語拾遺　　　　　　코고슈이
『교과서편집휘보』　　　　教科書編輯彙報
『교사용 간이학교용 초등국어독본』　教師用 簡易学校用 初等国語読本
『광운』　　　　　　　　　広韻
『광일본문전 별기』　　　　広日本文典(코니혼분텐) 別記
『교린수지』　　　　　　　交隣須知　　　　　　코린스치

『구사기』　　　　　　旧事記　　　　　　　쿠지키
『구사대성경』　　　　　旧事大成経　　　　　쿠지다이세이쿄
『국서총목록』　　　　　国書総目録　　　　　코쿠쇼소모쿠로쿠
『국어학연구사전』　　　国語学研究事典
『국체의 본의』　　　　　国体の本義　　　　　코쿠타이노혼기
『권징고사』　　　　　　勧懲故事
『금저최박』　　　　　　金杵摧駁　　　　　　콘쇼사이바쿠
『남신』　　　　　　　　男信　　　　　　　　나마시나
『당화찬요』　　　　　　唐話纂要　　　　　　토와산요
『대한잡화』　　　　　　対韓雑話　　　　　　타이칸자쓰와
『동문통고』　　　　　　同文通考　　　　　　도분쓰코
『동아』　　　　　　　　東雅　　　　　　　　토가
『로마자잡지』　　　　　ローマ字雑誌　　　　로마지잣시
『마광운경』　　　　　　磨光韻鏡　　　　　　마코인쿄
『만엽집』　　　　　　　万葉集　　　　　　　만요슈
『만엽대장기』　　　　　万葉代匠記　　　　　만요다이쇼키
『문자지교』　　　　　　文字之教　　　　　　모지노오시에
『박이로하문변』　　　　駁伊呂波問弁　　　　하쿠이로하몬벤
『범한대역자류편』　　　梵漢対訳字類編　　　본칸타이야쿠지루이헨
『보통학교국어독본』　　普通学校国語読本　　후쓰각코코쿠고도쿠혼
『보통학교용가나철자법』　普通学校用仮名遣法　후쓰각코요가나즈카이호
『보통학교학도용 국어독본』　普通学校学徒用 国語読本
『불조통기』　　　　　　仏祖統紀
『석일본기』　　　　　　釈日本紀　　　　　　샤쿠니혼기
『소공자』　　　　　　　小公子　　　　　　　쇼코시
『수국어론』　　　　　　脩国語論　　　　　　슈코쿠고론
『수초아언』　　　　　　醻酢雅言
『신국신자변론』　　　　神国神字弁論　　　　신코쿠신지벤론
『신대구결』　　　　　　神代口訣　　　　　　진다이쿠케쓰
『신대권』　　　　　　　神代巻　　　　　　　카미요노칸
『신자일문전』　　　　　神字日文伝　　　　　신지히후미덴

『신증유합』	新増類合	
『신찬자서』	新撰字書	신센지쇼
『신체국어학사』	新体国語学史	
『실담삼밀초』	悉曇三密鈔	싯탄산미쓰쇼
『실담자기』	悉曇字記	싯탄지키
『실담자기신석』	悉曇字記新釈	싯탄지키신샤쿠
『실담자기진석사록현담』	悉曇字記真釈私録玄談	싯탄지키신샤쿠시로쿠겐단
『실담자기진석언담』	悉曇字記真釈諺談	싯탄지키신샤쿠겐단
『심상과용 소학국어독본』	尋常科用 小学国語読本	
『심상소학국어독본』	尋常小学国語読本	진조쇼가쿠코쿠고도쿠혼
『심상소학독본』	尋常小学読本	진조쇼가쿠도쿠혼
『심상소학독서교본』	尋常小学読書教本	진조쇼가쿠도쿠혼쿄혼
『십팔사략』	十八史略	
『어의고』	語意考	고이코)
『언문고』	諺文攷	온몬코
『언문이로하』	諺文伊呂波	온몬이로하
『언문해』	諺文解	온몬카이
『엔기리시코토바』	ゑんぎりしことば	엔기리시코토바
『여학잡지』	女学雑誌	죠가쿠잣시
『오오경중의』	於乎軽重義	오오쿄주기
『오오카미』	おほかみ	
『용재총화』	慵齋叢話	
『운경』	韻鏡	
『우이야마부미』	うひ山ぶみ	
『운략언문』	韻略諺文	
『유합』	類合	
『왜독요령』	倭読要領	와도쿠요료
『왜어유해』	倭語類解	
『음덕기』	陰徳記	인토쿠키
『음운가나용례』	音韻仮字用例	온인가나즈카이
『음운고증』	音韻考証	온인코쇼

『이로하문변』	以呂波問弁	이로하몬벤
『일본고대문자고』	日本古代文字考	니혼코다이모지코
『일본국어대사전』	日本国語大辞典	니혼코쿠고다이지텐
『일본기신대권초』	日本紀神代巻鈔	니혼기진다이마키쇼
『일본서기』	日本書紀	니혼쇼키
『일본서기찬소』	日本書紀纂疏	니혼쇼키산소
『일본인명대사전』	日本人名大辞典	
『자음가나용격』	字音仮字用格	지온카나즈카이
『자오집』	自娯集	지고슈
『전일도인』	全一道人	젠이치도진
『조선물어』	朝鮮物語	초센모노가타리
『조선언문유합』	朝鮮諺文類合	초센온몬루이고
『조선언문자회』	朝鮮諺文字会	초센온몬지카이
「조선총독부편찬교과서개요」	朝鮮総督府編纂教科書概要	
『조야군재』	朝野群載	초야군사이
『제구의완』	鞮屨衣椀	
『제왕본기』	帝王本紀	테이오혼키
『주본기논어』	周本紀論語	
『지명자음전용례』	地名字音転用例	치메이지온텐요레이
『창학교계』	創学校啓	소각코케이
『첩해신어』	捷解新語	
『채한필어』	菜韓筆語	사이칸히쓰고
『초등국어』	初等国語	
『초등국어독본』	初等国語読本	
『코지엔』	広辞苑	코지엔
『콘요만록』	昆陽漫録	콘요만로쿠
『타와레구사』	たはれぐさ	
『하코자키궁기』	筥崎宮記	하코자키구키
『한오음도』	漢呉音図	칸고온즈
『한오음도설』	漢呉音図説	칸고온즈세쓰
『한오음징』	漢呉音徴	칸고온초

『한자삼음고』　　　　　漢字三音考　　　　　칸지산논코
「한자폐지건의」　　　　漢字御廃止之議　　　칸지온하이시노기
『화란역전』　　　　　　和蘭訳筌　　　　　　오란다야쿠센
『화자전래고』　　　　　和字伝来考　　　　　와지덴라이코
『화자전래고부록』　　　和字伝来考附録　　　와지덴라이코후로쿠
『화자정람초』　　　　　和字正濫鈔　　　　　와지쇼란쇼
『화한삼재도회』　　　　和漢三才図会　　　　와칸산사이즈에
「혁명감문」　　　　　　革命勘文　　　　　　카쿠메이칸몬
『훈몽자회』　　　　　　訓蒙字會

일본인의 국어인식과 神代文字

초판인쇄   2012년 04월 21일
초판발행   2012년 04월 30일

저   자 민병찬
발 행 인 윤석현
발 행 처 제이앤씨
등록번호 제7-220

우편주소 서울시 도봉구 창동 624-1 현대홈시티 102-1206
대표전화 (02) 992 / 3253
전   송 (02) 991 / 1285
홈페이지 http://www.jncbms.co.kr
전자우편 jncbook@hanmail.net
책임편집 이신

ⓒ 민병찬 2012 All rights reserved. Printed in KOREA

ISBN 978-89-5668-906-7 93730   정가 28,000원

* 이 책의 내용을 사전 허가 없이 전재하거나 복제할 경우 법적인 제재를 받게 됨을 알려드립니다.
** 잘못된 책은 구입하신 서점이나 본사에서 교환해 드립니다.